Ruth Sauerwein
Elischa

Beihefte zur Zeitschrift für die alttestamentliche Wissenschaft

Herausgegeben von
John Barton, Ronald Hendel,
Reinhard G. Kratz und Markus Witte

Band 465

Ruth Sauerwein
Elischa

———

Eine redaktions- und religionsgeschichtliche Studie

DE GRUYTER

G

ISBN 978-3-11-035129-3
e-ISBN 978-3-11-035294-8
ISSN 0934-2575

Library of Congress Cataloging-in-Publication Data
A CIP catalog record for this book has been applied for at the Library of Congress.

Bibliografische Information der Deutschen Nationalbibliothek
Die Deutsche Nationalbibliothek verzeichnet diese Publikation in der Deutschen
Nationalbibliografie; detaillierte bibliografische Daten sind im Internet
über http://dnb.dnb.de abrufbar.

© 2014 Walter de Gruyter GmbH, Berlin/Boston
Druck und Bindung: CPI books GmbH, Leck
♾ Gedruckt auf säurefreiem Papier
Printed in Germany

www.degruyter.com

MIX
Papier aus verantwor-
tungsvollen Quellen
FSC
www.fsc.org FSC® C003147

Vorwort

Die vorliegende Arbeit wurde im Sommer 2013 von der Theologischen Fakultät der Georg-August-Universität als Dissertation angenommen und für den Druck geringfügig überarbeitet.

Mein herzlicher Dank gilt zuerst meinem Doktorvater und Erstgutachter Prof. Dr. Reinhard G. Kratz, der die Arbeit anregte, in vorbildlicher Weise begleitete und förderte. Für die Übernahme des Zweitgutachtens danke ich Prof. Dr. Dr. h.c. Hermann Spieckermann. Die Bearbeitung der altorientalischen Quellen begleitete Prof. Dr. Annette Zgoll. Ihr sei für ihre hilfreiche und freundliche Begleitung der Arbeit und die Mitgliedschaft in der Prüfungskommission gedankt. Dem Herausgeberkreis der BZAW gilt mein Dank für die Aufnahme der Dissertation in die Reihe. Für die Betreuung der Drucklegung danke ich Dr. Albrecht Döhnert, Sabina Dabrowski und Sophie Wagenhofer. Meiner Landeskirche, der Evangelischen Kirche in Hessen und Nassau, danke ich für die Erteilung eines Druckkostenzuschusses.

Weiterhin gilt mein Dank den Mitgliedern des Göttinger Graduiertenkollegs 896 „Götterbilder – Gottesbilder – Weltbilder" und des nordeuropäischen Forschernetzwerkes OTSEM „Old Testament Studies. Epistomologies and Methods". Die Mitgliedschaft in beiden Gruppen ermöglichte mir einen befruchtenden Austausch mit Forschern aus verschiedenen nationalen und internationalen Fachkontexten. Hierbei sei besonders der freundschaftlich-anregende Diskurs mit Prof. Dr. Martti Nissinen genannt.

Die Promotion wurde durch ein Stipendium der Studienstiftung des Deutschen Volkes finanziert, die mir dankenswerterweise auch viele damit verbundene Forschungs- und Kongressreisen ermöglichte.

Weiterhin danke ich allen, die mit Rat und Tat zum Gelingen der Arbeit beigetragen haben. An erster Stelle seien meine „Doktorgeschwister" Dr. Harald Samuel und Sonja Ammann genannt, denen ich für ihre Freundschaft, die anregenden Gespräche und alle Hilfe danke. Für die Korrekturen am Manuskript danke ich meinen Freunden Dr. Harald Samuel, Andrei Popescu, Gösta Gabriel und Tanja Karbach. Ein umfassender Dank gilt weiterhin meinen Eltern, die mich von Kindesbeinen an begleitet und gefördert haben.

Der abschließende Dank gebührt meinem Ehemann Markus Sauerwein für die liebevolle und ermutigende Begleitung dieses gesamten Unternehmens, seine Hilfe bei den Korrekturen und vor allem seinen unerschütterlichen Glauben an mich. Ihm und unserer Tochter Johanna sei dieses Buch in Liebe gewidmet.

Emmerichenhain im Dezember 2013   Ruth Sauerwein

Inhalt

1 Einleitung

1.1 Ziel und Methodik

Die Königebücher bilden einen erheblichen Teil des Kanonabschnittes, den die jüdische Tradition als *Vordere Propheten* bezeichnet. In der christlichen Tradition sind sie Teil der sogenannten *Geschichtsbücher* des Alten Testaments. Diese Einteilung verdankt sich dem Umstand, dass in ihnen Ereignisse aus der Geschichte Israels in mehr oder weniger chronologischer Abfolge dargestellt werden.

Die Königebücher erzählen dabei im Besonderen von der Regierungszeit der Könige[1] Israels und Judas vom Ende der Regierungszeit Davids bis zur Begnadigung Jojachins durch den babylonischen König Amel-Marduk, den das Alte Testament mit Ewil-Merodach bezeichnet. Sie stellen die Geschicke der einzelnen Könige und Dynastien des Nord- und des Südreiches dar und versehen diese mit Beurteilungen und kurzen Notizen zu besonderen Ereignissen während der Regentschaft eines jeweiligen Königs. Dabei verstehen sie sich als Urkunde der Geschichte des Königtums in Israel und Juda.

An einigen Stellen innerhalb der Königebücher finden sich allerdings Erzählungen über Propheten und andere Figuren, die aus dem Rahmen fallen. Diese Erzählungen unterscheiden sich sowohl im Umfang als auch in der Thematik deutlich von den Notizen über die Könige. Während über die meisten Könige Israels und Judas zumeist nur wenige Verse verzeichnet werden, sind einige der Erzählungen über Prophetengestalten[2] mehrere Kapitel lang und zeichnen sich durch lange Spannungsbögen aus.

Die beiden Prophetenfiguren, welche die größten zusammenhängenden Textteile innerhalb der Königebücher beanspruchen, sind Elia und Elischa. Bereits die Ähnlichkeit der Namen indiziert einen Zusammenhang der beiden. Innerhalb der Königebücher werden sie als Meister und Schüler bzw. Vorläufer und Nachfolger dargestellt. Eine grundlegende Gemeinsamkeit beider Figuren ist, dass sie Wunder tun.

Diese Arbeit möchte sich der Figur des Nachfolgers Elischa als primärem Untersuchungsgegenstand widmen und die Entstehungsgeschichte der Elischa-Erzählungen innerhalb der Königebücher untersuchen. Elia wird dabei nur an den

---

[1] In der vorliegenden Arbeit wird das generische Maskulinum für verallgemeinernde, Gattungs- oder Gruppenbezeichnungen verwendet und schließt insofern, wenn der Kontext dies nahelegt, die weibliche Form mit ein.

[2] Vgl. Ahia von Schilo in 1Kön 11,29–39; namenloser Prophet in Bet-El in 1Kön 13; namenloser Prophet unter Ahab in 1Kön 20; Micha ben Jimla in 1Kön 22; Elia in 1Kön 17–19; 21; 2Kön 1; Elischa in 1Kön 19,15–21; 2Kön 2–9; 13,14–21; Jesaja in 2Kön 18–20.

Stellen in den Fokus der Betrachtung treten, wo er in direktem Zusammenspiel mit Elischa oder unter literarhistorischen Gesichtspunkten von Bedeutung ist.

Elischa, der Sohn Schafats aus Abel-Mehola, begegnet dem Leser im Alten Testament zum ersten Mal in 1Kön 19 und letztmalig in 2Kön 13. Dazwischen finden sich viele kleine Episoden und größere Erzählungen über Elischa, die in ihrer Thematik, ihrem Umfang und ihrer Aussageintention äußerst disparat wirken. So formuliert Wesley Bergen vielleicht sogar noch zu milde: „coherence is elusive in 2Kings"[3].

In dem Textkomplex von 1Kön 19 – 2Kön 13 gibt es allerdings auch einige Kapitel, in denen Elischa gar nicht vorkommt und in denen es um andere Protagonisten geht. Diese werden nicht Gegenstand dieser Untersuchung sein.

Darüber hinaus bietet das Alte Testament keine weiteren Erwähnungen Elischas. Während Elia innerhalb der Chronik eine kurze Erwähnung im Zusammenhang mit Joram von Israel findet, schweigt die Chronik zu Elischa gänzlich.[4]

Im Bereich der zwischentestamentlichen Literatur nennt nur Ben Sira 48,12 – 14 im Lob der Väter Israels den Propheten Elischa als Nachfolger Elias und Wundertäter.[5]

Anders als etwa für die Analyse der Schriftpropheten findet sich in den Schriften von Qumran leider kaum etwas, was für die Rekonstruktion der biblischen Elischa–Erzählungen erhellend wäre. Die äußerst spärlichen und schwierig zu rekonstruierenden Fragmente der Königebücher, die in Qumran gefunden wurden, datiert Baillet auf die 2. Hälfte des 2. Jahrhunderts v. Chr.[6] Soweit die Rekonstruktion zeigt, bieten sie keinerlei bedeutsame textkritische Varianten, geschweige denn theologische Eigenheiten, die für die Rekonstruktion der Eli-

---

3 BERGEN, Alternative, 129.

4 Vgl. dazu weiterführend BEGG, Chronicler, 7–11.

5 Bemerkenswert ist hierbei v. a. die Deutung des griechischen Übersetzers von Ben Sira, der „prophetisch Handeln" und „Wunder tun" offenbar synonym gebraucht, vgl. Sir 48,13 f[LXX]: πᾶς λόγος οὐχ ὑπερῆρεν αὐτόν, καὶ ἐν κοιμήσει ἐπροφήτευσεν τὸ σῶμα αὐτοῦ· καὶ ἐν ζωῇ αὐτοῦ ἐποίησεν τέρατα, καὶ ἐν τελευτῇ θαυμάσια τὰ ἔργα αὐτοῦ (*Nichts war ihm zu schwer und als er tot war, wirkte sein Leichnam prophetische Zeichen. In seinem Leben tat er Wunder und in seinem Tod vollbrachte er wundervolle Taten*).

6 Vgl. 6Q4, BAILLET, DJD III, 107; vgl. dazu weiterführend TREBOLLE, Qumran, 25 f. Im Vergleich mit den Schriftpropheten zeigt sich, welche rezeptionsgeschichtlichen und textgeschichtlichen Einblicke sich etwa gewinnen ließen, gäbe es unter den Schriften in Qumran so etwas wie einen פשר zu den Königebüchern. Stattdessen sind aus einer Abschrift der Königebücher nur 88 winzige Fragmente erhalten, von denen die meisten kleiner als eine Briefmarke sind und kaum mehr als fünf Buchstaben enthalten, vgl. 6Q4, BAILLET, DJD III.Plates, XX–XXII; ULRICH, Qumran, 328 f. Zu den wenigen relevanten außerbiblischen Schriften aus Qumran vgl. Kapitel 4.3.4. dieser Arbeit.

scha-Erzählungen fruchtbar gemacht werden könnten, auch in Schreib- und Sprachstil sind kaum Besonderheiten zu verzeichnen.[7]

Auch der Blick ins Neue Testament ergibt zunächst einen spärlichen Befund. Elischa wird nur an einer Stelle, in der Rede Jesu über den Propheten im eigenen Land in Lk 4,27, namentlich erwähnt.[8] Wie die Analyse der einzelnen Kapitel der Elischa-Überlieferung allerdings zeigen wird, haben die neutestamentlichen Autoren dennoch an verschiedenen Stellen erzählerische Anleihen an die Elischa-Geschichten im Alten Testament verwendet. Diese werden für die Frage nach der Wirkungsgeschichte und der Typologie eines wundertätigen Gottesmannes von Bedeutung sein.

An dieser Stelle sollte zunächst noch ein Blick auf die Kategorisierung geworfen werden, welche die alttestamentliche Exegese stets vorgenommen hat und nach wie vor vornimmt. Bei Elischa und Elia handelt es sich, ebenso wie bei den anderen Prophetenfiguren innerhalb der *Vorderen Propheten*, um sogenannte *Vorschriftpropheten*. Diese sind kategorial unterschieden von den Schriftpropheten im Kanonteil *Hintere Propheten* der Hebräischen Bibel. So wird den Vorschriftpropheten kein eigenes Buch zugeschrieben. Zudem sind es weniger die Sprüche und Ansagen des Propheten, die im Zentrum der Darstellung stehen, da die Gattung der Prophetenerzählungen in der Regel überhaupt nur sehr wenige Prophetenaussprüche enthält.

Das hat in der Exegese dieser Bücher auch Auswirkungen auf die Frage nach den historischen Haftpunkten. Während die ältere Exegese der Schriftpropheten stets an der *ipsissima vox* des Propheten und seiner Botschaft interessiert war, stand bei der Vorschriftprophetie jeweils die historische Verortung an einem Königshof oder die Verwicklung in eine historisch identifizierbare Situation oder Auseinandersetzung im Fokus. Die neuere Exegese wendet ihren Blick nun von diesen historisch orientierten Fragen ab und nimmt die Prophetenbücher und Prophetenerzählungen verstärkt als literarische Phänomene wahr.[9] In dieser Entwicklungslinie möchte sich auch die vorliegende Untersuchung verstanden wissen. Das Interesse am historischen Elischa wird deutlich untergeordnet zugunsten der Frage nach der literarischen Funktion Elischas für die Königebücher und deren Genese ebenso wie für die literarische Wirkungsgeschichte.

Die literarische Funktion Elischas wird dabei sowohl am Endtext als auch an seinen rekonstruierbaren Vorstufen, wie sie mittels einer literarkritischen Untersuchung rekonstruiert werden können, untersucht.

---

7 Vgl. 6Q4, BAILLET, DJD III.Plates, XX–XXII; ULRICH, Qumran, 328 f; STIPP, Elischa, 44 f.
8 Vgl. 2Kön 5.
9 Vgl. KRATZ, Prophetenstudien, 4–8.

Methodisch wird die vorliegende Untersuchung daher in einem ersten Schritt die Spannungen und Brüche in den Einzeltexten beschreiben und ausgehend vom kanonischen Endtext mittels eines Subtraktionsverfahrens versuchen, sekundäre Zusätze und Bearbeitungen abzuheben. Die Präsentation der Einzeltexte geschieht dabei in der Reihenfolge der biblischen Erzählung. Die Aufteilung folgt dem biblischen Kapitelschema, sofern dieses mit den Erzählbögen korreliert und weicht an jenen Stellen davon ab, an denen die jeweiligen Erzählbögen dies nahelegen.

Freilich werden in die literarkritische Analyse zuweilen auch methodisch andere Beobachtungen aus dem Bereich der Textkritik, Form-, Sozial- oder Traditions- und Motivgeschichte eingewoben, insofern sie für die Fragestellung hilfreich sind oder zusätzliche Argumente für literarkritische Urteile liefern können.

Jene Kapitel, in denen Elischa nicht Bestandteil der Erzählung ist, werden nur dann im Hinblick auf ihre entstehungsgeschichtliche Position untersucht werden, wenn sie eine Relevanz für die Gesamtfragestellung der Arbeit haben. Am Ende eines jeden Kapitels bzw. der jeweiligen Perikope werden daraufhin redaktionsgeschichtliche Vorannahmen für das einzelne Kapitel formuliert. Diese Vorannahmen beinhalten Aussagen zur relativen Chronologie innerhalb des Kapitels bzw. der Perikope.

Auf der Grundlage der literar- und redaktionsgeschichtlichen Analysen bietet der Anhang im hinteren Teil des Buches sowohl eine Perikopenübersicht als auch den gesamten hebräischen Text sowie eine Übersetzung mit grafischer Darstellung des rekonstruierten literarischen Wachstums.

Gruppiert man die Elischa-Erzählungen in ihrer biblischen Endgestalt thematisch, ergibt sich bereits ein Grobüberblick über das Material in 1Kön 19 – 2Kön 13. Demnach finden sich innerhalb der Elischa-Erzählungen:

a) Elia-Elischa-Nachfolgeerzählungen, in denen es um die Weitergabe des prophetischen Amtes von Elia auf Elischa geht (1Kön 19,15 – 18.19 – 21; 2Kön 2,1 – 18).

b) Kriegs- und Königserzählungen, die Elischas Einwirken in die Kriege zwischen Israel und Moab/Aram-Damaskus und seine Einflussnahme auf den israelitischen Hof sowie den Putsch Jehus bzw. Hasaëls erzählen (2Kön 3; 5; 6,8 – 23; 6,24 – 7,20; 8,7 – 15; 9,1 – 15a; 13,14 – 19).

c) Wundererzählungen, die Elischa vornehmlich als mantisch und magisch begabten Wundertäter darstellen (2Kön 2,19 – 25; 4; 5; 6,1 – 7; 13,20f).[10]

---

[10] Vgl. bspw. SCHMITT, Elisa, 15 – 18. Ein solcher Versuch einer Gattungseinteilung kommt nicht ohne Grauzonen aus, was sich bereits an einer Überschneidung zwischen den unter b) und c)

Die thematische Gruppierung der Erzählungen hat in den Arbeiten zu Elischa aus dem 20. Jahrhundert auch stets eine Rolle bei der Rekonstruktion der Genese gespielt.[11] Dieser Konnex von Gattung, Thema und Entstehungsgeschichte soll in der vorliegenden Untersuchung daher auf den Prüfstand gestellt werden.

In einem zweiten Schritt werden die literarkritischen Erkenntnisse redaktionsgeschichtlich ausgewertet und das Textwachstum daraufhin für die Gesamterzählung rekonstruiert. Dabei sollen die einzelnen relativen Zwischenergebnisse aus der Betrachtung der Einzelkapitel korreliert und systematisiert werden, um den Versuch einer absoluten Chronologie zu unternehmen. Ein solcher muss in Anbetracht des spärlichen historisch auswertbaren Materials innerhalb der Elischa-Erzählungen jedoch stets unter Vorbehalt stehen. Die Erkenntnisse der redaktionsgeschichtlichen Arbeit werden dann jeweils in einer Charakterisierung der einzelnen entstehungsgeschichtlichen Schichten gebündelt. Dabei soll vor allem die Aussageintention der einzelnen Redaktionen oder Bearbeitungen profiliert und theologisch ausgedeutet werden.

In einem letzten Schritt wird ein Ausblick in die Umwelt des Alten Testamentes unternommen, der Ähnlichkeiten zwischen der Typologie des Elischa und anderer prophetischer Figuren und Wundertäter in den Blick nehmen wird. Dadurch sollen weitere Erkenntnisse zur geschichtlichen und sozialen Herkunft der Elischa-Typologie sowie deren Wirkung gewonnen werden, die möglicherweise Rückschlüsse auf die Entstehung der Elischa-Erzählungen erleichtern.

Es wird zunächst der historische und geographische Großraum Mesopotamiens, besonders die Prophetentexte aus Mari und Ninive, in den Blick genommen. Diese Texte haben sich für die Frage nach Prophetie im Alten Testament in den letzten Jahren immer wieder als eine wichtige Referenzgröße erwiesen.[12] Weiterhin soll ein Blick in die geographisch näherliegenden, relevanten Texte aus dem syrisch-palästinischen Kulturraum des 1. Jahrtausends vor Christus geworfen werden.

Im Anschluss daran soll dann auch eine Betrachtung anderer, in der Frage nach der Prophetie bisher weniger gängiger Texte erfolgen, die zum Teil zeitgleich oder deutlich nach der mutmaßlichen Entstehung der Elischa-Traditionen datiert werden. Von diesem Vorgehen erhofft sich die vorliegende Untersuchung einen Aufschluss über wirkungsgeschichtliche Vorgänge ebenso wie typologische Ähnlichkeiten und Muster, auch und besonders im Blick auf die sehr eigentüm-

---

subsummierten Erzählungen deutlich zeigt. Ebenso könnte 1Kön 19,15 – 18 sowohl Gruppe a) als auch Gruppe b) zugeordnet werden.

11 Vgl. SCHMITT, Elisa; WÜRTHWEIN, Könige II, 273 – 321; STIPP, Elischa; OTTO, Jehu, 247 – 266.

12 Vgl. WEIPPERT, Aspekte; NISSINEN, Relevanz; DERS., References; DERS., Prophets; u. v. m.

liche Gestalt eines wundertätigen Gottesmannes, die das Alte Testament nur innerhalb der Königebücher kennt.[13]

Ein Exkurs im Verlauf der Arbeit wird die Prophetenjünger zum Thema haben und ihre Funktion in den Texten ebenso erörtern wie die Frage, wo sie in der Entstehungsgeschichte der Elischa-Erzählungen ihren Platz haben.

Ein weiterer Exkurs wird sich den für Elischa gebrauchten Titeln widmen. Dabei soll untersucht werden, wie die Bezeichnungen „Gottesmann" und „Prophet" in der Entstehungsgeschichte der Elischa-Überlieferung verwendet wurden und ob sie als Indikatoren für die entstehungsgeschichtliche Fragestellung verwendet werden können.[14]

Das Verhältnis zu den Elia-Erzählungen und der Figur Elias wird nur in der Untersuchung der Sukzessionstexte und der redaktionsgeschichtlichen Zusammenschau näher betrachtet werden können.

Vornehmlich fühlt sich die vorliegende Untersuchung der Frage nach der Entstehungs- und Fortschreibungsgeschichte der Elischa-Erzählungen in den Königebüchern und der Frage nach der Typologie der Elischa-Gestalt verpflichtet.

1.2 Die Elischa-Erzählungen als Teil des sogenannten Deuteronomistischen Geschichtswerkes

Durch ihren Ort innerhalb der Königebücher ist die Frage nach der Entstehungsgeschichte der Elischa-Erzählungen eingebunden in die Diskussion um die Entstehungsgeschichte des gesamten Textkorpus von Dtn bis 2Kön, welches in der Forschung im Anschluss an Martin Noth als *Deuteronomistisches Geschichtswerk* (fortan DtrG) bezeichnet wird.[15]

Anlass zu der vorliegenden Arbeit gab u. a. die Beobachtung, dass sich in der Betrachtung des DtrG seit dem Ende des 20. und dem Beginn des 21. Jahrhunderts viele Paradigmen maßgeblich geändert haben. Die entstehungsgeschichtlichen Modelle zum DtrG, wie sie auf der Grundlage Alfred Jepsens[16] und Martin Noths[17] im 20. Jahrhundert formuliert wurden, scheinen sich in einem Auflösungsprozess

---

13 Ein ähnliches methodisches Vorgehen im Blick auf die griechische Überlieferung findet sich bislang nur vereinzelt im Blick auf Phänomene der Prophetie, etwa bei HAGEDORN, Foreigners; HUFFMON, Process.
14 Vgl. SCHMITT, Elisa, 85–89.127–129.
15 Vgl. NOTH, Studien, 1–110.
16 Vgl. JEPSEN, Quellen, 30–106; bereits Jepsen rekonstruierte ein Schichtenmodell, in dem er einen *Nebiistischen Bearbeiter* ausmachte, vgl. v. a. 76–101.
17 Vgl. NOTH, Studien, 1–110.

zu befinden. Viele neuere Arbeiten deuten an, dass sich die Entstehungsprozesse der einzelnen Textkomplexe viel diffiziler darstellen, als die älteren Modelle zu tragen in der Lage sind.[18] Dabei spielt gerade die Beurteilung der prophetischen Texte innerhalb des DtrG eine ganz entscheidende Rolle.

Ebenso brachten viele exegetische Untersuchungen der letzten Jahre die Annahme Noths ins Wanken, bei der Buchgrenze zwischen Dtn 34 und Jos 1 handele es sich zugleich um eine entstehungsgeschichtliche Zäsur. Für die Königebücher ging etwa das Göttinger Dreischichtmodell[19] in Weiterentwicklung der Nothschen These davon aus, zunächst habe ein historisch orientierter Redaktor eine synchronistische Liste der Könige des Nord- und Südreiches mit deuteronomistischen Beurteilungen über ihr Handeln zusammengestellt. Diese Geschichtsdarstellung des DtrH(istorikers) habe den Zweck erfüllt, anhand der Verstöße der Könige gegen die Gesetze des Deuteronomiums zu zeigen, wie es unweigerlich zum Zusammenbruch des Nord- und später des Südreiches kommen musste. Ein an der Prophetie orientierter Redaktor (DtrP) habe daraufhin die Taten diverser Propheten in diese Vorlage eingetragen, um seinerseits zu zeigen, dass die Propheten den Königen Israels und Judas aufgezeigt hatten, was an ihrem Handeln nicht im Einklang mit dem Willen Jahwes stand. Ein dritter, am Gesetz orientierter Redaktor (DtrN), habe dann Überarbeitungen vorgenommen, die im Einzelnen auf die Verstöße gegen das Gesetz fokussiert waren.

In Bezug auf die Elia- und Elischa-Erzählungen war bereits in der älteren Forschung deutlich und unumstritten, dass die Erzählungen nicht ursprünglicher Bestandteil der Königebücher waren, sondern in dieses Werk eingefügt wurden.[20] Sie heben sich in ihrer Gattung, ihrem Erzählstil und der Thematik deutlich von vielem ab, was wir sonst in den Königebüchern finden.

Wichtig wurde dann im Verlauf der Forschungsgeschichte die Frage, wann genau der Einbau der Erzählungen stattgefunden habe. Während sowohl ältere als auch einige wenige neuere Arbeiten davon ausgehen, dass die Elia-/Elischa-Erzählungen bereits vor-deuteronomistisch in Kön eingearbeitet wurden,[21] rechnet die Mehrzahl neuerer Arbeiten mit einem nach-deuteronomistischen Einbau der

---

18 Vgl. VEIJOLA, Erben, 192–240; KRATZ, Ort, 101–120; KRATZ, Hexateuch, 295–323; KRATZ, Komposition, 9–13.314–330; BECKER, Richterzeit, 300–306; PAKKALA, Monolatry, 212–223; WEIPPERT, Geschichtswerk; RÖMER, History, 38–41.163f; NOLL, Book, 49–72.
19 Vgl. SMEND, Gesetz, 494–509; DIETRICH, Prophetie, 134–148; VEIJOLA, Dynastie, 127–142. Im Gegenüber dazu entwickelte F. M. Cross ein Blockmodell, welches – verkürzt dargestellt – von einer vorexilisch vorliegenden Ausgabe des DtrG ausgeht, in welche exilische Überlieferungsblöcke eingearbeitet wurden, vgl. CROSS, Myth, 217–289, vgl. dazu kritisch AURELIUS, Zukunft, 39–57.
20 Vgl. WELLHAUSEN, Composition, 278.287f; JEPSEN, Quellen, 77f; NOTH, Studien, 78–87.
21 Vgl. NOTH, Studien, 83; REHM, Könige 2, 26.

Erzählungen.[22] Ebenso erschien die Zuweisung auf *einen deuteronomistischen Redaktor* (DtrP) aufgrund der Vielzahl der unterschiedlichen theologischen Tendenzen problematisch.[23]

Die vorliegende Arbeit wird versuchen, die Neuorientierung in der Erforschung des Textkomplexes, der zuvor als DtrG umschrieben wurde, auch für die Elischa-Erzählungen zu überprüfen und die Rekonstruktion der Texte in 1Kön 19 – 2Kön 13 zunächst ohne die Vorannahmen eines redaktionsgeschichtlichen Modells zum DtrG zu vollziehen. Grundannahme der Arbeit ist allerdings, dass der Einbau der Elia- und Elischa-Erzählungen in die Königebücher in einem nach-deuteronomistischen Stadium der Königebücher geschehen ist. Der Begriff *nach-deuteronomistisch* hängt in diesem Fall stark vom Verständnis des Begriffes *deuteronomistisch* ab, der sich in den letzten Jahren ebenfalls stark gewandelt hat.[24] So gehen viele neuere Arbeiten davon aus, dass man lediglich von einer einzigen *deuteronomistischen Redaktion* sprechen kann, die in den Königebüchern das Rahmenschema der Könige Israels und Judas mit ihren Beurteilungen versehen hat. Diese Beurteilungen tragen die Handschrift der Untergangserfahrung und beurteilen die Könige und ihre Regierungsjahre je auf dem Hintergrund dieser Erfahrung. Dieser Grundannahme, die zugleich einen Minimalkonsens in Bezug auf den Begriff *deuteronomistisch* darstellt, schließt sich die vorliegende Arbeit an und verwendet die Begriffe *deuteronomistisch* und *nach-deuteronomistisch* oder *post-deuteronomistisch* in der diesem Minimalkonsens entsprechenden Weise.

Dabei muss eine Unterscheidung in Bezug auf den deuteronomistischen Charakter der Rahmennotizen getroffen werden. Während der Deuteronomismus der Rahmennotizen in seinem Grundbestand vor allem an der Frage der Kulteinheit und damit verbunden auch Reichseinheit interessiert ist, scheint die Frage des Ausschließlichkeitsanspruches Jahwes erst sekundär hinzuzutreten.[25]

Durch die Beschränkung auf diesen Minimalkonsens im Verständnis des Begriffes *deuteronomistisch* soll die literarkritische Rekonstruktion die Möglichkeit behalten, alle Bearbeitungsschritte zunächst nur zu beobachten und sie in

---

22 Vgl. WÜRTHWEIN, Könige II, 366 – 368; KRATZ, Komposition, 169 – 171. Einen Mittelweg, der sich zumeist an der Einordnung von 2Kön 9 f entscheidet, beschreiten LEHNART, Prophet, 416 – 420; STIPP, Elischa, 464; OTTO, Jehu, 114 – 117.
23 So etwa bei WÜRTHWEIN, Studien, 5 f.
24 Eine anschauliche Sammlung der Gründe für den Umbruch im Verständnis des Wortes *deuteronomistisch* sowie eine Darstellung des sich in den letzten Jahren konstituierenden Minimalkonsenses bietet OTTO, Composition, 487 – 491. Eine weiterführende Darstellung der Forschungsgeschichte redaktionsgeschichtlicher Arbeiten im Bereich der Königebücher bieten KNOPPERS, Theories, 69 – 88; HALPERN/LEMAIRE, Composition, 123 – 153.
25 Vgl. LEVIN, Joschija, 352 f; KRATZ, Komposition, 155 – 193; WÜRTHWEIN, Studien, 3 – 6.10 f; PAKKALA, Entwicklung, 239 – 248, FREVEL, Deuteronomisten, 249 – 277, v. a. 254.

ihrer Intention den Einzeltext betreffend zu beschreiben, ohne sie gleich in eine bestimmte theologische oder ideologische Linie stellen zu müssen. Sollten sich dennoch inhaltliche oder sprachliche Schnittmengen zwischen rekonstruierten Bearbeitungen verschiedener Kapitel ergeben, werden diese erst in der redaktionsgeschichtlichen Rekonstruktion in ein Verhältnis zueinander gesetzt.

1.3 Forschungsgeschichtlicher Überblick

Der Überblick über die zugrundeliegende Forschungsgeschichte beschränkt sich darauf, lediglich die einschlägigen Arbeiten ab der zweiten Hälfte des 20. Jahrhunderts in der gebotenen Kürze darzustellen. Er kann sich auf die umfänglichen forschungsgeschichtlichen Darstellungen stützen, die in den letzten drei Untersuchungen zu diesem Textkomplex geboten wurden und auch die ältere Forschungsgeschichte mit einschließen.[26]

Unter den neueren Arbeiten sei zunächst die Monografie von HANS-CHRISTOPH SCHMITT aus dem Jahre 1972 genannt.[27] Hierin entwirft Schmitt ein entstehungsgeschichtliches Bild der Elischa-Erzählungen, an dessen Anfang zunächst die Jehu-Erzählung in 2Kön 9f steht. An diese deuteronomistisch bearbeitete Erzählung lagerten sich nach Ansicht Schmitts drei Sammlungen an, die ursprünglich selbständig tradiert worden waren. Die Älteste unter ihnen ist eine Sammlung von *Kriegserzählungen* (2Kön 3,4–27; 6,24–7,20).[28] Daran anschließend rekonstruiert er einige eher lose Aramäererzählungen (in 2Kön 5,1–27; 8,7–15; 13,14–19.20f), die jedoch keine eigene Sammlung darstellten. Es folgte die Einarbeitung der ehedem selbständigen *Wundergeschichtensammlung* (2Kön 4,1–7.8–37.38–41.42–44; 6,1–7; 8,1–6) und zuletzt die sogenannte *Sukzessorensammlung* (1Kön 19,19–21; 2Kön 2,1–18.19–24). Grundlegend für Schmitts Rekonstruktion ist die Herausarbeitung einer Gottesmann-Bearbeitung, auf welche er die nach-deuteronomistische Einarbeitung der Kriegs- und Aramäererzählungen ebenso wie der Wunder- und Sukzessionssammlung in die Königebücher zurückführt.[29] Diese Bearbeitung fügt an vielen Stellen den Titel „Gottesmann" in die Erzählungen ein, streicht ihn hingegen an anderen zugunsten des Eigennamens Elischa. Hierin liegt eine Schwierigkeit der Rekonstruktion. Die Gründe für die rückwärtige Änderung sind nicht ohne weiteres ersichtlich und der Begriff des

---

26 Vgl. OTTO, Jehu, 11–28; LEHNART, Prophet, 8–12.177–189.364–373; SCHMITT, Magie, 212–219.
27 Vgl. SCHMITT, Elisa.
28 Ähnlich BLUM, Nabotüberlieferungen, 370.
29 Vgl. SCHMITT, Elisa, 85–89.127f.

Gottesmannes findet sich zudem bereits in der dem Bearbeiter vorliegenden Sammlung von Wundergeschichten. Es ist daher nicht eindeutig zu erkennen, welche Aussageintention ein solcher Gottesmann-Bearbeiter in welchem Fall jeweils gehabt hätte.

Der von Ernst Würthwein vorgelegte Kommentar[30] aus dem Jahr 1984 beschreitet nur zum Teil einen anderen Weg. Während Würthwein in Bezug auf die Elia-Überlieferung einen Entstehungsprozess annimmt, der von vor-deuteronomistischen Vorlagen bis zu nach-deuteronomistischen Bearbeitungen reicht, ähnelt seine Rekonstruktion der Elischa-Erzählungen in vielen Punkten der Schmitts.[31] Seine Rekonstruktion arbeitet weitgehend auf Grundlage des Göttinger Dreischichtenmodells und enthält ebenfalls eine Gottesmann-Redaktion. Diese zeichnet bei Würthwein allerdings nur für die Bearbeitung in 2Kön 5,15–19*, 8,11b–13a und 13,18f verantwortlich. Weiterhin sind nach Würthweins Ansicht die *Kriegserzählungen* der letzte der ehedem selbständigen Teile der Elischa-Überlieferung, die Eingang in die Königebücher gefunden haben. Komplex wird die Rekonstruktion Würthweins zudem durch das Festhalten am deuteronomistischen Schichtmodell unter gleichzeitiger Annahme mehrerer zusätzlicher Einzelbearbeiter, die für punktuelle Erweiterungen verantwortlich sind.

Hermann-Josef Stipp widmet sich in seiner 1987 erschienenen Monografie hingegen zunächst detailliert der Textgeschichte, bevor er der Literarkritik seine Aufmerksamkeit schenkt, u.a. mit dem Ziel der Überprüfung einiger Thesen Schmitts.[32] Stipps Durchsicht der Handschriften führt zu einem eher disparaten Bild bei der Verwendung des Gottesmann-Titels in den unterschiedlichen Texttraditionen. So kommt Stipp zu dem Schluss, dass die griechische Textüberlieferung vor Origenes ein im Gegenüber zum masoretischen Text primäres Textstadium bewahrt hat, welches im masoretischen Text durch Ersetzungen des Namens durch den Titel oder umgekehrt mehrfach korrumpiert wurde.[33] Die redaktionsgeschichtliche Fragestellung steht nicht im Vordergrund von Stipps Bemühungen, was die Formulierung eines eigenen entstehungsgeschichtlichen Überblicks Stipps schwierig macht. Dennoch zeigt der disparate textgeschichtliche Befund bei Stipp in Bezug auf den Titel *Gottesmann*, dass Schmitts Rekonstruktion eine maßgebliche methodische Schwäche besitzt, wenn sie sich in der Literarkritik in so hohem Maße auf diesen Titel verlässt.

Die Monographie von Susanne Otto aus dem Jahr 2001 rekonstruiert ähnlich der Arbeit von Schmitt drei ehedem selbständige Sammlungen von Elischa-Er-

---

30 Vgl. Würthwein, Könige II.
31 Vgl. Würthwein, Könige II, 366–368.
32 Vgl. Stipp, Elischa.
33 Vgl. Stipp, Elischa, 463–480.

zählungen.[34] Am Anfang steht eine von den Prophetenjüngern tradierte Sammlung von *unpolitischen Wundererzählungen* (2Kön 2,19 – 22.23b–24; 4,1 – 7.8 – 37*.38 – 41.42 – 44; 6,1 – 7), gefolgt von einer Sammlung *politischer Wundergeschichten* (2Kön 5,1 – 19*; 6,8 – 23*; 13,14 – 21) aus Kreisen der nordisraelitischen Hofprophetie. Diese beiden Sammlungen wurden nach Otto im Zusammenhang mit dem Untergang des Nordreiches zu einer *Elisa-Biografie* zusammengearbeitet.[35] In exilischer Zeit wurde diese dann mit einer ebenfalls noch aus dem Nordreich stammenden *Kriegserzählungssammlung* zusammengefügt.

Die Einarbeitung dieser in den Zusammenhang der Königebücher geschah dann erst in exilischer Zeit durch einen Bearbeiter (BK), gefolgt von der Einarbeitung der Elia-Erzählungen durch den Bearbeiter BE1 und schließlich die Einarbeitung der Elischa-Biographie durch den Bearbeiter BE2.

Trotz der Unterschiede in der Methodik besteht in den Entwürfen Schmitts, Stipps und Ottos Einigkeit darüber, dass Elischas erste Erwähnung in 2Kön 9 f* zu finden sei und von diesem literarischen Haftpunkt aus die Einarbeitung der weiteren Elischa-Überlieferungen in Kön ihren Verlauf genommen habe.[36]

Die Monographie von BERNHARD LEHNART aus dem Jahr 2003[37] geht von einer bereits vor-deuteronomistischen *Elisa-Komposition* in 2Kön 2,1 – 15.19 – 25a; 4,1 – 44*; 5,1 – 14; 6,1 – 7.8 – 23; 8,1 – 6.7 – 15; 13,14 – 21 aus, die schon im 8. Jahrhundert vorlag und von den Prophetenjüngern im Nordreich zusammengestellt und tradiert wurde. Die Einarbeitung dieser Komposition geht auf eine zweite deuteronomistische Redaktion (Dtr II) in exilisch-nachexilischer Zeit zurück. Diese fand bereits ein von Dtr I redigiertes Geschichtswerk vor, in dem sowohl die Dürre-Karmel-Komposition (DKK) in 1Kön 17,1 – 18,45*; 19*; 2Kön 1*[38] als auch die Jehu-Revolution in 2Kön 9 f*[39] sowie eine Isebel-feindliche Bearbeitung enthalten war. Dass sowohl diese großräumigen redaktionellen Teile ebenso wie die Mehrheit aller Elischa-Erzählungen jeweils auf nur einen Redaktorenkreis zurückgehen,[40] ist in Anbetracht des disparaten Materials eine der Schwächen in Lehnarts Rekonstruktion und bleibt unerläutert.

Die englischsprachigen Untersuchungen von COOTE (1992) und BERGEN (1999)[41] sind stärker an der Sozialgeschichte der Elischa-Erzählungen interessiert

---

34 Vgl. OTTO, Jehu.
35 Vgl. OTTO, Jehu, 249 – 252.
36 Vgl. OTTO, Jehu, 373.
37 Vgl. LEHNART, Prophet.
38 Vgl. LEHNART, Prophet, 273 – 283.
39 Vgl. LEHNART, Prophet, 420 – 439.
40 Vgl. LEHNART, Prophet, 364 – 367.411 – 420.
41 Vgl. COOTE, Elijah; BERGEN, Elisha.

und treffen ihrerseits kaum entstehungsgeschichtliche Aussagen, werden also nur insofern in die vorliegende Untersuchung einbezogen als sie von Relevanz in Bezug auf Einzeltexte sind.

Ähnlich verhält es sich mit der jüngst erschienenen Untersuchung von BODNER (2013).[42] Sie liefert ausschließlich narratologische Analysen der Texte und trifft keinerlei entstehungsgeschichtliche Aussagen zu den Elischa-Erzählungen.

Die bereits in einzelnen Lieferungen vorliegende Kommentierung der Königebücher von WINFRIED THIEL[43] ist noch nicht bis in den Textbereich über Elischa vorgedrungen. Aus den literar- und redaktionsgeschichtlichen Rekonstruktionen der Elia-Überlieferung sowie einigen anderen Publikationen Thiels[44] ist jedoch zu entnehmen, dass Thiel mit einer vor-deuteronomistischen Einarbeitung der Elischa-Überlieferung und einem nur geringen Maß an redaktionellen Eingriffen rechnet.[45]

Zuletzt sei auf die bislang ausschließlich online publizierte Dissertation von GERHARD KARNER[46] (2009) hingewiesen. Karner bezeichnet seinen Ansatz als religionsgeschichtlich und literarisch ausgerichtet.[47] Literargeschichtlich orientiert sich Karners Untersuchung im Groben an dem dreischrittigen DtrG-Modell von Thomas Römer,[48] macht aber selbst keinerlei literar- und redaktionskritische Beobachtungen zu den Einzeltexten der Elia- und Elischa-Erzählungen und geht in seiner religionsgeschichtlichen Fragestellung stets vom kanonischen Endtext der Erzählungen in ihrem jeweiligen kanonischen Zusammenhang aus.[49] Bei der religionsgeschichtlichen Untersuchung konzentriert sich Karner auf die Fragestellung, inwieweit die magischen Rituale und rituellen Handlungselemente innerhalb der Elia- und Elischa-Erzählungen ein Vorbild in der keilschriftlichen Literatur Mesopotamiens haben. Hierbei handelt es sich m. E. um eine unglückliche Engführung des phänomenologischen Ansatzes Karners, die wahrscheinlich ihrerseits auf einer ungenannten Vorentscheidung in Bezug auf die literarische Genese der Elia- und Elischa-Erzählungen beruht.

---

42 Vgl. BODNER, Profile.
43 Vgl. THIEL, Könige II.
44 Vgl. bspw. THIEL, Jahwe, 102.
45 Ebenso etwa auch SCHMITT, Magie, 290f.383f.
46 Vgl. KARNER, Elemente.
47 Vgl. KARNER, Elemente, 3.
48 Vgl. KARNER, Elemente, 122–125; RÖMER, History, 104–106.149–177.
49 Vgl. KARNER, Elemente, 126.

2 Literarkritische Analyse

2.1 Literarkritik 1Kön 19,15 f.19 – 21

In 1Kön 19 begegnet dem Leser die Figur des Elischa zum allerersten Mal innerhalb des Alten Testaments. Nachdem Kapitel 19 – grundsätzlich Bestandteil der Elia-Überlieferung – zunächst recht breit von Elias Wallfahrt zum Horeb erzählt hatte, werden Elia in 19,15 f im Zusammenhang der Jahwe-Theophanie drei Befehle zur Salbung gegeben. Ohne vorherige Einführung wird Elischa in dem Salbungsbefehl in 19,15 f genannt. Erst in der Berufungserzählung in 19,19 – 21 wird Elischa eingeführt und dem Leser vorgestellt. Diese beiden Stellen in 1Kön 19 – ebenso wie die Erzählung in 2Kön 2,1 – 18 – bringen Elia und Elischa gemeinsam in einen Erzählzusammenhang, in dem es stets um die Frage des Nachfolgeverhältnisses der beiden Figuren geht.[1]

Erwartet hätte der Leser sicherlich, dass diese neue Figur zunächst eingeführt wird. Bereits hierin deutet sich eine literarische Spannung zwischen 1Kön 19,15 f und 19,19 – 21 an.

Beginnt man die Untersuchung dennoch in der Reihenfolge des Endtextes, so nennt innerhalb des dreigliedrigen Salbungsbefehls in 19,15 f der letzte Auftrag Elischa, den Elia zum Propheten an seiner statt salben soll.

Diese beiden Verse 1Kön 19,15 f weisen zwar in sich keinerlei Spannungen oder Brüche auf, streng genommen führt Elia im Verlauf der weiteren Kapitel allerdings keinen dieser drei Aufträge in der Weise aus, wie es ihm in 1Kön 19,15 f aufgetragen worden war. Es bestehen also sehr wohl Spannungen zwischen diesen Beauftragungen und den Ausführungen, wie etwa zu den Versen 19,19 – 21.

Wie sich im weiteren Verlauf der Erzählungen zeigt, wird Hasaël nicht von Elia zum König über Aram gesalbt, sondern usurpiert den Thron (nach Ansage Elischas) durch den Mord an seinem Vorgänger Ben-Hadad (vgl. 2Kön 8,7 – 15).[2] Des Weiteren wird Jehu nicht von Elia, sondern von einem Prophetenjünger des Elischa zum König über Israel gesalbt und schließlich wird auch Elischa selbst nicht durch Salbung zum Nachfolger Elias erhoben. Dennoch wird deutlich, dass dieser Vers in gewisser Weise Kenntnis von den Erzählzusammenhängen zwischen Elia, Elischa, Jehu und Hasaël in 2Kön 2 – 13 zu haben scheint.

---

1 Vgl. Schmitt, Elisa, 102 – 107.180 f. Schmitt weist die Texte daher einer „Sukzessorsammlung" zu. Zwar halte ich die thematische Gruppierung der Sukzessionstexte für sinnvoll, m. E. können aus den thematischen Übereinstimmungen allein allerdings noch keine entstehungsgeschichtlichen Schlussfolgerungen gezogen werden.

2 Vgl. ANET, 280b; Würthwein, Könige II, 319.

Es könnte sich in dem dreifachen Befehl 1Kön 19,15–18 daher möglichweise um eine redaktionelle Einfügung handeln, deren Zweck es war, die folgenden, literarisch ehedem unabhängigen Erzählungen unter einem gemeinsamen theologischen Vorzeichen zusammenzufassen. Dennoch bleibt die Frage unbeantwortet, weshalb ein Redaktor die Spannungen zu den folgenden Kapiteln bewusst hingenommen hätte. Meines Erachtens könnten diese Spannungen der redaktionellen Intention geschuldet sein, sowohl die Nachfolge Elias durch Elischa als auch die Thronusurpation Hasaëls und den Putsch Jehus auf den Willen Jahwes hin geschehen zu lassen.[3] Diese Komponente göttlicher Beauftragung wird durch den Salbungsbegriff in besonderer Weise zum Ausdruck gebracht. Die Beauftragungen in 19,15 f würden somit auf der Grundlage der bereits vorliegenden Episoden zu Ereignissen aus der Geschichte Israels (Aramäerkriege, Jehu-Revolution) bzw. der Literatur Israels (Elischa-Figur) als *vaticinium ex eventu* formuliert.[4] Zweck der Voranstellung von 1Kön 19,15 f vor die nachfolgenden Erzählungen wäre es demnach, die Überlieferungen unterschiedlicher Herkunft enger miteinander zu verzahnen und sie gleichzeitig unter ein gemeinsames theologisches Vorzeichen zu stellen.

Somit kann als Vorannahme formuliert werden, dass es sich bei 1Kön 19,15–18 um eines der jüngsten redaktionellen Stücke innerhalb der Elia-Elischa-Erzählungen handeln muss. Ein umgekehrter Rekonstruktionsversuch birgt in gleicher Weise die Schwierigkeit, die Inkonsistenz der beiden Berufungsvorstellungen nicht erklären zu können. Da 1Kön 19,15–18 jedoch eine deutlich stärkere theologische Motivation erkennen lässt als 1Kön 19,19–21, kann ein besonderes Interesse an der Salbungsthematik eine plausible Erklärung für die spätere Einfügung von 19,15–18 und die dadurch entstehende Unstimmigkeit in der Berufungsvorstellung liefern.

Aus Sicht jenes Bearbeiters, der 1Kön 19,15–18 den übrigen Erzählungen voranstellte, waren das Ende der Omriden-Dynastie und die Verluste Israels in den Auseinandersetzungen mit den Aramäern Jahwes unausweichliche Strafe für Israels (v. a. Ahabs und Isebels) Dienst an Baal. Unter diesem theologischen Vorzeichen verbinden 1Kön 19,15 f die Elia- und die Elischa-Überlieferung fest miteinander und schaffen einen übergreifenden Bogen, der von 1Kön 17 bis 2Kön 13 reicht und ein durchweg schlechtes Bild der betreffenden Nordreichskönige entwirft.[5]

---

3 Vgl. HUGO, Text, 33.
4 Vgl. FRITZ, 1. Könige, 177.
5 Vgl. FRITZ, 1. Könige, 178. Hierin liegt ein stark deuteronomistischer Zug. Wie in der Charakterisierung der einzelnen Bearbeitungen jedoch zu zeigen sein wird, müssen genaue Unter-

Wie bereits erwähnt, besteht sich zwischen dem Befehl in 1Kön 19,16 und den Versen 19,19 – 21 eine Spannung. In 1Kön 19,16 dominiert eine gänzlich andere Berufungsvorstellung als in 19,19 – 21. Elia soll Elischa zum Nachfolger *salben* (Wurzel משׁח in 19,16). Von einem Mantel wie in 19,19 – 21 ist an dieser Stelle nicht die Rede. Die letzten drei Verse des Kapitels erzählen hingegen vom ersten Zusammentreffen zwischen Elia und Elischa auf dem Feld und führen Elischa erstmals als handelnde Person ein. Elia findet Elischa in V. 19 beim Pflügen des Feldes mit Ochsengespannen vor. Von einer Salbung ist hier nicht die Rede.

Die drei Verse lassen sich durch den Orts- und Personenwechsel gut vom ersten Teil des Kapitels abgrenzen und werden in V. 19 durch die Formulierung וילך משׁם nur lose an das vorher Erzählte angeschlossen. Diese lose Anbindung findet sich auch in 2Kön 2,25 als Einsatz einer neuen Episode sowie in 2Kön 2,23 (mit der Wurzel עלה) und 2Kön 10,15, hier ebenfalls gefolgt von der gleichen Verbform וימצא. Es ist davon auszugehen, dass es sich um eine redaktionelle Formulierung handelt, die den Einbau dieser Erzählung an dieser Stelle ermöglichte.[6]

Abgesehen von der lose verbundenen Einleitung, finden sich keinerlei Spannungen oder Brüche innerhalb der Erzählung. Die Indienstnahme Elischas geschieht auf dessen Feld. Elischa wird von seinem Tagwerk weg „berufen" und durch die Handlung des Mantelwurfs von Elia in Dienst genommen. Obwohl diese Berufung gänzlich anders verläuft als die Berufung aller anderen alttestamentlichen Propheten und sich Elia Elischa nicht einmal vorstellt, ist diesem die Bedeutung des Mantelwurfs offenbar sofort einsichtig.[7] Ebenso muss auch der Leser verstanden haben, was diese Geste bedeuten soll, da keinerlei Erklärungen erfolgen. Trotz der nicht näher erläuterten Geste, wird deutlich, dass es Ziel der Erzählung ist, die beiden Figuren Elia und Elischa in ein Verhältnis der Nachfolge zueinander zu bringen, in welchem sie ursprünglich vielleicht gar nicht standen.[8]

In welchem Verhältnis diese Texte in 1Kön 19 zu der Erzählung in 2Kön 2,1 – 15 stehen, wird im Anschluss an die Analyse des Kapitels 2Kön 2 näher beleuchtet werden. Auch die וילךמשׁם relative Chronologie dieser Texte, die alle das Thema der Prophetensukzession behandeln, wird dabei untersucht werden.

---

scheidungen getroffen werden, was genau unter dem Begriff der deuteronomistischen Theologie zu verstehen ist; vgl. Kapitel 1.2. sowie 3.4. in dieser Arbeit.

6 Vgl. SCHMITT, Elisa, 102; WÜRTHWEIN, Könige II, 232; OTTO, Jehu, 193.

7 Zwar wird der Mantel als das Gewand des Propheten auch bei Ahija von Schilo erwähnt (vgl. 1Kön 11,29), dort allerdings mit dem hebräischen Terminus שׁלמה. Der Begriff אדרת für den Mantel eines Propheten findet sich nur hier, in 2Kön 2,8.13.14 und an einer weiteren Stelle in Sach 13,4.

8 Vgl. WÜRTHWEIN, Könige II, 233.

2.2 Literarkritik 2Kön 2

Das Kapitel 2Kön 2 steht zwischen dem Rahmenschema des Königs Ahasja von Israel (1Kön 22,52–54; 2Kön 1,17–18*) und der Anfangsnotiz für Joram von Israel in 2Kön 3,1.[9] Die Abschlussnotiz für Joram von Israel fehlt – es ist zu vermuten, dass sie wegfiel als die Erzählung über die Revolution Jehus in die Königebücher aufgenommen wurde. Erst in 2Kön 8,25–29 wird der sogenannte deuteronomistische Faden der Königsnotizen wieder aufgegriffen und mit dem Rahmenschema für Joram von Juda und danach für Ahasja von Juda fortgeführt.

Das Kapitel 2Kön 2 lässt sich grob in drei Erzähleinheiten gliedern, die durch Orts- und Personenwechsel jeweils klar voneinander abgegrenzt sind.

In 2Kön 2,1–18 wird die sogenannte Himmelfahrt Elias erzählt. Elia und Elischa befinden sich gemeinsam auf dem Weg und besuchen nacheinander zwei Prophetenjünger-Gemeinschaften in Bet-El und Jericho bevor sie, gefolgt von einer Schar von Prophetenjüngern, an den Jordan kommen. Dort teilt Elia mit seinem Mantel den Fluss und zieht allein mit Elischa trockenen Fußes auf die andere Seite. Nach einer Unterredung der beiden, bei der es um die Übertragung des Geistes von Elia auf Elischa geht, wird Elia, begleitet von allerlei übernatürlichen Ereignissen, vor Elischas Augen entrückt. Elischa kehrt an den Jordan zurück und teilt, wie zuvor Elia, den Fluss mithilfe von Elias Mantel. Nach der Anerkennung der Geistübertragung auf Elischa durch die Prophetenjünger schließt sich von den Prophetenjüngern initiiert eine Suche nach Elia an, die nur das Ergebnis erbringt, Elia sei nicht mehr auffindbar.

In 2Kön 2,19–22 wird erzählt, wie Elischa durch eine magische Handlung mit Salz eine Quelle heilt, die bei den Frauen einer Stadt Fehlgeburten verursacht.[10]

Einen anderen Ton trägt die Erzählung in 2Kön 2,23–25. Darin wird Elischa von den Kindern einer Stadt verspottet. Elischa – erzürnt über die Beleidigung – bestraft die Kinder mit dem Tode durch zwei Bärinnen. Diese drei Erzählungen sollen im Folgenden einzeln literarkritisch untersucht werden.

2.2.1 2Kön 2,1–18: Die Himmelfahrt Elias

Die Erzählung in 2Kön 2,1–18 wird durch die Überschrift in 2Kön 2,1 am Beginn und den Abschluss des Spannungsbogens in 2,18 sowie den Einsatz einer neuen

---

9 Somit steht 2Kön 2 außerhalb des Rahmenschemas der Königebücher. Das ist sonst nur noch bei 2Kön 13,14–21 der Fall, vgl. die Kapitel 2.3.1. und 2.10. dieser Arbeit.
10 Vgl. שׁכל in Ex 23,26; vgl. weiterführend Art. שׁכל, HALAT IV, 1382f.

Handlung (markiert durch einen Orts- und Personenwechsel) in 2,19 deutlich abgegrenzt.

V. 1a fasst dem Leser bereits den Inhalt der Gesamterzählung in einem Halbsatz zusammen: Elia wird in dieser Erzählung in den Himmel auffahren. Diese Einleitung in V. 1 ist eine für das Alte Testament ungewöhnliche, zusammenfassende Überschrift, die bereits den Höhepunkt der folgenden Erzählung vorwegnimmt. Sie eröffnet einen Spannungsbogen, der erst in V. 18 zu einem Ende kommt.

Bereits dieser erste Vers steht in einer literarischen Spannung zum Fortgang der Erzählung. Während in V. 11 die Entrückung Elias durch den feurigen Wagen, die feurigen Rosse und den Sturmwind ohne ausdrückliches Zutun Jahwes geschieht, nennt V. 1 zunächst Jahwe als das Subjekt der Entrückung und allein den Sturmwind – ohne feurigen Wagen und feurige Rosse – als übernatürliches Geschehen. Der Sturmwind ist in V. 1 zudem determiniert und damit als bekannt vorausgesetzt, obwohl er hier erstmals in der Erzählung und im gesamten Textkomplex der Königebücher auftaucht.

Die Überschrift in V. 1 macht daher den Eindruck, als sei sie eine spätere Hinzufügung zur Himmelfahrtserzählung mit dem Zweck, diese in den Kontext der Elischa-Erzählungen einzubinden.[11] Dabei wurde die Vorstellung von der Himmelfahrt im Sturmwind wohl aus V. 11b von jenem Bearbeiter aufgegriffen, der die Einleitung in V. 1a formulierte. Da die Vorstellung von der Auffahrt Elias durch den Sturmwind in V. 11b noch ohne Jahwe auskommt, scheint V. 1a diesen Vorgang mit der Nennung Jahwes theologisieren zu wollen. Entsprechend unterscheidet sich auch die Verwendung der Wurzel עלה in beiden Versen, was ebenso als Indiz für unterschiedliche Verfasserschaften gewertet werden kann. Während V. 1a einen Infinitiv Hifil (Kausativ, transitiv) verwendet, dessen Subjekt Jahwe ist, ist Elischa in V. 11b selbst das Subjekt der finiten Verbform im Qal (intransitiv). Durch den Einbau Jahwes als Subjekt der Handlung wird der wundersamen Auffahrt in den Himmel eine theologische Dimension verliehen.[12]

---

11 Vgl. SCHMITT, Elisa, 102.

12 Nicht eindeutig zu beantworten ist die Frage, weshalb ein späterer Bearbeiter zwar am Sturmwind ein besonderes Interesse zeigt, nicht aber an den feurigen Pferden. Zu רכב־אש und סוסי אש vgl. 2Kön 6,15–17; vgl. LEHNART, Prophet, 375; SCHMITT, Entrückung, 93–97 und weiterhin Ps 68,18; Jes 66,15; Ez 1,15–21; Hab 3,8; Sach 14,5; 2Kön 23,11. Zu סערה vgl. Hi 38,1; 40,6; Ps 107,25.29; 148,8; Jes 29,6; 40,24; 41,16; Jer 23,19; 30,23; Ez 1,4; 13,11.13; Sach 9,14. Auffällig ist, dass es sich um eine andere Theophanie-Vorstellung handelt als in Ex 19 und vor allem in 1Kön 19. Während 1Kön 19,12 von Jahwe in einem דממה דקה erzählt, wird hier mit dem Wort סערה eine völlig andere Vorstellung gewählt. Dass es sich dabei um eine bewusste Gegenkonzeption handelt, will m. E. jedoch auch nicht recht einleuchten, hierfür würde man eher die רוח גדולה aus 1Kön 19,11 erwarten. Zu

Die Formulierung וילך אליהו ואלישע מן־הגלגל in V. 1b ist insofern bemerkenswert, als zuvor von Gilgal in der Gesamtheit der Königebücher noch nicht die Rede war.[13]

Eine weitere Spannung findet sich bezüglich der Vorstellung, wie genau die Entrückung vonstattengeht. In den Versen 9–10 beschreibt die Wurzel לקח im Passiv die Hinwegnahme Elias von Elischa (לקח מאתך / אלקח מעמך). Es wird nicht ausgesagt, wer der Hinwegnehmende ist. In den Versen 3 und 5 wird hingegen Jahwe als Subjekt des Hinwegnehmens genannt (לקח im Aktiv). Nach dieser Vorstellung geschieht die Hinwegnahme Elias „über den Kopf" Elischas hinweg (zweimal יהוה לקח את אדניך מעל ראשך). In V. 1 und 11 wiederum wird der Vorgang mit der Wurzel עלה formuliert (V. 1 im Hifil, dessen Subjekt Jahwe ist, in V. 11 im Qal, dessen Subjekt Elischa ist).

Nachdem Elia und Elischa in V. 12 durch den feurigen Wagen und die Pferde getrennt werden, wird festgestellt, dass Elischa dies sieht. Im gleichen Vers wird kurz darauf festgehalten, dass Elischa Elia nicht mehr sehen kann. Durch die Einfügung der Partikel עוד wird zwar auf der Ebene des Endtextes der Anschein erweckt, Elischa habe Elia zunächst *noch* (dieses *noch* hat kein Äquivalent im hebräischen Text und wird vom Leser unbewusst eingefügt) gesehen, ihn später aber nicht mehr (עוד) sehen können. Der Leser würde nicht ohne weiteres eine Notiz darüber erwarten, dass Elischa den Vorgang der Trennung und Aufnahme in den Himmel sah, außer es wurde vorher besonderes Gewicht auf den Vorgang des Sehens gelegt, wie in V. 10. Die Notiz, dass Elischa Elia *nicht mehr* sieht in V. 12aβ, wirkt hingegen völlig natürlich und würde sich organisch an den Akt der Trennung der beiden in V. 11 anschließen.

Noch ein weiteres Indiz unterstreicht die Vermutung, dass es sich bei den Versen 11 und 12 um eine redaktionelle Nahtstelle handelt. Während in V. 11 von סוסים (Pferde) die Rede ist, enthält der Ausspruch in V. 12a eine andere Wurzel פרש (Gespann), obwohl doch im Endtext der Eindruck entsteht, der Anblick der feurigen Pferde habe Elischa zu dem Ausruf in V. 12aα motiviert. Dies könnte ein Indiz dafür sein, dass der Ehrentitel für Elia an dieser Stelle sekundär verwendet wurde und seinen Ursprung in der Elischa-Überlieferung hat. Er könnte dem Bearbeiter dieser Stelle als redaktionelle Klammer dienen, um die Elia- und die Elischa-Überlieferung miteinander zu verbinden.[14] Der Ausspruch, der in 2Kön 13,14 den

---

Vorstellungen von Wind oder Sturm im Zusammenhang mit Theophanien vgl. weiterhin Ps 18,11; 50,3; Nah 1,3; Sach 9,14.

13 Erst im weiteren Verlauf der Elischa-Erzählungen wird Gilgal in 4,38 als der Ort der Prophetenschule des Elischa erwähnt. Obgleich die andere Erzählung über den Ort der Prophetenschule in 6,1–7 unlokalisiert bleibt, widersprechen die Umschreibungen in 6,1f (Nähe zum Jordan) nicht einer Lokalisation in Gilgal.

14 Vgl. Levine, Spirit, 38–46.

Tod Elischas markiert, wird auch an das Ende Elias platziert und verklammert so die beiden Überlieferungen miteinander. Da sich der Ausspruch aufgrund der Semantik nicht nahtlos in den Kontext von 2Kön 2,12 einfügt und eher der Charakteristik Elischas als der des Elia entspricht, gehe ich vorläufig davon aus, dass er in 2Kön 13,14 seinen ursprünglichen Ort hat und in 2Kön 2,12 sekundär ist.[15]

Besonders schwierig gestaltet sich weiterhin das Verständnis der Begebenheiten unmittelbar vor der Entrückung. Die Abschiedsreise, die Elia und Elischa in 2Kön 2,2–6 zu den verschiedenen Prophetenjüngerschaften in Bet-El und Jericho führt, wirkt auf den Leser befremdlich. Auffällig ist die formelhafte Sprache, die *prima facie* wie eine Ansammlung schlichter Dubletten wirkt (zweimal: ‏חי יהוה וחי נפשך אם אעזבך‎; dreimal: ‏הידעת כי היום יהוה לקח את אדניך מעל ראשך‎). Bei genauerem Hinsehen wird deutlich, dass es für die Schwurformel noch eine weitere Parallele außerhalb der Himmelfahrtserzählung gibt (‏חי יהוה וחי נפשך אם אעזבך‎ in 2Kön 2,2.4.6 und 2Kön 4,30).[16] Zudem findet sich im Vergleich zu den umliegenden Versen in V. 2–6 eine auffällige Häufung des Jahwe-Namens (achtmal in fünf Versen).

Aufgrund der beobachteten Spannungen und der außergewöhnlichen Sprache in V. 2–6 unterscheiden sich diese Verse deutlich vom umgebenden Text und es liegt nahe, dass es sich um eine sekundäre Erweiterung handelt. V. 7 würde somit anschließen an die ursprüngliche Einleitung in V. 1b. Der Grund für die sekundäre Nennung der Prophetenjüngerschaften aus Bet-El und Jericho könnte in einer besonderen Wichtigkeit dieser Gruppen bzw. der Orte und ihrer religiösen Relevanz liegen.[17]

Im Verlauf des Kapitels finden sich weitere Spannungen und Dubletten, wie etwa in V. 14, in dem der Schlag auf das Wasser durch Elischa zweimal erzählt wird. Ebenso stellen V. 13a und V. 14a bis auf das einleitende Verb eine Dublette dar. Zwischen den beiden Erwähnungen des Schlages findet sich der Ruf nach Jahwe, dem Gott Elias. Durch das Voranstellen des Rufes vor den Schlag auf das Wasser wird diese Handlung in Zusammenhang mit Jahwes Macht gestellt. Meines Erachtens weist V. 14a eine ähnlich theologisierende Tendenz auf wie V. 2–6. Zudem arbeitet auch diese Erweiterung mit einer rhetorischen Frage (‏איה יהוה אלהי אליהו‎)

---

15 Vgl. Würthwein, Könige II, 275.365; Schmitt, Elisa, 103 f; Hentschel, 2Könige, 10; Galling, Ehrenname, 129 f u. a. Die Herkunft und genaue Bedeutung dieses Ehrentitels wird daher bei der Analyse von 2Kön 13,14 untersucht werden.

16 Vgl. Kapitel 2.4. dieser Arbeit.

17 Vgl. Würthwein, Könige II, 274. Möglicherweise wurde der Eifer des Petrus in Mt 26,33 und das dreifache Gebet Jesu in Mt 26,38–45 in Anlehnung an das Schema von Rede und Gegenrede in 2Kön 2,2–6 formuliert; vgl. Wiseman, Kings, 207.

ähnlich wie V. 3.5 und geht aus diesen Gründen wahrscheinlich auf den gleichen Bearbeiter zurück.

Die Verse 13 und 14a drücken die Aufnahme des Mantels zudem mit unterschiedlichen Verben aus. Während V. 13 die Wurzel רום verwendet, gebraucht V. 14a die Wurzel לקח und greift damit offenbar V. 8a auf, um die Tat Elischas mit der Elias zu parallelisieren. Die Parallelität von V. 13b.14a zu V. 7b.8 stellt wahrscheinlich eine durch redaktionelle Arbeit geschaffene exakte Parallelisierung Elischas und Elias dar, mit der verdeutlicht werden soll, dass der Geist des Elia tatsächlich auf Elischa ruht und diesen zu den gleichen Wundertaten befähigt.

Dass durch die Einfügung von V. 14a eine so augenscheinliche Dopplung des Schlagens entsteht, scheint der Redaktor bewusst hinzunehmen und erzeugt dadurch den Anschein, der Erfolg des zweiten Schlages verdanke sich dem Zutun Jahwes, der, durch Elischa in V. 14a „herbeigerufen", nun selbst bei der Teilung des Jordan wirke.

Schwierig zu verstehen und deshalb in den Verdacht geraten, ebenfalls sekundär zu sein, ist die Phrase אַף־הוּא in V. 14b.[18] Sieht man in V. 14a, wie geschehen, eine sekundäre Erweiterung, erschließt sich der Sinn dieser Formulierung jedoch deutlich besser. Im Anschluss an V. 13 betont das אַף־הוּא, dass nun auch Elischa, wie zuvor Elia in V. 8, auf das Wasser schlagen und es auf diese Weise teilen kann. Bereits diese Formulierung der Grundschicht lässt den Leser zu der Erkenntnis gelangen, dass der Geist Elias nun auch auf Elischa ruht.

Auch zwischen V. 15 und V. 16 scheint eine redaktionelle Nahtstelle zu liegen, wie die folgenden Beobachtungen zeigen werden. Während die Prophetenjünger in V. 3 und V. 5 wissen, dass Elia im Folgenden entrückt werden wird, scheinen sie in den V. 16–18 überhaupt nicht im Bilde zu sein, was mit Elia geschehen ist, und vermuten, er befinde sich noch in der näheren Umgebung. Im gleichen Widerspruch stehen die Machtanerkennung Elischas in V. 15 und die Bitte um die Suche nach Elia in V. 16.

---

18 Vgl. SCHMITT, Entrückung, 49–53, der versucht, diese Schwierigkeiten textkritisch zu erklären. M. E. geben die Hinweise auf die griechische Textüberlieferung in diesem Fall allerdings keinerlei Aufschluss über den ursprünglichen hebräischen Text, sondern zeigen allein, wie sich die Übersetzer des Textes sichtlich schwer taten, diese Dublette und das אַף־הוּא zu verstehen und wiederzugeben, statt die Stelle einfach dem griechischen Sprachempfinden anzupassen und zu glätten. Diese Einschätzung deckt sich mit dem Urteil Wevers' über die gesamte Übersetzung der Septuaginta für den Textbereich von 1Kön 22–2Kön 25: „[...] this is a wooden translation – and almost slavish word-for-word rendering of the Hebrew." WEVERS, Principles, 55.

Obwohl es nach V. 7 insgesamt fünfzig Prophetenjünger sind, die Elia und Elischa an den Jordan begleiten, nennt V. 16 fünfzig starke Männer *unter* den Prophetenjüngern, was auf eine größere Gesamtzahl schließen lässt.[19]

Ebenso unterscheidet sich die Verwendung des Begriffes רוח. Während in V. 9.15 vom Geist Elias (רוח fem.) die Rede ist,[20] spricht V. 16 vom Geist Jahwes (רוח mask.), der den Propheten weggetragen haben könnte.

In 2Kön 2,15 wird sodann ein Spannungsbogen, der in V. 1.3.5.9 eröffnet und entwickelt wurde, mit der Bestätigung abgeschlossen, dass der Geist Elias auf Elischa ruht. Vers 16 eröffnet dann einen neuen Spannungsbogen, der sich um die Frage nach dem Verbleib des Elia dreht. Diese Beobachtungen legen den Schluss nahe, dass es sich bei den Versen 16 – 18 um eine nachträgliche Erweiterung der ursprünglichen Himmelfahrtserzählung handelt.[21] Diese Erweiterung ist aller Wahrscheinlichkeit nach unabhängig von der Bearbeitung in V. 2 – 6 und später anzusetzen, da die Prophetenjünger in V. 2 – 6 um die Entrückung Elias wissen. Sie nimmt die Spannung zwischen Wissen und Nichtwissen der Prophetenjüngerschaft offenbar bewusst hin, um die Widerstände und Vermutungen der Leser aufzugreifen, es könne sich bei dem eben erzählten Geschehen doch um etwas anderes als eine Himmelfahrt handeln. In dieser Erweiterung steckt eine moralische Tendenz, welche den Kleinglauben der Prophetenjünger und ihr mangelndes Verständnis für das Geschehene desavouieren soll. Hierin liegt eine gewisse thematische Nähe zur Bearbeitung über die Habgier Gehasis in 2Kön 5.[22] Gleichzeitig soll durch diese Szene dem Leser der Zweifel an der Entrückung Elias genommen werden. Der Nachtrag legt besonderen Wert darauf, dass Elia wirklich entrückt ist, also nicht mehr auf Erden zu finden ist.[23]

Bemerkenswert ist weiterhin die Vorstellung in Bezug auf den Geist Jahwes, der jemanden hinwegtragen kann. So ist interessant, dass sich diese ebenso, wenn auch nur theoretisch, zum einen bei Elia in 1Kön 18,12a und zum anderen in der neutestamentlichen Erzählung von Philippus und dem Kämmerer aus Äthiopien in Act 8,27– 40 findet, an letzterer Stelle mit erstaunlichen Analogien zu 2Kön 2 (vgl. Act 8,39a: ὅτε δὲ ἀνέβησαν ἐκ τοῦ ὕδατος, πνεῦμα κυρίου ἥρπασεν τὸν

---

19 Vgl. V. 16a: הנה־נא יש־את־עבדיך חמשים אנשים בני־חיל.
20 Vgl. die sprachliche Verwandtschaft zu Num 11,25 und Jes 11,2. Die Geistvorstellung in 2Kön 2,15 hat inhaltlich aber auch eine Nähe zur Geistvorstellung bei den Rettergestalten im Richterbuch – vgl. LEHNART, Prophet, 376 f.
21 Vgl. WÜRTHWEIN, Könige II, 274.276; SCHMITT, Elisa, 105 f; FRITZ, 2. Könige, 12–14; SCHMITT, Entrückung, 66 f.70 f; STIPP, Elischa, 45; anders urteilt bspw. ROFÉ, Stories, 47.
22 Vgl. Kapitel 2.5. dieser Arbeit; SCHMITT, Elisa, 129 f.
23 Es ist denkbar, dass in dieser Bearbeitung bereits eine gewisse Elia-Frömmigkeit ihren Niederschlag gefunden hat oder zumindest entscheidend zu einer Ausbildung einer solchen Elia-Frömmigkeit beigetragen hat.

Φίλιππον καὶ οὐκ εἶδεν αὐτὸν οὐκέτι ὁ εὐνοῦχος). In Act 8 gibt es also auch die Verbindung von Hinwegnahme durch den Geist mit der Bemerkung, dass der Hinweggenommene nicht mehr gesehen wird. Dies ist ein deutliches Indiz dafür, dass der Autor dieses Verses 2Kön 2,12 als Vorlage für seine Erzählung verwendete.[24]

Gruppiert man also die vorliegenden Textbeobachtungen, so wird erkennbar, dass die Verse 1a.2–6.10 viele verbindende Elemente beinhalten. Neben der häufigen Nennung des Gottesnamens und der wiederkehrenden Formulierung הידעת כי היום יהוה לקח את־אדניך מעל ראשך verbindet das Thema des Sehens die Verse 10 und 12aα miteinander. Bei der Dublette zwischen V. 13 und 14a ist V. 14a aufgrund des Gebetes zu Jahwe als sekundär und auf einer Ebene mit V. 2–6 zu beurteilen. Die Verse 16–18 scheinen auf einer anderen Ebene zu liegen, wie die unterschiedliche Verwendung des Begriffes רוח und die Unterscheidung in Bezug auf den Vorgang der Hinwegnahme gezeigt haben. Diese Verse schreiben die Erzählung fort und scheinen sekundär zu V. 1a.2–6.10.14a zu sein, da sie – trotz unterschiedlicher Terminologie – dennoch Bezug auf die Erwähnung der Hinwegnahme Elias aus V. 1a.2–6 nehmen.

Die Verse 1a.2–6.10.14a sind wiederum zum umliegenden Text sekundär, da sie für sich genommen keinen sinnvollen Erzählfaden bilden. So muss die Bitte in V. 9 erst vorgelegen haben, um in V. 10 eine Beurteilung durch Elia erhalten zu können.

Die Grundschicht der Himmelfahrtserzählung findet sich somit in den Versen 2Kön 2,1b.7–9.11a.12aβ–13.14b–15 – im Folgenden mit 2Kön 2,1–15* bezeichnet – und schließt mit der Anerkennung der Macht Elischas durch die Prophetenjünger. Dabei fungiert die Gruppe der Prophetenjünger ähnlich dem Chor in der griechischen Tragödie und erläutert und deutet dem Leser das Geschehene in einem abschließenden *exodos*.

Interessant ist, dass der Zielpunkt einer Erzählung im Elia-Elischa-Zyklus mehrfach markiert wird, indem am Geschehen beteiligte Personen – analog zum *exodos* in der griechischen Tragödie – am Ende der Erzählung die theologische Zentralbotschaft (stellvertretend für den Leser) aussprechen. Man vergleiche etwa den Ausspruch der Witwe, deren Sohn Elia geheilt hat in 1Kön 17,24 („Nun weiß ich, dass Du ein Gottesmann bist"); den Ausspruch Naamans in 2Kön 5,15 („Nun weiß ich, dass es keinen Gott gibt, außer in Israel"); den Ausruf des Volkes in 1Kön 18,39 („Jahwe ist Gott, Jahwe ist Gott"); die Akklamation Jehus zum König durch seine Freunde („Jehu ist König") in 2Kön 9,13. In diesem Fall wird die Teilung des

---

24 Vgl. hierzu Kapitel 4.5.3. dieser Arbeit sowie weiterführend Ez 3,12.14; 8,3; 11,1.24; 43,5.

Jordan durch Elischa als Beweis dafür gedeutet, dass der Geist des Elia nun auf Elischa ruht.

Die Himmelfahrtserzählung hat insgesamt das Ziel, Elischa als den rechtmäßigen und wirkmächtigen Nachfolger Elias auszuweisen und erreicht ihren Zielpunkt daher in V. 15. Bereits V. 9 bereitet diesen Zielpunkt vor, indem der Anteil am Geist Elias als Wunsch formuliert wird.

Die ursprüngliche Himmelfahrtserzählung erfuhr eine zweistufige Überarbeitung. Zunächst fügte ein Redaktor die Verse 1a.2–6.10.11b–12aα.14a ein. Wie in den nächsten Kapiteln zu sehen sein wird, finden sich im gesamten Kontext der Elischa-Erzählungen Spuren dieses Redaktors, der zumeist Jahwe als Urheber der Wundertaten in den Kontext des Elischa-Zyklus einfügt, indem er beispielsweise das Gebet Elischas an Jahwe vor die Wundertat schaltet.[25] Diese Redaktion hat ein theologisierendes Interesse, die Wundertaten Elischas weniger als reine Magie, sondern vielmehr als Wunderwirken Jahwes durch Elischa darzustellen.

In Kapitel 2 kommt noch ein weiteres Interesse dieser Redaktion zum Vorschein. Sie verwendet in 12aα den Ehrentitel (אבי אבי רכב ישראל ופרשיו) aus 2Kön 13,14 und fügt ihn hier ein, um den Elia- und den Elischa-Zyklus stärker miteinander zu verbinden. Durch diese Einfügung werden die Enden der beiden Erzählzyklen über Elia und Elischa einander angeglichen.[26]

Im Anschluss an diesen Redaktor fügt eine spätere Redaktion die Episode in V. 16–18 an die Himmelfahrtserzählung an. Diese Redaktion scheint eine moralische Tendenz und ein besonderes Interesse an den Prophetenjüngern zu haben. Die Erweiterung arbeitet den Unglauben der Jüngerschaft in Bezug auf Elias Himmelfahrt heraus und thematisiert damit auch gleichsam den Unglauben der Leserschaft. In dieser moralischen Intention der Redaktion liegt eine Parallele zur Erweiterung der Naaman-Erzählung in 2Kön 5,15b–17aα.19b–27, die die Habgier Gehasis zum Thema macht. Es ist daher sehr wahrscheinlich, dass beide Erweiterungen vom gleichen Bearbeiter stammen.[27]

Die Analyse der Himmelfahrtserzählung und ihrer Charaktere zeigt, dass 2Kön 2 vornehmlich Teil der Elischa-Überlieferung ist, da hier Elischa und nicht Elia im Mittelpunkt der Erzählung steht.[28]

---

25 Vgl. 2Kön 4,1aβ.27bβ.30a.33.43bα.44b; 2Kön 5,4–8.11–13.15a; 2Kön 6,15b–18 (einzelne Einfügungen) etc. Ein weiteres Beispiel für die redaktionelle Einschaltung Jahwes findet sich in der Formulierung חץ תשועה ליהוה in 2Kön 13,17b; vgl. Оттr, Analogiehandlungen, 41.

26 Vgl. weiterhin die ausführlichere Analyse des Titels in Kapitel 2.10. dieser Arbeit.

27 Zum Konzept des Geistes Jahwes, der Menschen hinweg trägt vgl. 1Kön 18,12; vgl. weiterhin Ez 3,12.14; 8,3; 11,1.24; 43,5.

28 Anders als in 1Kön 19,19–21. Viele der oben genannten Bezüge und wörtlichen Übereinstimmungen mit anderen Stellen der Elischa-Überlieferung stützen diese Beobachtung. Vgl.

Ein weiteres Detail innerhalb der Erzählung unterstützt zusätzlich diese Annahme. Die schwierige Phrase אלי ברוחך פי־שׁנים ויהי־נא in V. 9b hat zu zahlreichen
Erklärungsversuchen geführt. Viele Untersuchungen verweisen auf die Regelung
in Dtn 21,17, nach der zwei Drittel des Erbes für den Erstgeborenen vorgesehen
sind.[29]

Möglicherweise spielt der Autor von 2Kön 2 aber auch bewusst mit der
Zweideutigkeit des Begriffes פי־שׁנים und hat gleichzeitig auch den „doppelten
Anteil" im Sinn. Er geht davon aus, dass die Beziehung von Elischa zu Elia der
eines Vaters zu seinem Erstgeborenen ähnlich ist, ist sich zugleich aber auch
bewusst, dass die Wundertaten des Elischa die des Elia im Folgenden überragen.
Es ist davon auszugehen, dass dem Autor der Himmelfahrtserzählung die Wunderepisoden des Elischa bereits vorlagen und somit auch die Tatsache, dass diese
sowohl in Zahl als auch Wirkung die des Elia überschreiten.[30] So scheint der
Begriff פי שׁנים diese inhaltliche Verlegenheit abfedern zu wollen.

Offensichtlich verstand auch der antike Leser die Phrase in 2Kön 2,9 in dieser
Weise, wie aus der Erläuterung in Manuskript B des Hebräischen Sira abgelesen
werden kann.

Sir 48,12 (MS B):[31]

[א]ל[י]הו כאשר נסתר בסערה וא[ל]י[שׁע נמלא רוחו:]
פי שׁ[נים]אתות הרבה ומופתים כל מוצא פיהו:
מימיו לא זע מכל ולא משׁל ברוחו כל בשׂר:

Auf literarhistorischer Ebene unterstützt diese Interpretation die Gesamtannahme
der Untersuchung ebenso wie die zahlreicher anderer Arbeiten der vergangenen
Jahrzehnte, dass die Wundererzählungen zum ältesten Kern der Elischa-Überlieferung, die Sukzessionserzählungen hingegen zum jüngsten Bestand der Elia-
Elischa-Erzählungen zählen.[32]

SCHMITT, Entrückung, 131 f; GUNKEL, Geschichten, 15; anders: CONRAD, Elija-Geschichte, 263–
271.

29 Vgl. NOTH, Ursprünge, 20; WÜRTHWEIN, Könige II, 275.

30 Vgl. ebenso LEVINE, Spirit, 25–46; BODNER, Profile, 162f; FELDMAN, Studies, 341; ZIMMER-
MANN, Kompendium, 645 und die dort jeweils zitierten Midrasch-Auslegungen, die auf eine
doppelte Anzahl von Wundern hinweisen.

31 Vgl. VATTIONI, Ecclesiastico, 263. Dieses Bicolon (48,12cd) findet sich zwar nicht in G, wohl
aber in Syr. Vgl. Einheitsübersetzung: „Elija ist im Wirbelsturm entschwunden, Elischa wurde
mit seinem Geist erfüllt. Doppelt so viele Zeichen wirkte er, zu Wundern wurden alle Worte aus
seinem Mund. Solange er lebte, hat er vor niemand gezittert, kein Sterblicher hatte Macht über
seinen Geist." Anders interpretiert wird Sir 48,12cd von SKEHAN/DI LELLA, Wisdom, 534.

32 Vgl. SCHMITT, Elischa, 107; WÜRTHWEIN, Könige II, 273 f; OTTO, Jehu, 261 f.

Mit der Forderung nach einem zweifachen Anteil vom Geiste Elias könnte der Autor versucht haben, das Ungleichgewicht an Fähigkeiten zwischen Meister und Schüler auszugleichen. Zu jenem Ungleichgewicht ist es gekommen, da Elia und Elischa zu einem bestimmten Zeitpunkt im Prozess der redaktionellen Arbeit an den Königebüchern in das Verhältnis von Meister und Schüler – bzw. Vorgänger und Nachfolger – gestellt wurden, in dem sie nicht ursprünglich standen.[33]

Ein weiteres Problem in der Analyse stellen die geografischen Informationen in 2Kön 2,1–6 (Gilgal, Bet-El, Jericho, Jordan) dar. In 2Kön 2 wird dem Leser weder eine Erklärung für die spezifische Anordnung von Ortschaften gegeben, noch ist aus dem Kontext ersichtlich, weshalb Elischa diese Orte überhaupt aufsucht. Die einzige augenscheinliche Gemeinsamkeit, die diese Orte haben, liegt darin, dass sie alle in den Wundertaten Elischas in den folgenden Kapiteln auftauchen werden.[34]

Basierend auf den Überlegungen zur Genese des gesamten Elischa-Zyklus ist es m. E. wahrscheinlich, dass das Itinerar in 2Kön 2 vorausweisend eine Art Karte der Wundertaten des Elischa zeichnet.

2.2.1.1 Exkurs zu den Sukzessionstexten

Betrachtet man zusammenfassend die bis hierhin analysierten Texte, die allesamt die Thematik der Nachfolge behandeln, zeigen sich einige interessante Divergenzen. Dass sich alle drei dem gleichen Bearbeiter verdanken, ist bereits aufgrund der verschiedenen thematischen und theologischen Stoßrichtungen der Texte eher unwahrscheinlich.

In Bezug auf die Berufung Elischas erscheinen die beiden Texte in 1Kön 19,19–21 und 2Kön 2,1–15* zunächst wie eine Dublette.[35] Beide Episoden erzählen, wie Elischa zum Nachfolger Elias wurde. Beide sind allein durch das Schlüsselwort אדרת miteinander verbunden, verweisen sonst aber nicht aufeinander.[36]

Greift man die von Schmitt aufgeworfene Frage nach der entstehungsgeschichtlichen Abfolge der drei Sukzessionstexte auf,[37] müssen aufgrund der

---

33 Eine nähere Analyse des Sukzessionsverhältnisses wird in Kapitel 2.2.1.1. der vorliegenden Arbeit geboten.
34 Gilgal in 2Kön 4,38; Bet-El in 2Kön 2,23; Jordan in 2Kön 6,2.4; Jericho rekonstruiert in 2Kön 2,19–22. Vgl. SCHMITT, Entrückung, 75.139. Für weitere Beobachtungen zum Itinerar s.u. zu 2Kön 2,25.
35 Anders urteilen COGAN/TADMOR, II Kings, 34.
36 Vgl. GRAY, Kings, 472.
37 Vgl. SCHMITT, Elisa, 180–187.

spärlichen literarkritischen Indizien auch inhaltliche Fragen in die Überlegung einbezogen werden.

Zunächst ist deutlich, dass von 1Kön 19,15 – 18 eine Reihe anderer Erzählungen im Bereich von 1Kön 19 – 2Kön 13 (Jehu-Revolution, Putsch Hasaëls, Verbindung von Elia- und Elischa-Erzählungen) vorausgesetzt werden. Daher ist anzunehmen, dass es sich bei 1Kön 19,15 – 18 um einen der jüngsten Texte innerhalb des Elischa-Zyklus und insofern auch um den jüngsten der Sukzessionstexte handelt.[38] Die Tatsache, dass ein später Redaktor die Spannung zu den anderen Sukzessions-vorstellungen hingenommen hat, könnte – wie oben bereits angedeutet – in einem besonderen theologischen Interesse an dem Salbungsbegriff begründet sein.

Zwischen 1Kön 19,19 – 21 und 2Kön 2,1 – 15* stellt, wie oben bemerkt, das Schlüsselwort אדרת die einzige augenscheinliche Verbindung her. In 1Kön 19,19 – 21 erfüllt der Mantel dabei keine magische Funktion, sondern markiert offenbar lediglich eine Indienstnahme des Elischa durch Elia. In 2Kön 2,1 – 15* hingegen ist der Mantel magisch funktionalisiert.

Die Himmelfahrtserzählung wirkt auch in anderen Belangen in weitaus grö-ßerem Maße theologisch aufgeladen als 1Kön 19,19 – 21.[39]

So enthält die vorliegende Erzählung von der Himmelfahrt Elias einige au-genfällige Analogien zur Nachfolge von Mose und Josua und scheint die Nachfolge von Elia und Elischa in Analogie dazu gestalten zu wollen. Die Teilung des Jordan zunächst durch Elia, dann durch seinen Nachfolger Elischa erinnert den Leser unweigerlich an die Teilung des Roten Meeres durch Mose in Ex 14 und die Teilung des Jordan durch Josua in Jos 3.[40]

Elia verschwindet zudem östlich des Jordan vom Angesicht der Erde analog zum Tod des Mose im Ostjordanland. Die antiken Autoren bzw. Redaktoren platzierten bewusst diese und weitere Referenzen und Anspielungen in die Komposition von 2Kön 2.

Drei weitere bemerkenswerte Beispiele von Intertextualität sollen in diesem Zusammenhang nicht ungenannt bleiben. Die Teilung des Jordan und der Durchzug der von zwölf Priestern getragenen Bundeslade in Jos 3,7 – 17 führt zur Aufstellung der zwölf Steine (vgl. Jos 4,1 – 5,1), die sodann den Steinkreis von Gilgal

---

38 Der magische Anstrich der Berufungserzählung in 1Kön 19,19 – 21 und der Sukzessionser-zählung in 2Kön 2 unterscheidet die „Berufung" Elischas deutlich von den Prophetenberufungen Jesajas, Jeremias und Ezechiels, bei denen neben allen anderen Unterschieden Jahwe erheblich stärker im Vordergrund steht als bei Elischa.

39 Viele Exegeten gehen aufgrund dessen davon aus, dass es sich bei 1Kön 19,19 – 21 um den älteren dieser beide Texte handelt, vgl. SCHMITT, Elisa, 102; WÜRTHWEIN, Könige II, 366 – 368; OTTO, Jehu, 191 – 193.220 – 223.

40 Vgl. BLENKINSOPP, History, 76.

bilden.[41] Weiterhin spielt das Land, welches unfruchtbar macht in 2Kön 2,19, auf den Fluch des Josua aus Jos 6,26 an, der in 1Kön 16,34 seine Wirkung entfaltet. In Num 27,18 – 23 schließlich wird auch Mose um einen Anteil an seiner Gabe (in diesem Fall seiner Autorität הוד, V. 20) für seinen Nachfolger Josua gebeten. Auch hierin liegt eine Parallele zur Übergabe des Amtes auf den Nachfolger, wie sie zwischen Elia und Elischa in 2Kön 2,9 dargestellt ist.[42]

Betrachtet man 1Kön 19,19 – 21 genauer, so fällt auf, dass auch in dieser kurzen Erzählung einige Andeutungen enthalten sind, die von einem hohen theologischen Reflexionsniveau zeugen. Zunächst sei die Erwähnung der Zwölferzahl genannt. Ebenfalls nur in Andeutung scheint 1Kön 19,21 auch bereits das Nachfolgeverhältnis von Mose und Josua vor Augen zu haben, indem das Dienen Elischas mit dem Verb שרת ausgedrückt wird.[43]

Diese Analogien zwischen Mose/Josua und Elia/Elischa sind zwar in 2Kön 2,1– 15* wesentlich stärker ausgeprägt, doch baut 2Kön 2,1– 15* die Andeutung aus 1Kön 19,19 – 21 vielleicht bewusst aus und stellt insofern keine Dublette, sondern eine Einheit mit ihr dar.[44]

Die Himmelfahrtserzählung bietet über 1Kön 19,19 – 21 hinaus eine Erklärung dafür, warum Elia nach 2Kön 2 nicht mehr auftaucht; 1Kön 19,19 – 21 ließ diese Frage offen. Weiterhin liefert die Himmelfahrtserzählung in 2Kön 2 eine schlüssige Herleitung, weshalb der Bauer Elischa fortan in der Lage ist, große Wunder zu vollbringen. Während er in 1Kön 19,19 – 21 nur zum Diener Elias berufen wurde, wird er mit 2Kön 2,1– 15* durch dessen Geist zu ebenso großen (oder gar größeren) Taten bevollmächtigt. Man kann daher 2Kön 2,1– 15* gut als Fortsetzung von 1Kön 19,19 – 21 verstehen; umgekehrt ist dies nicht möglich. Ob es sich tatsächlich um eine Fortsetzung aus einer Hand oder um eine Fortschreibung eines anderen Bearbeiters handelt, wird in der redaktionsgeschichtlichen Rekonstruktion nochmals zu prüfen sein.

---

41 Vgl. 2Kön 2,1; 4,38.
42 Vgl. weiterhin Num 11,25.
43 Vgl. Ex 17,8ff; 24,13; 33,1 sowie die Bezeichnung Josuas als Diener Moses mit dem Partizip Piel משרת in Num 11,28; Ex 33,11; Jos 1,1 (hier im Unterschied zu Mose, der עבד יהוה genannt wird).
44 Zur Parallelität zwischen Mose und Elia vgl. etwa 1Kön 18,20 – 40 und Ex 7,8 – 20; 1Kön 19,8 und Ex 3,1ff; vgl. weiterhin SCHMITT, Entrückung, 134 – 137; FOHRER, Elia, 55 – 57; FELDT, Fantastic, 203 – 206; CARROLL, Sagas, 60 – 65; LEVINE, Spirit, 35 – 37.

2.2.2 2Kön 2,19 – 22: Die Heilung einer Quelle

In dieser kurzen Erzählung finden wir erstmals das Motiv der persönlichen Not, die an Elischa herangetragen wird. Die Männer der Stadt wenden sich in dem Glauben an ihn, er könne mithilfe seiner besonderen Fähigkeiten Abhilfe für die krankmachende Quelle schaffen und so das zukünftige Leben in der Stadt ermöglichen.

Formal ähnelt die Erzählung in ihrem Aufbau und ihrer Länge den kurzen Wunderepisoden aus 2Kön 4 (zum Beispiel 4,38 – 41) und 2Kön 6 (zum Beispiel 6,1 – 7*). Die Episode besteht aus nur vier Versen und kommt mit wenigen Personen aus, die bis auf Elischa unbenannt und unerläutert bleiben. Die „Männer der Stadt" bleiben anonym und werden nur in ihrer Funktion für die Erzählung eingeführt. Der Spannungsbogen wird durch ein Problem eröffnet, welches zum Ende der Erzählung durch Elischas übernatürliches Eingreifen gelöst wird.

Der Erzählung fehlt allerdings eine eigenständige Einleitung. Sie setzt ein mit der Rede der Männer aus einer nicht näher spezifizierten Stadt (Einleitung im Narrativ). Allein die Stellung der Erzählung im Kontext des Kapitels impliziert, dass es sich um die Stadt Jericho handeln muss. In deren Nähe hatte sich in V. 1 – 18 die Entrückung Elias abgespielt.

Würthwein schließt daraus, dass die ursprüngliche Einleitung der kleinen Wunderperikope beim Einbau der Entrückungserzählung in dieselbe eingearbeitet wurde und vor 2Kön 2,19 einst V. 18aβ gestanden und die Einleitung gebildet habe.[45]

Im vorliegenden Beginn der Erzählung in V. 19 ist die Redeeinleitung der Männer im Plural formuliert (ויאמרו אנשי העיר). Das Possessivsuffix im angeschlossenen Nachsatz (כאשר אדני ראה) hingegen ist im Singular formuliert. Dieses Suffix der 1.Person Singular könnte implizit auf einen bestimmten Sprecher gedeutet werden, der durch die Redeeinleitung jedoch nicht hervorgehoben wurde.

Lose eingefügt ist in V. 21 die Botenspruchformel. Die Redeeinleitung mit ויאמר und die nach der Botenspruchformel folgende Verbform in der 1. Person Singular רפאתי deuten an, dass es sich ursprünglich um eine Elischa-Rede gehandelt haben könnte. Die Form ויאמר kommt als Redeeinleitung zur Botenspruchformel nur in sehr wenigen Fällen im Alten Testament vor; bis auf eine wortgleiche Formulierung der Chronik finden sich alle in den Königebüchern.[46] Zudem wird in V. 22 Rückschau auf das vollbrachte Wunder gehalten und Rekurs auf die Worte Elischas – und nicht Jahwes – genommen. Diese Spannung und die lose Einbindung der Botenspruchformel implizieren, dass es sich bei der Botenspruchformel aller

---

45 Vgl. Würthwein, Könige II, 277.
46 Vgl. 1Kön 20,13 f.28; 22,11; 2Kön 2,21; 3,16 und 2Chr 18,10//1Kön 22,11.

Wahrscheinlichkeit nach um eine theologisierende Erweiterung handelt. Ohne die Botenspruchformel erscheint der Heilungsbefehl ganz organisch als Elischa-Rede und nicht als Jahwewort.[47]

In der mehrfach diskutierten Frage, wie die Verbform רפאתי in V. 21 zu lesen ist, lässt der Konsonantenbestand m. E. nur die Deutung des Verbs רפא (heilen) zu. Ob die grammatisch unkorrekte Punktation in V. 21, wie auch in der Rückschau in V. 22, möglicherweise sogar midrasch-artig auf das Verb רפה (weich machen) hinweist,[48] ist m. E. nicht eindeutig zu entscheiden.[49]

Die magische Handlung des Salzstreuens aus einer neuen Schale[50] in V. 20f wird von der Sekundärliteratur nicht erschöpfend erklärt. Fritz beobachtet in dieser Erzählung eine Verbindung eines wirkmächtigen Wortes mit einem Zeichen und schließt daraus, dass es sich nicht um einen magischen Akt handelt.[51] Dass es sich um einen magischen Akt handelt, ist jedoch aufgrund des Erzählverlaufes kaum zu bestreiten.

Die Wendung „bis zu diesem Tag" in V. 22 mutet zunächst wie eine Ätiologie an. Da allerdings auf die Quelle und den genauen Ort kein Bezug genommen wird und auch keine Neubenennung der Quelle erfolgt, handelt es sich nicht um eine Ätiologie im engeren Sinne.[52]

---

47 Vgl. Lehnart, Prophet, 379; anders votiert Würthwein, Könige II, 277, der trotz der Spannung zu dem Schluss gelangt, auch V. 22b sei sekundär, diese Entscheidung jedoch unbegründet lässt. Vgl. dazu 2Kön 4,17; 5,14; 6,18; 8,2.

48 Vgl. Sperber, Waters, 114–116. Sperber glaubt, dass diese durch Punktation angedeutete Verbform den Vorgang der gleichzeitigen Entsalzung des Wassers implizieren möchte.

49 Obwohl an dieser Stelle die Perfektform gebraucht wird, ist eine präsentische Übersetzung an dieser Stelle angebracht, da das Perfekt m. E. verwendet wurde, um auszudrücken, dass mit dem Gebrauch des Wortes gleichzeitig der Abschluss der Handlung verbunden ist; vgl. Ehrlich, Randglossen, 282.

50 Der Begriff צלחית in V. 20 ist ein Hapax Legomenon im Alten Testament. Nach Beobachtungen Rendsburgs ist der alttestamentlich gebräuchlichere Begriff für „Schale" צלחת (vgl. 2Kön 21,13; 2Chr 35,13; Prov 19,24; 26,15), wohingegen צלחית vor allem in tannaitischen Texten vorkommt; vgl. Rendsburg, Israelian Hebrew, 82f.

51 Meines Erachtens sitzt Fritz hier einem christlich-theologischen Verständnis einer Sakramentshandlung auf. Gerade die literarkritisch rekonstruierte sekundäre Hinzufügung der Botenspruchformel scheint diese Abwehr eines zu magischen Verständnisses zu intendieren. Ebenso wird in der Geschichte von der Wiederbelebung des Sohnes der Schunemiterin in 2Kön 4,18–37 durch die Hinzufügung eines sekundären Gebetes zu Jahwe in 4,33 die magische Handlung in 4,34 theologisiert. Aufgrund dieser sekundären Hinzufügungen ist es nicht schlüssig, den Begriff der Magie zugunsten einer *wortinduzierten Zeichenhandlung* auszuschließen, wie von Fritz vorgeschlagen, vgl. Fritz, 2. Könige, 15.

52 Vgl. Fritz, 2. Könige, 15. Geoghegan (Redaction, 114–116) sieht in der Formulierung „bis zu diesem Tag" die Handschrift des deuteronomistischen Historikers, der hier wie auch in 2Kön 8,22 und an anderen Stellen innerhalb der Königebücher diese Formulierung einfügte. Ebenso wie

Weniger offensichtlich als die Parallelen zu Mose innerhalb der Himmelfahrtserzählung, aber ebenfalls bemerkenswert ist die Tatsache, dass auch die Anordnung der Elischa-Erzählungen in 2Kön 2 bewusst die Abfolge der Exodus-Erzählung nachzubilden scheint. Das erste Wunder, das von Elischa nach der Teilung des Jordan erzählt wird, ist die Heilung der krankmachenden Quelle, indem er Salz in das Wasser der Quelle wirft. Ebenso ist auch das erste Wunder, welches Mose nach dem Durchzug durch das Schilfmeer für die murrenden Israeliten wirken muss, die Heilung einer Quelle, der Quelle von Mara in Ex 15.[53]

Der Bearbeiter von 2Kön 2 scheint die Abfolge der Episoden bewusst an die Abfolge der Exoduserzählung angeglichen zu haben und in diesem Zuge die Himmelfahrtserzählung in 2Kön 2,1–15* vor 2Kön 2,19–22 gestellt zu haben.[54] Wahrscheinlich entnahm dieser Bearbeiter 2Kön 2,19–22 und 2,23–25 einer älteren Sammlung kurzer Elischa-Wunderepisoden und platzierte sie an ihren gegenwärtigen Ort und in der gegenwärtigen Abfolge hinter die von ihm erstellte Himmelfahrtserzählung. Diese Abfolge sollte außerdem dazu dienen, dem Leser nun Beweise dafür zu liefern, dass Elias Geist wirklich auf Elischa ruht und diesem die Fähigkeit verleiht, Wunder zu wirken.[55]

Ausgehend von diesen Beobachtungen scheint es offensichtlich, dass der Autor von 2Kön 2 Elia der Figur des Mose – dem Ideal aller Propheten – nachgestalten wollte und daraus resultierend Elischa als den Typus Nachfolger – angelehnt an Josua – gestaltete.[56] Wahrscheinlich gründet sich die Intention dieses Autors auf der Botschaft von Dtn 18,18.[57]

---

die Annahme, hinter den Bearbeitungen des deuteronomistischen Historikers stecke (aus dem Nordreich stammende, nach 722 v. Chr. in Jerusalem ansässige) levitische Theologie, was man an den Verweisen auf Mose-Tora und Bundeslade erkennen könne, erscheint mir dieser Schluss jedoch zu vorschnell und zu optimistisch in Bezug auf die Möglichkeit, aus literarischen Tendenzen unmittelbar auf historische Sachverhalte schließen zu können (wie etwa die Josianische Reform, vgl. hierzu GEOGHEGAN, Redaction, 118).

53 Vgl. hierzu weiterhin Num 20,2–11; vgl. CULLEY, Studies, 78 f.

54 Zusätzlich zu den inhaltlichen Analogien finden sich auch semantische Entsprechungen zum Vorgang des Werfens שליך (in 2Kön 2,21 und Ex 15,25) und zum gleichen Gebrauch der Wurzel רפא in 2Kön 2,21 und Ex 15,26.

55 Vgl. LONG, 2 Kings, 21.

56 Vgl. SCHMITT, Entrückung, 134–137; CARROLL, Sagas, 56 f.

57 Vgl. KRATZ, Propheten, 30; CARROLL, Sagas, 57 f.

2.2.3 2Kön 2,23–25: Strafe für die spottenden Knaben

Bei dieser Geschichte handelt es sich erneut um eine kurze, episodische Wundererzählung, die von einem Strafwunder Elischas erzählt und einen stärker „moralischen" als erbaulichen Charakter hat.

Die Einleitung in V. 23 schließt verhältnismäßig lose an die vorherige Erzählung an, indem sie mit משם יעל von sich aus offen lässt, wo Elischas Weg seinen Anfang nahm. Der Ort des Geschehens wird hingegen mit Bet-El klar lokalisiert. Nachdem Elischa von den Jungen der Stadt wegen seiner Kahlköpfigkeit[58] verspottet wird, verflucht er sie. Die Ausrufung des Fluches *im Namen Jahwes* in V. 24aβ ist nach allem, was wir in der vorhergehenden Episode gesehen haben, möglicherweise wieder die Einfügung eines späteren Bearbeiters mit einer theologisierenden Intention.[59] Die Zahl 42 erscheint in V. 24 erstmals in der kurzen Episode und hat keinerlei Verbindung zu dem vorher Erzählten, sodass davon auszugehen ist, dass diese Zahl in Analogie zu anderen alttestamentlichen Texten gewählt wurde, in denen 42 als Todeszahl erscheint.[60]

Eine kontroverse Diskussion ist um das Itinerar in 2Kön 2,25 entstanden, ebenso wie um die Stationen in 2Kön 2,2–6.[61] Bereits die grundlose Erwähnung eines Umweges über den Karmel in 2,25, die erzählerisch ohne Folgen bleibt, verwundert. Einige Ausleger deuten die genannten Orte Karmel und Samaria als gespiegelte Stationen des Weges Elias in 1Kön 17–19. Diese Erklärungen erweisen sich allerdings nur dann als hinreichend, wenn man mit redaktionellen Eingriffen rechnet, für die es keine Belege gibt.[62] Elischas Rückkehr nach Samaria etwa (in

---

58 Dass die Kahlköpfigkeit, wie in der Sekundärliteratur häufig diskutiert, auf eine Art Tonsur hindeutet, lässt sich nicht aus dem Text belegen. Im Alten Testament findet sich kein Beleg für eine prophetische Tonsur. Lev 13,40 f beschreibt vielmehr einen völlig normalen Haarausfall bei Männern, ohne andere Gründe für Glatzköpfigkeit zu nennen. Als Zeichen eines Asketentums ist hingegen eher das Tragen langen Haares bekannt, vgl. Num 6,1–21; Ri 13,1–25. Meines Erachtens zeigt die kurze und kommentarlose Erwähnung „Glatzkopf", dass der Grund des Spottes eher eine erzählerische Funktion erfüllt und als Exposition für die Verfluchung dient, als dass sie eine besondere inhaltliche Aussage treffen möchte. Anders urteilt WÜRTHWEIN, Könige II, 278.
59 Vgl. WÜRTHWEIN, Könige II, 278. Der Akt der Verfluchung erscheint zwar auf den ersten Blick moralisch verwerflich, steht aber in Kongruenz mit dem deuteronomischen Gesetz, vgl. Dtn 7,10; 18,18 f.
60 Zur Bedeutung der „Todeszahl 42" vgl. HERRMANN, Zahl, 150–152 sowie LEVIN, Atalja, 87; vgl. weiterführend Ri 12,6; 2Kön 10,12–14; Esr 2,24//Neh 7,28. Die Zahl 42 im Alten Testament spielt nach Ansicht Herrmanns auf die Zahl der Richtergötter aus dem ägyptischen Totenbuch an, vor denen der Verstorbene beim Totengericht Rechenschaft ablegt.
61 Vgl. HÖLSCHER, Geschichtsschreibung, 175; BURNETT, Bethel, 281–297; WÜRTHWEIN, Könige II, 278; SCHMITT, Elisa, 77; STIPP, Elischa, 351; LEHNART, Prophet, 380.
62 Vgl. LUNDBOM, Ride, 39–50, v. a. 41 f.; STIPP, Elischa, 56 f.

den vorangegangenen Kapiteln ist er dort noch gar nicht gewesen) passt nicht in das Bild des gespiegelten Weges aus 1Kön 17–19.[63]

Stattdessen erzeugt V. 25b eine Verbindung zu 2Kön 3,1,[64] während V. 25a wiederum 2Kön 4,8ff vorzubereiten scheint.[65] Die verschiedenen Orte in 2Kön 2,2–6 deuten ebenso auf verschiedene Orte im folgenden Elischa-Zyklus hin. Es ist daher sehr wahrscheinlich, dass die Bearbeiter, denen sich die Ortsangaben in 2Kön 2,2–6 und 2,25 verdanken, in erster Linie eine Art Ausblick über die verschiedenen Stationen auf Elischas zukünftiger Reise geben wollten.

Dass es sich bei V. 25 um eine spätere Einfügung handelt, wird darüber hinaus durch die Anbindung mit משם deutlich, die eine Dopplung zu V. 23 darstellt. Dass sich משם in V. 25 zweimal findet, könnte gegebenenfalls ein weiteres Indiz für die zweifache Bezugnahme auf andere Texte der Elischa-Erzählungen sein.[66]

Die Nennung Samarias in V. 25b ist eine Stichwortverknüpfung zu 2Kön 3,1, durch die Elischa mit dem Königshof in Samaria in Verbindung gebracht wird, mit dem er in den kurzen Wundererzählungen in 2Kön 2 noch nichts zu tun hatte und auch in den Wundererzählungen in 2Kön 4 nichts zu tun haben wird. Auch ohne literar- und redaktionsgeschichtliche Differenzierung fällt auf, dass sich die Charakteristik Elischas in 2Kön 3 ändert und er anders als in 2Kön 2 und 2Kön 4 weder als Wundertäter noch im Kreise der Prophetenjünger erscheint, sondern nun plötzlich eher als Hofprophet fungiert.

Es ist daher ebenso möglich, dass 2,25a und 2,25b nicht auf einer Ebene liegen und sich zwei Bearbeitern verdanken. Der Hinweis auf den Karmel könnte dereinst die nahtlose Verbindung zu 4,1–37 dargestellt haben. Die Notiz in 2,25b wäre erst nötig geworden als 2Kön 3 den Verbund von 2Kön 2 und 2Kön 4 aufsprengte.[67]

---

63 Nach WÜRTHWEIN (Könige II, 278) wird mit 2,25a auf 4,8ff vorausgewiesen und 2,25b weist auf 5,1ff voraus. Dementsprechend dürfte 2Kön 3,4–27 dieser Redaktion also noch nicht vorgelegen haben. Problematisch an Würthweins Rekonstruktion ist allerdings, dass Kap. 4 ebenfalls noch nicht, Kap. 5 hingegen schon vorgelegen haben muss.

64 Vgl. SCHMITT, Elisa, 77.

65 Die Notiz וילך משם אל־הר הכרמל verweist auf 4,8ff. Diese Erzählung erweckt den Anschein (vgl. 4,25), Elischa wohne auf dem Karmel.

66 FRITZ (2. Könige, 16) glättet die Spannung, indem er den Weg über den Karmel mit der Annahme begründet, der Karmel sei der bevorzugte Aufenthaltsort der frühen Propheten. Diese Lesart erklärt aber nur ungenügend, weshalb sich im Text zweimal משם findet und der Aufbruch im zweiten Fall mit der Wurzel שוב beschrieben wird. Zudem macht sie sich von der Historizität der Elia-Erzählung und der Notiz in 2Kön 4,25 abhängig. Meines Erachtens sind eher literarische Abhängigkeiten als die historische Wohnsituation der Propheten für diese Mehrfachnennung des Karmel verantwortlich. Weiterhin zeigt diese Annahme eine gewisse Beliebigkeit, da sie andere genannte „bevorzugte Aufenthaltsorte", wie etwa Gilgal (vgl. 2Kön 2,1; 4,38), zugunsten des Karmel unberücksichtigt lässt.

67 Vgl. LEHNART, Prophet, 380.

Diese beiden möglichen Funktionen des Itinerars in 2Kön 2,25, über die an dieser Stelle nicht abschließend entschieden werden kann, müssen für die redaktionsgeschichtliche Gesamtrekonstruktion im Blick behalten werden.

Ansonsten scheint die Episode in 2Kön 2,23 – 25, mit Ausnahme der anzunehmenden redaktionellen Hinzufügung von V. 25 und der Einfügung Jahwes in V. 24aβ, einheitlich zu sein.

Dennoch bleibt eine semantische Spannung bestehen. Obwohl kleine Jungen (נערים קטנים) Elischa in V. 23 verspotten, töten die Bärinnen in V. 24 zweiundvierzig Kinder (ילדים). Da sich keine weiteren literarkritischen Anhaltspunkte zu dieser Spannung finden lassen, könnten die unterschiedlichen Begriffe anzeigen, dass Elischa ausschließlich von Jungen verspottet wurde, die Bärinnen dann aber Kinder beiderlei Geschlechts töteten. Möglicherweise soll mit dem Begriff ילדי auch die Konnotation ילד (zeugen, i. S. der Nachkommenschaft) aufgerufen werden, die dem Leser deutlich machen soll, dass Elischa, von einigen ungehörigen Jungen verspottet, zur Strafe die gesamte Nachkommenschaft der Stadt ausrottet. Diese drastische Erzählung warnt in eindrücklicher und schauderhafter Weise vor mangelndem Respekt einem Gottesmann gegenüber.[68]

Für die weitere Untersuchung der Wundererzählungen ist interessant, dass Elischa sowohl in dieser wie auch der vorhergehenden kurzen Wunderepisode keinen Titel trägt. Er wird allein mit seinem Namen vorgestellt.

Ausgehend von den Ergebnissen der Analyse kann für das Kapitel 2Kön 2 zusammengefasst werden, dass die Endgestalt von 2Kön 2,1 – 18 bereits ein verhältnismäßig spätes Stadium in der Entwicklung der Elischa-Erzählungen darstellt.

Einige Motive aus 2Kön 2 zeigen, dass andere Teile des Elischa-Zyklus bereits vorlagen, als die Himmelfahrtserzählung formuliert wurde. Wie oben dargestellt, hat die Schwurformel in 2Kön 2,12 (אבי אבי רכב ישראל ופרשיו) ihren Ursprung in der Erzählung über das Ende Elischas in 2Kön 13 und wurde redaktionell an das Ende der Elia-Tradition gestellt, um so beide Figuren noch stärker einander anzugleichen. Das Itinerar in 2Kön 2,2 – 6 und 2,25 spielt auf verschiedene Episoden in den folgenden Kapiteln der Erzählung an und scheint für den Leser im Vorfeld zu skizzieren, wohin Elischas Weg ihn im Verlauf der Erzählung führen wird.

Das Kapitel 2 dient in seiner redaktionell überarbeiteten Gestalt daher vornehmlich als Bindeglied zwischen dem Elia- und dem Elischa-Zyklus und bildet die maßgebliche Verbindung dieser beiden ehedem unabhängigen Charaktere. Die äußerst geringe Anzahl von Passagen, in denen Elia und Elischa interagieren oder nur nebeneinander auftauchen ist ein Indiz hierfür, ebenso wie die Tatsache,

---

68 Vgl. SCHMITT, Magie, 288.

dass weder von Elischa vor 1Kön 19 noch nach 2Kön 2 von Elia die Rede ist. Bei der prophetischen Sukzession, wie sie in 2Kön 2 und 1Kön 19 dargestellt wird, dürfte es sich daher nicht um das Abbild eines historischen Verhältnisses, sondern um ein literarisches Konstrukt handeln. Die Texte in 2Kön 2,1–18 und 1Kön 19,19–21 möchten zwei ehedem unabhängige Figuren und Traditionen fest miteinander verbinden.

Weiterhin finden sich in 2Kön 2 zahlreiche Referenzen zur Sukzession zwischen Mose und Josua, die ebenso belegen, dass ein hohes Maß an konzeptioneller und intertextueller Gestaltung vorliegt, welches der Figur des Mose eine für die Prophetie unumgehbare Position einräumt. Neben diesen zahlreichen Parallelen wurde außerdem die Ähnlichkeit in der Anordnung der Geschichten festgestellt. Die Erzählungen in 2Kön 2 wurden bewusst in eine ähnliche Abfolge gestellt wie die Exodus-Erzählungen in Ex 14f. Dass die Josua- und Exodus-Tradition mit der Mose-Tradition – einschließlich seines Todes – zum Zeitpunkt der Gestaltung von 2Kön 2 bereits verbunden war, deutet zudem an, dass die Himmelfahrtserzählung ein verhältnismäßig junger Text ist.

Aus redaktionsgeschichtlicher Perspektive muss 2Kön 2 als ein Schlüsselkapitel im Elia-Elischa-Zyklus beurteilt werden. Es zeigt in V. 16–18 Spuren der gleichen moralisch orientierten Redaktion, die wir auch in einem späten Stadium von 2Kön 5 finden können.[69] Zudem finden sich auch Spuren einer Redaktion, die viele Elischa-Erzählungen in anderen Kapiteln theologisierend überarbeitet hat und an vielen Stellen Jahwe sekundär in den Elischa-Zyklus einträgt.

Abschließend sei auf das einzigartige Ende hingewiesen, welches Elia in 2Kön 2 gegeben wurde und die Grundlage dafür schuf, dass sein Einfluss auf die jüdische und christliche Religionsgeschichte um so vieles größer war als der des Elischa.

2.3 Literarkritik 2Kön 3

Kapitel 3 wird eröffnet durch die Anfangsnotiz und die deuteronomistische Beurteilung für König Joram von Israel in V. 1–3. Von V. 4 bis zum Ende des Kapitels in V. 27 finden wir dann eine Erzählung über den Feldzug Jorams gegen die Moabiter.

---

69 Vgl. hierzu Kapitel 2.5. in dieser Arbeit.

2.3.1 2Kön 3,1–3: Joram von Israel

Die ersten drei Verse des Kapitels beinhalten die Anfangsnotiz und die Beurteilung für Joram von Israel, dessen Amtsantritt im masoretischen Text mit dem 18. Jahr Joschafats von Juda synchronisiert wird. Diese ersten drei Verse werfen eine textkritische Frage auf, die sich auch auf die Literar- und Redaktionsgeschichte auswirkt. Die Schlussnotiz für Jorams Vorgänger Ahasja von Israel stand bereits in 2Kön 1,18. Kapitel 2 steht demnach in MT außerhalb des Rahmenschemas, also zwischen der Schlussnotiz für Ahasja und der Anfangsnotiz für Joram von Israel.

In LXX hingegen ist Kapitel 2 in das Rahmenschema für Joram eingebunden, da die Anfangsnotiz zweimal in Bas δ 1,18a–d (=1,19–22) und in Bas δ 3,1–3 zu finden ist. Die meisten der LXX-Handschriften gehen bis auf wenige kleine Abweichungen im Regierungsjahr Joschafats an beiden Stellen mit MT. Allein die lukianische Rezension der LXX beschreitet einen anderen Weg und datiert in Bas δ 1,18a–d den Amtsantritt Jorams von Juda in das zweite Regierungsjahr Jorams von Israel und streicht den Synchronismus in Bas δ 3,1–3 sogar ganz.[70] Der Grund für die Abweichungen von LXX und MT liegt in den unterschiedlichen Chronologien. Aufgrund des abweichenden Datums für den Regierungsbeginn Omris werden die Könige des Nordreichs in der griechischen Texttradition beginnend mit Ahab jeweils vier Jahre später datiert als in der Texttradition des MT. Das setzt in den beiden Traditionen unterschiedliche Synchronismen für die Süd- und Nordreichskönige aus sich heraus, welche erst durch den gemeinsamen Tod Jorams von Israel und Ahasjas von Juda während der Jehu-Revolution wieder zusammengeführt werden.[71]

Es spricht aus meiner Sicht einiges dafür, dass in 2Kön 3 die masoretische und nicht die griechische Tradition den ursprünglichen Text bietet. Einerseits stellt 1,18 (MT) sowohl die *lectio brevior*, als auch die *lectio difficilior* gegenüber 1,18 (G) dar. Es ist plausibel zu erklären, dass 1,18 (G) erweitert und somit an 3,1–3 angeglichen wurde, um Kap. 2 in das Rahmenschema einzubinden. Andererseits lässt sich eine umgekehrte Angleichung und damit die Ausklammerung des Kap. 2 aus dem Rahmenschema in MT nicht plausibel machen.

Der einen Überhang darstellende V. 1,18d (G) versucht zudem deutlich zu machen, dass mit Joram der Zorn Jahwes über das Haus (die Dynastie) Ahabs gekommen ist. Es handelt sich hierbei m. E. um einen Zusatz, der in Kenntnis der Jehu-Erzählung im Sinne einer Leserlenkung in den Textbestand eingreift.[72]

---

70 Vgl. RAHLFS, Septuaginta-Studien, 270 f.
71 Für eine umfassende Darstellung des Problems und aller bisherigen Lösungsversuche vgl. STIPP, Elischa, 63–87.
72 Vgl. SCHMITT, Elisa, 131 f.

Literarkritisch auffällig ist zudem, dass die Beurteilung Jorams in V. 2 zwar ähnlich wie bei allen Nordreichskönigen nicht gut ausfällt, er aber an dieser Stelle weniger schlecht dargestellt wird als in der folgenden Erzählung in 2Kön 3,4 – 27, v. a. in V. 13 f. Das lässt darauf schließen, dass die Feldzugserzählung in 2Kön 3,4 – 27 nicht aus der gleichen Feder stammt wie die Rahmennotiz in V. 1 – 3.[73]

2.3.2 2Kön 3,4 – 27: Jorams Feldzug gegen Moab

Die Erzählung vom Feldzug gegen Moab in 2Kön 3,4 – 27 wirft in ihrem vorliegenden Textbestand viele Fragen auf. Der Anlass der Erzählung ist das Abfallen Moabs von Israel, zu welchem es nach V. 4 in einem Vasallenverhältnis stand. Der israelitische König beschließt, durch einen Feldzug gegen Moab dieses Vasallenverhältnis wiederherzustellen und verbündet sich mit Joschafat von Juda. Die beiden Könige ziehen durch Edom, wo sich der edomitische König ihnen anschließt. Auf dem Feldzug gehen den alliierten Truppen die Wasservorräte aus und sie fürchten um ihr Leben. Joschafat weist darauf hin, dass Jahwe durch einen Propheten befragt werden soll, und so betritt plötzlich Elischa die Bildfläche. Er eröffnet seine Rede mit einer harschen Kritik am Nordreichskönig Joram und verlangt dann nach einem Saitenspieler. Durch die Musik wird Elischa in einen Trance-Zustand versetzt und verkündet den Königen das Wort Jahwes, welches besagt, dass Gruben gegraben werden sollen, die sich mit Wasser füllen werden. Darüber hinaus werden die Könige Moab vernichtend schlagen und das Land verwüsten.

Am nächsten Morgen kommt von Edom her Wasser und füllt das Land. Als die Moabiter den Truppen der drei Könige entgegenziehen, erzeugt die aufgehende Sonne auf dem Wasser eine optische Täuschung und die Moabiter glauben, es habe unter den Königen ein Blutbad gegeben. Sie ziehen zur vermeintlichen Beute und laufen den Truppen der Könige geradewegs in die Arme. Israel und seine Verbündeten schlagen Moab in die Flucht, dringen ins Land ein, verwüsten es und belagern die letzte Bastion in Kir-Hareset. Verzweifelt über die Ausweglosigkeit der Situation opfert der moabitische König seinen Sohn auf der Stadtmauer. Diese Tat löst einen großen Zorn (קצף־גדול) aus, der über Israel kommt, und so ziehen die Truppen aus Moab ab.

Der Leser bleibt besonders nach diesem letzten Vers und der plötzlichen Wendung des Geschehens ratlos zurück. Wie die nähere Betrachtung zeigen wird,

---

73 Vgl. Otto, Jehu, 469 – 502; vgl. weiterhin die Begründung des Todes Jorams in 2Kön 9,22, die ebenso in einem Widerspruch zur verhältnismäßig milden Beurteilung in 3,1 – 3 steht.

sind zahlreiche Spannungen und Brüche für diese Inkonsistenz der Erzählung und die Ratlosigkeit des Lesers verantwortlich.[74]

Gleich zu Beginn der Feldzugserzählung fällt auf, dass V. 5 eine Dublette zu 2Kön 1,1 darstellt, wo ebenfalls festgestellt wird, dass die Moabiter nach dem Tod Ahabs von Israel abfielen. In 2Kön 1,1 steht diese Notiz über Moab in unmittelbarer Verknüpfung mit der Rahmennotiz für Ahasja von Israel in 1Kön 22,52–54. In 2Kön 3,5 hingegen folgt sie nicht unmittelbar auf die Rahmennotiz für Joram in 2Kön 3,3, sondern erst im Anschluss an die Exposition der Feldzugserzählung in V. 4.

Da es weiterhin inhaltlich näherliegt, die Notiz über das Abfallen Moabs von Israel mit der Rahmennotiz über Ahasja zu verknüpfen, der unmittelbar auf Ahabs Tod folgte, ist davon auszugehen, dass 2Kön 3,5 hier 2Kön 1,1 wiederaufnimmt und die mit 3,5 eingeleitete Erzählung somit sekundär zur Rahmennotiz von Ahasja von Israel ist. Hingegen scheint V. 4 m. E. eine dazu wiederum sekundäre Hinzufügung zu sein, die die Identifikation des moabitischen Königs mit dem inschriftlich belegten König Mescha vornimmt.[75] Auffällig an dieser Hinzufügung sind die unrealistisch groß wirkenden Zahlen von 100.000 Schafen und 100.000 Lämmern als Tributzahlungen Moabs an Israel.[76]

Zu Beginn von V. 9 findet sich die Formulierung וילך gefolgt von einer Reihung von insgesamt drei Subjekten (מלך ישראל ומלך־יהודה ומלך אדום). Bereits V. 7 wurde durch וילך eingeleitet, hier jedoch bezogen auf nur ein Subjekt, nämlich המלך יהורם aus V. 6. Auch die Nennung des Königs von Edom in V. 9a ist auffällig.[77] Anders als die Könige von Israel, Juda und Moab wird er weder mit Namen genannt noch werden sein Eintreten in den Feldzug oder diesbezügliche Begründungen erwähnt. Grund für seine Nennung könnte die Route der Könige von Israel und Juda sein (V. 8), die auf einem Umweg durch Edom, statt – wie zu erwarten wäre – durch Ammon führt.

Für diesen Umweg am südlichen Ufer des Toten Meeres entlang gibt es keine hinreichende Erklärung im Text. Rehm vermutet im Hintergrund das Wissen um einen Konflikt und das Wiedererstarken der Ammoniter, welches durch die Monolith-Inschrift Salmanassers III. angedeutet wird. Sie nennt den König von Aman

---

74 Andere Erklärungsversuche finden sich bei LONG/SNEED, Yahwe, 253–271.

75 Vgl. KRATZ, Wrath, 102, Fn. 26.

76 Vgl. WÜRTHWEIN, Könige II, 282.

77 Eine grundsätzliche Spannung ergibt sich hierbei zu 1Kön 22,48 und 2Kön 8,20. Diesen Stellen zufolge gab es in Edom zunächst nur einen Statthalter, und ein eigener König wurde erst nach dem Abfall von Juda eingesetzt. Anders urteilen COGAN/TADMOR, II Kings, 44f, die in der Bezeichnung des edomitischen Königs kein Problem sehen, da zuweilen auch Statthalter diesen Titel zugewiesen bekommen hätten, vgl. dazu die a.a.O. genannten Beispiele. Vgl. weiterhin WÜRTHWEIN, Könige II, 285, der den König von Edom daher für einen Nachtrag hält.

(evtl. Ammon) als Teilnehmer in der Schlacht von Karkar.[78] Möglicherweise war dem Autor aber gar nicht an einer geographisch-historisch exakten Lokalisierung gelegen, sondern allein an der Vorbereitung der weiteren Erzählung durch V. 8, da ein Wasserwunder erst in der Wüste seine besondere Wunderhaftigkeit entfaltet. Zudem – und das ist sicherlich das stärkste Indiz – könnte die Bezugnahme auf Edom auch dem Fortgang des Erzählung vorgreifen, indem durch das Wort אדום assoziativ bereits der rote Wüstensand und die blutrote Farbe des Wassers bei Sonnenaufgang aufgerufen werden, durch welche die Täuschung der Moabiter erfolgt.[79]

In V. 11 taucht plötzlich Elischa in der Erzählung auf, obwohl zuvor nicht berichtet wurde, dass er dem Heer bis nach Moab gefolgt bzw. Teil der Streitmacht war.[80] Er wird an dieser Stelle erstmals als eine Art Kriegs- oder Hofprophet dargestellt, ohne dass diese Rolle zuvor zur Sprache gekommen wäre.[81] Unklar ist auch, weshalb Elischa sich überhaupt während des Feldzuges im Heer befunden haben soll, es sei denn, um mit prophetischen Tätigkeiten (etwa einer Götterbe-fragung) hilfreich zu sein. Der israelitische König scheint von diesem Propheten in seinem Heer allerdings nichts zu wissen. Zugleich spielt Elischa ab V. 20 dann überhaupt keine Rolle mehr für den Fortgang der Erzählung und auch über seinen Verbleib wird nicht mehr berichtet. Die Summe dieser Beobachtungen erweckt den Anschein, als sei Elischa ursprünglich nicht Teil der Feldzugserzählung gewesen.

Die Vorstellung vom Begießen der Hände mit Wasser in V. 11 illustriert an dieser Stelle wohl das Diener-Meister-Verhältnis.[82] Es handelt sich dabei weder um einen feststehenden Begriff, noch nimmt die Formulierung erkennbar Bezug auf eine andere alttestamentliche Erzählung.[83] Das Bild könnte ggf. aufgrund des in der Erzählung vorherrschenden Wassermotivs gewählt worden sein. Dennoch scheint es für den Leser und die antiken Übersetzer eindeutig zu verstehen ge-wesen zu sein, und auch der Kontext deutet an, dass durch diese Wendung die Verbindung zwischen Elia und Elischa dargestellt und Elischas Glaubwürdigkeit als Prophet verbürgt wird.[84] Zugleich macht der Vers deutlich, dass die Verbindung von Elischa- und Elia-Überlieferung bei der Entstehung von V. 11 vorausgesetzt

---

78 Vgl. REHM, 2Könige, 44 f. Eine andere historisch-politische Erklärung bietet HENTSCHEL, 2 Könige, 14.
79 Vgl. STIPP, Elischa, 114 f; KRATZ, Wrath, 103.
80 Vgl. STIPP, Elischa, 116; WÜRTHWEIN, Könige II, 281.
81 Vgl. WÜRTHWEIN, Könige II, 286.
82 Vgl. REHM, 2Könige, 45; GRAY, Kings, 486.
83 Vgl. STIPP, Elischa, 115.
84 Vgl. EHRLICH, Randglossen, 283.

scheint. Ob dabei die Erzählungen in 1Kön 19 und 2Kön 2 bewusst nicht aufgerufen wurden oder noch nicht bekannt sind, ist zunächst nicht zu klären.

Beginnend mit V. 9 findet sich plötzlich eine auffällige Häufung des Jahwe-Namens (neunmal in V. 9aβb–17). Weiterhin fällt auch eine Häufung anderer theologischer Termini auf, wie etwa die Schwurformel in V. 14 (חי יהוה צבאות אשר עמדתי לפניו),[85] die mit Jahwe-Zebaoth einen für die gesamte Elischa-Überlieferung einzigartigen Begriff verwendet. Die Schwurformel und mit ihr der Titel Jahwe-Zebaoth haben in den Königebüchern nur eine einzige Parallele, nämlich in dem völlig gleich lautenden Schwur Elias in 1Kön 18,15. Zudem findet sich eine weitere Analogie zwischen 2Kön 3,20 und 1Kön 18 (V. 29.36) in der Bezeichnung der Tageszeit durch das zu dieser Zeit übliche Opfer.[86]

Eine Dublette findet sich in V. 10 und 13 (כי קרא יהוה לשלשת המלכים האלה לתת אותם ביד מואב), nach welcher der israelitische König Joram Jahwe zweimal vorwirft, er habe das Heer in die Hände der Moabiter gegeben.

Eine weitere Spannung ergibt sich im Hinblick auf den Ausgang des Feldzuges. Während V. 18 f von einer totalen Niederlage Moabs ausgeht und Moab in Israels Hand gegeben werden soll, kommt in V. 27 aufgrund des Brandopfers ein großer Zorn über Israel und es folgt der Abzug aus Moab.

Weiterhin problematisch ist die unterschiedliche Deutung des Wassers in V. 9aβb.17 und V. 20 – 22. Während das Wasserwunder in V. 9aβb.17 die Funktion hat, die alliierten Truppen zu tränken, dient es in V. 20 – 22 dem Zweck, die Moabiter zu täuschen. Auch die Vorstellung über das Erscheinen des Wassers unterscheidet sich semantisch. Während das Wasser in V. 17 das Tal füllen soll (נחל ההוא ימלא), indem zuvor Gruben (גבים) angelegt wurden, wird in V. 20 von Wasser gesprochen, welches von Edom kommend (also fließend) das Land füllt (ותמלא הארץ).[87]

Die Abschlussnotiz über das Ende der Wassernot, die man nach der Exposition in V. 17 erwartet hätte, fehlt.

Damit verbunden fällt das zweimalige Vorkommen der Botenspruchformel in V. 16a und 17a auf, deren erste Elischas Befehl zum Graben von Gruben einleitet, die zweite hingegen nur das Herannahen von Wasser ankündigt.

---

85 Vgl. weiterhin die Botenspruchformel (כה אמר יהוה) in V. 16 und V.17; ותהי עליו יד יהוה in V. 15 sowie נקל בעיני יהוה in V. 18.
86 Ähnliche Angaben finden sich im Alten Testament nur in der Nennung des „Abendopfers" in Dan 9,21 und Esr 9,4.
87 In dieser Vorstellung scheint der Verfasser eher das Phänomen einer *sayil*, einer aufgrund von Wolkenbrüchen entstehenden Flutwelle, im Blick gehabt zu haben. Vgl. WÜRTHWEIN, Könige II, 286; SCHMITT, Elisa, 35.

Schließlich ist auch der letzte Teil der Erzählung nicht spannungsfrei.[88] Bereits die häufigen *plot twists* verwirren den Leser. So geht der Leser zunächst ab V. 20 – 24a davon aus, dass Israel dank der Täuschung durch das Wasser (Moab wird in der Sicherheit gewiegt, die Könige von Israel und Juda hätten sich gegenseitig dahingerafft) einen Sieg erringen wird. Ab V. 26 wird es jedoch unübersichtlich. Obwohl der moabitische König die Unterlegenheit seiner Truppen erkennt, erzählt V. 26abα dennoch von einem Gegenschlag der Moabiter, der sodann in V. 26bβ gleich wieder misslingt. So wähnt der Leser ab V. 26bβ also doch wieder Israel als den sicheren Sieger der Auseinandersetzung, um in V. 27 erneut überrascht zu werden von der Tat des moabitischen Königs, dem Zorn über Israel[89] und der Notiz über den Abzug Israels. Am Ende dieses „Hin und Hers" bleibt der Leser verwundert zurück, nicht zuletzt aufgrund der Frage, wie dieser schlechte Ausgang für Israel mit der Weissagung aus V. 18f zusammenpassen soll. Wurde hier etwa Jahwe von der Tat des moabitischen Königs und (davon ausgelöst) durch seinen eigenen Zorn oder gar den Zorn des moabitischen Gottes Kemosch überrascht?[90] Diese Frage allein zeigt, dass in dieser Erzählung offenbar mehrere Hände und mehrere theologische Interessen im Spiel sind.

Es lassen sich aber noch weitere, handgreifliche Spannungen beschreiben: Am Beginn von V. 24b erfolgt ein Subjektwechsel ohne Nennung des neuen Subjektes.[91] Ebenso findet am Übergang von V. 26b zu V. 27a wieder ein nicht erläuterter Subjektwechsel (3. Pl. versus 3. Sg.) statt.

In V. 18f folgt ein weiterer Zusatz, der zum Ausdruck bringen möchte, dass die in V. 24f erzählte Zerstörung großer Teile Moabs bereits Teil des Planes war, den Jahwe für das Heer Jorams hatte und den er durch das prophetische Wort kundgetan hat.[92] Vers 19 greift wortwörtlich Formulierungen aus V. 25 auf, ist diesem gegenüber aber als sekundär zu bewerten.[93] Während in V. 18f ein Sieg für Israel vorausgesagt wird, bleibt aufgrund von V. 27 der Eindruck, Israel habe zwar große Teile Moabs zerstört, aber letztlich keinen endgültigen Sieg errungen, sondern den Rückzug angetreten.

Versucht man nun die beobachteten Spannungen und Dopplungen zu gruppieren, so lassen sich die Verse 13aββb.14 als sekundäre Erweiterung zu V. 10 interpretieren, da in ihnen der in V. 10 noch bestehende Zusammenhang von Schwurformel und לתת אותם ביד מואב aufgesprengt und erweitert wird, etwa um den

88 Anders urteilen Würthwein, Könige II, 279 – 287; Schmitt, Elisa, 32 – 37.
89 Zur Frage, um wessen Zorn es sich in V. 27 handelt, vgl. Kratz, Wrath, 106 – 121.
90 Vgl. Kratz, Zorn, 80 f.
91 Vgl. וינסו מפניהם ויבו־רבה והכות את־מואב. So nur noch beobachtet bei Schweizer, Elischa, 40 f.
92 Vgl. Am 3,7 (auch hier Teil einer Bearbeitung).
93 Vgl. Würthwein, Könige II, 287.

Begriff יהוה צבאות. In diesen Versen wird ein besonderes Interesse am Südreichskönig Joschafat und der Feststellung seiner Rechtschaffenheit durch Elischa
deutlich. Davon abhängig scheinen auch die Erwähnungen von Joschafat innerhalb von V. 12ab, V. 7a und V. 11a zu sein. Ebenfalls zusammengehörig scheinen die
als sekundär ausgewiesenen Verse 15 – 17. Die Ansage der sich füllenden Gruben
muss aufgrund der Abhängigkeit von Elischa sekundär zum von Edom heran-
nahenden Wasser aus V. 20 sein. Zu diesen Versen lassen sich die Jahwe- und
Elischa-haltigen Verse 9aβb.10 – 13a gruppieren, die in direkter inhaltlicher Abhängigkeit zu V. 15 – 17 stehen. Der zwischen V. 19 und V. 25 festgestellte Zusammenhang aus Ansage und Verwirklichung der gleichen Dinge ist m. E. eine bewusste redaktionelle Gestaltung. Durch die Einleitung in V. 18 wird eine inhaltlich
Abhängigkeit der Verse 18 f zu V. 15 – 17 hergestellt. V. 18 f muss jünger sein als V.
15 – 17, da 15 – 17 ohne V. 18 f als Erfüllung von Elischas Orakel existieren kann,
umgekehrt aber kein sinnvoller Erzählzusammenhang entsteht. Vermutlich liegen
V. 18 f und V. 24b–27 auf einer literarischen Ebene und bilden eine Abfolge von
Verheißung und Erfüllung.

Wertet man nun alle literarischen Spannungen dementsprechend aus und
bezieht das Faktum ein, dass V. 20 organisch an V. 9aα anschließt, ergibt sich die
Grundschicht der Erzählung in den Versen 5 – 7 (ohne Joschafat).8 – 9aα.20 – 24a.

Diese erste Version erzählt – beruhend auf der Wiederaufnahme von 2Kön 1,1
in V. 5[94] – welche Folgen der Abfall Moabs von Israel hatte. Joram von Israel
schmiedet in Analogie und Anlehnung an die Erzählung in 1Kön 22 eine Koalition
mit dem Südreich Juda und zieht gegen Moab. Der Sieg gegen Moab wird der
Koalition aus Israel und Juda durch die Sinnestäuschung der Moabiter förmlich in
den Schoß gelegt. Dieser wunderhafte Zug weist große Ähnlichkeiten zur Sinnestäuschung der Aramäer durch Elischa in der Grundschicht von 6,8 – 24 auf.[95]
Im Gegensatz zu 6,8 – 24 ist Elischa in 2Kön 3 allerdings noch nicht Teil der
Grundschicht. Weiterhin beinhaltete die Grundschicht auch keine Nennung Jahwes.

Elischa und mit ihm auch Jahwe werden erst in einem zweiten Schritt von
einem Bearbeiter in die Erzählung eingefügt, der für die Häufung des „theologischen Vokabulars" verantwortlich ist. Ihm scheint daran gelegen, das
mirakulöse Geschehen zu theologisieren und als Wirken Jahwes auszuweisen.
Dieser „*Theologisierende Redaktor*", dem sich die Verse 9aβb.10.11*(ohne ויאמר
יהושפט).12*(ohne ויאמר יהושפט).13aα.15 – 17 verdanken, fügt den Propheten Elischa

---

94 Der Urheber der Feldzugserzählung wählte den in 2Kön 1,1 berichteten Abfall Moabs als
Einleitung und Ursache für seine Erzählung.
95 Vgl. weiterhin das Motiv der Täuschung der Aramäer durch das Getöse Jahwes in 2Kön 7,6;
vgl. dazu Kapitel 2.7. in dieser Arbeit.

in die Erzählung ein,[96] der den Willen Jahwes kundtut und die wunderhafte Sinnestäuschung in ein Wunder Jahwes verwandelt. Dabei verwendet er zugleich eine Umdeutung des Wasserwunders durch die Einfügung von V. 9aβb und 15 – 17. Das Wasserwunder dient nun vornehmlich der Versorgung der Truppen von Israel und Juda und sorgt nur als Nebeneffekt für den mühelosen Sieg über die Moabiter. Die Diskrepanz der Vorstellungen zum Eintreffen des Wassers deutet darauf hin, dass der Bearbeitung, die den Propheten Elischa in die Kriegserzählung einträgt, nicht in besonderer Weise an der Stimmigkeit zwischen eigener Bearbeitung und ursprünglicher Feldzugserzählung gelegen war. Vielmehr geht es dieser Bearbeitung um die theologische Aussage, der Prophet Jahwes habe die kommenden Ereignisse angekündigt und Jahwe habe sie herbeigeführt. Der wundersame Sieg durch das plötzlich auftretende Wasser wird auf diese Weise also zu einem Wunder Jahwes, welches durch seinen Propheten Elischa angekündigt wurde.

Im weiteren Verlauf des Wachstumsprozesses folgt eine Bearbeitung, die ein besonderes Interesse am Südreich Juda und v. a. seinem König Joschafat hat. Zwar war die Einheit aus Nord- und Südreich schon Teil der Grundschicht,[97] dieser spätere Bearbeiter scheint aber ein Bild Joschafats als eines ganz besonders jahwetreuen Königs etablieren zu wollen.[98] Dieser Bearbeitung verdanken sich die Verse 13aβb.14 und die Einfügung des Namens Joschafat in V. 7a.11a.12ab. Interessant ist die gegensätzliche Darstellung des judäischen und israelitischen Königs, welche durch die Hinzufügungen entsteht.[99] Joschafat wird besonders in den Hinzufügungen innerhalb von V. 10 – 13 als frommer, jahwefürchtiger König dargestellt, der den verzagten Joram von Israel erst auf den Beistand Jahwes hin-

---

96 Der Bearbeiter verleiht ihm an dieser Stelle auch explizit den Titel נביא.

97 Vgl. 2Kön 3,7 und 1Kön 22,4 wörtlich: כמוני כמוך כעמי כעמך כסוסי כסוסיך. Zu den Parallelen zwischen 2Kön 3,4 – 27 und 1Kön 22,1 – 40 (vor allem: 2Kön 3,7.11 und 1Kön 22,4.5.7) vgl. Kratz, Zorn, 82f; Miller, Elisha Cycle, 447f; Cogan/Tadmor, II Kings, 49. Weiterhin ist auch der Ruf Joschafats nach einem Propheten Jahwes in 2Kön 3,11 wortgleich mit 2Kön 22,7. Im Hintergrund des Vorwurfes, den Elischa Joram in 2Kön 3,13 macht, scheinen unter anderem die falschen Jahwe-Propheten aus 1Kön 22 zu stehen. In 1Kön 22 ist es auch Joschafat von Juda, der Ahab auffordert, vor dem Feldzug erst einmal Jahwe zu befragen und dann auch noch Micha ben Jimla zu rufen, um Jahwe erneut zu befragen. Schließlich fällt auch auf, dass in den Kriegserzählungen in 1Kön 20 und 1Kön 22 die Siegeszusage ebenfalls mit der Formulierung aus 2Kön 3,18 „ich gebe sie in eure (deine) Hand" erfolgt. Zur Frage nach der Priorität von 2Kön 3 gegenüber 1Kön 22, die an dieser Stelle nicht geklärt werden kann, vgl. Schweizer, Elischa, 34 – 42; anders: Wellhausen, Composition, 284; Stolz, Kriege, 149.

98 Hierbei könnte der Bearbeiter zusätzlich motiviert worden sein durch 2Kön 3,7, welches gut mit der Notiz über Joschafat in 1Kön 22,45 zusammenpasst.

99 Hierin widerspricht der Bearbeiter im Grunde der Beschwörung der Gleichheit von Nord- und Südreich in V. 4 und betont einen deutlichen Unterschied der beiden Könige und damit auch ihrer Königreiche.

weisen muss und als erster auf die Idee kommt, einen Propheten Jahwes zu befragen.[100] Die Könige verdanken nach Ansicht dieses Bearbeiter außerdem allein Joschafat den Einblick in Jahwes Ratschluss und seine Zusage durch Elischa (vgl. V. 13 f). Eine Weissagung an Joram lehnt Elischa kategorisch ab und gibt den Willen Jahwes nur deshalb preis, weil sich Joschafat in der Koalition Jorams befindet. Dieses besondere Interesse und die positive Beurteilung des Südreichskönigs Joschafat und die geringschätzige Aussage über Joram von Israel (v. a. in V. 13) sind auffällig.[101]

Die letzte Bearbeitung fügt die Verse 4.18 f.24b–27 ein. Allein die leicht herauszulösende, kaum mit dem Textumfeld verwobene Art der Bearbeitung zeigt, dass es sich um eine späte Bearbeitung handelt. Sie fügt am Anfang und am Ende des Textes zwei selbständige Verse in den Verlauf der Erzählung ein. Durch die Voranstellung von V. 4 wird der zuvor namenlose moabitische König mit Mescha identifiziert. Die Hinzufügung dieses Bearbeiters zeigt zudem eine Tendenz zur Überhöhung. Sowohl die übergroßen Tributzahlen in V. 4 als auch die Steigerung in V. 18 f zeigen, dass er dem Sieg Israels noch etwas zufügen möchte. Meines Erachtens verdankt sich auch die letzte Wendung in V. 24b–27 dieser Bearbeitung. Zwar scheint es schwer zu erklären, weshalb der gleiche Bearbeiter zunächst die totale Niederlage Moabs und dann den plötzlichen Abzug Israels einfügen sollte, doch vielleicht liegt der Schlüssel hierzu in einer Andeutung in V. 19.

Die Kriegsgesetze des Deuteronomiums verbieten ausdrücklich eine Zerstörung der Obstbäume (Dtn 20,19 f).[102] Genau diese wird aber in der Szene in V.

24b–27 erzählt. Möglicherweise liegt bereits hierin eine Verbindung zu dem Zorn, der über Israel kommt und die plötzliche Wende in der Geschichte verursacht.[103] In dem Vorwurf des Kinderopfers liegt zunächst eine starke antimoabitische Propaganda.[104] Israel zieht daraufhin jedenfalls unter großem „Zorn" aus Moab ab. Die Stelle ist schwierig zu verstehen und es bleibt unklar, worauf sich קֶצֶף hier bezieht.[105]

An nahezu allen Stellen im Alten Testament meint קֶצֶף implizit oder explizit den Zorn Gottes/Jahwes.[106] Es liegt daher im Bereich des Möglichen, dass קֶצֶף an dieser Stelle nicht ursprünglich ohne Bezug stand, sondern ehedem einen Gottesnamen als Bezugswort hatte. Dass es der Zorn Kemoschs war, der über Israel kam, kann zwar nicht mehr belegt werden, ist m. E. aber aus guten Gründen ebenso möglich wie die Annahme, es sei der Zorn Jahwes gewesen.[107] Wem dann allerdings die Streichung (welches Gottes auch immer) zuzurechnen wäre, ist schwierig zu beantworten, da sich im Text keine analogen Eingriffe finden lassen.

---

103 Anders WESTBROOK, Prophecy, 530–532, der die Prophezeiung Elischas für eine bewusst zweideutige Ansage in der Art des delphischen Orakels für Krösus hält, dagegen: LONG, Prophecy, 168–171.

104 Generell handelt es sich dabei um einen stereotypen Vorwurf gegenüber Fremdvölkern und Heiden sowie den besonders gottlosen unter den Königen Israels und Judas, vgl. 2Kön 16,16; 17,17; Jer 32,35.

105 Vgl. REHM, 2Könige, 48; GRAY, Kings, 490f; COGAN/TADMOR, II Kings, 47f; STIPP, Elischa, 144.

106 In 27 von 29 Fällen; vgl. bspw. Num 18,5; Dtn 29,27; Jos 9,20; 22,20; etc.

107 Für eine Zusammenfassung der Gründe vgl. KRATZ, Wrath, 107–109. Zwar ist es in der Tat möglich, dass sich hier eine alte Tradition bewahrt hat; vgl. so neben KRATZ, Wrath, 107–109 auch OTTO, Jehu, 215f. Auf diesem Hintergrund ist Kratz' Rekonstruktion des Grundtextes in V. (4) 5–6a (gemeint ist wohl V. 6a ohne המלחמה).26a.27 (vgl. KRATZ, Wrath, 104f) zu erklären, dennoch bleibt in dieser Rekonstruktion mehreres unerläutert. Geht man davon aus, dass ein solcher Vers eine sog. historische Notiz im Zusammenhang der annalistischen Notizen der Könige Israels darstellte, und sehr früh in den Kontext der Königebücher aufgenommen wurde, um eine Erklärung für den Abfall Moabs zu finden, so hätte A) der deuteronomistische Redaktor dieser Notizen sicherlich kein Problem damit gehabt, den Zorn Jahwes zum Auslöser eines Abzuges Israels zu machen. Dies hingegen stünde sogar viel eher in einer Linie mit seinem theologischen Verständnis als die zweideutige Formulierung durch bewusstes Offenlassen des Subjektes, es handele sich ggf. um den Zorn Kemoschs, der Israels Abzug veranlasste. Fernerhin würde die Beurteilung als historische Notiz unerklärt lassen, weshalb B) spätere Redaktoren dennoch ein zweimaliges Hin- und Her von Sieg und Niederlage wählten. Nur um Israels Überlegenheit zu demonstrieren, ist die Dopplung aus Ankündigung und Ausführung einer vernichtenden Niederlage (vgl. V. 18f und 24b.25) unterbrochen durch eine Episode der Gefährdung Israels (V. 9 und V. 20) nicht plausibel zu machen. Ich gehe daher davon aus, dass die Erzählung vom Kinderopfer des moabitischen Königs, obwohl (oder gerade weil) sie so archaisch anmutet, dennoch eine späte Bildung ist.

Die späte Einfügung der Verse 24b–27 lässt kaum noch Raum für einen weiteren, noch späteren Bearbeiter. So überzeugt aufgrund der Unsicherheiten am ehesten die Möglichkeit, dass bereits der Bearbeiter, der 24b–27 einfügte, selbst in Kenntnis beider Möglichkeiten bewusst die Frage offen ließ, um wessen Zorn es sich hier handelte.[108] Ein weiteres Indiz für die relativ späte Verortung dieser Bearbeitung liefert auch der Begriff קצף selbst, der ausschließlich in spät-exilischen bzw. nach-exilischen Texten belegt ist.[109]

Anders als 2Chr 19,2 benennt dieser Bearbeiter die Koalition aus Israel und Juda zwar nicht als Problem,[110] es ist jedoch dessen ungeachtet interessant, dass weder Edom noch Juda in dieser Bearbeitungsschicht weitere Erwähnung finden.

Ähnlich wie im Fall der Jehu-Revolution in 2Kön 8,28 – 10,17 haben wir in 2Kön 3,4 – 27 den seltenen Glücksfall, auch eine externe Quelle zu einer biblischen Erzählung zu kennen. Die Inschrift des Königs Mescha von Moab beschreibt einen Vorgang in der Geschichte Moabs, der aller Wahrscheinlichkeit nach mit der Erzählung in 2Kön 3,4 – 27 in Verbindung steht obgleich beide Quellen anders davon erzählen.

Möglicherweise reflektiert die Exposition zur Feldzugserzählung (V. 4 f) historische Ereignisse, deren moabitische Lesart wir aus dem Text der Mescha-Stele kennen. Darin lässt König Mescha von Moab notieren, dass er die Herrschaft Israels über Moab abgeschüttelt habe und eine Reihe von Städten nördlich des Arnon zurückerobern konnte. Es ist deutlich, dass beide Texte die Ereignisse aus der ihnen je eigenen Perspektive darstellen, dennoch ist es möglich, in der Schnittmenge aus beiden Texten einen historischen Haftpunkt auszumachen, der wohl aber kaum mehr Informationen als die Notiz in 2Kön 1,1 und 3,5 beinhaltet.[111]

Obwohl die entstehungsgeschichtliche Rekonstruktion dieses Kapitels kompliziert und die Bearbeitungen vielschichtig erscheinen, ist nur so zu erklären, weshalb sich auf der Ebene des Endtextes ein so disparates Bild verschiedenster theologischer Themen ergeben kann, wie etwa die Einheit von Israel und Juda (vgl. V. 7), die Jahwe-Frömmigkeit des judäischen Königs Joschafat (V. 11 f), die projudäische und anti-israelitische Haltung Elischas (V.13 f), der Verweis auf die Heilspropheten Ahabs und die Baals-Propheten Isebels (V. 13, vgl. 1Kön 22,6.10 – 12), das Motiv des Strafgerichts Jahwes über Israel in den Ausrufen des israeliti-

---

108 Vgl. Kratz, Wrath, 108.
109 Vgl. die ausführliche Untersuchung der Belegstellen bei Schweizer, Elischa, 148 – 169; ähnlich Kratz, Wrath, 106.
110 Vgl. Kratz, Wrath, 110.
111 Vgl. TUAT 1, 646 – 650; Stipp, Elischa, 150 f; zum Verhältnis beider Texte zueinander vgl. Kratz, Zorn.

schen Königs (V. 10.13) und die antimoabitische Propaganda des Kinderopfers (V. 27).

Ein weiteres Thema blieb bislang noch unbearbeitet und spielt doch im Blick auf die Elischa-Erzählungen eine Rolle. Die Bearbeitung, die Elischa in die ursprüngliche Feldzugserzählung einfügt, trägt an dieser Stelle erstmals für Elischa das Motiv der Mantik ein.[112] Durch den Saitenspieler wird bei Elischa eine Ekstase ausgelöst, in der er in der Funktion eines Sehers die Zukunft erkennen und kundtun kann.

Im Alten Orient und auch im Alten Israel war es eine gängige Praxis, einen Priester bzw. einen Ritualtreibenden vor einer Schlacht um ein Orakel zum Ausgang der Schlacht zu bitten. Für Israel sind die Orakellose Urim und Thummim für diese Art des Orakels bekannt.[113]

2.4 Literarkritik 2Kön 4

Kapitel 2Kön 4 enthält vier kleinere Erzähleinheiten, die sich durch ihre jeweils abgeschlossenen Spannungsbögen und die Wechsel der Personen und Schauplätze leicht voneinander trennen lassen. Während das Geschehen in V. 1–7 unlokalisiert bleibt, wird der Schauplatz der Handlung nach einer neu einleitenden Phrase (ויהי היום) in V. 8 durch einen Ortswechsel nach Schunem verlagert (ויעבר אלישע אל־שונם). Die nun bis V. 37 folgenden Ortswechsel sind notwendige Bestandteile des Handlungsverlaufs und des Spannungsbogens, der in V. 8 eröffnet wurde und mit V. 37 einen Abschluss erhält. In V. 38 vollzieht sich erneut ein Wechsel des Schauplatzes (ואלישע שב הגלגלה), der am Beginn eines neuen Handlungsbogens steht. Zudem treten hier mit den Prophetenjüngern neue Akteure auf den Plan. Das Verb (שוב) in V. 38 impliziert, die Episode in V. 1–7 sei ebenfalls in Gilgal zu lokalisieren. In V. 42 beginnt ein neuer Handlungsbogen, der sich durch einen Personenwechsel und eine neue Thematik abhebt.[114] Im Folgenden werden die auf diese Weise unterteilten Episoden in 2Kön 4 einzeln untersucht.

---

112 Vgl. dazu ausführlich Kapitel 4.1. in dieser Arbeit; weiterhin 2Kön 6,12; 6,32.
113 Vgl. Num 27,21; Ri 1,1 f; 1Sam 30,7 f.
114 Neben diesen äußeren Argumenten, fällt innerhalb der einzelnen Episoden auch ein orthographischer Unterschied auf. Während das Suffix der 2. Pers. Sg. fem. in V. 1–7 in den beiden Schreibungen כי und ך vorkommt, findet sich in den darauf folgenden Episoden nur noch die Schreibung ך. Vgl. STIPP, Elischa, 276 f.

2.4.1 2Kön 4,1–7: Ölmehrung

Elischa wird in dieser Episode als Leiter einer Prophetengruppe vorgestellt, der auch für das Wohlergehen der Angehörigen Sorge trägt. Die Witwe eines Prophetenjüngers fleht Elischa um Hilfe in ihrer finanziellen Notlage an, durch die ihre Söhne in die Schuldknechtschaft zu geraten drohen. Elischa erhört ihr Flehen und hilft durch die wundersame Mehrung des Öls der Witwe.

Innerhalb der Episode fallen keine Spannungen und Dopplungen auf, jedoch drängen sich dem Leser dieser Geschichte die großen Übereinstimmungen zu 1Kön 17,8–16 auf. In beiden Erzählungen hilft der Prophet einer Witwe durch die Mehrung ihres Öls. Während das Öl in 1Kön 17 zur Ernährung der Witwe und ihrer Kinder gebraucht wird, soll es in 2Kön 4 durch den Verkauf zur Rettung der Kinder vor der Schuldsklaverei dienen.

Hentschel meint, das gesamte Motiv sei wegen der besseren Einbettung in den Kontext von 1Kön 17 der Elia-Tradition entnommen und auf Elischa übertragen worden, um Elischa als den legitimen Nachfolger Elias darzustellen.[115] Für den umgekehrten Weg der Überlieferung spricht jedoch die bessere Einbindung der Episode in den Zyklus der Wunder- und Prophetengemeinschafts-Erzählungen bei Elischa.[116] Im Kontext von Elia steht die Episode zunächst nur lose eingebunden in die Dürrekomposition in 1Kön 17,1–18,46.[117] Bereits Würthwein hatte gezeigt, dass die Dürrekomposition frühestens deuteronomistisch und als sekundärer Rahmen für ehedem selbständige Erzählungen verfasst wurde und dann mehrere nach-dtr Überarbeitungen erfuhr.[118] Auch die von Hentschel selbst beobachteten handgreiflicheren Züge der Erzählung bei Elischa sowie das Fehlen der Verheißung Jahwes (1Kön 17,14)[119] sprechen für die Ursprünglichkeit der Elischa-Version.[120]

Jahwe taucht in dieser Episode nur in dem Ruf der Witwe in V. 1aβ auf, in dem sie den Gottesmann anfleht: ואתה ידעת כי עבדך היה ירא את־יהוה. Obwohl der Text der Erzählung sonst nahezu einheitlich ist, wird es sich bei diesem Verweis auf die Jahwe-Frömmigkeit des verstorbenen Prophetenjüngers um eine späte Glosse handeln. Der Vers unterbricht den engen Kontext der Problemschilderung und

---

115 Vgl. HENTSCHEL, Könige, 16; KILIAN, Totenerweckung, 44–56.
116 Vgl. BLUM, Prophet; 340 f.
117 Vgl. BLUM, Prophet, 340 f; REISER, Gottessprüche, 326.
118 Vgl. WÜRTHWEIN, Könige II, 212 f.
119 Vgl. ROFÉ, Classes, 149 f.
120 Vgl. BLUM, Prophet, 340 f; KÖCKERT, Elia, 124 f; WÜRTHWEIN, Könige II, 213; WHITE, Legends, 12–14; SMEND, Entstehung, 136; FISCHBACH, Totenerweckungen, 313; SCHMITT, Elisa, 153; STIPP, Elischa, 453–457; STIPP, Gestalten, 58–70; SCHMITT, Totenerweckung 1Kön, 454 f; anders: FRERICHS, Elisha, 193; CULLEY, Structure, 48.

dürfte aller Wahrscheinlichkeit nach eine redaktionelle Ergänzung sein, mit der Intention, die stark mirakulöse Episode zu theologisieren.[121]

Die Episode hat in ihrem Grundbestand einen erbaulichen Charakter, der zum Ausdruck bringt, dass die Jünger im Dienste Elischas und deren Familien in einer Notlage mit Hilfe und Rettung rechnen dürfen.[122] Die Glosse in V. 1aβ weitet die Aussage um ein Vielfaches aus. Die Witwe erhält die Hilfe, nicht weil ihr Mann ein Jünger Elischas, sondern weil er ein jahwefürchtiger Mann war.

Die Episode in V. 1–7 ist der Beginn einer Reihe von Erzählungen, in denen die Prophetengemeinschaft eine Rolle spielt. Ob es sich möglicherweise um das verbindende Motiv eines früheren Erzählkranzes handelt, wird in der redaktionsgeschichtlichen Rekonstruktion zu prüfen sein.

2.4.2 2Kön 4,8 – 37: Elischa und die Schunemiterin

Die Erzählung besteht aus zwei Teilen, die zwar durch einen losen Anschluss in V. 18 (ויגדל הילד ויהי היום) miteinander verbunden werden, deren zeitlicher Abstand jedoch auch trennend wirkt. Die Verse 8–17 erzählen von einer Frau aus Schunem, der Elischa aus Dankbarkeit für die ihm bei ihr zuteilgewordene Gastfreundschaft die *Geburt eines Sohnes* verheißt und der Erfüllung dieser Verheißung. In V. 18–37 wird die vorangegangene Erzählung bewusst aufgegriffen und um eine weitere Episode ergänzt, die sich jedoch Jahre später abspielt. Der Sohn der Schunemiterin, nun bereits im Jugendalter, verstirbt plötzlich und wird von Elischa auf das unablässige Flehen der Frau hin *wieder zum Leben erweckt*. Es handelt sich um zwei bekannte Motive, die so verbunden jedoch nur an dieser Stelle vorkommen.[123] Die Verwobenheit der beiden Episoden zeugt bereits von einem fortgeschrittenen Stadium des literarischen Wachstums.

Im ersten Teil sind deutlich Spannungen und Dopplungen zu erkennen. Zunächst liegt in V. 12b und 15b eine Dopplung vor: Die Frau wird zweimal gerufen und betritt zweimal den Raum. Inhaltlich zieht dies eine Spannung nach sich; über die Frau wird in den Versen 13–15a in ihrer Anwesenheit gesprochen, als sei sie nicht im Raum.[124] Vers 15a macht also den Eindruck einer Wiederaufnahme des in Vers 12 bereits Gesagten. Daran zeigt sich, dass es sich bei den Versen 12–15a um einen sekundären Einschub handelt und ursprünglich V. 15b den Anschluss an V.

---

121 Vgl. Schmitt, Elisa, 99; Würthwein, Könige II, 288; Hentschel, Könige, 16.
122 Vgl. Fritz, Könige, 22; Würthwein, Könige II, 288. Beide erkennen darin (m. E. zu voreilig) ein Beispiel für die Lebenswelt von Prophetengruppen und deren spezifischen Probleme.
123 Vgl. Würthwein, Könige II, 290.
124 Vgl. Schmitt, Magie, 241.

11 darstellte. Der Diener Gehasi tritt in den Versen 12–15a ganz unvermittelt und ohne Einführung auf und wurde daher an dieser Stelle wahrscheinlich sekundär in die Episode eingetragen.[125]

Auch textkritisch lässt sich dieser literarkritische Befund stützen. Die Peschitta scheint den schwierigen Textbefund und die Dopplungen der Verse 12–15 ebenfalls wahrzunehmen und nachträglich zu glätten, indem sie die Unterredung ausschließlich zwischen der Schunemiterin und dem Gottesmann spielen lässt und Gehasi streicht. Die anderen Gehasistellen dieser Episode sowie die anderen antiken Textzeugen – v. a. LXX – die an dieser Stelle mit MT gehen, zeigen, dass wir es in der Peschitta wohl nicht mit einem älteren Stadium der Textgeschichte zu tun haben, in dem Gehasi evtl. noch nicht eingefügt worden war, sondern es sich vielmehr um eine bewusste, nachträgliche Glättung des schwierigen Textbefundes in MT und LXX handelt.[126]

Das Gastgeschenk, welches Elischa der Frau macht, ist von großem Wert, bedenkt man die Bedeutung eines männlichen Nachkommen im Alten Orient, der besonders in dieser wohlhabenden Familie als Erbe für das Vermögen betrachtet werden darf.[127] Ohnehin unterscheidet sich das Milieu dieser Erzählung von dem der umgebenden Episoden. Während wir es im 4. Kapitel sonst mit ärmlichen Verhältnissen zu tun haben, wird die Frau aus Schunem gleich zu Beginn als wohlhabend eingeführt. Für eine andere Übersetzung des Ausdrucks אשה גדולה als „alte Frau" plädiert Tropper.[128] In der Tat spricht vieles für die Übersetzung mit „alt/betagt", da vor diesem Hintergrund die Verheißung des Sohnes als etwas Unwahrscheinliches erscheint und den Widerspruch der Frau in V. 16 verständlicher macht. Die Verheißung Elischas und ihre Erfüllung werden dadurch zudem besser als Wunder verständlich. Nichtsdestotrotz wird anhand der Umschreibungen der Verse 8–10 deutlich, dass es sich um eine wohlhabende Frau handeln muss.

Wie die vorausgehende, so hat auch diese Episode einen erbaulichen Charakter. Sie verheißt demjenigen reichen Lohn, der dem Gottesmann gegenüber großzügig und gastfreundlich ist.

Der zweite Teil der Erzählung in V. 18–37 weist ebenfalls Dopplungen und Spannungen auf. Die Frau kommt zweimal beim Gottesmann auf dem Berg/Kar-

---

125 Vgl. WÜRTHWEIN, Könige II, 290f; für die ursprüngliche Existenz Gehasis in 2Kön 4,8–37 votiert hingegen MULZER, Diener, 249–256.
126 Ebenso wird der textkritische Befund von SCHMITT, Elisa, 97 ausgewertet.
127 Vgl. FRITZ, Könige, 24.
128 Vgl. TROPPER, Elischa, 71–80. Ich schließe mich dieser Übersetzung an.

mel an (V. 25a.27a),[129] ihre Rede wird zweimal eingeleitet (V. 28.30), es gibt zweierlei Signale für das Wiedererwachen des Knaben (V. 34b.35b) und schließlich betritt die Frau zweimal den Raum (V. 36b.37a).

Die Errichtung des Obergemachs ist nach V. 10 für Elischa bestimmt, in V. 13 wird sie hingegen als Tat an ihm und Gehasi gedeutet. Während in V. 32b Elischa das Kind tot auf dem Bett findet, wird erst in V. 33 erzählt, dass Elischa das Obergemach betritt, in dem das Kind liegt.

Bei dem Versuch einer Schichtung wird deutlich, dass der Diener Gehasi auch in diesem zweiten Abschnitt einer sekundären Schicht angehört.[130] Besonders der semantische Befund stützt diese Annahme. Während die ältere Schicht den Knaben stets als ילד bezeichnet, nennt die mutmaßlich sekundäre Schicht den Jungen ausschließlich נער.[131] In denjenigen Versen, in denen der Knabe mit ילד bezeichnet wird, wird der Begriff נער zwar auch gebraucht, jedoch ausschließlich für die Knechte (V. 12a.19b.22b.24a.25b).

Wertet man diese Dopplungen und Spannungen aus, so lässt sich eine literarkritische Scheidung durchführen. Es wird eine ältere Darstellung bestehend aus V. 8–11.15b–25a.28.30b.32.34.37 erkennbar, die auch ohne die Verse mit Gehasi in 4,12–15a.25b–27.29–30a.31.33.35f als Erzählung funktioniert und einen geschlossenen Spannungsbogen enthält.[132] Die Gehasi-Verse allein können hingegen nicht eine eigene Erzählung gebildet haben, weshalb mit einer Gehasi-Bear-

---

129 In der Szene, in der die Frau sich auf ihre Reise zu Elischa vorbereitet (V. 20–24), finden wir einen Hinweis darauf, dass es am Neumondtag oder am Sabbat wohl üblich gewesen sein könnte, einen Gottesmann aufzusuchen. Vgl. VEIJOLA, Moses Erben, 64. Auch in anderen Texten, die in vorexilischer Zeit spielen, finden wir beide Tage nebeneinander genannt: Am 8,5; Hos 2,13; Jes 1,13. Sie sollten als Ruhetage dienen: Ex 20,8–10; 23,12; 34,21; Dtn 5,12–15. Vgl. FRITZ, Könige 24. Interessanterweise geht aus diesem Gespräch (V. 22f) auch hervor, dass es am Sabbat oder Neumondtag durchaus üblich war, ein Reittier zu nehmen und eine längere Reise (die Entfernung von Schunem bis zum Karmel beträgt ca. 25 km) zu machen, was jedoch dem Sabbatgebot aus Ex 20,10//Dtn 5,14 widerspricht.
130 Vgl. WÜRTHWEIN, Könige II, 289f und SCHMITT, Elisa, 94–98; weitaus vorsichtiger beurteilt STIPP, Elischa, 279f die Dopplungen und Spannungen.
131 Vgl. STIPP, Gestalten, 45f.
132 Ebenso urteilen WÜRTHWEIN, Könige II, 290f; SCHMITT, Elisa, 94–98. Anders STIPP, Elischa, 298, der die Grundschicht in einer Weise reduziert, dass kein Spannungsbogen mehr erkennbar ist. M. E. wendet Stipp hier jedoch ein literarkritisch fragwürdiges Verfahren an, indem er zunächst die Rekonstruktionen von Würthwein und Schmitt aufs Schärfste kritisiert und dann in der eigenen Rekonstruktion mit einem sehr großen Ausfall an Textmasse rechnet, dessen Inhalt und Intention unerklärt bleiben.

beitung zu rechnen ist.[133] Sicher handelt es sich bei der Eintragung Gehasis um eine Angleichung dieses Textes an die umgebenden Texte, in die Gehasi ebenfalls seinen Weg gefunden hat – eine übergreifende *Gehasi-Bearbeitung* ist denkbar. Der Charakter der Erzählung wird durch diese Einschübe entscheidend verändert. Das Mirakelhafte der Erzählung in 2Kön 4,18–37 wird erneut gesteigert. Das Niesen des Knaben als endgültiges Signal der Wiederbelebung, das Umherlaufen Elischas als Sammeln neuer Kräfte vor der finalen Erweckung sowie die Verwendung des ‚Zauber'-Stabes sind stark wunderhafte Züge, die durch die Gehasi-Bearbeitung in die Erzählung eingetragen werden. Die Figur Gehasis und sein Versagen bei der Auferweckung des Knaben lassen Elischa und seine Tat umso größer und mächtiger wirken.[134]

Auch die Auferweckung des Knaben hat eine Parallelüberlieferung bei Elia in 1Kön 17,17–24. Während bei Elischa ein großes erzählerisches Gewicht auf der magischen Technik der Auferweckung durch die sogenannte Synanachrosis liegt,[135] wird bei Elia der Aspekt des Gebetes zu Jahwe sehr viel stärker hervorgehoben.[136] Interessant ist, dass sich das in Vers 33b verwendete Verb התפלל innerhalb der Elischa-Erzählungen nur noch in 2Kön 6,17 f findet.

In einigen Studien stehen drei weitere Verse im Verdacht, theologisierende Glossen zu sein. Es handelt sich um die Nennungen Jahwes in V. 27bβ, 30a und 33. Der Textverlauf zeigt allerdings, dass diese theologisierenden Glossen – anders als etwa in der Naaman-Erzählung – erst nach der Gehasi-Bearbeitung eingefügt worden wären. Das Ziel dieser Überarbeitungen wäre demnach gewesen, zu zeigen, dass allein Jahwe, der Schöpfer, Leben schaffen und wiedergeben kann.[137] Jedoch überzeugt die Ausweisung dieser Verse als Glossen nur bedingt, da den schwachen theologisierenden Einschüben das mirakulöse Schwergewicht der gesamten Erzählung gegenübersteht.[138] Vielmehr erinnern die an Jahwe gerichteten Schwüre in V. 30 und 33 sehr stark an die Gehasi-Bearbeitung der Naaman-Erzählung in 2Kön 5,20, wie in Kapitel 4.5. zu zeigen sein wird.

---

133 In der Forschungsgeschichte wurde zuweilen anders votiert. Für einen Überblick über die älteren Positionen, die mit einer Doppelüberlieferung rechnen, verweise ich auf SCHMITT, Elisa, 95.
134 Vgl. FRITZ, Könige, 25.
135 Vgl. FISCHBACH, Totenerweckungen, 75–79; WEINREICH, Wundertypus, 246–264; SCHMITT, Magie 246–249; STIPP, Gestalten, 55 f.
136 Vgl. WÜRTHWEIN, Könige II, 294; FRITZ, Könige, 25.
137 Vgl. so etwa bei FRITZ, Könige, 25; ähnlich LEHNART, Prophet, 374.
138 Vgl. SCHMITT, Elisa, 93.

Diese Tradition von der Erweckung des Knaben ist m. E. ebenfalls von Elischa auf Elia übergegangen.[139] Die Elischa-Fassung ist zwar in ihrer Endgestalt erzählerisch stärker ausgestaltet, aber besser in den Kontext eingebunden als die Elia-Fassung. Darüber hinaus zeugt letztere, wie die Betonung des Gebetes bei Elia zeigt, von größerer theologischer Reflexion. Daher ist m. E. vom gleichen literarischen Abhängigkeitsverhältnis auszugehen wie in 2Kön 4,1–7(//1Kön 17,8–16); die Erzählung wurde von Elischa auf Elia übertragen.[140] Diese Annahme wird unterstützt durch verschiedene literarische Beobachtungen. Während wir es in 2Kön 4,1–7.8–37 mit zwei eigenständigen Erzählungen zu tun haben, sind sie in 1Kön 17 bereits enger miteinander verwoben und zu „zwei Szenen *einer* Erzählung"[141] geworden. Dies spricht deutlich dafür, dass beide Traditionen von Elischa auf Elia übergegangen sind und nicht umgekehrt.[142] Die Tatsache, dass außer Elischa und Gehasi keiner der beteiligten Protagonisten von 2Kön 4,8–37 mit Namen benannt wird, deutet auf die Offenheit dieser Erzählung hin. Dem Erzähler waren diese Fakten offensichtlich nicht vorgegeben. Möglicherweise handelt es sich bei der Totenerweckung auch um einen Topos, der erst nachträglich an die Geschichte von der Schunemiterin und ihrem Sohn angefügt und angepasst wurde.[143] Mit dem Angebot Elischas, sich beim König für die Frau einzusetzen (V. 13), könnte der Gehasi-Bearbeiter die Erzählung in 2Kön 8,1–6 vorbereitet haben.

Durch die bereits bekannten besonderen Umstände der Geburt erhält die Geschichte zusätzlich eine besondere Pointe, die in V. 28 von der Schunemiterin eindrucksvoll expliziert wird. Die Frau greift damit die Gedanken des Lesers auf, der eben jene Dramatik der Situation aufgrund der Kenntnis von V. 8–17 empfindet. Welchen Grund es für die Geheimhaltung des Todes des Sohnes in V. 21 f gibt, wird nicht erläutert. Es bleibt zu vermuten, dass die Bekanntgabe eine Auferweckung nicht möglich gemacht hätte, da die Frau von ihrer Umwelt an der Reise zu Elischa gehindert worden wäre.[144] Möglicherweise soll dem Leser so verdeutlicht werden, wie stark und unerschütterlich der Glaube der Frau an die

---

139 Vgl. FRITZ, Könige, 25; BLENKINSOPP, Geschichte, 66; für den umgekehrten Weg der Überlieferung plädieren BLUM, Prophet, 340–342; KILIAN, Totenerweckung, 50 f.

140 Ebenso urteilen BLUM, Prophet, 341 f; FRITZ, Könige, 25; WHITE, Legends, 11–13.

141 KÖCKERT, Elia, 125 f. Daher erscheint die Witwe in 1Kön 17 zunächst als arm und kurz darauf als wohlhabende Besitzerin eines Hauses mit Obergemach. Mutter und Sohn sind in der Totenerweckung in 1Kön 17 bereits als bekannt vorausgesetzt, was die determinierte Form in 17,17 (בעלת האשה) anzeigt (der Sohn blieb in der Speisungswunder-Episode vollkommen ohne Funktion).

142 Vgl. KRATZ, Propheten, 35.

143 So vermuten auch WÜRTHWEIN, Könige II, 293; FRITZ, Könige, 24.

144 Vgl. WÜRTHWEIN, Könige II, 293. Eine alternative Erklärung bietet KALMANOFSKY, Women, 67–74.

Heilung durch Elischa ist. Es sei an dieser Stelle bereits kurz darauf hingewiesen, dass hierin eine enge Parallele zu den jesuanischen Wundererzählungen liegt, bei denen ebenfalls der Glaube der Betroffenen unerlässlich für die Heilung ist.[145]

2.4.3 2Kön 4,38–41: Der Tod ist im Topf

Die Erzählung wird durch eine Hungersnot eingeleitet. Elischa beauftragt einen Diener, für sich und die Prophetenjünger eine Mahlzeit zuzubereiten. Dieser verwendet eine ungenießbare Pflanze für die Speise. Der von den Prophetenjüngern zur Hilfe gerufene Elischa wirft daraufhin Mehl in den Topf und macht die Speise dadurch genießbar.

Die vorliegende Episode ist kurz und hat einen topischen Charakter. Es kann davon ausgegangen werden, dass sie ehedem selbständig überliefert wurde.

Die Erzählung kann als weitestgehend einheitlich angesehen werden, allerdings beginnt sie mit einer Art Regieanweisung, die des Öfteren als redaktioneller Einschub verstanden wurde. Durch die Einfügung der ursprünglich eigenständigen Episode in den Kontext von 2,1–25 und 4,1–37 wird der redaktionelle Hinweis in 4,38aα nötig, der berichtet, dass Elischa wieder (von Schunem) nach Gilgal zurückgekehrt war (vgl. 2Kön 2,1).[146] Dieser Einschub verdankt sich wahrscheinlich dem Redaktor, der die ehedem selbständige Anekdote in den Kontext des Elischazyklus in 2Kön eingestellt hat.[147]

Es ist darüber hinaus denkbar, dass es sich auch bei V. 38b um einen redaktionellen Einschub handeln könnte, durch den ein (hier) namenloser Diener Elischas eingeführt wird. Diese Vermutung wird gestützt durch die Spannung zwischen Vers 38b und 39aα. Während in 38b Elischa לנערו (also einem durch das Possessivsuffix determinierten Diener) den Befehl erteilt, wird die Ausführung des Befehls in V. 39aα von einem unbestimmten אחד vorgenommen. Dieser Einschub könnte sich unter Umständen der Gehasi-Redaktion verdanken,[148] obwohl offen

---

145 Vgl. Mk 5,34par; 10,52; Lk 7,50; 17,19; 18,42. Vgl. WÜRTHWEIN, Könige II, 294. Zu dem Ritual und einer möglichen Parallele in assyrischen Texten aus dem Archiv Assurbanipals in Ninive, vgl. BECKING, Touch, 38–47 und Kapitel 4.1.2. in dieser Arbeit.

146 Vgl. WELLHAUSEN, Composition, 288; HENTSCHEL, Könige, 22; WÜRTHWEIN, Könige II, 295.

147 So urteilt auch SCHMITT, Elisa, 99. Die Notwendigkeit für diesen Einschub ergibt sich nur durch die jetzige Stellung des Textes, an der er auf die Erzählung mit der Schunemiterin folgt, welche am Karmel bzw. in Schunem spielt.

148 HENTSCHEL, Könige, 22 vermutet, die Einfügung des Dieners soll wiederum Elischas Wundertat größer und mächtiger wirken lassen.

bleibt, weshalb Gehasi dann nicht auch mit Namen benannt wird. Es kann daher nicht mit Sicherheit von einer redaktionellen Einfügung ausgegangen werden.

Elischa wird auch in dieser Episode als der Vorsteher der Prophetengruppe dargestellt, für die er auch in Zeiten der Hungersnot Sorge trägt. Bei den Früchten, die einer der Prophetenschüler mitbringt, handelt es sich – darin ist sich die Fachliteratur einig – um Koloquinten, eine Kürbisart mit einem sehr bitteren Geschmack, die zudem stark abführend wirkt.[149] Das Mehl, durch das Elischa die Speise wieder genießbar macht, wird hier ausschließlich als Ritualmittel zu verstehen sein. Die eigentliche Wundertat vollbringt Elischa selbst.[150]

2.4.4 2Kön 4,42 – 44: Brotmehrung

Diese kurze Episode erzählt erneut von einer wundersamen Mehrung. Dieses Mal geht es um das Erstlingsbrot, das von einem Mann zu Elischa gebracht wird und auf dessen Geheiß verteilt werden soll. Obwohl die Menge der zu Speisenden für die genannte Zahl von 20 Broten viel zu groß ist, gelingt es Elischa durch wundersame Mehrung dennoch alle Anwesenden zu sättigen und noch Reste zu produzieren.

Auch diese Erzählung lag wahrscheinlich ehedem selbständig vor. Sie ist knapp gehalten und macht einen topischen Eindruck. Durch die Einarbeitung hinter die Episode vom Tod im Topf und die in Vers 38 erwähnte Hungersnot (רעב), erhält sie jedoch eine, wenn auch lose, Anbindung an den Kontext und gleichzeitig ein bestimmtes erzählerisches Vorzeichen. Durch die Hungersnot erhält die Geschichte von der Brotvermehrung sogleich die Tendenz einer ‚Armenspeisung'.[151]

Der namenlose Diener (שרת Partizip Piel) wird von Hentschel wiederum für eine spätere redaktionelle Einfügung gehalten, um Elischa noch größer wirken zu lassen.[152] In diesem Fall gibt es m. E. jedoch keine Anzeichen im Text, die auf einen solchen redaktionellen Eingriff hindeuten. Vielmehr gehören die Gestalt des Dieners und der Dialog zwischen ihm und Elischa untrennbar zu der Episode. Der Dialog bereitet die Pointe und den Abschluss des Spannungsbogens vor. Aus

---

149 Vgl. Fohrer, Propheten, 89; Würthwein, Könige II, 295; Hentschel, Könige, 21; Fritz, Könige, 26.
150 Vgl. Würthwein, Könige II, 295.
151 Schmitt, Elisa, 99 betont die Abhängigkeit von V. 28 – 41 und hält diese Episode u. a. wegen des wortarmen Stils für ein rein redaktionelles Produkt. M. E. handelt es sich bei diesem ‚wortarmen Stil' eher um die charakteristische Kürze eines erzählerischen Topos, wie sie in einer ehedem selbständigen Erzählung zu erwarten ist.
152 Vgl. Hentschel, Könige, 22.

diesem Grund entscheide ich mich an dieser Stelle gegen einen redaktionellen Eingriff. Hentschel wertet auch den textkritischen Befund als Stütze seiner Argumentation, nach dem LXX und Peschitta in V. 42b gemeinsam gegen MT „Da sagte er: *gebt* (Pl.) es den Leuten zu essen!" lesen, Elischa den Auftrag also nicht an seinen Diener, sondern an die Umherstehenden erteilt. Allerdings ist dann fraglich, warum in V. 43, der notwendig zum Grundbestand gehört, LXX (und ebenso Peschitta) den Diener wieder erwähnen (καὶ εἶπεν ὁ λειτουργὸς αὐτοῦ).

Auffällig ist der Gebrauch der Formel: כה אמר יהוה in V. 43b. In den Wundererzählungen ist diese Stelle einzigartig. Dieses kleine Textstück und der Hinweis in V. 44b (כדבר יהוה) erwecken den Eindruck, als handele es sich wiederum um theologisierende Glossen, die das Wunder Elischas auf Jahwe zurückführen wollen.[153] M. E. sind diese beiden Einschübe die einzigen redaktionellen Eingriffe innerhalb dieser kurzen Erzählung.

Die Erstlingsbrote (לחם בכורים), die Elischa gebracht werden, gebühren nach Lev 2,14 und 23,17–20 dem Priester. Hier wird Elischa also erneut ein priesterliches Attribut zugeordnet.[154] Jedoch verwendet Elischa das Brot – anders als der Priester – nicht zur eigenen Versorgung, sondern lässt es gleich an die Hungernden weiterreichen. Auch in dieser sozialgeschichtlichen Färbung der Erzählung liegt eine Parallele zu den jesuanischen Brotmehrungswundern der Evangelien.[155]

2.5 Literarkritik 2Kön 5: Naamans Heilung vom Aussatz

In Kapitel 5 finden wir eine umfangreiche Erzählung, deren Spannungsbögen im Vergleich mit den anderen Elischa-Erzählungen sehr komplex sind.

Der Ausgangskonflikt wird in V. 1 präsentiert. Naaman,[156] der tüchtige Hauptmann im Heer von Aram, ist an Aussatz erkrankt. Durch eine israelitische Sklavin in den Diensten seiner Frau erfährt er von einem Gottesmann in Samaria, der ihn heilen kann. Naaman reist mit einem Empfehlungsschreiben des aramäischen Königs im Gepäck an den Hof von Samaria. Der König von Israel bezieht die

---

153 Vgl. WÜRTHWEIN, Könige II, 296. DIETRICH, Prophetie, 88 rechnet diese Formeln zum klassischen Sprachgebrauch von DtrP. Vgl. LEVIN, Erkenntnis, 166, der die Verweise auf Jahwe seiner ‚Jahwe-Wort-Bearbeitung' zuweist.

154 Vgl. 2Kön 4,23.

155 Vgl. Mk 6,32–44par; Mk 9,10b–17 und Mk 8,1–10par. In diesen Erzählungen übertrifft Jesus die Wundertat Elischas um ein Vielfaches, was dem antiken Leser und Kenner der atl. Erzählungen sicher nicht entgangen sein dürfte; vgl. hierzu Kapitel 4.5. in dieser Arbeit.

156 Naamans Name ist ggf. ein stilistisches Mittel, um dem Leser unaufdringlich dessen einstige Attraktivität auszumalen, die nun vom Aussatz entstellt ist, vgl. SCHÖPFLIN, Naaman, 35.

Anfrage um Heilung offenbar auf sich und vermutet in der für ihn unmöglich zu erfüllenden Bitte einen listigen Plan der Aramäer, auf diese Weise einen Krieg anzetteln zu wollen. Als Elischa von der Bestürzung seines Königs erfährt, schaltet er sich ein und schickt nach dem aramäischen Feldherrn. Als Naaman bei Elischa vorsprechen möchte, lässt dieser durch einen Diener nur ausrichten, Naaman solle siebenmal im Jordan untertauchen. Naaman ist erzürnt über die banale Anweisung und droht schon abzureisen, da überzeugen ihn seine Diener davon, es zu versuchen. Tatsächlich steigt Naaman in den Jordan und wird gesund. Der in V. 1 eröffnete Spannungsbogen endet folglich mit Naamans Heilung in V. 14. Es schließt sich eine Art Nachgeschichte an die Heilung Naamans an, bei der Naaman sich zum Jahwe-Glauben bekehrt und von Elischa israelitische Erde für die Heimreise erbittet. Im weiteren Verlauf tritt Elischas Diener Gehasi ins Zentrum des Interesses. Er denkt sich, vom Reichtum Naamans angelockt, eine List aus, um sich gegen Elischas Willen einen Teil der Reichtümer Naamans anzueignen. Elischa wird trotz Abwesenheit durch seherische Fähigkeiten dieser List gewahr und bestraft Gehasi mit dem Aussatz, von dem er zuvor Naaman befreit hatte. Die Naaman-Erzählung insgesamt endet damit in V. 27, und der Orts- und Personenwechsel in 2Kön 6,1 markiert den Beginn einer neuen Perikope.

In der jüngeren Forschungsgeschichte gab es verschiedene Positionen, die ein mehrschichtiges Wachstum der Naaman-Erzählung vorgeschlagen haben.[157] Hermann-Josef Stipp warf diesen Positionen in seiner Untersuchung vor, die literarkritische und redaktionsgeschichtliche Scheidung vorzunehmen, ohne Beweise dafür anzuführen.[158] Dieser Vorwurf gründet auf der grundsätzlich richtigen Beobachtung, dass die Naaman-Erzählung kaum Dubletten oder Brüche enthält. Allerdings schließt Stipp daraus vorschnell, das gesamte 5. Kapitel sei, bis auf zwei kurze Einschübe in V. 22b und 23b, einheitlich.[159] Hierin zeigt sich m. E. jedoch ein zu schematisches Verständnis der literarkritischen Methodik. Für die Frage nach der literarischen Einheitlichkeit ist es hingegen ebenso von Nöten, genau auf die in der Erzählung verwendeten Spannungsbögen, Personen- und Ortswechsel zu achten. Zusammen mit den einzelnen literarischen Spannungen ergibt sich daraus m. E. doch ein relativ uneinheitliches Bild von 2Kön 5.

---

157 Vgl. Hentschel, Könige, 23–26; Würthwein, Könige II, 298–303; Fritz, Könige, 29–32; Schmitt, Elisa, 78–80; Otto, Jehu, 230–233.
158 Vgl. Stipp, Elischa, 315–319. Für eine Einheitlichkeit des Kapitels vgl. ebenso Zakovitch, Official, 69 f. Mit anderen Begründungen plädiert Diebner (Wunder, 197–204) für die literarische Einheitlichkeit und für eine szenisch angelegte Komplexität der Abläufe.
159 Vgl. Stipp, Elischa, 319 (Einschub: ושתי חלפות בגדים).

Auffällig an der Naaman-Erzählung ist zunächst, dass sie insgesamt drei Erzählschlüsse und Erzählziele besitzt, welche allesamt unterschiedlich akzentuiert sind und im vorliegenden Text hintereinander zu stehen kommen.[160]

Der erste Erzählschluss in V. 14 beendet den Spannungsbogen, der in V. 1 eröffnet wurde und verleiht der Erzählung den Charakter eines klassischen Heilungswunders. Dieser Spannungsbogen wird in V. 1 mit der Beschreibung von Naamans Hauterkrankung eröffnet und findet seinen Abschluss in Naamans Heilung durch Elischa in V. 14, es handelt sich also um eine in sich geschlossene Erzählung.

Die Verse 15–19a entwickeln hingegen eine andere Thematik. Hier geht es plötzlich um die Frage, wie der bei Naaman durch die Heilung geweckte Glaube an Jahwe im heidnischen Kontext Arams gelebt werden kann. In V. 15 wird dieser Spannungsbogen eröffnet durch die Feststellung, dass es keinen Gott gibt außer in Israel. Im Anschluss an die inhaltliche Auseinandersetzung mit dem Thema der Jahwe-Verehrung in anderen nationalen Kontexten kommt dieser Spannungsbogen in V. 19a durch Elischas Wunsch לך לשלום zum Abschluss.

Schließlich führt ein dritter Erzählschluss in V. 26 f einen Spannungsbogen zu Ende, der ab V. 19b den Diener Gehasi in den Fokus des Interesses gebracht hatte. Dieser letzte Teil hat eine stärker moralische Aussageintention und ist als eine Art Lehrerzählung über die Habgier zu verstehen.

Auch der Wechsel der Hauptperson gibt Anhaltspunkte für die literarische Beschaffenheit des Kapitels. Während in den Versen 1–19a Naaman die Hauptfigur und der Handlungsträger der Erzählung ist, spielt in 19b–27 Elischas Diener Gehasi die Hauptrolle.[161]

Ein weiteres Indiz deutet auf eine Trennlinie zwischen den Versen 1–19a und 19b–27 hin, nämlich die Verwendung der Präpositionen לפני und אל. Während in V. 15a die Präposition לפני für das *Stehen Naamans vor Elischa* und in V. 16 für das *Stehen Elischas vor Jahwe* verwendet wird, wird das *Stehen Gehasis vor Elischa* in V. 25 mit der Präposition אל ausgedrückt, wohingegen לפני in V. 23 für das *Tragen* der Geschenke durch die Diener Naamans *vor Gehasi her* verwendet wird.

Weiterhin lohnt der Blick auf die Diktion und die Benennung Elischas; auch hier finden sich Indizien für ein sukzessives Wachstum. Während in Vers 8 und 10 der Name Elischas genannt wird, gebrauchen die Verse 15a.17–19a nur den Gottesmann-Titel und nicht den Namen Elischas. Auch im ersten Teil dieser Episode wird der Titel *Gottesmann* zweimal verwendet (8.14), jedoch findet sich in diesen beiden Fällen die appositionelle Stellung des Gottesmann-Titels אלישע איש־האלהים.

---

160 Vgl. GUNKEL, Elisa, 38.42; SCHMITT, Elisa, 78.
161 Vgl. WERLITZ, Könige, 219.

In der Gehasi-Erzählung finden wir nur den Namen Elischa und in einem Fall (V. 20) erneut die appositionelle Verwendung des Gottesmann-Titels.[162]

Im Folgenden soll der Versuch unternommen werden, auf Basis der oben gemachten Beobachtungen eine Rekonstruktion vorzunehmen, in deren Durchführung sich im Einzelnen weitere Indizien für das literarische Wachstum zeigen werden. Dabei sollen zunächst – im Sinne einer Arbeitshypothese – die oben voneinander unterschiedenen Teile der Erzählung gesondert untersucht und von der mutmaßlich jüngsten zur ältesten Stufe vorangegangen werden.

Gehasi-Erzählung

Am unproblematischsten lässt sich der letztgenannte Erzählstrang über Gehasis Habgier vom restlichen Bestand der Naaman-Erzählung abheben.[163]

Von der Habgier Gehasis und ihren Auswirkungen erzählen die Verse 19b–27. Doch bereits in den Versen 15b.16 wird die Lehrerzählung vorbereitet[164] und die notwendige Voraussetzung für den habgierigen Plan Gehasis geschaffen. Allerdings stehen diese beiden Verse isoliert in einem Erzählkontext, in dem es sonst um die Thematik der Jahweverehrung außerhalb Israels geht. Durch ויאמר נעמן wird der Anschluss von V. 16 an V. 17 nur lose hergestellt und die unverhoffte Antwort in V. 17aβ (ולא יתן־נא לעבדך משא צמד־פרדים אדמה) passt nicht recht zu der in V. 16 behandelten Thematik von Geschenken. Hingegen greift die Einleitung ולא in V. 17aβ die negative Feststellung aus V. 15a in eleganter Weise auf: (כי אין אלהים בכל־הארץ כי אם־בישראל). Die Einleitung von V. 17 muss also sinngemäß verstanden werden als „wenn dem nicht so ist, (wie in V.15a beschrieben: es also keinen Gott in allen Landen gibt, außer in Israel), so gib doch deinem Knecht Erde…". Das ולא greift somit V. 15a auf und bildet zusammen mit ihm eine negative Protasis zum Rest von V. 17a.[165] Es existiert also ein vollkommen logischer und eleganter Anschluss zwischen V. 15a und 17aβ (ab ולא), was von der Abfolge von V. 17 auf V. 16 nicht behauptet werden kann. Die Verse 15b–16 bilden folglich einen Einschub, der sich dem gleichen Redaktor verdankt wie V. 19b–27.[166] Die Verse 15b–16 formen die

---

162 Während es in Vers 8 zu der Dopplung אלישע איש־האלהים kommt, wirkt die formelhafte Wendung כדבר איש האלהים in Vers 14 sehr untypisch für diesen Teil der Erzählung und sollte daher als redaktioneller Einschub gewertet werden; vgl. SCHMITT, Elisa, 79.

163 Vgl. SCHMITT, Magie, 222–224.227–230.

164 Vgl. חי־יהוה in V. 16 und 20, was ebenso als Indiz für die Zusammengehörigkeit der Verse 15b. 16.19b–27 zu werten ist. Vgl. HENTSCHEL, Heilung, 11.

165 Zu ולא als negativer Protasis vgl. JOÜON/MURAOKA, Grammar I–II, §104d und JOÜON/MURAOKA, Grammar III, §170.

166 Vgl. SCHMITT, Elisa, 80.

Ausgangssituation und den Beginn des Spannungsbogens für den Fortgang der Gehasi-Erzählung in V. 19b–27.

Da die Wundererzählung gut ohne Gehasi auskommt, umgekehrt die Gehasi-Erzählung alleine aber nicht tragfähig ist, handelt es sich um eine Bearbeitung, welche die Gehasi-Erzählung hier eingetragen hat und somit auch die Figur des Gehasi in 2Kön 5 sekundär einfügt.[167] Diesem Bearbeiter müssen die Verse 1–14 also bereits vorgelegen haben, da der Gehasi-Lehrerzählung ohne das Heilungswunder die Veranlassung fehlt.[168] Ebenso scheint auch die Nennung der mitgebrachten Geschenke in V. 5b auf diesen Redaktor zurückzuführen sein, da hier die Szene in V. 19b–27 entscheidend vorbereitet wird. Da die Erwähnung keinerlei Funktion für die Verse 1–14 hat, ist davon auszugehen, dass es sich um eine Glosse des Bearbeiters handelt, der die Erzählung über Gehasis Habgier eingefügt hat.[169]

Zusammenfassend findet sich diese Gehasi-Bearbeitung daher in den Versen 5b.15b–17aα(nur ויאמר נעמן).19b–27. Die Erweiterung um Gehasis Habgier betont Elischas mantische Begabung,[170] durch welche er Gehasis List selbst aus der Ferne wahrnehmen kann.[171] Das erzählerische Gewicht liegt allerdings auf der moralischen Aussage, dass Habgier und Betrug bestraft werden, auch wenn sich der Betrug scheinbar im Verborgenen abspielt. Gehasis Betrug wiegt auf der Ebene des Endtextes insofern schwer, als seine Habgier die Maßgabe Elischas aus V. 16 unterminiert, der Dienst Elischas für Jahwe sei nicht zu entlohnen. Wer trotz dieser Maßgabe Naamans Silber will, bekommt auch Naamans Aussatz.[172] Hierin ähnelt das Profil dieser Bearbeitung etwa einer weisheitlichen Lehrerzählung.

---

167 Anders urteilt MULZER, Diener, 249–256.

168 Vgl. SCHMITT, Elisa, 78 f.

169 Vgl. WÜRTHWEIN, Könige II, 296 (Anm. 3); 302 f; SCHMITT, Elisa, 80.

170 Vgl. 2Kön 3,15–19; 6,8 f.

171 Elischa beschreibt den mantischen Vorgang mit „war nicht mein Geist zugegen, als…". Die Erwähnung des Geistes finden wir innerhalb der Elischa-Erzählungen sonst nur noch in der Himmelfahrtserzählung in 2Kön 2.

172 Nach SCHMITT (Elisa, 78) „geißeln" die Verse 19–27 das Verhalten von Prophetengemeinschaften. Meines Erachtens ist es nicht möglich und methodisch unreflektiert von der Gehasi-Episode darauf zu schließen, es ginge um das Fehlverhalten von Prophetengemeinschaften. Einerseits wird Gehasi in den Elischa-Texten nie (und somit auch nicht 2Kön 5) als Teil der Prophetengemeinschaft dargestellt, andererseits ist Elischa in dieser Episode allein mit Gehasi und scheint (in Samaria) keine Prophetengemeinschaft zu haben. Die Erzählungen von der Prophetengemeinschaft und über Gehasi liegen nach allem, was wir in der Analyse bislang sahen, wahrscheinlich auf vollkommen verschiedenen literarischen Ebenen. Diese miteinander zu vermischen und in die Gehasi-Episode eine Deutung hineinzulegen, die sich von den Kap. 4 und 6 her speist, zeigt, dass Schmitt hier der literarischen Fiktion des Endtextes folgt, obwohl er doch selbst für die Elischa-Erzählungen ein mehrschichtiges und längeres Wachstum annimmt.

Naaman wird Jahwe-Verehrer

Wie oben bereits angedeutet, haben wir es in den Versen 17aβ(ab ולא)–19a mit einer anderen Thematik zu tun. Zur Gehasi-Erzählung gibt es keine feste Verknüpfung, was die losen Anschlüsse in V. 15 und V. 17 belegen. Auch diese Verse setzen die Erzählung in V. 1–14 voraus, eröffnen aber einen neuen Spannungsbogen, der bereits in V. 15a beginnt und in V. 19a zu seinem Abschluss gebracht wird. Der geheilte Naaman bekennt, dass es keinen Gott gibt, außer in Israel. Es handelt sich hierbei um ein strikt monotheistisches Bekenntnis, wie wir es in dieser Zuspitzung im Alten Testament nur an wenigen spät-/nachexilischen Stellen finden.[173]

In dieser Bearbeitung werden genau genommen zwei theologisch sehr brisante Themen miteinander verwoben. Einerseits wird Naaman zum Leitbild des „ersten Proselyten der Jahwe-Religion in der Bibel"[174]. Aus meiner Sicht wäre der Titel *φοβούμενος* an dieser Stelle noch treffender, da es ja nicht um einen sichtbaren Übertritt Naamans zum Judentum (inkl. Beschneidung, Einhaltung des Sabbatgebots etc.) geht,[175] sondern allein um eine innere Hinwendung zur Jahwe-Religion (unter Beibehaltung anderer Sitten). Andererseits erörtert Naaman stellvertretend die Frage, wie rechte Jahwe-Verehrung außerhalb Israels vonstattengehen kann. Er steht als Angehöriger des aramäischen Heeres und Hofes in einem Loyalitätskonflikt zwischen dem Staatskult Arams und seiner privaten Frömmigkeit und Kultpraxis, die er ausschließlich Jahwe widmen möchte. Der neue Jahwe-Anhänger Naaman kennt also, ohne dass es ihm erklärt werden müsste, den monotheistischen Anspruch der Jahwe-Religion. Die mit Elischas Wunsch in V. 19a verbundene Antwort auf Naamans Anfrage ist nicht besonders deutlich, was den Grad an monotheistischer oder monolatrischer Ausrichtung angeht.[176] Naaman wird unter diesen schwierigen Umständen wohl die Teilnahme am Staatskult Arams neben dem Jahwe-Kult zugestanden.

---

173 Vgl. Jes 43,10; 45,5f.18; Dtn 4,35.39. Als ‚strikt monotheistisch' ist dabei die Verehrung Jahwes als alleinigen Gott (nicht nur in Israel, sondern auf der ganzen Welt) unter Bestreitung der Existenz anderer Gottheiten zu verstehen. Vgl. FRITZ, Könige, 31; SCHMITT, Elisa, 128; DIEBNER, Wunder, 201. Allerdings wird Jahwe hier in 2Kön 5,15 in Israel verortet, er wird nicht als Universalgott gedacht.

174 GUNKEL, Elisa, 39; ähnlich COGAN/TADMOR, II Kings, 67.

175 Vgl. ähnlich DIEBNER, Wunder, 199–202; SCHÖPFLIN, Naaman, 41; HAARMANN, JHWH-Verehrer, 163–169.

176 Obwohl die Formulierung לשלום לך recht offen gehalten ist, lässt sie m.E. eher auf ein positives als auf ein negatives Votum Elischas schließen; vgl. FRITZ, Könige, 31; WÜRTHWEIN, Könige II, 301f; STAMM, Erlösen, 48f. Zuweilen anders, dennoch indifferent erklärt LASINE, Peace, 23–25.

Genau hier liegt ein für die literarkritische und religionsgeschichtliche Frage durchaus wichtiger Unterschied, auch wenn er auf den ersten Blick nur graduell scheinen mag. Während V. 15 eine sehr absolute, monotheistische Stellungnahme formuliert („es gibt keinen Gott in allen Landen außer in Israel"), findet sich in V. 17aβ(ab ולא)–19a dagegen eine grundsätzliche Anerkennung der Existenz eines anderen Gottes, nämlich der (Hadad-)Rimmons.[177] In der Theologie dieser Verse ist sogar denkbar, trotz Beibehaltung des Dienstes an diesem Gott, auch Jahwe Dienst zu tun.[178] Es handelt sich also nicht um eine strikte Monolatrieforderung oder gar einen strikten Monotheismus. Eben dieser Unterschied zu V. 15 lässt im Zusammenspiel mit den oben genannten literarischen Beobachtungen den Schluss zu, dass V. 15a und V. 17aβ(ab ולא)–19a nicht auf einer literarischen Ebene liegen, sondern zwei verschiedenen Entstehungsschichten der Erzählung angehören. Möglicherweise finden wir innerhalb der Verse 15–17 eine theologische Diskussion um die Frage, wie Jahwe-Verehrung zu denken und zu realisieren ist. Dabei spielt auch die Thematik des Landes eine entscheidende Rolle. Während in V. 15a Israel als der einzige Ort und die irdische Wohnstätte Jahwes vorgestellt wird, universalisiert der Begriff der אדמה in gewisser Weise (durch ihre Portabilität) die Jahwe-Verehrung und ermöglicht sie auch außerhalb Israels.[179]

Ursprüngliche Wundererzählung und Theologisierende Redaktion

Nach Ausscheidung der beiden Bearbeitungen, die Gehasis Habgier und die Jahwe-Verehrung Naamans zum Thema haben, findet sich der Grundbestand der Erzählung in V. 1–14. Doch auch dieser Teil der Erzählung scheint nicht völlig einheitlich zu sein. Wie oben bereits erwähnt, handelt es sich bei V. 5b um einen Einschub der Gehasi-Bearbeitung.

---

177 Bei der Bezeichnung Rimmon handelt es sich um die masoretische Vokalisation (in Anlehnung an den Begriff *Granatapfel*) des aramäischen *Rammānu*. In aramäischen und neuassyrischen Quellen taucht der Name Rimmon/ *Rammānu* zum Teil als eine eigenständige Gottheit auf, ansonsten findet er häufig Verwendung als Beiname bzw. Lokalmanifestation des aramäischen Wettergottes Hadad; vgl. GREENFIELD, God, 195–198; SCHWEMER, Wettergottgestalten, 623–625.

178 Während der Dienst an mehreren Gottheiten bei gleichzeitiger Annahme eines persönlichen Gottes als Schutzgottheit in allen umliegenden Religionen der Regelfall war, erweckt das Alte Testament durch diese wie durch die oben genannten monotheistischen Spitzenaussagen den Anschein, als handele es sich um einen Sonderfall.

179 Vgl. FRITZ, Könige, 31. Nach Hentschel ist es ein nachexilischer Bearbeiter, der Naaman die Probleme der Proselyten in den Mund legt. Dafür spreche die Selbstverständlichkeit, mit der hier die monotheistische Ausrichtung der Jahwereligion eingeführt wird. Vgl. HENTSCHEL, Könige, 22; vgl. weiterhin THIEL, Land, 75.

Ebenso macht V. 1aβ den Anschein einer späteren Glosse. Der durch diesen Halbvers nötige zweimalige Subjektwechsel deutet darauf hin, dass es sich um eine spätere Einfügung handelt. Die Siege der Aramäer werden durch diese Glosse auf Jahwe zurückgeführt.[180] Für diese Idee gibt es in der biblischen Literatur seit dem Exil zahlreiche Belege, nach denen Israel durch Jahwe selbst in die Hand der Feinde gegeben wird.[181]

Ähnlich wie in anderen Kapiteln zuvor, fallen auch in 2Kön 5 einige Verse ins Auge, die sich durch eine Häufung theologischer Termini und die mehrfache Erwähnung des Jahwe-Namens auszeichnen, wir finden diese im Bereich von V. 4 – 8.11 – 13.15.[182] Ebenso scheint die Episode vom Konflikt mit dem israelitischen König und seiner Angst vor einer Auseinandersetzung mit Aram den Verlauf der Erzählung zu unterbrechen. Diese Beobachtung wird durch einen Subjektwechsel unterstrichen, der eine Spannung zwischen V. 3b zu V. 4a verursacht. Obwohl zuvor הנביא das Subjekt von V. 3b war, ist mit ויבא in V. 4 plötzlich Naaman als Subjekt gemeint.

Unter Einbeziehung der genannten Spannungen ebenso wie des semantischen Befundes ist in Anlehnung an die Bearbeitungstätigkeit in anderen Kapiteln davon auszugehen, dass wir es in 2Kön 5,1aβ.4 – 5a.6 – 8.11 – 13.15a mit Zusätzen des *Theologisierenden Redaktors* zu tun haben, der auch in den bislang untersuchten Kapiteln sichtbar war.

Somit besteht der Grundbestand der Erzählung in den Versen 1aαb.2 – 5a.6 – 14, die im Folgenden als V. 1 – 14* bezeichnet werden.[183]

---

180 Vgl. Würthwein, Könige II, 299. Schmitt, Elisa, 79, weist diese Glosse seiner Gottesmann-Bearbeitung zu. Nach Fritz, Könige, 29 f, setzt diese Glosse die Erzählungen in 1Kön 20.22 und 2Kön 6,24 – 7,20 voraus. Die Könige von Aram und Israel werden hier allerdings, anders als in den Kriegserzählungen, nicht namentlich genannt. Das zeigt m. E., dass weder der Autor noch die Bearbeiter ein Interesse an der genauen historischen Einordnung der Erzählung hatten. Würthwein, Könige II, 299 glaubt, der Bericht vom Befehl des aramäischen an den israelitischen König (2Kön 5,6 f.) ließe darauf schließen, es habe in der erzählten Zeit eine Art Vasallenverhältnis zwischen Aram und Israel bestanden. Ein Schluss für die erzählende Zeit lässt sich aus dieser Beobachtung allerdings nicht ziehen.
181 Vgl. Esr 5,12; Neh 9,27.30; Jer 20,4; 27,6; 32,28; 44,30; Ez 23,9 und auch 2Kön 3,10 und 1Kön 22,6.
182 Vgl. קרע בגד in V. 7 und V. 8 (2x), נביא in V. 8.13, האלהים אני in V. 7, יהוה in V. 1bα.11; איש האלהים in V. 15; אלהים in V. 15.
183 Vgl. Hentschel, Könige, 23 f. Nach seiner Einschätzung gab es eine älteste Form der Wundererzählung, die in ihrer Struktur den kurzen Wundererzählungen aus Kap. 4 glich. Sie enthielt urspr. weder Naamans Gang zu den Königen Arams und Israels, noch die Empörung Naamans über die Anweisung Elischas, in den Jordan zu steigen, noch die Diener in V. 9.10a.11. Es bliebe als Grundbestand: V. 1 – 3.9 f.14. Vgl. weiterhin Fritz, Elisa, 173. Fritz hält den Grundbestand der Naaman-Erzählung V. 1 – 14* für eine ursprünglich mit Elischa verbundene (wegen

Der Spannungsbogen dieser Grunderzählung wird in V. 1a mit dem Problem von Naamans Aussatz eröffnet. Über eine kurze, aber dichte Handlung gelangt dieser Spannungsbogen zu seiner Lösung in V. 14; Elischa heilt Naaman durch ein Wunder von seinem Aussatz. Die Handlung dieser Wundererzählung ist auf das Nötigste reduziert und es gibt nur drei die Handlung vorantreibende Protagonisten (israelitisches Mädchen, Naaman, Elischa) und zwei Randfiguren (Herrin des Mädchens, Bote). Hierin ähnelt diese Erzählung anderen kleinen Wunderepisoden, ist in Kürze und Einfachheit ihrer Struktur dennoch nicht ganz so konsequent wie diese.

Es lassen sich noch weitere Unterschiede finden. So ist Elischa hier, anders als in den anderen Wunderepisoden, nicht selbst der Handelnde, er heilt vielmehr nur durch einen Befehl, den Naaman selbst ausführen muss. Die Wirkungsstätte Elischas wird in Samaria lokalisiert. Ein Ortswechsel – Elischa befand sich nach 2Kön 4,38 – 44 in Gilgal – wird allerdings nicht berichtet, was für die Frage nach der Gesamtkomposition der Elischa-Wundererzählungen von Bedeutung sein wird. Außerdem ist die Vorstellung, Elischa wohne in Samaria, nicht kongruent mit 2Kön 4,25 (Karmel) oder 2Kön 6,1 f (in Jordannähe).

Der *Theologisierende Redaktor* wiederum erzeugt durch seine Einfügung erneut ein anderes Verständnis des Wunders. Obwohl in dieser Erzählung kein direkter Befehl Jahwes zu finden ist, wird das Wunder durch die Diskussion um den Propheten Jahwes indirekt zu einem Wunder Jahwes und nicht zu einem Wunder Elischas. Interessant an dieser Bearbeitung ist das Verständnis eines Propheten, welches hier zur Darstellung kommt. Der Aramäer Naaman sucht in der Erzählung den Propheten zunächst am Hof, dort wo Propheten scheinbar gemeinhin im Alten Orient angesiedelt waren; bei Hof oder am Kultort. Von dem unabhängigen Gottesmann-Wesen Elischas scheint er nichts zu wissen, da er annimmt, Elischa stehe dem König Israels zu Diensten.[184]

---

der festen Einbindung des Namens in die Erzählung) volkstümliche Erzählung aus dem Kreis der Aramäererzählungen (2Kön 8,7– 15*; 13,14 – 17).

184 Der Fall, dass ein ausländischer Würdenträger in einem fremden Land um medizinische Hilfe bittet, ist aus dem AO bekannt. So findet sich etwa auf der aus der ägyptischen Spätzeit stammenden Bentresch-Stele eine Erzählung, in der der Fürst von Bechten (Baktrien?) von seinem Oberherrn Ramses II. erbittet, seiner Tochter Bentresch einen Arzt zu schicken, um sie von einer Krankheit zu heilen. Dieser diagnostiziert zunächst hinter der Krankheit eine Besessenheit durch einen Dämon und vermag die Heilung schließlich erst durch die Gegenwart des Götterbildnisses (und mit ihr die Gegenwart des Gottes) Chons aus Ägypten zu wirken; vgl. TUAT 3, 955–965. Ein ähnlicher Fall ist uns aus einem Brief aus Amarna (EA 23) bekannt. In dem Begleitschreiben geht es um die Sendung des Götterbildes der Ischtar von Ninive zur Heilung an den erkrankten Amenophis III. durch König Tuschratta von Mitanni; vgl. KNUDTZON, Amarna-Tafeln, 179 f.1050 – 1057.

Wie viel literarische Kunstfertigkeit schließlich sowohl in der Grundschicht als auch in den Bearbeitungen der Naaman-Erzählung steckt, zeigt ein Blick auf die Semantik des Endtextes.

Am Anfang der Erzählung wird zwischen Naaman und dem Mädchen ein interessanter Kontrast aufgemacht. Während Naaman ein איש גדול (V. 1) ist, wird das Mädchen (V. 2) als eine נערה קטנה bezeichnet. Naaman ist zudem Fremder, das Mädchen eine Israelitin. Der Feldherr hat ein Problem, die Magd eine Lösung. Nachdem Naaman aus dem Jordan steigt, wird seine Haut mit der eines נער קטן verglichen, was an die נערה קטנה aus V. 2 erinnert.[185]

Die gleiche Wurzel שוב wird sowohl für das „Umkehren" des Fleisches von Naaman nach seiner Heilung in V. 14 verwendet, als auch für seine Umkehr zurück zum Gottesmann in V. 15, die implizit auch die innere Umkehr zu Jahwe repräsentiert.

Eine ähnlich geistreiche Wortverknüpfung findet sich in V. 15 und 16. Die Phrase עמד לפני meint in V. 15 das physische Stehen vor Elischa, welches Naaman nun nach der Heilung zuteilwird, ihm zuvor aber noch verwehrt war. In V. 16 wird mit der gleichen Phrase die Verehrung Jahwes ausgedrückt. Im Hintergrund könnte der Gedanke der kultischen Reinheit stehen, die erst durch die Heilung vom Aussatz wieder hergestellt wurde.

Die Rekonstruktion ergibt somit das Bild einer ursprünglichen Naaman-Erzählung in 2Kön 5,1aαb.2–3.9–10.14, zunächst gefolgt von den Ergänzungen eines *Theologisierenden Redaktors* in 5,1aβ.4–5a(+ וילך).6–8.11–13.15a. Auf diese folgt eine „Phoboumenos-Bearbeitung" in 5,17aβ–19a. Das letzte Stadium des Textwachstums stellen die Hinzufügungen des *Moralisierenden Bearbeiters* in 5,5b. 15b–17aα.19b–27 dar.

2.6 Literarkritik 2Kön 6

Kapitel 6 lässt sich vor allem durch Personenwechsel und Wechsel der *settings* grob in drei Abschnitte gliedern: V. 1–7 erzählen eine Wundergeschichte, in der Elischa eine eiserne Axt schwimmen lässt. V. 8–23 erzählen von einer kriegerischen Auseinandersetzung Israels mit den Aramäern. Ab V. 24 beginnt ein Spannungsbogen, der sich über die Kapitelgrenze bis 2Kön 7,20 zieht und von der Belagerung Samarias durch Ben-Hadad von Aram erzählt. Da der Großteil dieser letzten Geschichte in Kapitel 7 erzählt wird, soll die Analyse auch in einem eigenen

---

185 Vgl. Diebner, Wunder, 195 f.

Kapitel dieser Arbeit erfolgen. In diesem Kapitel werden daher nur 2Kön 6,1–7 und 2Kön 6,8–23 Gegenstand der Untersuchung sein.

2.6.1 2Kön 6,1–7: Das schwimmende Eisen

Bei 2Kön 6,1–7 handelt es sich um eine kurze Wundererzählung, die stilistisch den kurzen Episoden aus Kapitel 4 sehr ähnlich ist. Sie lässt sich leicht vom Umfeld abgrenzen, kommt mit einigen wenigen Protagonisten aus und hat einen klar erkennbaren Spannungsbogen, der nach einer kurzen Hinführung erneut ein Problem aufwirft, welches an Elischa herangetragen wird und am Ende der Erzählung durch eine magische Handlung Elischas gelöst wird.[186] Die Hinführung erzählt von dem Plan der Prophetenjünger, ein größeres Gebäude für ihre Versammlung zu errichten. Sie machen sich mit Elischa auf den Weg zum Jordan, um Bäume für das Bauvorhaben zu fällen. Einem Prophetenjünger fällt während der Arbeit die geliehene Axt in den Fluss und er bittet Elischa um Hilfe aus der ausweglosen Situation. Elischa erhört das Bitten, nimmt sich einen Stock und wirft ihn an die Stelle des Flusses, in die die Axt gefallen war und bringt die Axt auf diese Weise zum Schwimmen.

Die erste Szene dieser Episode bleibt offensichtlich unlokalisiert, aber es legt sich der Schluss nahe, dass auch sie in Gilgal spielt, wie die andere Prophetenjünger-Episode in 4,38ff, die mit nahezu gleichem Wortlaut eingeleitet wurde: ובני הנביאים ישבים לפניו.

Die Formulierung המקום אשר אנחנו ישבים שם לפניך in V. 1 ist wohl am besten mit „der Ort, an dem wir vor dir (als Schüler) sitzen" wiederzugeben[187] und erweckt den Eindruck eines geordneten Lehrbetriebes und einer nicht allzu geringen Anzahl von Prophetenschülern. Ob diese Episode als Quelle für die Lebensumstände einer historischen Meister-Jünger-Gemeinschaft im 9. Jahrhundert gewertet werden kann, ist m. E. allerdings schwierig zu beantworten.[188]

Es gibt weder Spannungen noch Dopplungen und somit keinerlei Anzeichen für literarisches Wachstum innerhalb der Episode, ich gehe daher von ihrer Einheitlichkeit aus.[189] Nach Hans-Christoph Schmitt geht hingegen der Gottesmann-Titel in V. 6 auf diejenige Redaktion zurück, die die Wundererzählungen in

---

[186] Vgl. 2Kön 2,19–22; 4,1–7.38–41.42–44.
[187] Vgl. GÖRG, Art. ישב, 1018f.
[188] Anders bewertet von FRITZ, Könige, 32; HENTSCHEL, Könige, 27; SEEBASS, Art. Elisa, 508 u. a.
[189] Vgl. ebenso STIPP, Elischa, 359; FRITZ, 2. Könige, 32.

den Kontext der Königebücher eingebaut hat.[190] Da der Titel allerdings nicht appositionell zum Namen Elischas gebraucht wird und Schmitt so eine Streichung des ursprünglichen Namens annehmen müsste, ist es m. E. deutlich wahrscheinlicher, dass der Gottesmann-Titel an dieser Stelle bereits Teil der Grundschicht ist.

Traditionsgeschichtlich interessant sind die Ähnlichkeiten dieser Erzählung zu Äsops Fabel „Ξυλευόμενος καὶ Ἑρμῆς" (Der Holzfäller und Hermes) aus dem 6. Jh. v. Chr., in welcher Hermes einem Holzfäller nicht nur seine eiserne, sondern auch noch eine silberne und goldene Axt aus dem Wasser heraufholt.[191] Zwar scheint Hermes hierfür kein Wunder zu bemühen, sondern schlicht in die Fluten abzutauchen, jedoch ist die Nähe der verwendeten Motive unübersehbar.[192]

2.6.2 2Kön 6,8 – 23: Die Irreführung der Aramäer

Die Erzählung von der Irreführung der Aramäer bleibt zunächst unlokalisiert. Vers 8a führt in das *setting* ein; der König von Aram und der König von Israel führen Krieg. Das eigentliche Thema der Episode wird dann in V. 8b eingeführt, wonach die Aramäer einen Hinterhalt für die Truppen Israels zu legen beabsichtigen. Der Ort des Hinterhaltes wird nicht genannt, sondern mit אֶל־מְקוֹם פְּלֹנִי אַלְמֹנִי um- schrieben. Elischa vermag durch seine mantischen Fähigkeiten, den König von Israel vor diesem Hinterhalt zu warnen. Dies führt zu Verwunderung und Zorn beim aramäischen König, der auf eine Nachfrage bei seinen Truppen hin erfährt, nicht die Illoyalität eines aramäischen Soldaten, sondern die seherische Kraft eines israelitischen Propheten sei schuld daran, dass die aramäische List immer wieder misslingt. Der aramäische König schickt seine Truppen zu Elischa. Hier, in V. 13, finden wir erstmals eine Lokalisierung. Von Elischa wird gesagt, er befinde sich in Dotan, einer bedeutenden Stadt am Rande der fruchtbaren Jesreel-Ebene, ca. 20 km nördlich von Samaria. Als der Diener Elischas die Belagerung der Stadt bemerkt, ruft er Elischa um Hilfe an. Die folgenden Verse sind schwierig zu verstehen. Elischa betet zu Jahwe und dieser öffnet dem Diener die Augen, der daraufhin ein großes Heer feuriger Rosse und Wagen um Elischa sieht. Diese sorgen allerdings nicht für den Abzug der Aramäer, sondern Elischas erneutes Gebet und eine List, die daraus erfolgt. Elischa betet, schlägt die Truppen der Aramäer mit Blindheit und führt sie im wörtlichen Sinne in die Irre. Er gibt vor, sie zu dem

---

190 Vgl. SCHMITT, Elisa, 99 sowie im Anschluss daran WÜRTHWEIN, Könige II, 303.
191 Vgl. HAUSRATH, Äsopische Fabeln, 86.
192 Vgl. weiterführend Kapitel 4.4.1. in dieser Arbeit.

gesuchten Gottesmann bringen zu wollen und leitet sie stattdessen geradewegs nach Samaria in die Arme des israelitischen Königs. Dieser möchte bereits gegen die Feinde losschlagen, wird von Elischa dann aber zu Besonnenheit und Großmut angehalten. Er soll den Aramäern statt eines Blutbades ein großes Mahl bereiten und sie danach friedlich abziehen lassen. Der König folgt Elischas Mahnung. Die Erzählung schließt mit der Feststellung, fortan habe es keine aramäischen Streifscharen mehr in Israel gegeben.

Die Namen der beiden widerstreitenden Könige werden nicht genannt, was eine genaue Datierung des Erzählten nicht möglich macht – doch ist dies, das strahlt zumindest die Topik der gesamten Episode aus, auch gar nicht intendiert.[193] Es geht dem Autor vielmehr um die ungefähre Verortung in der Epoche der Aramäerkriege, für die sowohl dem Autor als auch seinen Lesern ein plötzliches Einfallen aramäischer Streifscharen gut vorstellbar erschien. Mehr historische Informationen möchte die Erzählung offenbar nicht liefern.

Dotan war bislang noch nicht als Aufenthaltsort des Elischa genannt worden. Ob das nun zwangsläufig für eine ursprüngliche Tradition eines Gottesmannes aus Dotan spricht,[194] muss aufgrund der Einzigartigkeit des Belegs m. E. offen bleiben. Möglich ist hingegen auch, dass die Wahl Dotans mehr oder minder zufällig ausgefallen ist und Dotan nur einen Ort in der Nähe Samarias repräsentiert, [195] um die letzte Szene ab V. 19 vorzubereiten, die in Samaria spielt. Hierzu wären Bet-El, Gilgal oder Jericho ggf. zu weit entfernt gewesen. Anders als in 2Kön 3 steht Elischa in dieser Episode auf der Seite des (anonymen) israelitischen Königs und hilft ihm ungefragt durch seine mantischen Fähigkeiten.

Literarische Spannungen und Dopplungen finden sich an verschiedenen Stellen in der Erzählung.

So setzt V. 10b ein wiederholtes Misslingen des Hinterhaltes voraus, mit dem V. 10a dagegen noch nicht rechnet. Es könnte sich um eine Einfügung handeln, die dem Verhalten des aramäischen Königs in V. 11 eine deutlichere Veranlassung geben möchte.[196] Unweigerlich wird man durch die Formulierung לא אחת ולא שתים an das ונקל זאת בעיני יהוה aus 2Kön 3,18 erinnert.

In V. 14 werden סוסים ורכב וחיל כבד erwähnt, die in V. 13 noch nicht erwähnt wurden. Dieser Umstand ist als Indiz zu werten, dass es sich in V. 14 ebenfalls um einen Einschub des gleichen Redaktors handelt, der in V. 10b für die Häufigkeit des Problems verantwortlich zeichnet. Diese Annahme wird unterstützt durch die Tatsache, dass der abschließende V. 23 dann wiederum nur von גדוד und nicht etwa

---

193 Vgl. FRITZ, 2. Könige, 34.
194 Vgl. SCHMITT, Elisa, 155 f, sowie im Anschluss WÜRTHWEIN, Könige II, 306.
195 Vgl. FRITZ, 2. Könige, 34.
196 Vgl. REHM, Könige, 70; SCHWEIZER, Elischa, 213 f.

von חיל spricht. Diese Aussage in V. 23 scheint die Aufgabe zu erfüllen, die Aramäerkämpfe aus 6,8ff mit denen aus 5,2 in Verbindung zu bringen.[197] Diese beiden Ergänzungen korrespondieren insofern gut, als sich ohne die Emphase aus V. 10b die Schärfe der Reaktion des aramäischen Königs in V. 14 schlecht erklären ließe.

Die Verse 15 – 17 erwecken aufgrund des äußerst losen Anschlusses und ihrer neuen Motivik den Eindruck eines Einschubs.[198] Darauf deutet zum einen hin, dass von einem Diener Elischas zuvor nicht die Rede war, und auch nach V. 17 spielt er keine Rolle mehr in der Erzählung. Weiterhin kommen die Aramäer unmittelbar nach der Szene mit dem Diener in V. 18 dann nur zu *ihm* (אליו– Sg.) – also Elischa allein – hinab. In V. 18 ist der Diener also nicht mehr vorausgesetzt. Die Bezeichnung des Dieners in V. 15a mit משרת erinnert an 2Kön 4,42 – 44. In V. 15b–17 hingegen wird der Begriff נער verwendet.

Während in V. 9 allein Elischas mantische Begabung ausreicht, um das israelitische Heer vor den Aramäern zu schützen, wird in V. 15 – 18.20 Elischas Gebet zu Jahwe nötig, um sich der Aramäer zu erwehren. Weiterhin findet sich in diesen Versen erneut eine Häufung des theologischen Vokabulars,[199] wie es bereits in den Kapiteln zuvor beobachtet wurde. Das himmlische Heer (vgl. 2Kön 2,11) hat zudem im weiteren Verlauf der Erzählung und bei der Vertreibung der Aramäer keine Funktion mehr, was ein Indiz dafür ist, dass es sich hierbei um einen Einschub handeln könnte.[200] Nicht die feurigen Pferde und die Wagen vertreiben die Aramäer, sondern allein die List Elischas. Die Schau des himmlischen Heeres scheint allein dem Diener vorbehalten zu sein, da keinerlei Reaktion von Seiten der Aramäer erzählt wird.

Zudem ergibt sich eine Spannung in V. 18a. Das Subjekt von V. 18a wird nicht explizit genannt. Syntaktisch würden nur die feurigen Pferde und Kriegswagen aus V. 17b als Subjekt in Frage kommen, dies korrespondiert allerdings nicht mit dem Fortgang der Erzählung, denn der weitere Verlauf von V. 18 erzeugt den Anschein, die aramäischen Truppen seien das implizite Subjekt von V. 18. Dieser Umstand erhärtet den Verdacht, dass es sich bei dem himmlischen Heer in V. 17 um einen Einschub handelt. Somit schließt V. 18a organisch an V. 15a an.

Die Verse 17 und 18aβbβ und V. 20aβ lassen sich aufgrund der in gleicher Weise verwendeten Lemmata (תפלל, נכה בסנורים) und der wiederkehrenden Motivik der

---

197 Vgl. SCHMITT, Elisa, 93.
198 Vgl. LEHNART, Prophet, 394; SCHWEIZER, Elischa, 215 – 219.261 – 265, der V. 15 – 17 für Einschübe des dtr Redaktors hält, welcher die Elischa-Geschichten in den Kontext der Königebücher einbaut.
199 Vgl. fünfmal יהוה in V. 17(2x).18.20(2x); אל־תירא in V. 17; פלל Hif. in V. 17; כדבר אלישע in V. 19.
200 Vgl. SCHMITT, Elisa, 91; STIPP, Elischa, 330; SCHWEIZER, Elischa, 217.

stets mit der Nennung des Jahwe-Namens verbundenen Gebete und dem Gegenüber von „mit Blindheit schlagen" und „Augen öffnen" gruppieren. Die Verse 15b
und 16 bilden hierzu die erzählerische Voraussetzung. Die Figur des Dieners
scheint in V. 15a eine Einfügung zu sein, welche die V. 15b–17 vorbereitet. Da diese
genannten Verse alleine keinen zusammenhängenden Erzählfaden bilden und
ihnen eine sinnvolle Einleitung fehlt, ist davon auszugehen, dass es sich um eine
Bearbeitung des Grundtextes handelt.

Die Verse 10b.14, die oben ebenfalls als zu ihrem Umfeld sekundär ausgewiesen wurden, scheinen zwar thematisch gut zueinander zu passen, da V. 10b die
Veranlassung für die massive militärische Reaktion in V. 14 bildet. Sie scheinen
jedoch nicht auf gleicher Ebene mit V. 15b–17 und den davon abhängigen Einfügungen in V. 18aβbβ.20aβ zu liegen, da ihre Thematik und die Verwendung der
Verben sich unterscheiden (vgl. סבב in V. 10 vs. נקף in V. 14). Ich gehe daher von
einer weiteren Bearbeitung in V. 10b.14 aus, die zu der oben genannten wiederum
sekundär zu sein scheint.

Aufgrund dieser Beobachtungen lässt sich die Grundschicht der Erzählung in
den Versen 8–10a.11–13.15a(ohne משרת).18aαbα.19.20aαb(ohne Jahwe).21–23 rekonstruieren. Nach dem Erzählfaden dieser Grundschicht kann Elischa voraussehen, welche List die Aramäer planen und warnt den israelitischen König. Der
aramäische König wittert bereits Verrat,[201] wird jedoch von seinen Leuten belehrt,
wer die Quelle des israelitischen Vorherwissens ist. Es gelingt Elischa dennoch,
die aramäische Streifschar zu täuschen und nach Samaria zu locken. Hierin liegt
der stark ironische Zug der ursprünglichen Episode. In der Verschonung der
Feinde erweist sich Elischa außerdem als großmütig.[202] Er mahnt den israelitischen König zu gnädigem Handeln. Die Erzählung erhält dadurch neben dem
ironischen Klang zum Ende hin noch eine moralische Tendenz.

Eine erste Bearbeitung stilisierte durch ihre Ergänzungen die Tat Elischas zum
Resultat des Gebetes an Jahwe und nicht als schlichte List Elischas. Diese Bearbeitung fügte außerdem den zweifelnden Diener und das himmlische Heer ein,
welches dem Diener – stellvertretend für den Leser – demonstrieren soll, dass trotz
der Bedrohung durch die übermächtigen aramäischen Truppen Vertrauen in die
Größe Jahwes und seiner Taten angebracht ist.[203] Auf diese *Theologisierende Redaktion* gehen die Verse 15b.16–17.18aβbβ.20aβ sowie die glossierende Einfügung

---

201 Aus dem Kontext erweist sich die Deutung von GRAY (Kings, 515) als unzutreffend. Er denkt
aufgrund der Wendung הדברים אשר תדבר בחדר משכבך an verräterische Konkubinen des aramäischen Königs.
202 Vgl. FRITZ, Könige, 34.
203 Vgl. WÜRTHWEIN, Könige II, 305–307 sowie HENTSCHEL, Könige, 28, der das himmlische
Heer allerdings einem dritten Redaktor zuweist.

von משרת in V. 15aα und יהוה in V. 20bα zurück. Es handelt sich vermutlich um den gleichen Redaktor, der auch in den vorangehenden Kapiteln Elischas Wundertaten auf Jahwes Wirken zurückführt.[204]

Ein zweiter Bearbeiter übersteigerte die Erzählung durch zwei Glossen. Danach wuchs die Zahl der aramäischen Soldaten auf ein großes Heer an, um die Tat Elischas größer wirken zu lassen (V. 14). Die gleiche Bearbeitung ließ auch die Warnungen Elischas vor den Aramäern mehrfach geschehen (V. 10b), was die Voraussetzung für die scharfe militärische Reaktion der Aramäer in V. 14 bildet.

Wie in 2Kön 3 und der Gehasi-Bearbeitung in 2Kön 5 beziehen sich die außergewöhnlichen Taten Elischas in dieser Episode allesamt auf seine übersinnliche Wahrnehmungsfähigkeit.[205] Es wird ein Kontrast entworfen zwischen den seherischen Fähigkeiten Elischas und der Verblendung des aramäischen Heeres, der semantisch geschickt durch die Verwendung der Wurzel ראה und der Wendung ויכם בסנורים (נכה hif.) markiert wird. Elischa wird hier erneut „nur" als mantisch begabt dargestellt, seine magischen Fähigkeiten spielen in dieser Episode keine Rolle. Es ist allein sein seherisches Vorherwissen, welches es ihm ermöglicht, den israelitischen König zu warnen und die aramäischen Streifscharen zu überlisten.

Auch in dieser Erzählung gibt es wieder zum Ende hin eine moralisierende Tendenz (vgl. 2Kön 3; 2Kön 5). Während der König nach dem Tod der Gefangenen trachtet, befiehlt ihm Elischa, diese zu verschonen und ihnen ein Mahl zu bereiten. Die moralische Botschaft könnte lauten, dass Nachsicht und Milde zu Frieden führen und den andauernden Streit beenden. Zugleich formuliert V. 22f die Aussage, dass das Einsehen der Aramäer in die Größe Israels, und somit die Größe Jahwes, dazu führte, dass die Steifscharen Arams es fortan nicht mehr wagten, in Israel einzufallen. Dass wir es hierbei, wie in 2Kön 5, mit dem Zusatz eines Redaktors zu tun haben, ist aus dem literarkritischen Befund nicht zu belegen. Dennoch kann diese Tendenz in der Erzählung wahrgenommen werden.

Es finden sich noch einige weitere intertextuelle Bezüge und Anklänge an andere Elischa-Erzählungen. So erinnert die Anrede אבי in V. 21 an 2Kön 2,2 (und 13,4). Die Wagen und Rosse aus V. 17 wiederum erinnern an 2Kön 2,11. Der Ausdruck ארץ ישראל in V. 23b findet sich in der Elischa-Überlieferung sonst nur in 2Kön 5,2.4 – ebenfalls nur dort ist noch von „aramäischen Streifscharen" (גדודי ארם) die

---

204 Vgl. Schmitt, Elisa, 91–93.216–218, der diese theologisierenden Glossen seiner Jahwe-Bearbeitung (vgl. Schmitt, Elisa, 25) zuweist. Anders votiert Rehm, Könige, 70. Er hält die Erzählung für einheitlich. Seiner Ansicht nach gehörte sogar das himmlische Heer in V. 17 schon zur mündlichen Vorlage der Erzählung in 6,8–23, die seit ihrer Einarbeitung in die Königebücher keinerlei Überarbeitung erfahren hat.
205 Zur Nähe zur Mantik in Mari vgl. Kapitel 4.2.1. in dieser Arbeit, weiterhin vgl. Fohrer, Magie, 56–60.

Rede. Der Begriff גדוד kommt innerhalb der Elischa-Erzählungen sonst nur in 2Kön 13,20 vor.

Sprachlich interessant ist die Formulierung „wer unter uns" in V. 11, die an dieser Stelle unter Verwendung der Relativpartikel שֶׁ gebildet wird (מי משלנו). Man würde in frühen biblischen Texten stattdessen die Verwendung der Partikel אשר erwarten (מי מאשר לנו). Die Partikel שֶׁ kommt im Alten Testament ausschließlich in signifikant jungen Texten vor.[206] Ob es sich auch um eine stilistisch bewusst verwendete Dialektalform des Aramäischen oder einen sog. Nordreichsdialekt handeln könnte, ist aus den biblischen Texten allein schwierig zu rekonstruieren.[207] Auch die Konstruktion שכם Hif. + Inf. constr. in V. 15 ist äußerst selten und macht den Eindruck einer jungen Sprachstufe.[208]

In der Erzählung von der Irreführung der Aramäer konnten somit eine Grundschicht[209] und zwei Bearbeitungen ausgemacht werden, von denen eine in ihrem thematischen und semantischen Charakter den theologisierenden Zusätzen der vorangehenden Kapiteln zu ähneln scheint.[210]

Die als Bearbeitung ausgewiesenen Verse 2Kön 6,10b.14 wiederum erinnern in ihrer Diktion an 2Kön 3,4.18 f.24aβb–27.

2.7 Literarkritik 2Kön 6,24 – 7,20: Die Belagerung Samarias

Die Erzählung über die Belagerung Samarias stellt sich dem Leser als komplex komponierte Geschichte dar. Sie spielt an mehreren Schauplätzen und enthält eine Vielzahl von verschiedenen Personen und Dialogsituationen, welche sie in mehrere Szenen unterteilt.[211]

Eingeleitet wird die Erzählung durch die Beschreibung der Belagerungssituation Samarias durch die Aramäer unter Ben-Hadad und der durch die Belagerung ausgelösten Hungersnot. Nach der Einleitung und der Situationsbeschreibung in V. 24 f folgt die erste Szene in V. 26 – 31 auf der Mauer der Stadt

---

206 Vgl. Gen 6,3; Ri 5,7; 6,17; 7,12; 8,26; 1Chr 5,20; 27,27; Esr 8,20; Hi 19,29; Ps 122,3 f; 123,2; 124,1 f.6; 129,6 f; 133,2 f; 135,2.8.10; 136,23; 137,8 f; 144,15; 146,3.5; Koh 1,3.7.9 ff.14.17; 2,7.9.11 ff.24.26; 3,13 ff.18.22; 4,2.10; 5,4.14 f.17; 6,3.10; 7,10.14.24; 8,7.14.17; 9,5.12; 10,3.5.14.16 f; 11,3.8; 12,3.7.9; Hld 1,6 f.12; 2,7.17; 3,1 ff.7.11; 4,1 f.6; 5,2.8 f; 6,5 f; 8,4.8.12; Klgl 2,15 f; 4,9; 5,18; Jon 1,7.12; 4,10. Vgl. COGAN/ TADMOR, 2Kings, 72.
207 Vgl. etwa BURNEY, Notes, 208. Zur Entstehung von שׁ als eigenständigem Relativpronomen vgl. YALOM, Introduction, 26 f.
208 Vgl. EHRLICH, Randglossen, 292.
209 2Kön 6* (=6,8–10a.11–13.15a[ohne תרשם].18aαbα.19.20aαb[ohne Jahwe].21–23).
210 Diener in 2Kön 6,15aα; 2Kön 6,15b–17.18aβbβ.20aβ; Jahwe in 6,20bα.
211 Vgl. GUNKEL, Elisa, 64.

Samaria. Die Protagonisten dieser Szene sind der israelitische König und eine Frau, die ihn um Hilfe anruft, da sie Opfer eines schrecklichen Betruges wurde. Eine andere Frau hatte aufgrund der Hungersnot mit ihr die Vereinbarung getroffen, nacheinander das eine und dann das andere Kind zu schlachten und zu essen. Nun, nachdem sie ihren Sohn geopfert hatte, versteckt die Betrügerin ihr Kind. Die Frau fleht den König um Hilfe an, der in Anbetracht dieser Schreckenstat seine Kleider zerreißt. In V. 31 reagiert der König mit der Drohung, Elischa noch am gleichen Tag töten zu wollen. Was das Verschulden Elischas an der Hungersnot ist, wird nicht deutlich.

Die Szenenbeschreibung in V. 32 markiert den Beginn einer neuen Szene (6,32–7,1), in der mit Elischa, den Ältesten und dem Adjutanten des Königs eine andere Personengruppe vorgestellt wird. Während Elischa und die Ältesten im Haus des Gottesmannes sind, kommt ein Adjutant des Königs, um Elischa zu holen. Elischa kann das durch seine seherischen Fähigkeiten vorhersehen und hält die Ältesten an, den Adjutanten nicht ins Haus zu lassen. Es folgt eine schwer verständliche Unterredung in 6,33 und 7,1, in der der Adjutant konstatiert, das Unglück käme von Jahwe. Elischa wiederum gibt als Jahwe-Wort preis, die Hungersnot werde schon am nächsten Tag vorüber sein. Der Adjutant drückt in 7,2 sein Misstrauen gegenüber dieser Ankündigung aus.

Ein erneuter Orts- und Personenwechsel markiert den Beginn der längsten Szene, die sich von V. 3–16 erstreckt. Hier treten alle bislang bekannten Protagonisten auf. Gleichzeitig wird am Ende dieser Szene die Lösung des Problems, nämlich der Hungersnot als Folge der Belagerung, beschrieben, mit der in der Einleitung in 6,24 f der Spannungsbogen der Gesamterzählung eröffnet worden war. Nach dieser Erzählung machen sich vier Aussätzige, von der Ausweglosigkeit ihrer Lage angestiftet, auf in Richtung des Aramäerlagers und finden es leer und verlassen vor. Der Text erläutert, das Lager sei verlassen, weil Jahwe die Aramäer ein Getöse habe hören lassen, welches ihnen suggerierte, sie würden von einem riesigen Heer überrannt werden, welches Israel durch eine Koalition mit den Großreichen der Hethiter und Ägypter gebildet habe. Die Vier trauen ihren Augen nicht, ziehen ins verlassene Lager, essen sich satt und erbeuten noch einige Reichtümer. Sie beschließen, es dem König zu melden, der eine Kriegslist hinter dem plötzlichen Abzug vermutet. Um nicht in die Hände der Aramäer zu fallen, falls diese einen Hinterhalt gelegt hätten, lässt er Kundschafter hinter ihnen herschicken. Nachdem diese zurückkehren und berichten, die Aramäer seien tatsächlich bereits über den Jordan hinweggeeilt, zieht ganz Samaria aus und plündert das Heerlager und die Hungersnot ist beendet.

Die Verse 17–20 wechseln noch einmal den Schauplatz und erzählen, einem Epilog gleich, die Verwirklichung der Ansage, die dem Adjutanten des Königs in 7,2 durch Elischa gemacht wurde. Für seine Skepsis gegenüber der Ansage des baldigen Endes der Hungersnot wird er mit dem Tod bestraft.

In dieser komplexen und umfänglichen Handlung finden sich zahlreiche Spannungen und Dopplungen, die die Einheitlichkeit der Erzählung in Frage stellen.

Die Einleitung in V. 24 schließt mit der Phrase ויהי אחרי־כן nur lose an das vorher Erzählte an. Diese für redaktionelle Einfügungen typische Phrase deutet darauf hin, dass diese Erzählung mithilfe der losen Anbindung in den heutigen Kontext der Elischa-Erzählungen eingestellt wurde.[212] Für die redaktionelle Natur der Einleitung spricht auch die Tatsache, dass das in 6,24 f Erzählte für den Leser eine ungewöhnliche Wendung darstellt, nachdem doch 6,23 zunächst vom Sieg über die aramäischen Streifscharen sowie deren Begnadigung und Bewirtung berichtete und sodann festgestellt wurde, dass fortan keine Streifscharen der Aramäer mehr ins Land eindrangen. Dass nun in 6,24 die Belagerung Samarias durch das gesamte aramäische Heer erzählt wird, aber keinerlei inhaltliche Klärung dieses Widerspruchs zu 6,8 – 23 erfolgt, ist zunächst verwunderlich. Ein weiterer Unterschied liegt in der Einleitung zur Erzählung. Anders als in 6,8, wird der aramäische König in der Einleitung in V. 24 mit Namen benannt.[213]

Eine Dopplung findet sich in der zweimaligen Redeeinleitung in den Versen 27a und 28a. Der den Jahwe-Namen beinhaltende V. 27 unterbricht die organische Abfolge von dem Hilferuf der Frau in V. 26 und der Nachfrage des Königs in V. 28.[214] Auch inhaltlich stehen beide Verse in einer Spannung zueinander. Während der König in V. 27 den Hilferuf der Frau noch abweist, fragt er in V. 28 nach dem Grund ihres Gesuchs. Daher erweckt V. 27 den Anschein, eine spätere redaktionelle Einfügung zu sein, die möglicherweise auf den *Theologisierenden Redaktor* zurückgeht. Der Vers bringt die Ansicht des Redaktors zum Ausdruck, dass es allein Jahwe ist, der in dieser Situation Hilfe leisten kann.

Dem Leser wird durch den Dialog zwischen der Frau und dem König die Abscheulichkeit des vorgetragenen Falls und daraus resultierend die Unerträg-

---

212 Vgl. Cogan/Tadmor, II Kings, 78; Schweizer, Elischa, 383. Bemerkenswert ist die Tatsache, dass sich genau diese Formulierung (mit כן) insgesamt zehnmal im Alten Testament findet (1Sam 24,6; 2Sam 2,1; 8,1; 10,1; 13,1; 15,1; 21,18 sowie 1Chr 18,1; 19,1; 20,4), alle Belege aber ausschließlich in den Büchern 1Sam und 2Sam und davon abhängig in 1Chr und 2Chr zu finden sind. Es könnte sich somit um die Handschrift eines bestimmten, in den Büchern Samuel und Könige arbeitenden, Redaktors handeln, der diese Phrase beim Einbau neuer Episoden als Einleitung verwendet, um einen vermeintlichen Zusammenhang zu vorherigen Erzählungen herzustellen. Vgl. Wellhausen, Composition, 255; Noth, Studien, 65.
213 Zu den Königen mit dem Namen Ben-Hadad vgl. Timm, Dynastie, 242 – 245.
214 Vgl. 2Sam 14,4; vgl. Hentschel, 2. Könige, 31.

lichkeit der Hungersnot vor Augen geführt.[215] Das Hilfegesuch sowie der beschriebene Fall spielen im weiteren Verlauf der Erzählung dann jedoch keine Rolle mehr. Vielmehr scheint die Erzählung vor allem den literarischen Zweck zu verfolgen, als Auslöser für die Bußtat des Königs in V. 30 zu dienen.[216] Jene Bußtat ist im weiteren Verlauf der Erzählung allerdings nicht der Auslöser für eine Besserung der Situation, wie es der Leser erwarten könnte. Die Bußfertigkeit des Königs in V. 30 steht vielmehr in Spannung zu der Mordandrohung gegen Elischa in V. 31.[217] Überhaupt wird Elischa im Ausruf des Königs in V. 31 erstmals und ohne vorherige Einführung in dieser Episode erwähnt. Zwar lässt sich aus dem Kontext erschließen, dass der König Elischa für die Notlage verantwortlich machen möchte, doch was dessen Verschulden ist oder was er mit der Belagerung und der daraus entstehenden Hungersnot zu tun haben soll, lässt der Text offen.[218]

Ein weiteres inhaltliches Problem tritt in Verbindung mit der Figur des Elischa in dieser Erzählung auf. Während Elischa in 6,33 die Besserung der Lage innerhalb eines einzigen Tages vorausgesagt hatte, scheint der König in 7,12 nichts von dieser Ansage zu wissen. Diese inneren und äußeren Spannungen sowie die geringe Anzahl an Versen, in denen Elischa auftritt, lassen vermuten, die Figur des Elischa sei nicht von Anfang an Bestandteil der Erzählung gewesen.

Dafür sprechen auch weitere syntaktische Spannungen im Verlauf der Erzählung. In V. 31 bleibt das Subjekt des Prädikates ויאמר ungenannt. Aus dem Inhalt des Satzes ließe sich zwar schließen, dass המלך aus V. 30a impliziert ist, syntaktisch lässt die Annahme jedoch außer Acht, dass in V. 30b das Subjekt bereits zu העם gewechselt hatte. Ähnlich verhält es sich in V. 32. Während zunächst Elischa das Subjekt des ersten Satzteiles ist (ואלישע ישב בביתו והזקנים ישבים אתו), bleibt im zweiten Teil des Satzes unklar, wer das Subjekt ist. Zwar impliziert der nun folgende, zweite Satzteil (וישלח איש מלפניו בטרם יבא המלאך אליו), dass der König das neue Subjekt sein müsste, dieses Subjekt wird allerdings nicht genannt.

---

215 Das Essen der eigenen Kinder ist ein in der alttestamentlichen und altorientalischen Literatur bekannter Topos. Vgl. Lev 26,29; Dtn 28,52–57; Klgl 2,20; 4,10; Ez 5,10; Bar 2,2–3; Pritchard, ANET, 105 f.298.448–450.533.538–540.547–550.570–572; Josephus, BJ, V.13.7; VI.3.4; Cogan/Tadmor, II Kings, 80. Weitere Belege für den alttestamentlich und altorientalisch bekannten Topos finden sich bei Oppenheim, Siege, 69–89; Wiseman, VTE, 62 (Col. VI, Z. 448–450).

216 Vgl. Stipp, Elischa, 345; Schmitt, Elisa, 39.

217 Vgl. Schmitt, Elisa, 39; Stipp, Elischa, 346. Nur in V. 31 f wird eine Feindschaft zwischen dem König und Elischa angenommen.

218 Vgl. Schweizer, Elischa, 314.316 f; Würthwein, Könige II, 314 f, Baumgart, Gegenwart, 69.

Stattdessen ist im weiteren Verlauf des Satzes dann wiederum Elischa das Subjekt.[219]

Auch semantisch unterscheiden sich V. 31f von den umgebenden Versen. Während in der gesamten Erzählung sonst nur von Jahwe (vgl. 6,27; zweimal in 7,1; 7,16) die Rede ist, wird nur in V. 31 אלהים verwendet.[220] In 7,6–8a findet sich hingegen der Titel אדני. Der Adjutant des Königs wird in V. 32 als מלאך bezeichnet, in 7,2.17.19 hingegen als שׁליש. In 2Kön 2,13 hingegen ist von einem Diener des Königs die Rede (אחד מעבדיו).

Auch der Abschluss des Spannungsbogens bereitet literarkritische Probleme. Was genau die Ursache für das Ende der Hungersnot ist, wird an mehreren Stellen der Erzählung unterschiedlich beantwortet. Während in 7,1 die Ansage des Gotteswortes durch Elischa schon als Auslöser für die Besserung gewertet werden könnte, zeigt die Erzählung in 7,3ff an, dass es das pure Glück einer Gruppe Ausgestoßener ist, die das Schicksal Samarias wendet. Die Erklärung in V. 6f hingegen macht das wundersame Einwirken Jahwes in Form einer akustischen Täuschung für den Abzug der Aramäer verantwortlich. Diese beiden Verse stehen wiederum in inhaltlicher Spannung zum Rest der Erzählung und berauben sie geradezu ihrer Spannung. Durch V. 6f weiß der Leser bereits, dass es sich bei dem verlassenen Lager nicht, wie in V. 12–15 vom König befürchtet, um eine Kriegslist der Aramäer handelt. Zudem macht die Wiederaufnahme von V. 5bα in V. 8aα[221] die V. 6f als sekundären Einschub verdächtig. Dafür spricht auch der Wechsel des Subjektes von V. 5 zu V. 6, der am Übergang von V. 7 zu V. 8 wieder in umgekehrter Reihenfolge vollzogen wird. Der Rekurs auf die vorher genannten Aussätzigen in V. 8a zeigt, dass es sich bei V. 5 um die originäre Stelle handelt, an welche sich ursprünglich V. 8aβb anschloss.

In V. 13 findet sich eine Wiederholung von sieben Wörtern, die allerdings aufgrund einer Dittographie entstanden ist und somit für die Literarkritik keinerlei Bedeutung hat.[222]

Der eigentliche Abschluss des Spannungsbogens, der in 6,24 eröffnet wurde, findet sich dann in der Plünderung des Heerlagers in 7,16a. Die Verse 7,16b–20

---

219 Vgl. REHM, II. Könige, 75; SCHWEIZER, Elischa, 313f; STIPP, Elischa, 347. Zwar ergänzt die lukianische Rezension des LXX-Textes ὁ βασιλεὺς als Subjekt von ἀπέστειλεν, da es sich hierbei allerdings um den einzigen textkritischen Beleg handelt und die literarischen Spannungen in den umliegenden Versen zudem in die gleiche Richtung deuten, werte ich diesen Beleg als Versuch der Luk-Rezension, durch Glättung der Unebenheit eine bessere Verständlichkeit der Stelle zu erzielen; ähnlich vgl. SCHWEIZER, Elischa, 317; BENZINGER, Könige, 54.

220 Vgl. SCHWEIZER, Elischa, 314.

221 Vgl. ויבאו עד־קצה מחנה in V. 5bα und ויבאו המצרעים האלה עד־קצה המחנה in V. 8aα.

222 Vgl. SCHWEIZER, Elischa, 321.

schildern im Anschluss eine Szene, die zuvor durch 6,31.32b–7,2 vorbereitet wurde. Diese Verse bedienen sich zudem der gleichen Semantik wie 6,31.32b–7,2 (vgl. bspw. שליש אשר־נשען על־ידו).[223] Ebenso fällt innerhalb von 7,16b–20 die wortgleiche Formulierung (סאה־סלת בשקל וסאתים שערים בשקל) in 7,16b und 7,18 auf, die beide eine Wiederaufnahme des in 7,1 Angekündigten bilden. Weiterhin verwenden die inhaltlich voneinander abhängigen Verse 7,2.17–20 anstelle des Namens Elischa ausschließlich den Titel איש האלהים. Die den Adjutanten enthaltenden Verse 7,2.17–20 lassen sich daher und aufgrund des sonst nicht verwendeten Lemmas שליש (vgl. dagegen מלאך in 6,32.33 und 7,15) und der zusammenhängenden Thematik vom umgebenden Text abheben.

Davon unabhängig lässt sich eine weitere Gruppe oben beobachteter literarischer Spannungen zusammenstellen, die thematische Ähnlichkeiten aufweisen. Erneut verwenden die Verse 6,27.33; 7,1aβ und 7,16bβ den Jahwe-Namen und stellen etwa die Ankündigungen Elischas in 7,1 als Ankündigung Jahwes dar. Die Verwendung von מלאך in 6,32 und 6,33 fügt sich ebenfalls in diese redaktionelle Linie ein.

Aufgrund der beobachteten Spannungen lassen sich die den Gottesnamen enthaltenen Verse 6,27.33 und 7,1aβ sowie 7,16bβ gruppieren. Erzählerisch sind von V. 33 die V. 31 und 32b (Aussendung des Boten) abhängig. Die Spannungen zu den sie umgebenden Versen lassen sie als sekundäre Erweiterungen der ursprünglichen Erzählung erscheinen.

Inhaltlich zusammengehörig scheinen ebenso die Verse 7,17–20 zu sein, in denen es um die Bestrafung des ungläubigen Adjutanten geht. Von ihnen unmittelbar abhängig ist 7,2, welches die Exposition zu V. 17–20 bildet. Bereits der lose Anschluss von V. 17 an V. 16, in dem die Lösung des in 6,24 f entfalteten Problems ja bereits erzählt wurde, macht es wahrscheinlich, dass es sich hier um eine wiederum sekundäre Fortschreibung der Erzählung handelt. Da in V. 19 die Bezugnahme auf Jahwe als den Urheber aller Geschicke Israels aufgegriffen wird, scheint diese Fortschreibung sekundär zur Bearbeitung zu sein, welche Jahwe zuerst in die Erzählung eintrug.

Diese literarkritischen Beobachtungen legen somit nahe, dass die älteste Schicht der Erzählung in den Versen 6,24–26.28–30.32a; 7,1aαb(ohne שמעו דבר־יהוה כה אמר יהוה).3–5.8aβ–16abα zu rekonstruieren ist. Diese Erzählung kannte weder den Anlass für die Belagerung selbst noch den Anlass für die Beendigung der Hungersnot. Es war vielmehr eine Episode über eine zufällige, aber für den

---

223 Vgl. weiterhin Naaman in 2Kön 5,18. Es ist wahrscheinlich, dass es sich bei dieser Wendung um die Umschreibung einer Funktion (etwa gleichzusetzen mit „seine rechte Hand") handelt. Vgl. Hobbs, 2 Kings, 66.89 f.

Leser gut denkbare Belagerungssituation, in der vier Aussätzige durch Glück und kluge Abwägung ihrer Chancen das Schicksal Samarias zum Guten wendeten. Das Schwergewicht scheint auf der Ironie des Schicksals zu liegen, dass gerade diese Gruppe Marginalisierter durch ihre Wahl, das Risiko auf sich zu nehmen, die gesamte Hauptstadt vor dem Hungertod bewahrt. Ob sich hinter dieser Erzählung die Erinnerung an eine historische Belagerung Samarias durch die Aramäer verbirgt, lässt sich meines Erachtens nicht mit Gewissheit sagen.[224] Eine zweite erzählerische Intention ist verbunden mit der Figur des Elischa. Er wird hier mit einer mantischen Begabung dargestellt, die es ihm ermöglicht, vorherzusagen, dass die Hungersnot bereits am nächsten Tag beendet sein wird.

Die Grundschicht der Erzählung wurde durch den *Theologisierenden Redaktor* bearbeitet, der die Verse 6,27.31.32b–33; כה אמר יהוה דבר־יהוה שמעו in 7,1aβ sowie die Verse 6 – 8aα.16bβ einfügte. Durch diese Eintragungen in den Text suchte er zu verdeutlichen, dass sowohl die Belagerung und die daraus entstehende Hungersnot, als auch die plötzliche Wendung des Geschehens und die Rettung Samarias allein auf das Wirken Jahwes zurückzuführen ist. In der Erzählung, die er vorfand, changierte der eigentliche Grund der Besserung ja zwischen dem puren Glück einer Gruppe Aussätziger und der Ansage des Mantikers Elischa. Der *Theologisierende Redaktor* trägt nun in diese wie auch in alle vorher untersuchten Elischa-Kapitel jene Theologie ein, nach der Jahwe allein der Herr über das Schicksal Israels ist und „degradiert" Elischa in den Erzählungen somit zum Werkzeug des Willens Jahwes. Erst hier wird der Erzählung ein wunderhafter Zug hinzugefügt, indem das Ende der Belagerung plötzlich nicht mehr allein durch eine glückliche Wendung des Schicksals, sondern durch das wunderhafte Eingreifen Jahwes herbeigeführt wird.[225] Der israelitische König wird in dieser Erzählung in einem durchweg schlechten Licht dargestellt, da er nicht nur Elischa mit dem Tode droht, sondern auch implizit kein Vertrauen darauf hat, dass Jahwe seine Bußgeste wahrnehmen und Samaria aus der Notlage erretten wird. Diese kritische Tendenz in Bezug auf den König von Israel erinnert an 2Kön 3,13 f, wo sie als sekundär zur umgebenden Erzählung ausgewiesen wurde.[226]

Die Formulierung בן־המרצח in 2Kön 6,32 stellt wahrscheinlich eine literarische Verbindung zu 1Kön 21,19 her und identifiziert somit den namenlosen israeliti-

---

224 Obwohl Würthwein in der Rekonstruktion der ursprünglichen Erzählung zu den gleichen Ergebnissen kommt und zugleich feststellt, dass der Mangel an genauen politischen Informationen für eine volkstümliche Herkunft der Erzählung spricht, urteilt er zu dieser Frage anders, vgl. WÜRTHWEIN, Könige II, 314.
225 Vgl. LEHNART, Prophet, 425.
226 Als positiv wird das Verhältnis zwischen Elischa und König hingegen in 5,8; 6,8 – 10.20 – 23; 8,1 – 6; 13,14 – 19 dargestellt.

schen König aus 6,24 – 7,20 implizit mit Joram, dem Sohn des Mörders Ahab. Diese Identifikation stellt die gesamte Erzählung in eine literarische Nähe zu 2Kön 3.

Eine weitere Bearbeitung fügt die Verse 7,2.17 – 20 und mit ihnen den Adjutanten des Königs in die Erzählung ein. Diese Bearbeitung scheint einen moralischen Zweck zu verfolgen und straft den mangelnden Glauben des königlichen Adjutanten an die Macht Elischas (bzw. die Macht Jahwes, angekündigt durch Elischa) mit dem Tod. Nicht zu leugnende Parallelen hierzu finden sich an anderen Stellen der Elischa-Erzählungen, wie etwa in der moralisch orientierten Redaktion in 2Kön 5, die den Diener Gehasi und seine Habgier in die Naaman-Erzählung einträgt. Es stellt sich die Frage, ob wir es bei diesen beiden Stellen ebenso wie in 2Kön 2,16 – 18 und 2Kön 4,12 – 15aα mit ein- und demselben Redaktor zu tun haben. Ein wichtiges Indiz dafür ist die Formulierung שׁען על־ידו, welche sowohl in 2Kön 7,2.17 als auch in 2Kön 5,18 vorliegt. Zwar liegt 2Kön 5,18 nicht auf der Ebene der *Moralisierenden Redaktion* in der Naaman-Erzählung, der moralisch orientierte Redaktor fand die Phrase jedoch in 2Kön 5 bereits vor. Es ist denkbar, dass die *Moralisierende Redaktion* die Phrase in ihren Hinzufügungen zu 2Kön 6,24 – 7,20 bewusst verwendete, um den Adjutanten des israelitischen Königs in 2Kön 6,24 – 7,20 analog zu Naaman in 2Kön 5 zu gestalten, indem er die Funktion, die der Adjutant in Bezug auf den König ausübt, ebenso mit der Formulierung שׁען על־ידו umschrieb.[227] Die Verse 7,2 und 7,17 – 19 werden zudem geeint durch die Verwendung des Begriffes איש האלהים, der sonst im gesamten Kapitel keine Verwendung findet.

Eine weitere Analogie zur Naaman-Erzählung findet sich in der Vorstellung in 6,31 – 7,2, dass Elischa in Samaria ansässig ist und analog zu 2Kön 5 Elischa ebenso (hier vom Adjutanten und dem König, in 2Kön 5 nur von Naaman) zu Hause aufgesucht wird. Diese Redaktion verwendet im Gegensatz zum übrigen Text der Belagerungserzählung ausschließlich den Titel איש האלהים für Elischa – hierin liegt jedoch ein Unterschied zu der moralischen Bearbeitung in 2Kön 5, die sowohl den Gottesmann-Titel als auch den Namen Elischa und eine Kombination aus beidem verwendet.

---

227 Sicherlich war nicht an eine Identifikation der beiden königlichen Beamten gedacht, sondern lediglich an die gleiche militärische Funktion. Zwar stellt auch Naaman zunächst die Wundermacht Elischas (bzw. Jahwes) in Frage, allerdings geschieht dies nicht im Beisein Elischas, sodass Elischa, von der Logik von 2Kön 6,24 – 7,20 her gedacht, gar nicht die Gelegenheit gehabt hätte, Naaman für seinen Unglauben zu bestrafen. Außerdem lag der moralischen Redaktion von 2Kön 5 bereits der Teil der Erzählung in 5,15.17 – 19a vor, nach der Naaman aufgrund des ihm widerfahrenen Wunders von der Wirkmacht Elischas (bzw. Jahwes) überzeugt und zum Jahwegläubigen wird.

Ebenso wie die königsfeindliche Tendenz weist diese Erzählung auch durch das Motiv der Mantik Parallelen zu 2Kön 3 auf, wie sich ferner an 2Kön 6,32 zeigt.[228] Elischa kann vorhersehen, dass der König einen Boten sendet, um ihn zu töten. Es wird in der redaktionsgeschichtlichen Rekonstruktion zu prüfen sein, ob das Motiv der Mantik stets und ausschließlich in jenen Elischa-Erzählungen zu finden ist, in denen Elischa am Hof oder im Kontakt mit dem Königtum dargestellt wird. Dies würde dem Vorbild altorientalischer Hofpropheten entsprechen, deren Hauptaufgabe die Vorhersage von Schlachtverläufen und königlichen Unternehmungen war.[229]

2.8 Literarkritik 2Kön 8

Das achte Kapitel lässt sich aufgrund der Szenen und Personenwechsel folgendermaßen gliedern:

Die Verse 1–6 erzählen die Episode der Frau, die auf Ansage Elischas das Land verließ und im Anschluss ihren Besitz durch Eingreifen des Königs wiedererlangt.

In 2Kön 8,7–15 wird, durch einen Ortswechsel eingeleitet, der Tod Ben-Hadads und die Königswerdung des Usurpators Hasaël erzählt.[230] Schließlich wird ab 8,16 die deuteronomistisch bearbeitete Liste der Könige des Südreiches fortgesetzt. Zunächst berichten V. 16–24 von Joram von Juda. Ab V. 25 folgen die Notizen über dessen Sohn Ahasja. Da es keine Schlussnotiz für Ahasja gibt, ist die Abgrenzung nach hinten schwieriger. Es ist davon auszugehen, dass die Schlussnotiz fehlt, weil in der darauf folgenden Geschichte von der Revolution Jehus der Tod Ahasjas erzählt wird, ebenso wie der des Joram von Israel, dessen Antrittsnotiz in 2Kön 3,1–3 stand. Da die Verse 8,28 f die Einleitung zur Erzählung von der Jehu-Revolution bilden, werden sie im Kapitel 2.9. dieser Untersuchung analysiert werden.

2.8.1 2Kön 8,1–6: Die Schunemiterin erhält ihren Besitz zurück

Die Erzählung in 8,1–6 beginnt mit einem Rückverweis auf die Frau, deren Sohn Elischa wiedererweckt hatte. Der Einleitung zufolge hatte er ihr geraten, aus Israel wegzuziehen, da Jahwe eine siebenjährige Hungersnot schicken werde. Die Frau folgte Elischas Rat und entging der Hungersnot. Nach dem Ende der Selbigen kehrt

---

228 Vgl. SCHMITT, Elisa, 39 f.
229 Vgl. STÖKL, Unique, 63 f; NISSINEN, Prophecy, 17–37.
230 Vgl. hierzu TUAT 1, 365.

sie nach Israel zurück und spricht beim König vor, um ihren Besitz zurückzufordern. Gehasi, der sich in der Erzählung gerade in einer Unterredung mit dem König befindet, weist den König auf den Zusammenhang zur Tat Elischas an dieser Frau hin. Die Frau schildert dem König, wie Elischa ihren Sohn wieder lebendig gemacht hatte und der König lässt ihr nicht nur ihren Besitz, sondern auch Zinsen in Form der Felderträge für sieben Jahre zukommen.

Die Erzählung verweist gleich zu Beginn in V. 1 zurück auf die Episode in 2Kön 4,8 – 37. Mancherorts wird die Ansicht vertreten, der Rückverweis auf 2Kön 4,8 – 37 sei redaktionell[231] und die Erzählung habe ehedem den Abschluss von 4,8 – 37 gebildet und sei erst sekundär davon getrennt worden, um in dem so entstandenen zeitlichen Abstand andere Erzählungen unterbringen zu können. Meines Erachtens lässt diese Annahme allerdings außer Acht, dass das literarkritische Herauslösen des Relativsatzes in V. 1aα (אֲשֶׁר־הֶחֱיָה אֶת־בְּנָהּ) das determinierte Substantiv הָאִשָּׁה zurücklässt. Um den Relativsatz einem späteren Redaktor zuweisen zu können, müsste man mit dessen nachträglicher Einfügung der Determination bzw. dem Ausfall einer ursprünglichen Einführung jener Frau rechnen, für die allerdings im Text keinerlei Anzeichen zu finden sind. Daher ist davon auszugehen, dass die Einleitung in V. 1aα auf der gleichen literarischen Ebene liegt wie der Fortgang der Erzählung. Auch die anderen Verse sind frei von Spannungen und Brüchen.

Dass 2Kön 4,8 – 37 und 8,1 – 6 nicht ursprünglich eine zusammenhängende Erzählung bildeten, wird hingegen durch ein anderes Indiz nahegelegt. So hat 4,8 – 37 Freude an der Darstellung und an szenischem Erzählen. In 8,1 – 6 hingegen finden wir eine in Wortschatz und Szenerie eher schlichte Geschichte vor. Dass die Dauer der Hungersnot in V. 2 mit sieben Jahren beziffert wird und zugleich kein Anlass für Selbige genannt wird, spricht weiterhin für den eher topischen Charakter dieser Erzählung.[232] Elischa taucht in dieser Erzählung selbst gar nicht als handelnde Person auf, sondern nur als Inhalt der Erzählung Gehasis. Die Formulierung in V. 4b erweckt den Anschein, dass die Taten des Elischa bereits in der längeren Vergangenheit liegen. Nichtsdestotrotz wird der Tod Elischas erst in 2Kön 13 erzählt.

Trotz der genannten Unterschiede zwischen den beiden Erzählungen, lässt sich eine unmittelbare Beziehung zwischen 2Kön 8,1 – 6 und 2Kön 4,8 – 37 erkennen. So bietet Elischa innerhalb der Gehasi-Bearbeitung von 2Kön 4,8 – 37 in V. 13 der Schunemiterin an, sich aus Dank beim König für sie einzusetzen. Dieser Vers scheint sehr bewusst die Erzählung in 2Kön 8,1 – 6 vorzubereiten und so liegt es

---

231 Vgl. Würthwein, Könige II, 317; Fritz, 2. Könige, 41.
232 Vgl. Pritchard, ANET, 31 f; Gen 41,25 – 32; Ri 6,1 – 6; 2Sam 24,13.

nahe, dass es sich bei dem Gehasi-Bearbeiter von 4,8 – 37 auch um den Urheber von 2Kön 8,1 – 6 handeln könnte.[233]

Formal und inhaltlich fällt die Erzählung etwas aus dem Rahmen. Sie ist länger als die kurzen episodischen Wundererzählungen, aber kürzer als die politischen Erzählungen. Im Umfang entsprechen ihr die Darstellungen in 2Kön 4,1 – 7; 6,1 – 7; 8,7 – 15; 13,1 – 9 und 13,14 – 21. Sie hat allerdings anders als diese weder eine politische Komponente noch erzählt sie ein Wunder. Stattdessen berichtet sie nur von Erzählungen über eines von Elischas Wundern.

Interessant ist fernerhin, dass die Geschichte ein Verhältnis umkehrt, welches in 4,8 – 37 entwickelt worden war. Während in Kap. 4 die Frau dem Gottesmann Verpflegung und Wohnung zur Verfügung stellt, ist es hier die Verbindung zu Elischa, die der Frau die Erlangung von Lebensraum und -mitteln ermöglicht.[234]

Syntaktisch auffällig ist die Verwendung der Präposition ל als Objektmarker in V. 1b, die nach Ansicht Cogans/Tadmors ein Zeichen für ein spätes Sprachstadium des Hebräischen darstellt.[235]

Textkritisch findet sich in dieser Episode ebenfalls nichts von großer Bedeutung. Zwar haben wir hier einen der wenigen Fälle in den Elischa-Erzählungen, in denen die Textüberlieferung aus Qumran (6QReg 15) zuweilen gemeinsam mit G gegen MT liest.[236] Dennoch handelt es sich in allen Fällen um kleine Varianten, die nirgends ein geändertes Verständnis der Textstelle erfordern oder etwa auf einen anderen Prototext schließen ließen.[237]

2.8.2 2Kön 8,7 – 15: Der Tod Ben-Hadads

Diese Episode berichtet von der Thronusurpation Hasaëls. Elischa kommt zu Beginn nach Damaskus, wo Ben-Hadad krank darniederliegt. Als Ben-Hadad von Elischas Anwesenheit erfährt, schickt er Hasaël zu ihm und lässt ihn zum Verlauf seiner Krankheit befragen. Elischa berichtet Hasaël, dass Ben-Hadad gewiss genesen wird. Dann sagt Elischa Hasaël hingegen etwas anderes an und weint. Er eröffnet Hasaël, dass Ben-Hadad sterben, Hasaël König an seiner statt werden und großes Unheil über Israel bringen werde. Hasaël kehrt an den Hof zurück, überbringt Ben-Hadad nur den positiven Bescheid und entledigt sich, für den Leser

---

233 Vgl. Kapitel 2.4.2. dieser Arbeit.
234 Vgl. RONCACE, Elisha, 121.
235 Vgl. COGAN/TADMOR, 2Kings, 86 f.
236 Vgl. BAILLET, DJD III, 109.
237 Ebenso urteilt HOBBS, 2Kings, 95.

etwas unvermittelt (in V. 15), am nächsten Tag seines Vorgängers durch einen Mord.[238]

Die Erzählung grenzt sich durch den Ortswechsel[239] in V. 7 und die neue Personenkonstellation deutlich von der vorherigen ab. Bereits das Hin und Her aus positivem und negativem Bescheid ebenso wie die dramatische Wendung im letzten Vers, die den Leser überrascht, bereitet Verständnisprobleme, die sich möglicherweise durch literarisches Wachstum erklären lassen.

Literarische Spannungen erzeugen v. a. die Verse 10b–13, die eine redaktionelle Erweiterung des Textes darzustellen scheinen.[240] Während in V. 10a die Genesung Ben-Hadads vorausgesagt wird, konstatiert V. 10b gleich im Anschluss das Gegenteil. Ben-Hadad wird nach Auskunft Elischas gewiss sterben. Die Vorhersage in V. 10b steht daher in direkter Spannung zu der vorherigen Ansage in V.10a.[241]

Auch in V. 8bα scheint eine von V. 10b–13 abhängige redaktionelle Einfügung enthalten zu sein in den Worten ודרשת את־יהוה מאותו. Die Verse 8bα.10b–13 enthalten zudem alle das Tetragramm, wohingegen in keinem anderen Vers Bezug auf Jahwe oder die Elischa von Jahwe gewährte Vorausschau auf kommende Ereignisse genommen wird. In der Erfüllung dieses Befehls in V. 9 wird weder Jahwe noch die Wurzel דרש erwähnt. Meines Erachtens sind die Verse 8bα(ohne לאמר). 10b–13 daher als Bearbeitung auszuscheiden.

Die demnach verbleibende Grundschicht in V. 7–8abβ(mit לאמר).9–10a.14 f ergibt eine geschlossene und in sich logische Erzählung, nach der Hasaël, unzufrieden mit der Vorhersage Elischas, sein Herr würde wieder genesen, Ben-Hadad erstickt, um den aramäischen Thron an sich zu reißen. Die ursprüngliche Erzählung diente daher dem Zweck, Hasaël als Usurpator des aramäischen Throns darzustellen. Da Ben-Hadads Genesung von Elischa vorausgesagt wurde, konnte Hasaël seinen Vorgänger also nicht auf natürliche Weise loswerden, sondern musste ihn umbringen, um sich augenblicklich des Thrones zu bemächtigen.

---

238 Vgl. 2Kön 13,24 sowie die Notiz in der Inschrift Salmanassars III. darüber, dass es sich bei Hasaël um den „Sohn eines Niemandes" handelt; TUAT 1, 365. Zum Problem, welcher aramäische König in 2Kön 8,7–15 als Vorgänger Hasaëls gemeint ist, vgl. Kottsieper, Inschrift, 492 f; Sekine, Aram, 53 f.76 f; Würthwein, Könige II, 319.

239 Diese Episode ist die einzige, in der Elischa außerhalb Israels agiert. Dass es sich um eine historische Notiz handelt, ist eher unwahrscheinlich. Vielmehr verdankt sich dieser Ortwechsel offenbar dem Fortgang der Erzählung, nach der die Befragung Elischas zum Gesundheitszustand des aramäischen Königs am ehesten in Damaskus vorgestellt werden konnte. Vgl. Würthwein, Könige II, 319.

240 Vgl. Würthwein, Könige II, 319; Fritz, 2. Könige, 43; Hentschel, 2. Könige, 35 f.

241 In V. 10a ist mit vielen Handschriften das Qere לו zu lesen.

Der Bearbeiter, der die Verse 8bα.10b–13 einfügte, störte sich möglicherweise an der Tatsache, dass es Elischa in der ursprünglichen Erzählung nicht möglich gewesen sein sollte, diese gewaltsame Usurpation und die anschließenden Taten Hasaëls vorherzusehen. Aus diesem Grund fügte er die Verse 10b–13 ein, in denen die Spannung erklärt wird, die aus der Abfolge von V. 10a und 10b entstanden war.[242] Zudem scheint ihm die theologische Aussage am Herzen zu liegen, Jahwe sei der Lenker der Geschicke aller Nationen und somit müsse die Usurpation Hasaëls und alle ihre Folgen für Israel bereits Teil von Jahwes Voraussicht und seines Planes für Israel gewesen sein.[243]

Die Semantik legt ebenso wie der Stil der Erweiterungen nahe, dass es sich bei den Versen 8bα.10b–13 um die Arbeit des *Theologisierenden Redaktors* handelt, dessen Bearbeitungen in den vorangegangenen Kapiteln immer wieder zu finden waren. Er verwendet in V. 10 eine Reihe literarischer Topoi für die Voraussage der zukünftigen Schreckenstaten Hasaëls.[244] Auch das Motiv der mantischen und seherischen Fähigkeiten Elischas findet sich bei diesem Bearbeiter immer wieder.[245]

In ihrer Endgestalt steht diese Erzählung in einem Widerspruch zu 1Kön 19,15. Dort wurde Elia die Salbung Hasaëls zum König über Aram aufgetragen, somit wäre doch eigentlich davon auszugehen, dass dies im Sinne Jahwes geschieht. Da Elischa in V. 10b–13 allerdings überhaupt nicht damit einverstanden zu sein scheint, dass Hasaël König von Aram wird, bleibt zunächst offen, in welchem Verhältnis diese beiden Texte zueinander stehen.[246]

Offenbar bietet dieser Text den biblischen Blick auf ein historisches Ereignis in der Geschichte Arams, welches auch in anderen Quellen reflektiert wird. So spricht die neuassyrische Inschrift auf der Basaltstatue Salmanassars III. davon, dass Hadadeser auf immer verschwand und Hasaël, Sohn eines Niemandes, sich seines Thrones bemächtigte.[247] Dass dieser Hadadeser „auf ewig verschwand", dürfte eine Umschreibung für einen unnatürlichen Tod sein. In jedem Fall konstatiert die neu-

---

242 Wie schwierig zu verstehen diese Stelle bereits für antike Leser war, zeigt Josephus' Umdeutung der Passage. Vgl. JOSEPHUS, Ant IX, 87.

243 Hierin ähnelt die redaktionelle Erweiterung 1Kön 19,15–18 (v. a. V. 15). Obwohl von diesem Bearbeiter das Schicksal Israels implizit als Wille Jahwes gedeutet wird, fehlt die für deuteronomistische Texte dieser Art übliche Diktion (N.N. ביד נתן) und das sonst zu erwartende deuteronomistische Urteil über Israels Handeln in den Augen Jahwes. Vgl. COGAN/TADMOR, 2Kings, 92.

244 Vgl. zu 2Kön 8,12 (מבצריהם תשלח באש ובחריהם בחרב תהרג ועלליהם תרטש והרתיהם תבקע) weiterführend 2Kön 5,7 sowie Am 1,3.13; Hos 14,1; COGAN, Women, 755–757.

245 Vgl. 2Kön 2,3; 3,15–17; 6,16f; 13,14–17.

246 Vgl. WÜRTHWEIN, Könige II, 321.

247 Vgl. TUAT 1, 365.

assyrische Inschrift aber, dass es sich bei Hasaël nicht um dessen Sohn und rechtmäßigen Thronfolger handelte, sondern um einen Usurpator. In einem gänzlich
anderen Licht stellt sich Hasaël in der Tell-Dan-Inschrift dar, derzufolge er der
Sohn Barhadads ist und dieser „legte sich nieder und ging zu seinen Vätern", ganz
so, wie man die Umschreibung für einen natürlichen Tod erwarten würde.[248] Sicherlich kann die biblische Notiz selbst keine geeignete Quelle für eine historische
Rekonstruktion sein. Dennoch ist das Zusammenspiel von assyrischer Inschrift
und biblischer Erzählung ein Indiz dafür, dass es sich bei Hasaël tatsächlich um
einen Usurpator des aramäischen Thrones handeln dürfte.

2.8.3 2Kön 8,16 – 24: Joram von Juda

Dieser Abschnitt umfasst die Rahmennotiz über den Amtsantritt Jorams von Juda,
nachdem die Schlussnotiz für seinen Vater Joschafat bereits in 1Kön 22,51 erfolgt
war. Es handelt sich bei den Erzählungen in den Kapiteln 2Kön 2,1 – 8,15 daher um
Einfügungen in das ehedem geschlossene Rahmenschema der Königebücher.[249]
Innerhalb der Rahmennotiz finden sich keine literarischen Spannungen oder
Brüche.

2.8.4 2Kön 8,25 – 27: Ahasja von Juda

Diese drei Verse beinhalten die Eingangsformel für Ahasja von Juda. Eine
Schlussformel für diesen König ist nicht vorhanden. Von seinem Tod und Begräbnis wird allerdings im Rahmen der Jehu-Erzählung in 2Kön 9,27 f berichtet.
Ebenso wie für die Schlussnotiz für Joram ist es wahrscheinlich, dass diejenige für
Ahasja zugunsten der Erzählung von der Jehu-Revolution ausgefallen ist.[250]
Die Eingangsnotiz für Ahasja weist keinerlei literarische Brüche auf, allein
zwischen 2Kön 8,25 und 9,29 entsteht eine Spannung, da die Datierung des Re-
gierungsantritts Ahasjas unterschiedlich ausfällt.[251] Es ist m. E. wahrscheinlicher,
dass 2Kön 8,25 die ursprüngliche Version bewahrt hat, da 2Kön 9,29 und das literarische Umfeld dieses Verses – wie zu zeigen sein wird – weitaus mehr literarische Spannungen aufweisen und insofern eher mit Bearbeitungen zu rechnen
sein wird.

---

248 Vgl. TUAT.Erg, Z. 1.3; KOTTSIEPER, Inschrift, 477– 496.
249 Vgl. WÜRTHWEIN, Könige II, 322.
250 Vgl. FRITZ, 2. Könige, 45; WÜRTHWEIN, Könige II, 323.
251 Vgl. MULZER, Jehu, 212 f.

2.9 Literarkritik 2Kön 8,28 – 10,17: Die Jehu-Revolution

Die Erzählung von Jehus Putsch gegen die Omridendynastie in 2Kön 8,28 – 10,17 ist eine komplexe Abfolge von Szenen, die durch mehrere Orts- und Personenwechsel charakterisiert ist.[252]

Kaum ein anderes Kapitel innerhalb der Elischa-Erzählungen hat derart unterschiedliche literarkritische und redaktionsgeschichtliche Beurteilungen erfahren wie dieser große Textbereich, von dem im starken Maße die Frage abzuhängen scheint, wo und wann der Anknüpfungspunkt von ehedem selbständiger Elischa-Überlieferung an die Königebücher zu suchen ist. So wurde weithin die Annahme geäußert, dass die Erzählung von der Jehu-Revolution derjenige literarische Einfallspunkt sei, von dem aus der Einbau eines ursprünglichen Elischa-Zyklus seinen Verlauf nahm.[253] Die vorliegende Arbeit wird bei der literar- und redaktionsgeschichtlichen Untersuchung der Jehu-Erzählung besonderes Augenmerk auf diese Annahme legen und ihre Validität überprüfen.

Die Revolutions-Erzählung schildert Jehus Salbung durch einen Prophetenjünger Elischas und daraufhin sein grausames Vorgehen gegen den israelitischen König Joram, seine Mutter Isebel und Ahasja von Juda sowie im Anschluss daran gegen die Söhne Jorams sowie die Brüder Ahasjas und somit das Auslöschen der gesamten Omridendynastie in Israel und Juda, mit Ausnahme von Atalja, der Tochter Ahabs, und deren Enkel Joasch.[254]

Elischa taucht in dieser Erzählung nur zu Anfang in 2Kön 9,1 auf. Er gibt einem der Prophetenjünger den Auftrag, Jehu zum König zu salben. Im weiteren Verlauf spielt Elischa dann keine Rolle mehr, und auch die Salbung und das mit ihr verbundene Jahwewort wird nach der Ausführung in 9,6 – 10 im weiteren Verlauf nicht mehr erwähnt. Weder Jehu selbst noch die Erzählung verweisen im Fortgang mehr auf die Salbungsepisode aus 9,1 – 13, nicht einmal, um Jehus Machtergreifung und die Bluttaten zu rechtfertigen, die in der Erzählung folgen.[255] Die Salbungserzählung in 9,1 – 13 macht daher den Anschein, literarisch sekundär zu sein.

---

252 Für eine grafische Darstellung der Szenenfolge, der Ortswechsel und der beteiligten Personen vgl. Otto, Jehu, 82.
253 Vgl. Würthwein, Revolution; Würthwein, Könige II, 324 – 340; Schmitt, Elisa, 19 – 31.137; Otto, Jehu, 47 – 117; Lehnart, Prophet, 373.420 – 424; 468 – 470.
254 Vgl. 2Kön 8,26; 2Kön 11.
255 Vgl. Würthwein, Revolution, 31; anders Gugler, Jehu, 167. Stattdessen finden sich in der Erzählung einige Rückverweise auf Elia-Erzählungen; vgl. 2Kön 9,21b (Grundstück Nabots verweist auf 1Kön 21,17ff); 9,36; 10.10.17 sowie die Salbung Jehus in 2Kön 9,6, die auf die Ankündigung Elias in 1Kön 19,16 verweist, weiterhin die Rolle Isebels in 1Kön 18,4b.13.19b; 19,1f und 2Kön 9,7b.

Einige weitere Indizien zeigen, dass es sich bei der Salbungsepisode zwar um eine dichte, aber dennoch um eine zur umliegenden Erzählung sekundäre Bildung handelt. So wird Jehu beispielsweise sowohl in 2Kön 9,2 und 9,14 als יהוא בן־יהושפט בן־נמשי, also mit seinem vollen Namen angesprochen, was als Dopplung gewertet werden muss. Ebenso lässt sich 9,14 gut als Einsatz einer Erzählung werten.[256]

Im Verlauf der Jehu-Erzählung zeigen sich noch weitere Spannungen, die sich sogar in der Stimmung der einzelnen Verse in Bezug auf den Putsch niederschlagen. Während einige Verse die Brutalität und Hinterlist der Taten Jehus herausarbeiten und dabei einen durchaus kritischen Autor vermuten lassen, deuten andere Verse die Taten Jehus wiederum als Verwirklichung des Willens Jahwes.[257] So wird Jehu in 9,1–13 durch den Jünger Elischas und auf Geheiß und Willen Jahwes zum König gesalbt, wohingegen die Verse 9,14a und 10,9 von einer Verschwörung sprechen.[258] Vers 9,14 steht dabei in einer solchen Diskrepanz zu 9,1–13, dass er sich m. E. weder als Zusammenfassung noch als Paraphrase der zuvor erzählten Episode verstehen lässt.[259]

Innerhalb der Salbungserzählung fällt eine weitere Unebenheit auf. Der Prophetenjünger sagt Jehu gegenüber in 9,6–10 weitaus mehr an, als ihm in 9,3 von Elischa aufgetragen wurde.[260]

Eine Dopplung findet sich weiterhin in der zweimaligen Notiz in 8,29 und 9,15 f, dass Joram zurückkehrt, um in Jesreel von seiner Kampfverletzung zu genesen. Die Verse 8,29a und 9,15a sowie 8,29b und 9,16b entsprechen sich bis auf kleine Abweichungen fast wortwörtlich.[261] Der Vermerk כי יורם שכב שמה erfolgt in 9,16 sogar ein drittes Mal. Die Informationen, die der Leser vor dem Beginn des Jehu-Putschs in 2Kön 8,28 f erhält, entsprechen in weiten Teilen dem, was in 2Kön 9,14–16 nochmals erzählt wird. Nach der oben beschriebenen Spannung zwischen 9,1–13 und 9,14a zeigt sich, dass die Verse 9,14b–15a dem Leser offensichtlich die Ausgangssituation aus 8,28 f wieder in Erinnerung rufen müssen. Sie scheinen daher sekundär zu 8,28 f und 9,14a zu sein und als Wiederaufnahme der gleichen Hand zu entstammen, welche die Salbungserzählung in 9,1–13 eingefügt hat.[262]

---

256 Ebenso urteilt CAMPBELL, History, 423.
257 Vgl. WÜRTHWEIN, Könige II, 327.
258 Man beachte die eindeutig negative Konnotation von קשר Hitp., vgl. HALAT III, 1076; vgl. ferner WHITE, Legends, 47–51.
259 Vgl. KITTEL, Könige, 230 f; WHITE, Legends, 47–51; anders urteilt STECK, Überlieferung, 32.
260 Vgl. OTTO, Jehu, 41.
261 Vgl. OTTO, Jehu, 47 f, die eine detaillierte Auflistung der Abweichungen bietet.
262 Vgl. WELLHAUSEN, Composition, 286; WÜRTHWEIN, Revolution, 33. Für die Ursprünglichkeit der Verse 8,28 f vgl. weiterhin NOTH, Studien, 84; anders etwa MINOKAMI, Revolution, 25.

Stehen beide Deutungen der Machtergreifung Jehus nun in sachlichem Konflikt zueinander, so stellt sich die Frage, welche theologischen Implikationen in diesen beiden verschiedenen Deutungen verborgen liegen. Sicherlich muss Würthwein insofern zugestimmt werden, dass die Deutung als gottgewollter Putsch und somit die Salbungsepisode einem anderen Bearbeiter zuzuschreiben ist, als die Deutung als Verschwörung. Würthwein identifiziert ersteren mit dem Deuteronomisten.[263] Diese Beobachtung wird semantisch durch das Vorkommen der typisch deuteronomistischen Phrasen (אל־עם יהוה sowie אלהי ישראל) in 9,6 gestützt.[264] Erneut findet sich in 9,1–13 eine deutliche Häufung des Gottesnamens (fünfmal in 13 Versen) sowie die Bezeichnung Elischas als נביא, verbunden mit der dreimaligen Verwendung der Botenspruchformel in 9,3.6.12. In den vorhergehenden Kapiteln der Elischa-Erzählungen waren dies in der Regel Indizien für Eingriffe des *Theologisierenden Redaktors*.

Dieser Redaktor hat ein deutliches theologisches Interesse an der Diskreditierung Ahabs, Isebels und deren Nachfahren und wertet aus diesem Grund Jehus Verschwörung zur Erfüllung des Willens Jahwes auf. Aufgrund der oben gemachten Beobachtungen ergibt sich ein nahtloser Anschluss zwischen den Versen 8,28 f und 9,14a. In der ursprünglichen Darstellung beschreibt die Ausgangssituation in 8,28 f ein Machtvakuum, welches Jehu für seine Verschwörung (9,14a) ausnutzt.[265]

Auffällig ist im weiteren Verlauf der Erzählung die Nennung des Ackers Nabots in 9,21b und 9,25 f. Dabei ist zunächst zu beachten, dass die Notiz וימצאהו בחלקת נבות היזרעאלי in 9,21b in einer Spannung zu ויהי כראות יהורם את־יהוא in V. 22a steht. Die Erwähnung des Ackers Nabots in V. 25 f unterbricht zudem die natürliche Abfolge von 9,24 und 9,27. Mit ואחזיה מלך־יהודה ראה kann nur das Sehen des *Bogenschusses* Jehus und nicht die in V. 25 f gemachten *Äußerungen* gemeint sein. Somit scheint es sich bei dem Rückverweis auf das Grundstück Nabots um eine redaktionelle

---

263 Vgl. WÜRTHWEIN, Revolution, 32 f; ähnlich STECK, Israel, 68.
264 Vgl. SCHMITT, Elisa, 21; MINOKAMI, Revolution, 54.
265 Vgl. FRITZ, 2. Könige, 49 f; WÜRTHWEIN, Könige II, 324.328 und JEPSEN, Quellen, Anhang sehen in den Versen 8,28 f den ursprünglichen Anfang der Jehu-Erzählung, anders MINOKAMI, Revolution, 22–25. Im Gegensatz zu Würthwein und Jepsen gibt es m. E. keine Veranlassung, mittels literarkritischer Operation das את־ in 8,28a zu streichen. Einerseits gibt es dafür keinerlei äußere Indizien, andererseits ist es m. E. gut zu erklären, dass Ahasja in 8,28a – nachwirkend aus 8,25 – nach wie vor Subjekt ist. Nur so ergibt der Wechsel des Subjektes in V. 29 (וישב יורם המלך mit zusätzlicher Nennung des Titels) einen Sinn. In Bezug auf die literarkritische Frage urteilt MINOKAMI, Revolution, 22 gleichermaßen, in der Frage des ursprünglichen Erzählanfangs hingegen gelangt er zu anderen Ergebnissen.

Einfügung zu handeln. Vers 21b scheint dabei V. 25 f vorzubereiten und liegt wahrscheinlich auf der gleichen literarisch sekundären Ebene.[266]

Diese Bearbeitung scheint ein besonderes Interesse an der Verknüpfung der Jehu-Erzählung mit der Nabot-Episode in 1Kön 21 zu haben.[267] Dabei wird dargestellt, dass das schändliche Handeln Ahabs und Isebels nun durch Jehu gerächt wird. So tragen auch die Verse 9,25 f stark apologetische Züge und stellen das Handeln Jehus an Joram als Erfüllung des Willens Jahwes dar,[268] ebenso wie 9,1–13 dies bereits getan hatten. In noch stärkerem Maße findet sich in 9,25 f auch eine Häufung des Gottesnamens (viermal in zwei Versen), erneut in Verbindung mit prophetischer Phraseologie. Es ist daher davon auszugehen, dass sich die Verse 9,25 f der gleichen *Theologisierenden Redaktion* verdanken wie 9,1–13.

Auffällig ist ebenso die Aufnahme der Drohungen gegen Isebel aus 1Kön 21,19 – 23 in 2Kön 9,7b.10. Innerhalb der Jehu-Erzählung finden sich zudem weitere Rückverweise auf die Elia-Überlieferung. So hat die Ankündigung in 9,8b zwei Parallelen in 1Kön 14,10 und 21,21.

Die Ankündigung in 9,9 verweist auf die Vernichtung des Hauses Jerobeams zurück, vgl. 1Kön 21,22. In 9,36 wird neben der expliziten Nennung Elias auch die Erfüllung der Drohung, die in 1Kön 21,23b an Isebel ergangen war, berichtet. Dabei fällt sofort die rückverweisende Notiz in V. 36aβ auf (דבר־יהוה הוא אשר דבר ביד־עבדו אליהו התשבי לאמר), die erneut den Jahwenamen in Verbindung mit prophetischer Phraseologie enthält. Vers 36, und davon abhängig wohl auch V. 37, werden daher dem gleichen Redaktor zugewiesen wie die Salbungsepisode in 9,1–13.

Auch 2Kön 10,10 stellt mittels prophetischer Phraseologie fest, dass inzwischen alles in Erfüllung gegangen ist, was durch Elia angedroht worden war. Ebenso verhält es sich im Vers 10,17, der zusammen mit der zweimaligen Nennung des Jahwe-Namens in 10,16 f wohl ebenfalls der gleichen Redaktion zuzuweisen ist wie die Salbungsepisode in 9,1–13 und die Verse 9,36 und 10,10.

Die Begräbnisnotiz für Ahasja in 2Kön 9,28 erfolgt an dieser Stelle völlig überraschend inmitten der Erzählung und scheint gemeinsam mit 9,29 dem Zweck zu dienen, die sonst fehlende Abschlussnotiz für Ahasja von Juda zu formulieren.[269] Allerdings fehlen gemessen am klassischen Formular die Erwähnung des Todes, die wohl durch die Erzählung selbst bereits übernommen wird, die Nachweise über die Quellen sowie die Erwähnung des Nachfolgers, was an der

---

266 Vgl. Kratz, Komposition, 169, Fn 72.
267 Vgl. Blum, Nabotüberlieferung, 356 – 358.
268 Vgl. Bohlen, Fall, 283; Schmitt, Elisa, 27; Sekine, Beobachtungen, 56.
269 Die Begräbnisnotiz selbst ist verwandt mit den Notizen über die Begräbnisse späterer Südreichskönige, etwa in 2Kön 14,20 (Amazja) und 23,20 (Josia).

Thronusurpation durch Atalja liegen könnte.[270] Zugleich wird hier der Synchronismus für Ahasjas Regierungsantritt formuliert, den der Leser klassischerweise in der Anfangs- und nicht in der Schlussnotiz erwarten würde. Vers 9,29 liefert darüber hinaus Angaben, die dem Synchronismus aus 2Kön 8,25 widersprechen. Während nach 8,25 Ahasja von Juda seine Herrschaft im 12. Jahr Jorams von Israel antrat, datiert 9,29 den Regierungsantritt hingegen bereits auf das 11. Jahr Jorams von Israel.

In 2Kön 10,28 – 36 wird im Anschluss zur eigentlichen Putsch-Erzählung für Jehu ein deuteronomistischer Rahmen geschaffen, der im Folgenden näher untersucht werden soll.

Zunächst fällt auf, dass eine Einführungsformel für Jehu fehlt, die wohl – ebenso wie für Salomo und Jerobeam I. – durch die Erzählung vom Putsch ersetzt worden ist.[271] Aus diesem Grund wird auch die Angabe der Regierungsdauer – anders als in den dtr Rahmennotizen üblich – in die ansonsten klassisch gestaltete Schlussnotiz übernommen. In 10,28 – 31 erfolgt die deuteronomistische Beurteilung Jehus, in der er als einziger Nordreichskönig mit einer positiven Beurteilung bedacht wird, die jedoch – wie üblich – durch die Einschränkung relativiert wird, auch Jehu habe nicht von der Sünde Jerobeams, den Stierbildern in Dan und Bet-El, abgelassen.[272]

Wie wir anhand der beschriebenen Spannungen gesehen haben, ist die Salbung Jehus auf Befehl Elischas hin sekundär zur sonstigen Erzählung vom Putsch Jehus. Elischa und die Salbung waren nicht ursprünglich Teil der Jehu-Erzählung und wurden erst in diese eingetragen, als die theologische Implikation des Dynastiewechsels deutlicher profiliert werden sollte.[273]

Die ursprüngliche Episode erzählte demnach nur von der Verschwörung Jehus und seinem Sieg gegen Joram und Ahasja in 8,28f; 9,14a.15b.16aα.17 – 21bα.22a.23f.27, also einem schlichten Putsch in Zeiten einer Krise, wie er im Alten Orient keine Seltenheit war.[274]

---

270 Vgl. Levin, Sturz, 11f.

271 Vgl. Minokami, Revolution, 12f.

272 Für eine ausführliche Darstellung der Parallelen und Unterschiede zu Beurteilungen anderer Könige vgl. Otto, Jehu, 52f.

273 Somit ist es schwierig, eine Klassifizierung der Jehu-Erzählung als Teil der Elischa-Erzählungen vorzunehmen, wie es in der Vergangenheit häufig getan wurde, ähnlich bei Hasegawa, Aram, 12f.

274 Vgl. Würthwein, Könige II, 324. Solche Vorgänge sind etwa von Hattušili III., ggf. Asarhaddon und Sargon II. wohl bekannt. Völlig anders rekonstruiert Robker, Jehu, 17–58; er rechnet Elischa sowie den größten Teil von 9,1–13 zum ältesten Material einer ursprünglichen, vor-deuteronomistischen Putsch-Erzählung.

Fraglich ist, ob die Proklamation Jehus durch die Offiziere in 9,11aα.13 bereits Bestandteil der Salbungsepisode war oder erst später hinzugetreten ist. Einziges Indiz für eine weitere Bearbeitung innerhalb von 2Kön 9,1–13 ist der Subjektwechsel von 9,12 zu 9,13. Da dieses Indiz für eine weitere Bearbeitung innerhalb von 9,1–13 m. E. allerdings nicht ausreichend ist und eine Aussageintention einer solchen Bearbeitung nicht erkennbar ist, lässt sich eine solche m. E. nicht rekonstruieren.

Der Inhalt der Notiz in 2Kön 8,28 f war sowohl literarisch als vermutlich auch historisch der ursprüngliche Auslöser für den Putsch. Die Schwäche des Königs Joram wurde von dessen Militär Jehu ausgenutzt, um einen Machtwechsel herbeizuführen – auch das keine Seltenheit im Alten Orient. Viele weitere Informationen, die wir im Text finden, weisen entweder eine deuteronomistisch-theologische Tendenz auf oder verdanken sich jüngeren Bearbeitungen mit ihren je eigenen Tendenzen, wie oben gezeigt wurde. Insofern ist die Frage nach historischen Haftpunkten allein aus dem biblischen Text schwerlich zu beantworten.

Die ursprüngliche kurze Notiz über den Putsch des ehemaligen Militärs Jehu wird allerdings Bestandteil der deuteronomistischen Grundschicht der Königebücher gewesen sein und reihte sich in die Liste und Beurteilung der Könige ein. Da der Grundbestand der Jehu-Erzählung notwendig für den Verlauf der Königebücher ist und für Jehu keine reguläre Rahmennotiz besteht, ist davon auszugehen, dass bereits der Deuteronomist in seinen Quellen eine Erzählung über die Thronusurpation Jehus vorfand.[275]

Die als redaktionell ausgewiesenen Abschnitte in 9,1–13.14b.15a.16aβb.21bβ. 22bβ.25 f besitzen verbindende Merkmale. In diesen Erweiterungen der Grundschicht findet sich stets die Tendenz, den Putsch Jehus positiv, als von Jahwe gewollten Akt, darzustellen. Nur in diesen Versen taucht der Jahwe-Name innerhalb der Jehu-Erzählung auf, hier allerdings in einer auffälligen Häufung. Auch Elischa, der von der Redaktion mit dem Titel נביא bezeichnet wird, und der salbende Prophetenjünger sind nur in dieser Bearbeitung zu finden. Ähnlich wie an vielen anderen Stellen in der Elischa-Überlieferung lässt sich in dieser Bearbeitung eine theologisierende Tendenz erkennen, die durch ihre literarischen Eingriffe einen profanen Vorgang in eine von Gott gewollte Tat verwandelt.

In 9,28 f hingegen haben wir es mit einer anderen Tendenz zu tun. Diese beiden Verse sind stark an dem Verbleib des Südreichskönig Ahasja interessiert und fügen der Erzählung die Information bei, dass er – wie alle anderen Südreichskönige auch – seine letzte Ruhe in der Davidstadt gefunden hat. Mögli-

---

275 Vgl. KRATZ, Komposition, 169–171.

cherweise handelt es sich bei diesen beiden Versen um eine *Juda-Bearbeitung*, ähnlich der Joschafat-Bearbeitung in 2Kön 3.

Die Grundschicht setzte sich sodann vermutlich in 9,30 – 35; 10,1 – 9.12 – 14bα fort und erzählte vom Ende Isebels und aller weiteren, möglichen Thronfolger aus dem Hause Ahabs. In diesen Teil der Erzählung griff ebenfalls die *Theologisierende Redaktion* in 9,36 f; 10,10 f und 10,14bβ–17 ein, indem sie Verweise auf Elija, seinen Kampf gegen Baal und sein Streiten im Namen Jahwes einfügte.

Wie gezeigt wurde, war es das Anliegen der *Theologisierenden Redaktion*, in die ursprüngliche Putsch-Erzählung die Tendenz einzufügen, Jehu habe die Linie der Omriden ausgelöscht, die den Dienst an anderen Gottheiten unterstützt und betrieben hatte. Dieser Bearbeitung ist auch der Einbau der Salbungs-Episode zu verdanken. Hiermit wird die Königswerdung Jehus vom schlichten Putsch zu einem von Jahwe gewollten und herbeigeführten Dynastiewechsel theologisch aufgewertet.[276]

Anstelle einer deuteronomistischen Rahmennotiz existierte für Jehu allein die Erzählung von seiner Königswerdung durch den Putsch, die hier als Grundschicht der Erzählung herausgearbeitet wurde. Würthwein ist der Ansicht, dass die ursprüngliche Version des DtrG weder die Figur des Elischa noch die Erzählung von der Jehu-Revolution in 2Kön 9 – 10 enthielt.[277] Meines Erachtens muss eine Notiz über die Revolution Jehus allerdings vorgelegen haben, um die fortlaufende Linie der Könige Israels nicht abreißen zu lassen. Es ist eher unwahrscheinlich, dass eine einfache deuteronomistische Notiz für Jehu zugunsten einer später eingefügten Erzählung entfallen sei. Stattdessen könnte das Ausbleiben der Notiz für Jehu darauf hindeuten, dass bereits dem deuteronomistischen Redaktor in seinen Quellen eine Erzählung über den Putsch vorgelegen haben könnte, die der oben rekonstruierten Grunderzählung in 2Kön 8,28 – 10,17* entsprach. Diese hätte er sodann in seinen Gesamtentwurf übernommen.

Die abschließende Beurteilung des Handelns Jehus in 10,28 – 35 besagt zwar, dass Jehu den Baal in Israel ausrottete und bringt somit die theologische Verbrämung der Jehu-Erzählung zu einem Höhepunkt; dass Jehu jedoch gänzlich im Einklang mit der deuteronomistischen Theologie steht, kann nicht behauptet werden. Vielmehr wird auch ihm vorgeworfen, von der Sünde Jerobeams nicht abgelassen zu haben, also an der Aufgabe der Kult- und Reichseinheit festgehalten

---

276 Vgl. WÜRTHWEIN, Könige II, 330.339. Interessant ist dabei erneut die Nähe zu der in der Tell-Dan-Inschrift beschriebenen Königswerdung Hasaëls, der „von Hadad eingesetzt" wurde. Auch hier wird offenkundig eine unrechtmäßige Thronfolge beschrieben und mit dem Willen der Gottheit legitimiert. Vgl. KOTTSIEPER, Inschrift, 484.

277 Vgl. WÜRTHWEIN, Könige II, 369 – 372; WÜRTHWEIN, Revolution, 30; dagegen: LEHNART, Prophet, 415 – 420; STIPP, Elischa, 464; OTTO, Jehu, 114 – 117.

zu haben. Diese Sicht der Dinge lässt die Revolutionserzählung gemeinsam mit den literar- und redaktionskritischen Beobachtungen in einem anderen Licht erscheinen. Die ursprüngliche Putsch-Erzählung war also eine politische Erzählung, die erst im Laufe der deuteronomistischen Redaktion ihre theologische Prägung erhielt. Erst im Zuge dieser Neudeutung durch die deuteronomistische Redaktion wurde aus Jehu ein Streiter Jahwes und Elischa eine Funktion innerhalb der Erzählung zugewiesen.[278]

Inhaltlich ergibt die rekonstruierte Grunderzählung der Jehu-Revolution einen in sich geschlossenen Erzählfaden. Aufgrund eines entstandenen Machtvakuums ergreift Jehu die Chance, einen gewaltsamen Umsturz herbeizuführen. Wie die Analyse gezeigt hat, ist die Erwähnung Elischas einem sekundären Stück der Jehu-Erzählung (2Kön 9,1–13) zuzuweisen. Die ursprüngliche Putsch-Episode kam gänzlich ohne Elischa aus. Erst im Laufe des redaktionellen Theologisierungsprozesses wurde die Figur Elischas in die Erzählung von Jehu eingearbeitet, um die Taten Jehus gegen die Omridendynastie als Willen Jahwes zu charakterisieren. Bereits das Herauslösen der Salbungsepisode in 9,1–13 beraubt die Jehu-Erzählung gänzlich ihres Konnexes zu den Elischa-Erzählungen. Allein das zeigt schon deutlich, dass es sich bei 2Kön 8,28–10,17b um eine Jehu-Erzählung und nicht um eine Elischa-Erzählung handelt und die Verbindung der beiden Figuren eine nachträgliche, redaktionelle ist.

Dennoch halten viele Untersuchungen die Erzählung von der Jehu-Revolution für entscheidend in Bezug auf die Gesamtkonzeption der Elischa-Erzählungen in den Königebüchern. So wird vielfach angenommen,[279] dass innerhalb der Jehu-Erzählung derjenige Anknüpfungspunkt zu finden sei, der die Einbindung der Elischa-Erzählungen in die deuteronomistisch bearbeiteten Königebücher motiviert habe. Allerdings hat die Analyse von 2Kön 9–10 gezeigt, dass Elischa nur sehr lose in die Putsch-Erzählung eingewoben ist. Die redaktionellen Teile innerhalb der Jehu-Erzählung verbinden auf der anderen Seite viele Texte, die bereits vorgelegen haben müssen. So finden sich die Rückverweise auf den Mord Nabots und auf die Schandtaten Isebels. Elia und Elischa werden in dieser Bearbeitung bereits im Verhältnis des Meisters und des Nachfolgers verstanden, und schließlich trägt Elischa hier auch bereits den Titel נביא. Alle diese Indizien sprechen dafür, dass die *Theologisierende Redaktion*, die Elischa hier einträgt, vergleichsweise spät anzusetzen ist. Insofern ist es m. E. schwierig, die Jehu-Revolution als Einfallstor für die Elischa-Überlieferung in die Königebücher zu

---

278 Vgl. GUGLER, Jehu, 266f; WHITE, Legends, 75f; LAMB, Jehu, 128f.
279 Vgl. LEHNART, Prophet, 416; OTTO, Jehu, 249; SCHMITT, Elisa, 131–138.

werten. Wie genau die Einarbeitung der Elischa-Erzählungen in den Kontext der Königebücher vorzustellen ist, wird in Kapitel 3 dieser Arbeit rekonstruiert werden.

Die Analyse der Jehu-Erzählung hat gezeigt, dass sie in keiner Weise die historisierenden Annahmen einiger Arbeiten stützt,[280] der Putsch Jehus sei durch eine wie auch immer geartete prophetische Parteiung herbeigeführt oder unterstützt worden. Vielmehr ist die Verbindung von politisch-militärischem Putsch-Geschehen und prophetischer Beteiligung und Beurteilung ein Konstrukt der Redaktion, welche die Figur des Elischa in die Jehu-Erzählung eingetragen hat.

Historische Haftpunkte innerhalb der Erzählung herauszuarbeiten, ist schwierig in Anbetracht des komplizierten literarischen Wachstums, welches die Erzählung durchlaufen hat. Dennoch bietet die Erwähnung Jehus, Jorams und Ahasjas in der Tell-Dan-Inschrift eine gewisse Basis für den Versuch einer historischen Rekonstruktion.

Bringt man die in 2Kön 9 – 10 erzählte Version in Korrelation mit der Tell-Dan-Inschrift, lassen sich zunächst erhebliche Unterschiede zeigen: Nach Darstellung der Tell-Dan-Inschrift war es der aramäische König Hasaël, der die beiden Könige Joram und Ahasja tötete und nicht, wie in der biblischen Darstellung, der Usurpator Jehu. Vertraut man der gängigen Rekonstruktion des Textes,[281] reklamiert Hasaël zudem für sich, Jehu als König über Israel eingesetzt zu haben.[282]

Wie Kottsieper zu Recht beobachtet, ist nicht zu erkennen, welches Interesse Hasaël an der unrechtmäßigen Behauptung hätte, er hätte die beiden Könige ermordet. Wäre Jehu allein für deren Tod verantwortlich, so wäre dies einerseits den Adressaten der Tell-Dan-Inschrift bewusst gewesen, andererseits hätte Hasaël in Anbetracht des später in der Inschrift geschilderten Konfliktes mit Jehu, diesem als seinem Feind dann auch die Schuld am Tod und die nachfolgende Usurpation angelastet.[283] Somit ist m. E. dem Bericht der Tell-Dan-Inschrift in Bezug auf die historische Fragestellung nach dem Tod der beiden Könige mehr Gewicht beizumessen als der Schilderung in 2Kön 9 f. Zugleich legt die biblische Schilderung, ebenso wie die Erwähnung Jehus in der Tell-Dan-Inschrift, nahe, dass es einen Konnex zwischen der Ermordung der beiden Könige und der Thronfolge Jehus gegeben haben muss. Ein einleuchtender Schluss aus beiden Darstellungen könnte demnach lauten, dass Jehu in einer Art Bündnis mit Hasaël gestanden haben könnte.[284]

---

280 Vgl. Gray, Kings, 483 – 485; Montgomery, Kings, 398 – 400; Cogan/Tadmor, 2 Kings, 120.
281 Vgl. TUAT.Erg, 178 f; Kottsieper, Inschrift, 475 – 500.
282 Vgl. Parker, Epigraphy, 221 – 223.
283 Vgl. Kottsieper, Inschrift, 488.
284 Vgl. Kottsieper, Inschrift, 489. Er beobachtet m. E. richtig, dass auch der problemlose weitere Verbleib Jehus in Ramot-Gilead für ein Bündnis mit Hasaël spricht. Die Problematik der

Im Fortgang erzählt 2Kön 10,18 – 27 von der Vernichtung der Baals-Anhänger durch Jehu, 2Kön 10,28 – 36 von den sonstigen Taten Jehus mit dessen Schlussnotiz in 10,34 – 36.

Das Kapitel 2Kön 11 widmet sich gänzlich der Königin Atalja, die den Thron Judas im Tumult um den Tod der beiden Könige im Verlauf der Jehu-Revolution an sich reißt. Ihre unrechtmäßige Herrschaft war bereits Bestandteil der deuteronomistischen Grundschrift, die darüber wahrscheinlich bereits in Form einer Episode berichtete. Möglicherweise aufgrund der Unrechtmäßigkeit ihrer Herrschaft liegt für Atalja keine deuteronomistische Notiz vor. Anders als bei den bereits erwähnten Königen Salomo, Jerobeam I. und Jehu fehlt für Atalja nicht nur die Anfangs-, sondern auch die Schlussnotiz. Wahrscheinlich fand der Deuteronomist, ähnlich wie bei der Jehu-Erzählung, bereits eine kurze Erzählung über diese Phase der judäischen Königsgeschichte in seinen Quellen vor.[285] Dennoch wurde durch die Anordnung des Deuteronomisten und die nachfolgende Chronologie der Könige Judas deutlich, dass er die Regentschaft Ataljas nicht als reguläre Königsherrschaft verstanden wissen wollte. So rechnet er in den Synchronismus für Joasch von Juda in 2Kön 12 die Herrschaft Ataljas mit ein, um deutlich zu machen, dass es sich nicht um eine eigene Regentschaft handelte.

Im Anschluss an die Taten Joaschs von Juda kehrt die Darstellung zurück nach Israel zu Jehus Sohn Joahas von Israel in 2Kön 13,1 – 9 und seinem Sohn Joasch von Israel in 2Kön 13,10 – 13. An die Notizen für diese beiden Nordreichskönige schließt sich dann wiederum die letzte Elischa-Episode an, deren literarische Ansiedlung an ihrer jetzigen Stelle im Verlauf der Königebücher logisch erscheint. Wurden im Anschluss an die Erzählung um die Jehu-Revolution zunächst die Geschicke Judas beleuchtet, wendet sich die Darstellung in 2Kön 13 wieder Israel zu.

2.10 Literarkritik 2Kön 13,14 – 21

Innerhalb von 2Kön 13,14 – 21 lassen sich zwei Erzählungen durch unterschiedliche Protagonisten und eine Zeitangabe in V. 19a gut voneinander abgrenzen. So erzählt V. 14 – 19 vom Zusammentreffen Joaschs von Israel mit Elischa. V. 20 f berichtet über eine Episode, die bereits nach Elischas Tod in gewissem zeitlichen Abstand geschieht. Joasch ist in dieser Episode nicht mehr zugegen, stattdessen ist

---

literarischen Beschaffenheit von 2Kön 9 f und des sekundären Charakters von 2Kön 9,1 – 13 ist meines Erachtens allerdings anders zu beurteilen als auf der von Kottsieper vorgeschlagenen Ebene einer zeitgenössischen Diskussion von Jehu-Dynastie und Jehu-Gegnern; vgl. KOTTSIEPER, Inschrift, 490 f.

285 Vgl. LEVIN, Sturz, 79 – 82.

von Elischas Gebeinen, moabitischen Streifscharen sowie einem namenlosen Toten die Rede. Das Erzählte spielt sich am Grabe Elischas ab. Der Text impliziert zudem, dass zwischen 13,14 – 19 und 13,20 f ein gewisser zeitlicher Abstand liegen muss.

Auffällig an den letzten Erwähnungen Elischas in 2Kön 13,14 – 21 ist zunächst ihre Stellung innerhalb der Königebücher. Zuletzt war Elischa vier Kapitel zuvor in 2Kön 9,1 – 13 erwähnt worden. Es handelt sich um die größte Lücke in den Erzählungen, in der sich keine Elischa-Episode findet. Weiterhin fällt auf, dass König Joasch zwar als Protagonist in 2Kön 13,14 – 19 auftaucht, diese Episode aber bereits nach dessen Sterbe- und Begräbnisnotiz in 2Kön 13,13 erzählt wird. Die beiden Elischa-Erzählungen in 2Kön 13,14 – 21 stehen also außerhalb des deuteronomistischen Rahmenschemas. Dies ist nur noch an einer einzigen weiteren Stelle der Fall, nämlich in 2Kön 2.[286]

2.10.1 2Kön 13,14 – 19: Elischa, Joasch und die Pfeile

In dieser Erzählung besucht Joasch von Israel den erkrankten Elischa. Elischa trägt ihm auf, Pfeil und Bogen zu holen und einen Schuss abzufeuern. Elischa führt zunächst die Hand des Königs und deutet dann den Schuss des Königs als Zeichen für den bevorstehenden, vernichtenden Sieg Israels über Aram. In V. 18 fordert Elischa den König dann auf, die Pfeile zu nehmen und sie auf die Erde zu schlagen. Der König schlägt dreimal und hält dann inne. Elischa deutet diese orakelhafte Handlung in der Weise, dass Israel Aram nur dreimal, nicht aber vernichtend schlagen wird.

Nach Würthwein handelt es sich innerhalb von 2Kön 13,14 – 19 nochmals um zwei literarisch unabhängige Erzählungen von Pfeilen, die jeweils auf eigene Weise versuchen, die positive Wendung in den Auseinandersetzungen mit den Aramäern, wie sie in der Notiz in 13,24.25a erwähnt werden, zu erklären. Dabei scheint es sich nach Würthwein bei 13,24.25a um eine alte Notiz gehandelt zu haben, die dem deuteronomistischen Redaktor der Königebücher bereits vorlag.[287]

Untersucht man die literarischen Spannungen, spricht vieles für diese These. Zunächst fällt ein deutlicher Unterschied in den beiden geschilderten Praktiken auf. Das *Schießen* des Pfeils ist in V. 14 – 17 eine magische Symbolhandlung, die den Sieg über die Aramäer nur verdeutlichen soll,[288] in V. 18 f hingegen wird

---

286 Vgl. Kapitel 2.2. und 2.3. dieser Arbeit.
287 Vgl. WÜRTHWEIN, Könige II, 364 f.
288 Vgl. Ps 18,35; 144,1. Die Vorstellung des Pfeilschießens in 2Kön 13,14 – 17 scheint Anklänge an die Belomantik (Pfeilschussorakel) zu haben, obgleich im Detail Unterschiede sichtbar

mithilfe des *Schlagens* der Pfeile wohl ein Orakel über die Intensität des Sieges gewonnen.[289] Während der Ausgang des Krieges also in V. 14–17 bereits feststeht, hängt er nach V. 18f vom Ausgang der magischen Handlung ab.[290] Auch die Stimmung der beiden magischen Handlungen scheint unterschiedlich. Während in V. 14–17 der Eindruck eines positiven Ausgangs erweckt wird, deutet V. 18f den Ausgang als negativ, da der Sieg über die Aramäer nicht gänzlich erlangt werden kann. Die nach deuteronomistischem Verständnis eigentlich anrüchigen, magischen bzw. mantischen Handlungen erhalten aufgrund der Verbindung mit dem Jahwe-Wort in V. 17 eine theologische Legitimation.

Beide Erzählungen sollen dem israelitischen König den Sieg verheißen. Dabei ist 13,18f sekundär gegenüber 13,14–17 und greift das Motiv der Pfeile aus 13,18f auf. In V. 14–17 wird deutlich gemacht, dass der Sieg, den die Israeliten gegen Aram erringen konnten, aufgrund des Wirkens Jahwes und aufgrund der Ansage seines Propheten Elischa geschehen ist. Die Notiz in 13,24–25a hatte ursprünglich nur von einem Sieg Joaschs gegen die Aramäer erzählt, der wohl aufgrund einer Führungsschwäche Arams in Zeiten des Thronwechsels möglich geworden war. Durch V. 14–17 erhält diese historische Notiz eine theologische Ausdeutung, indem der Sieg der Israeliten auf das Einwirken Jahwes zurückgeführt wird.

Der Vers 25b wurde sodann vom gleichen Redaktor eingefügt, der die zweite Siegesverheißung in 13,18f eingefügt hatte. Hier wird der dreimalige Sieg in Analogie zum dreimaligen Schlagen auf den Boden konstatiert.[291]

Dass es sich bei den Versen 14–17 und 18f nicht um eine literarische Einheit handelt, wird zudem anhand einiger weiterer Spannungen deutlich. So ist in V. 14–17 von einer Vernichtung der Aramäer (נכה עד־כלה) die Rede, während 18f konstatiert, dass die Aramäer zwar dreimal, allerdings nie bis zur Vernichtung geschlagen werden.[292]

---

werden. So wurde das klassische Pfeilorakel dadurch entschieden, welcher der abgeschossenen Pfeile am weitesten flog. Aus den unterschiedlichen Markierungen der Pfeile konnte ein Orakel interpretiert werden. Vgl. hierzu etwa Sass, Arrowheads, 63–66. Der einzelne in der Erzählung von Joasch abgeschossene Pfeil scheint allerdings anders gedeutet zu werden im Sinne einer Analogiehandlung, bei der das Schießen in Richtung Osten den Angriff und Sieg gegen Aram symbolisiert.

289 Zu den traditions- und motivgeschichtlichen Anleihen des Pfeilschlagens bei ägyptischen Kriegsriten vgl. Keel, Siegeszeichen, 111–121, Abb. 27f.56–58; Ott, Analogiehandlungen, 38–41; Barrick, Bow, 355–363; Schmitt, Magie, 278–282; Karner, Hand, 365–385; vgl. weiterhin Ez 21,26; Hos 4,12.

290 Vgl. Schmitt, Elisa, 81; Hentschel, 2Könige, 60f; Ott, Analogiehandlungen, 39.

291 Vgl. Fritz, 2. Könige, 73.

292 Vgl. V. 18: להכות חמש או־שש פעמים אז הכית את־ארם עד־כלה ועתה שלש פעמים תכה את־ארם

Ebenso unterscheidet sich die Bezeichnung Elischas in diesen beiden Abschnitten. Während Elischa in V. 14 – 17 viermal mit Namen benannt wird, enthält V. 18 nur den Titel איש האלהים.

Die Anrede Elischas in V. 14 in dem Ehrenruf אבי אבי רכב ישׂראל ופרשׂיו ist, wie bereits in der Analyse von 2Kön 2,12 gezeigt werden konnte, wahrscheinlich hier in 2Kön 13 originär, wohingegen 2Kön 2,12 eine redaktionelle Aufnahme dieses Ausrufes darstellt. Die genaue Bedeutung dieses Rufes ist schwierig zu eruieren. Deutlich ist allerdings, dass er auf die literarische Figur Elischas deutlich besser passt als auf die Elias. Zunächst ist da die Bezeichnung Elischas mit „(mein) Vater". Diese findet sich in keinem Fall für Elia, wohl aber im Munde des israelitischen Königs als Ehrentitel für Elischa in 2Kön 6,21.

Zudem wird innerhalb der Elischa-Überlieferung mehrfach dessen Eingreifen in die militärischen Geschicke Israels geschildert und so gelangt Schmitt zu dem Schluss, der „Ehrenname soll wohl besagen, daß Elisa für Israel den Wert eines Streitwagencorps aufwog"[293]. Ebenso zeigt auch die umfassende Analyse Gallings, dass es sich bei dem Ehrentitel wohl um die Anerkennung der militärischen Taten Elischas handelt.[294]

Es wird in der Forschung immer wieder davon ausgegangen, dass sich die Identifikation des israelitischen Königs mit Joasch von der Notiz in 2Kön 13,24 f ableitet und er erst sekundär eingetragen wurde.[295] Es spricht m. E. allerdings nichts dagegen, dass bereits der Redaktor, der diese Verse in die Königebücher eintrug, die Identifikation mit Joasch auf Basis von 2Kön 13,24 f vornahm.

2.10.2 2Kön 13,20 f: Elischas Tod

In V. 20 f schließt sich eine kurze Episode an, in der es um die Umstände von Elischas Tod und Begräbnis geht. Bereits die Einleitung zeigt einen zeitlichen Abstand zwischen dieser und dem vorhergehenden Text an. Nach Elischas Tod wird die Leiche eines Mannes aus Angst vor moabitischen Streifscharen in Eile in

---

293 SCHMITT, Elisa, 176. Verweise auf weitere Deutungen finden sich bei GALLING, Ehrenname, 129 – 148; WÜRTHWEIN, Könige II, 365.

294 Vgl. GALLING, Ehrenname, 135 – 142.146 – 148. Weniger einleuchtend erscheint die Annahme von Rads, dass es sich bei dem Titel zusätzlich um eine Polemik gegen die Technisierung der Kriegsführung handle, indem konstatiert wird, dass nicht etwa das gut ausgerüstete Militär, sondern allein Elischa den Sieg für Israel herbeiführen könne. Vgl. VON RAD, Krieg, 55. Vgl. weiterhin HENTSCHEL, 2Könige, 61; GUNKEL, Geschichten, 12.

295 Vgl. SCHMITT, Elisa, 82; WÜRTHWEIN, Könige II, 365.

Elischas Grab geworfen, statt sie ordentlich zu begraben. Als der Leichnam die Gebeine Elischas berührt, wird der Mann auf wundersame Weise wieder lebendig.

Neben dem zeitlichen Abstand gibt es einen weiteren Grund, weshalb diese Episode nichts mit der vorhergehenden Erzählung in 13,14 – 19 zu tun hat.[296] Wo es im Kontext zuvor noch um die Auseinandersetzungen mit den Aramäern ging, ist hier nun die Rede von moabitischen Streifscharen.

Da es keinerlei Verbindung zu den umgebenden Erzählungen gibt, ist davon auszugehen, dass es sich um eine ursprüngliche Erzählung aus dem Kreis der Elischa-Wundererzählungen handeln könnte.[297] Dafür sprechen zudem die kurze topische Gestalt der Erzählung sowie die Tatsache, dass die Verse selbst um keinerlei historische Anbindung bemüht sind. Die Notiz בא שנה bleibt ohne Bezug und könnte daher auf jedes Jahr bezogen sein. Weder der Verstorbene noch seine Totengräber werden näher charakterisiert und erfüllen allein einen erzählerischen Zweck bei der Darstellung der extremen Wunderhaftigkeit Elischas, die selbst über seinen Tod hinaus noch seinen Gebeinen anhaftet und ihn in seiner Wundermacht verherrlichen soll. Dementsprechend ist die Einleitung in V. 14 wahrscheinlich nur eine redaktionelle Vorwegnahme des in V. 20 erzählten Todes Elischas, mit dem Ziel, die redaktionellen Teile enger mit der ursprünglichen Episode zu verbinden.[298]

Somit ergibt sich für 2 Kön 13,14 – 21 folgende Entstehungsgeschichte. Ursprünglich lag nur die kurze Notiz über Elischas Tod und die Wundertätigkeit seiner Gebeine in 13,20 f vor. Diese wurde um die Verse 14 – 17 erweitert, wobei V. 14a bewusst eine literarische Verbindung zum Tod Elischas in V. 20 f herstellt. Diese Erweiterung in V. 14 – 17 trägt erneut die Handschrift des *Theologisierenden Redaktors*, der Jahwe als den Urheber des Sieges über die Aramäer versteht. Schließlich wurde die Erzählung um V. 18 f erweitert, um die Siegesankündigung aus V. 14 – 17 in ihrer Tragweite einzuschränken und an 13,25 anzupassen.[299] Die Einleitung zur Pfeilerzählung in V. 14a ist m. E. eine Verbindung, die der Autor von V. 14 – 17 bewusst an die Einleitung in V. 20a anlehnte, um auf diese Weise beide Erzählungen miteinander zu verbinden. Ohne diese Anbindung gäbe es keinerlei Begründung, weshalb 2 Kön 13,14 – 19* erst hier, vor 2 Kön 13,20 f verortet ist.

Für die Frage nach dem Einbau der Elischa-Erzählungen in die Königebücher und dem ursprünglichen Ende der Elischa-Überlieferung ergibt sich daraus folgender Schluss: Möglicherweise stand 2 Kön 13,20 f ursprünglich am Ende von

---

296 Vgl. Schmitt, Elisa, 80.
297 Vgl. Schmitt, Magie, 254 f; anders urteilt Fritz, 2. Könige, 73.
298 Anders urteilt Würthwein, Könige II, 365 f.
299 Ob in dem dreimaligen Schlagen und dem Interesse an der Häufigkeit bzw. Steigerung eine stilistische Nähe zur Bearbeitung in 2 Kön 3,18 f und 6,10b.14 besteht, wird in der redaktionsgeschichtlichen Rekonstruktion näher beleuchtet werden.

Kapitel 8 und wurde von dem Redaktor, der Elischa eine Funktion in der Jehu-Revolution zuwies, nach Kapitel 13 verlegt sowie um die Verse 13,14 – 17 und 18 f erweitert. Dieser Redaktor folgte dann schlicht der Notwendigkeit, Elischa erst sterben lassen zu können, nachdem seine Aufgaben in Bezug auf die theologische Leitidee erfüllt waren.

Die ursprüngliche kurze Episode in 2Kön 13,20 f könnte aufgrund der o. g. Merkmale in Stil und Umfang möglicherweise zum ursprünglichen Zyklus von kurzen, wunderhaften Elischa-Episoden gezählt haben und dereinst deren Abschluss gebildet haben. Das Ziel der beiden Verse war es, zu zeigen, dass der Gottesmann auch im Tod seine Wunderkraft nicht verloren hatte. Gut vorstellbar ist eine solche Erzählung mit ihren wunderhaften und zugleich schauderhaften Zügen als umlaufende Volkserzählung. Ebenso wie die anderen ursprünglichen kurzen Wunderepisoden, die in den vorangegangenen Kapiteln untersucht wurden, scheinen sie allerdings schon vor ihrem Eingang in die Königebücher in schriftlicher Form vorgelegen zu haben. In den folgenden Kapiteln dieser Untersuchung wird u. a. der Zyklus aus ehedem selbständigen Wunder-Erzählungen über Elischa näher charakterisiert und auch auf die Frage nach mündlicher Vorgeschichte und erstmaliger Verschriftlichung hin untersucht werden.

3 Redaktionsgeschichtliche Rekonstruktion

Im Anschluss an die literarkritischen Beobachtungen und die relative Schichtung der Bearbeitungen innerhalb der einzelnen Kapitel stellt sich nun die Frage, wie die Entstehung der Elischa-Erzählungen im Ganzen zu rekonstruieren ist und wie diese ihren Weg in die Königebücher gefunden haben. Zunächst soll dabei die Entstehungsgeschichte in chronologischer Reihenfolge rekonstruiert werden. Dabei dienen die Ergebnisse der literarkritischen Beobachtungen zur Formulierung einer relativen Chronologie der Entstehungsschichten, die zunächst im Überblick dargestellt wird, bevor sie näher begründet wird. Im Anschluss daran wird zudem jede einzelne Bearbeitungsschicht gesondert charakterisiert werden.

Aufgrund der im Text gemachten Beobachtungen zu den verschiedenen literarischen Schichten, liegt es nahe, dass im Bereich von 1Kön 19–2Kön 13 zunächst nur das deuteronomistische Rahmenschema der Könige Israels und Judas vorlag, ebenso wie die ursprüngliche Erzählung vom Putsch Jehus (2Kön 8,28f; 9,14a.15b.16a.17–21bα.22a.23f.27). Diese kam in ihrer ursprünglichen Form, wie in der Analyse der Kapitel gezeigt wurde, noch gänzlich ohne die Figur Elischas aus und erzählte von einem Militärputsch als Erklärung für den Dynastiewechsel in Israel.

Es ist davon auszugehen, dass die Putscherzählung dem deuteronomistischen Redaktor der Rahmennotizen bereits als Quelle vorlag und von ihm in das Rahmenschema eingefügt wurde. Der Begriff „deuteronomistisch" und die an ihm orientierten Einteilungen in vor- und nach-deuteronomistische Texte und Redaktionsschichten wird im Folgenden an einem sich in den letzten Jahren abzeichnenden Minimalkonsens des Begriffes orientiert.[1] Im Bereich der Königebücher besteht dieser Minimalkonsens in der Anerkennung deuteronomistisch redigierter Rahmennotizen mit deuteronomistischen Beurteilungen der Könige des Nord- und Südreiches.[2] Diesem Minimalkonsens schließt sich die vorliegende Arbeit an und sieht diese Annahme durch die vorangegangene literarkritische Analyse des Bereiches 1Kön 19–2Kön 13 bestätigt.

Zudem konnte aus der Analyse der Texte eine weitere Differenzierung des Begriffes „deuteronomistisch" gewonnen werden. Die vorliegende Arbeit sieht in der deuteronomistischen Bearbeitung vorliegender Königslisten, die ehedem – als vordeuteronomistische Quelle – ohne Beurteilungen vorlagen, einen sogenannten ursprünglichen Deuteronomismus, der sich allein am Gedanken der Kult- und

---

1 Vgl. hierzu die Begriffsklärung in Kapitel 1.2. dieser Arbeit.
2 Vgl. ZENGER, Einleitung, 242–247; KRATZ, Komposition, 155–193; GERTZ, Grundinformation, 285–311; vgl. weiterhin Kapitel 1.2. dieser Arbeit.

Reichseinheit orientiert hat, wie sie in Dtn 12 gefordert wird. Aufgrund dieses Gedankens aus Dtn 12 traten die Beurteilungen sekundär zu den Königslisten hinzu. Die Idee der Kultreinheit und damit verbunden die Forderung des ersten Gebotes ist auf dieser Stufe deuteronomistischer Überarbeitungen noch nicht formuliert.

Im Entstehungsprozess der eigentlichen Elischa-Erzählungen stellt nach allem, was durch die Literarkritik erarbeitet wurde, ein Zyklus ursprünglich selbständiger *Wundererzählungen* um einen Gottesmann Elischa aus dem Nordreich Israel die erste literarische Entwicklungsstufe dar. In diesem Zyklus wird er als magisch begabter Gottesmann und Vorsteher einer Prophetengruppe dargestellt. Eine genaue Lokalisierung der Prophetengruppe ist nicht ohne weiteres möglich. In 2Kön 4,38 wird impliziert, dass sich der Sitz der Gruppe in Gilgal befunden hatte.[3]

Dieser ursprüngliche Zyklus bestand aus sieben kurzen Episoden, die mit zwei bis sieben Versen eine sehr überschaubare Länge hatten:

2Kön 2,19 – 22*[4] (Heilung einer Quelle)

2Kön 2,23 – 24* (Strafe für die spottenden Knaben)

2Kön 4,1– 7* (Öl der Witwe)

2Kön 4,38 – 41* (Tod im Topf)

2Kön 4,42 – 44* (Brotvermehrung)

2Kön 6,1– 7 (Das schwimmende Eisen)

2Kön 13,20 – 21 (Elischas Leichnam wirkt Totenerweckung)

Diese sieben Wunderepisoden haben einen kurzen und gut nacherzählbaren Spannungsbogen und kommen mit wenigen Hauptfiguren aus. Ihre Lokalisierung ist oft vage oder fehlt gänzlich. Generell finden Details nur dann Erwähnung, wenn sie in irgendeiner Weise für den Verlauf der Erzählung wichtig sind. Diese Indizien sprechen ebenso wie die formgeschichtlichen Beobachtungen zu den Einzelstellen für eine mündliche Vorgeschichte.[5] Die Kürze und die Situierung im ländlichen und ärmlichen Milieu sprechen für einen volkstümlichen Hintergrund der Erzählungen.[6] Wahrscheinlich zum Zwecke der Konservierung wurden die

---

3 Gemeint ist damit, wie oben mehrfach gesehen, wohl am ehesten jener Ort am Jordan, den Jos 3 f erwähnt und zu dem innerhalb der Elischa-Erzählungen mehrfach Bezug genommen wird. Vgl. Kapitel 2.2. in dieser Arbeit. Zu den verschiedenen Theorien zur Lokalisierung Gilgals vgl. ferner SCHMITT, Elisa, 158 – 162.

4 Welche Erweiterungen jeweils als sekundär ausgewiesen wurden, kann anhand der jeweiligen literarkritischen Analysen oder des Anhangs zu dieser Arbeit nachvollzogen werden.

5 Diese zu rekonstruieren ist m. E. aber aufgrund der vielfachen Überarbeitung und fehlender Parallelen zu spekulativ.

6 Vgl. COOTE, Elijah, 104 – 113; OVERHOLT, Elijah, 106 – 111.

Erzählungen gesammelt und verschriftlicht. Möglicherweise genossen sie zum Zeitpunkt des Einbaus in die Königebücher bereits eine gewisse Verbreitung und Beliebtheit, anders ließe sich nicht erklären, warum ein Redaktor diesen volkstümlichen Erzählungen einen Wert in Bezug auf die Königebücher hätte beimessen sollen.

Neben den kurzen Elischa-Wundererzählungen und den deuteronomistischen Rahmennotizen finden wir eine Reihe anderer Erzählungen, deren Grundschicht weder Wunder-Episoden noch dtr Rahmennotizen sind. Sie weisen untereinander allerdings viele gemeinsame Züge auf und verdanken sich mit hoher Wahrscheinlichkeit einem Redaktor, der sowohl für den Einbau der Elischa-Wundererzählungen in den Kontext der Königebücher verantwortlich zeichnet, als auch selbst Erzählungen formuliert und in Kön einfügt. Auf diesen Redaktor gehen die größten Teile der Texte zwischen 1Kön 19 und 2Kön 13 zurück. In seinem Redaktionsprozess verbindet er geschickt die von ihm geschaffenen Texte mit dem ihm vorliegenden Material (dtr Rahmennotizen, Grundschicht der Jehu-Putsch-Erzählung und kurze Wunderepisoden). Er ist zugleich Sammler und Autor. Durch seine redaktionelle Arbeit ordnet er die zuvor zeitlich unabhängige Figur Elischas aus den kurzen Wunderepisoden in die historischen Zusammenhänge des Nordreiches Israel unter Joram in der Mitte des 8. Jh. v. Chr. ein. Elischa verwandelt sich durch die Eingriffe dieses Redaktors von einem Wundertäter der Vorzeit zu einem Propheten innerhalb der fassbaren Geschichte Israels.[7] Zugleich schafft dieser Redaktor durch die Hinzufügung einer Berufungserzählung sowie durch die Aufnahme und Verwendung der kurzen episodischen Wundererzählung in 2Kön 13,20 f einen biographischen Rahmen für die Person Elischas. Aus diesem Grund wähle ich den Begriff *Elischa-Biograph* zur Bezeichnung dieses Redaktors. Insgesamt verdanken sich dem *Elischa-Biographen* die Texte in 1Kön 19,19 – 21 (Berufung Elischas); 2Kön 2,1 – 15* (Himmelfahrt Elias); 4,8 – 37* (Elischa und die Schunemiterin); 5,1 – 14* (Heilung Naamans); 6,8 – 23* (Irreführung der Aramäer); 6,24 – 7,20* (Belagerung Samarias); 8,7 – 15* (Tod Ben-Hadads) sowie die Aufnahme der kurzen episodischen Wundererzählungen in den Kontext der Königebücher. Offenbar war es seine Intention, die Geschichte der letzten Omriden in Israel mit der Prophetenfigur des Elischa zu verbinden. Dabei wird der Wundermann Elischa plötzlich zu einer Art Hofprophet; eine Typologie, die er in den ehedem selbständigen Wundererzählungen noch nicht hatte.

---

7 Der Begriff נביא wird in 2Kön 6,12 zum ersten Mal verwendet. In dieser Erzählung verweist der Diener des aramäischen Königs auf Elischa als הנביא אשר בישראל. Es handelt sich um die entstehungsgeschichtlich früheste und zugleich einzige Verwendung des Begriffs bei diesem Redaktor.

Der Einbau der ehedem selbständigen Elischa-Wunder-Erzählungen in die Königebücher geschah folglich post-deuteronomistisch[8] durch den *Elischa-Biographen*. Die kurzen episodischen Wundererzählungen selbst geben zunächst keinerlei Anlass, sie in exilisch-/nach-exilische Zeit zu datieren. Die Konzentration auf das Nordreich Israel und die völlige Freiheit von deuteronomistisch-theologischen Themen könnte m. E. für eine Entstehung vor 722 v. Chr. sprechen.[9] Unterstützt wird diese Annahme durch den zu vermutenden Verbreitungs- und Beliebtheitsgrad, den die Geschichten gehabt haben müssen, um trotz der Eigenheit ihres Genres Eingang in die Königebücher zu finden.

Dennoch muss es sich nicht notwendigerweise um zeitgenössische Literatur des 9. Jahrhunderts handeln. Die Eigenart ihres Genres und die Wundertätertypologien, die wir ausschließlich bei Elia und Elischa finden, könnte ohne weiteres der Tatsache geschuldet sein, dass wir es hier mit Anachronismen zu tun haben, also mit Vorstellungen einer späteren Zeit darüber, wie Gottesmänner im 9. Jahrhundert vorzustellen sein müssen.[10] Endgültige Sicherheit in dieser Frage ist aus den biblischen Texten m. E. nicht zu erlangen.

Der Einbau der ehedem selbständigen Erzählungen in die bereits deuteronomistisch überarbeiteten Königebücher durch den *Elischa-Biographen* zeigt dann aber – ebenso wie die von ihm für den Kontext der Königebücher verfassten Texte – kein gesteigertes Interesse an den späteren Stadien deuteronomistisch-theologischer Theologie, wie etwa der Frage nach dem Ausschließlichkeitsanspruch Jahwes. Der Baalsdienst Ahabs und Isebels wird von ihm ebenso wenig thematisiert wie die Bedrohung und Zerstörung Israels als Folge der Untreue gegenüber Jahwe und falscher Kultpraxis. Der *Elischa-Biograph* stellt den Königen Israels stattdessen in seinen Erzählungen einen Propheten an die Seite, der nach dem Vorbild altorientalischer Hofpropheten Vorhersagen über den Verlauf von kriegerischen Auseinandersetzungen oder anderen Staatsgeschäften macht.[11] Diese Hof- und Kriegs-Erzählungen schaffen so erstmals eine Verbindung zwischen Elischa, der zuvor nur ein wundertätiger Gottesmann war, und dem israelitischen Hof.

---

8 Hierin unterscheidet sich die vorliegende Rekonstruktion deutlich von der Schmitts, vgl. Schmitt, Elisa, 137 f, nach der große Teile der Elischa-Erzählungen bereits vor dem Untergang des Nordreiches zusammengearbeitet und in die Königebücher eingefügt wurden. Ebenso votiert Thiel (Redaktionsarbeit, 154 f) gegen einen post-deuteronomistischen Einbau der Elischa-Erzählungen. Grundsätzlich für einen nach-deuteronomistischen Einbau plädieren u. a. Würthwein, Könige II, 367; Ott, Analogiehandlungen, 39; Otto, Jehu, 197–219.250 f; Schmitt, Magie, 218 f.

9 Vgl. das Konzept von der Erstverschriftlichung im Kreise der Prophetenjünger etwa bei Lehnart, Prophet, 439–471; anders etwa Steck, Israel, 69.

10 Vgl. Nissinen, Problem, 342; Crenshaw, Prophecy, 36.

11 Vgl. Nissinen, Potential, 29 f; Kratz, Wrath, 110.

Der *Elischa-Biograph* wird zudem durch seine Vorlagen inspiriert, zwei eigene Wundergeschichten (2Kön 4,8 – 37* und 5,1 – 14*) zu verfassen, die in ihrer Gattung, Lokalisation und ihrem Stil eine Art Bindeglied darstellen zwischen den kurzen vor-deuteronomistischen Wundererzählungen und den von ihm geschaffenen Erzählungen über den Hofpropheten Elischa.

Ebenso gehen auf diesen Redaktor die Sukzessionserzählungen in 1Kön 19,19 – 21 und 2Kön 2,1 – 15 zurück. Möglicherweise verdankt sich auch der Einbau der Elia-Erzählungen (in ihrem Grundbestand) diesem Redaktor, der sodann durch die Erzählungen in 1Kön 19,19 – 21 und 2Kön 2,1 – 15 beide Figuren explizit in ein Verhältnis von Meister und Schüler bzw. Vorläufer und Nachfolger stellt. Die Sukzessionstexte stellen den Elischa-Erzählungen dadurch eine Einleitung voran und geben den Elia-Erzählungen wiederum einen Abschluss.

Auf den dann vorliegenden Bestand der Elischa-Erzählungen folgt eine Redaktion, die in den von ihr verfassten Eingriffen in den Text ihrerseits ein sehr starkes theologisches Interesse an der Frage nach dem Ausschließlichkeitsanspruch Jahwes zeigt. Diese Redaktion lässt gewisse Schnittmengen zur deuteronomistischen Theologie der Rahmennotizen erkennen, unterscheidet sich in anderen, charakteristischen Fragen jedoch auch deutlich. Dieser *Theologisierenden Redaktion* lagen die Darstellung der deuteronomistisch redigierten Königebücher vor, die das Bild eines Königs Ahab zeichneten, der sowohl an der Sünde Jerobeams festhielt als auch aufgrund der Heirat mit Isebel den Dienst für Baal in Israel einführte. Ebenso lagen ihr die davon unabhängigen Erzählungen über einen Wundertäter und Hofpropheten Elischa vor. Wie die literarkritische Analyse nahelegt, war es daraufhin die Absicht der *Theologisierenden Redaktion*, die theologisch noch relativ unentschiedene Figur des Hofpropheten Elischa zu einem Gegenpol v. a. dieses letzten Omriden-Königs Joram und zu einem strengen Mahner für den Jahwe-Glauben zu stilisieren. Zu diesem Zweck *theologisierte* sie bestimmte Elischa-Erzählungen, die zuvor ohne Jahwe-Bezug ausgekommen waren und versah sie zudem mit mahnenden Hinweisen auf den Baalsdienst Isebels und Ahabs.

Obwohl dies nicht Gegenstand der vorliegenden Untersuchung ist, kann davon ausgegangen werden, dass sich auch (und dort ggf. sogar noch stärker) in den Elia-Erzählungen in 1Kön 17 – 19 viele Züge dieser Redaktion finden, wenngleich der Einbau der Elia-Figur in die Königebücher m. E. auch auf einen früheren Redaktor zurückgehen wird, der wiederum – ähnlich dem *Elischa-Biographen* – noch kein besonderes Interesse an der Monotheismus-Forderung erkennen lässt.[12]

---

12 So etwa ließe sich die redaktionell unangetastete Typologie eines Regenmachers erklären, wie sie auf der ältesten rekonstruierbaren Stufe von 1Kön 18 in 18,41 – 45 zu finden ist; vgl. ähnlich Otto, Jehu, 248; Schmitt, Elisa, 186 f; Kratz, Komposition, 170; Thiel, Ursprung, 28 – 30; anders Schmitt, Magie, 301.

Allerdings wird in der Endgestalt der Texte Elia dann in einem noch viel stärkeren Maße als Elischa als Kämpfer für Jahwe und direkter Gegenspieler Ahabs dargestellt, wohingegen Elischa als Gegenspieler Isebels und Mahner am Hofe von Ahabs Nachkommen vorgestellt wird.[13]

Diese herausgearbeitete *Theologisierende Redaktion* lehnt sich m. E. an eine Form der deuteronomistischen Theologie an, die ihrerseits sekundär zu der Tendenz der deuteronomistisch überarbeiteten Rahmennotizen ist. Für die Frage, wie dieses Verhältnis näher zu bestimmen ist, existieren m. E. zwei mögliche Annahmen. Entweder reagiert die Theologisierende Redaktion auf einen *sekundären Deuteronomisten* oder sie ist sogar mit ihm gleichzusetzen. Aus der alleinigen Analyse der Elischa-Erzählungen heraus ist diese Frage nicht mit Sicherheit zu klären. Hierzu bedürfte es der eingehenden Analyse der Elia-Erzählungen und der umgebenden Kapitel der Königebücher. Für den Bereich der Elischa-Erzählungen lassen sich allein inhaltliche Profilierungen deutlich machen. Während es dem ursprünglichen Deuteronomisten vor allem um die Frage der Kult- und Reichseinheit gegangen war, tritt nun, für die Elischa-Erzählungen mit der *Theologisierenden Redaktion*, der Ausschließlichkeitsanspruch der Gottheit Jahwe in das Zentrum. So werden etwa die Wundertaten Elischas in Wundertaten Jahwes verwandelt und Elischa zu einem Propheten Jahwes stilisiert, der den Baalskult Ahabs und seiner Dynastie kritisiert. Die monotheistische Tendenz dieser Redaktion gipfelt in der Spitzenaussage in 2Kön 5,15a, die im Grad monotheitischer Ausrichtung mit den Spitzenaussagen bei Deuterojesaja vergleichbar ist. Die *Theologisierende Redaktion* scheint selbst wiederum kein deutliches Interesse mehr an der Frage der Kulteinheit zu haben und unter den von ihr geschaffenen oder von ihr in ihrem Grundbestand belassenen Texten finden sich sogar Passagen, die diese und andere Forderungen des Deuteronomiums konterkarieren.[14] Das könnte dafür sprechen, dass die Ausnahmestellung des Südreiches Juda, wie sie im Falle des ursprünglichen Deuteronomisten noch erkennbar ist, zur Zeit der Theologisierenden Redaktion keine Rolle mehr spielt. Somit könnte sich die Theologisierende Redaktion innerhalb der Elischa-Erzählungen durchaus als identisch mit dem sekundären Deuteronomismus in den Königebüchern erweisen, während der *Elischa-Biograph* auf die von einem ursprünglichen Deuteronomisten überarbeiteten Rahmennotizen reagiert. Dies lässt sich m. E. daran zeigen, dass seine Texteingriffe in wesentlich geringerem Maße von der Idee der Kult- und

---

13 Vgl. SMEND, Wort, 542 f.
14 Vgl. Dtn 18,10 – 14 versus 2Kön 2,21; 2,24; 3,15 – 17; 4,41 etc. Vgl. ebenso OVERHOLT, Elijah, 95. Auch die Frage nach der Heilsbedeutung der Tora im Gegenüber zum Kult scheint für diesen Redaktor keine besondere Relevanz zu haben.

Reichseinheit bestimmt sind als es die Texteingriffe der Theologisierenden Redaktion von der Idee des Ausschließlichkeitsanspruches Jahwes sind.

In der Entstehung der Elischa-Erzählungen folgten sodann einige spätere Bearbeitungen, die thematisch wie theologisch stets mit je eigenem Profil ausgestattet sind und zum Teil sehr punktuell sind. Insofern ist der Begriff einer Redaktion für sie im Grunde nicht treffend. Der neutralere Begriff einer Bearbeitung beschreibt m. E. besser, wie diese Texteingriffe zu verstehen sind.

Äußerst punktuell ist eine Bearbeitung, deren Spuren wir ausschließlich in der Naaman-Erzählung in 2Kön 5 finden. Dieser Bearbeiter ist stark an der Frage interessiert, wie fremdländische Jahwe-Anhänger zu bewerten sind. Sie arbeitet die Verse 5,17aβ–19a in die Naaman-Erzählung ein. Aufgrund ihres thematischen Profils wird diese Bearbeitung als *Phoboumenos-Bearbeitung* bezeichnet, da Naaman in seiner neu erworbenen Haltung zu Jahwe hier wohl als gottesfürchtig, jedoch nicht als Proselyt oder Konvertit angesehen werden kann.

In insgesamt fünf Kapiteln finden sich Spuren einer *Moralisierenden Bearbeitung*, die zudem für die Einarbeitung der Diener-Figur Gehasi verantwortlich ist. Die Einfügungen dieser Bearbeitung finden wir in 2Kön 2,16–18; 4,12–15a.25b–27.29–30a.31.33.35f; 5,5b.15b–17aα.19b–27; 7,2.17–20 und 8,1–6. Sie ist vornehmlich an moralischen Fragen interessiert und versucht dem Leser der Elischa-Erzählungen ihre eindeutigen und zuweilen radikal anmutenden Antworten auf solche Fragen näher zu bringen. Dabei bedient sie sich einiger Diener-Figuren und verwendet diese als Folien für ihre moralischen Aussagen.

Innerhalb der Jehu-Erzählung in 2Kön 9,28f und in der Erzählung über die Auseinandersetzung mit Moab findet sich eine *Juda-Joschafat-Bearbeitung* (deren Hinzufügungen umfassen „Joschafat [sprach]" in 3,7a.11a.12ab sowie die Verse 3,13aβb.14).[15] In 2Kön 9 zeigt sie besonderes Interesse an der Beisetzung des Leichnams des Ahasja von Juda in der Davidsstadt. In 2Kön 3 hingegen fügt sie Joschafat als jahwefürchtigen Südreichskönig ein. Zwar sind die literarkritischen Indizien für eine solche *Juda-Joschafat-Bearbeitung* nicht zahlreich. Dennoch kann davon ausgegangen werden, dass sich die genannten Stellen aufgrund des gesteigerten Interesses an der positiven Erwähnung des Südreiches der gleichen Hand verdanken und zu einem späten Zeitpunkt möglicherweise eine Südreichsperspektive in die Erzählungen eintragen, die zuvor ausschließlich auf das Nordreich Israel fokussiert waren. Für einen relativ großen zeitlichen Abstand von erzählter und erzählender Zeit spricht hierbei die historisch fragliche und stärker

---

15 Vgl. MINOKAMI, Revolution, 67–95, der ebenso von einer „Juda-Bearbeitung" in der Jehu-Erzählung ausgeht, ihr allerdings einen wesentlich größeren Textkomplex zuweist.

theologisch motivierte zeitliche Einordnung Joschafats in einen Konflikt zwischen Israel unter Joram und Moab.

Eine letzte redaktionelle Stufe findet sich in 2Kön 3,4.18 f.24aβb–27; 6,10b.14 und 13,18 f. In Anlehnung an ein wiederkehrendes Thema dieses Bearbeiters werden diese Texte im Folgenden unter dem Begriff *Steigerungs-Bearbeitung* subsummiert.

Nach diesem Überblick über die redaktionsgeschichtliche Rekonstruktion der in der Literarkritik herausgearbeiteten Bearbeitungen sollen in den folgenden Kapiteln die einzelnen Schichten und Bearbeitungen in ihrer Aussageintention und ihrem Stil näher charakterisiert und profiliert werden.

3.1 Deuteronomistische Rahmennotizen

Die meisten der Elischa-Erzählungen folgen auf die deuteronomistische Anfangsnotiz für Joram von Israel in 2Kön 3,1–3. Eine dtr Schlussnotiz für Joram fehlt aufgrund der Tatsache, dass die Erzählung vom Putsch Jehus das Ende Jorams erzählt.[16] Es ist davon auszugehen, dass dem deuteronomistischen Redaktor die Grundschicht der Erzählung von der Thronusurpation Jehus als eine Art historischer Notiz bereits als Quelle vorlag.[17] Die spätere Einfügung der meisten Elischa-Erzählungen zwischen 2Kön 3,4 und 2Kön 8,15 datiert somit die Geschichten redaktionell in die Regierungszeit Jorams von Israel.

In 2Kön 8,16–24 findet sich die Rahmennotiz für Joram von Juda angereichert mit einigen Informationen zum Abfall Edoms von Juda. 2Kön 8,25–27 bietet die Eingangsformel und die Beurteilung für Ahasja von Juda, für den ebenfalls keine Schlussnotiz überliefert ist. Auch diese scheint durch die Erzählung vom Jehu-Putsch unnötig gewesen zu sein. Auch eine Eingangsnotiz für Jehu ist, wie zu erwarten, nicht überliefert.[18] Seine Schlussnotiz findet sich dann in 2Kön 10,34–36. Eingeschaltet zwischen die deuteronomistischen Notizen ist die Erzählung von Atalja und dem Priester Jojada in 2Kön 11.

Es folgen die Notizen für Joasch von Juda in 2Kön 12,1–22, angereichert durch einige Informationen zu einer Auseinandersetzung Judas mit Aram, die Notiz für Joahas von Israel in 2Kön 13,1–9 und die Notizen für Joasch von Israel in 2Kön 13,10–13.

---

16 Vgl. Blanco-Wissmann, Rechte, 104–107.

17 Zum Zweck und der Ausgestaltung der synchronistischen Königsliste und ihren Quellen sowie den Analogien zu assyrischen und babylonischen Chroniken vgl. Adam, Warfare, 42–49.62–66; Blanco-Wissmann, Rechte, 34–37.

18 Vgl. Blanco-Wissmann, Rechte, 187.

Somit erstreckt sich die erzählte Zeit der Elischa-Erzählungen, möchte man sie anhand der umgebenden Königsnotizen datieren, von der Regentschaft Jorams von Israel bis zu der des Joasch von Israel.[19]

Außerhalb des Rahmenschemas liegen nur die Erzählungen von der Entrückung Elias in 2Kön 2,1–25 und die Erzählung von Krankheit und Tod Elischas in 2Kön 13,14–21. Generell könnte es als Indiz für eine späte Einfügung gewertet werden, dass diese Episoden nicht innerhalb eines Königsschemas erzählt werden. Auch ihre Randposition innerhalb der gesamten Elischa-Erzählung ist ein Indiz dafür, dass es sich um junge Texte handeln könnte.[20]

Ebenso ist aber auch denkbar, dass die Position außerhalb des Rahmenschemas erst durch redaktionelle Eingriffe, etwa die des *Elischa-Biographen*, erzeugt wurde. Auch die Inkongruenz mit 2Kön 8,1–6 könnte darauf beruhen, dass dieser Text erst nach 2Kön 13,20f entstanden ist, aber Ereignisse vor Elischas Tod aus der Perspektive der Zeit lange nach Elischas Tod erzählt. Der Fortschreibungsprozess selbst könnte sukzessive zu einem weiteren Auseinandertreten der einzelnen Episoden geführt haben.

Letztlich ist bislang nur sicher zu beobachten, dass durch die Berufungserzählung am Anfang und die Todesepisode am Ende der Elischa-Erzählungen der Zyklus einen biografischen Rahmen bekommt.

Die Rekonstruktion zeigt, dass die deuteronomistisch bearbeiteten Königebücher im Bereich von 1Kön 19 – 2Kön 13 ehedem nur aus den Rahmennotizen und Beurteilungen für die Nord- und Südreichskönige sowie einer ursprünglichen Jehu-Erzählung bestanden.[21] In diese wurden dann die zuvor selbständigen Erzählungen über den Wundertäter Elischa in einem mehrstufigen Prozess eingearbeitet. Dieser Prozess wird in den nächsten Kapiteln näher beleuchtet werden.

Unter dem Begriff der *deuteronomistischen Bearbeitung* der Königebücher wird hier allein die an der Forderung der Kultzentralisation im Deuteronomium und der damit verbundenen Reichseinheit ausgerichteten Beurteilungen der Könige Israels und Judas verstanden, also ein sogenannter ursprünglicher Deuteronomismus.

---

19 Unabhängig davon, welcher Chronologie man für die genannten Regentschaften folgt, ergäbe sich daraus nach Cogan/Tadmor, 2Kings, 100–103.149.Appendix II in jedem Fall eine lange Wirksamkeit Elischas in den Jahren 800–784 v.Chr.; ebenso Lehnart, Prophet, 360f.

20 Für eine spätere Platzierung von 2Kön 13,14–21 am gegenwärtigen Ort spricht auch, dass 2Kön 8,1–6 den Tod Elischas bereits vorauszusetzen scheint, vgl. Rofé, Stories, 32f; McKenzie, Trouble, 95.

21 Vgl. ebenso Würthwein, Könige II, 489–496; Frerichs, Elisha, 6.

3.2 Wunderepisoden

Den ältesten Bestand der Elischa-Überlieferung stellen die kurzen Wunderepisoden dar, in denen Elischa durch magische Handlungen straft, heilt oder die Nöte Einzelner lindert.

Diese Wunderepisoden finden sich in:

2Kön 2,19–22* (Heilung einer Quelle)

2Kön 2,23–24* (Strafe für die spottenden Knaben)

2Kön 4,1–7* (Ölmehrung)

2Kön 4,38–41* (Tod im Topf)

2Kön 4,42–44* (Brotmehrung)

2Kön 6,1–7 (Das schwimmende Eisen)

2Kön 13,20–21 (Elischas Leichnam wirkt Totenerweckung)

Alle diese Episoden gleichen sich in ihrer Gestalt, ihrem Umfang und ihrer Topik. Sie bestehen aus nur zwei bis sieben Versen, sind zum Teil nicht oder nur grob lokalisiert[22] und erzählen ausschließlich, was für den Spannungsbogen und den Fortgang der Wundererzählung vonnöten ist. Diese Geschichten sprechen anonym über „die Stadt", „eine Frau", „einen Mann", „die Prophetenjünger", „einen", „die Männer", „die Jungen", was zeigt, dass diese Größen rein typologischer Natur sind und ihren Wert allein in ihrer Funktion für die Erzählung haben. Der Leser erhält darüber hinaus keine Hintergrundinformationen und wird beispielsweise nicht an den Gedanken der handelnden Personen beteiligt. Allein die Handlung selbst wird erzählt.

Weiterhin kommen die kurzen episodischen Wundererzählungen mit sehr wenigen Protagonisten aus und charakterisieren diese nur, wenn es für die Erzählung und den Spannungsbogen eine Bedeutung hat. Die Protagonisten bleiben dabei allesamt namenlos. In ihrem Zentrum steht ganz eindeutig Elischa als Wundertäter, als Thaumaturg.[23]

Die Wundererzählungen stellen sich selbst weder in einen erzählerischen Konnex noch in eine Chronologie der Ereignisse zueinander oder zu anderen sie umgebenden Erzählungen. Allein bei 2Kön 13,20f erklärt sich aus dem Inhalt der Episode, dass es sich um die letzte der Wundererzählungen handeln muss, weil darin Elischas Tod erzählt wird.

---

22 Vgl. Bet-El in 2Kön 2,23; das nicht genau zu lokalisierende Baal-Schalischa in 4,42 und die Nähe zum Jordan in 6,2. Diese wenigen lokalisierbaren Angaben skizzieren vorsichtig eine Verortung im südlichen Teil des Nordreiches Israel in unmittelbarer Nähe des Jordan, was gegebenenfalls für eine Herkunft der Überlieferung aus dieser Gegend sprechen könnte.

23 Vgl. Schmitt, Magie, 298; Schmitt, Elisa, 153 sowie Kapitel 4.1.3. in dieser Arbeit.

Der Spannungsbogen der einzelnen Wunderepisoden nimmt seinen Ausgang in der Regel mit einem Problem, welches an Elischa herangetragen wird. Elischa greift in die Situation mit Hilfe eines Wunders ein und löst so die Problematik, wodurch der kurze Spannungsbogen abgeschlossen wird.[24] Einzige Ausnahme ist hierbei das Strafwunder in 2Kön 2,23f*, da hier kein Anliegen an Elischa herangetragen wird.

Das Milieu, das sich in den Wunderepisoden abbildet, ist ländlich und ärmlich. Es geht weder um Könige, noch um andere exponierte Persönlichkeiten, sondern um einfache Menschen aus der Land- und Stadtbevölkerung. Die Nöte dieser Menschen sind größtenteils existentieller Natur und deuten an, dass Leserschaft und Tradentenkreis mit derlei Nöten vertraut waren. Auch die Episoden, in denen die Prophetenjünger direkt oder indirekt betroffen sind, handeln von solchen existentiellen Nöten.[25]

Es liegt nahe, dass die Erzählungen in der armen Landbevölkerung ihren Ausgang genommen haben könnten. Da es in den ursprünglichen Wundererzählungen weder um politische Zusammenhänge noch um religiöse Fragen geht, sind diese Episoden wohl als einfache Volkserzählungen zu charakterisieren,[26] deren wesentlicher Sinn in der Unterhaltung und vor allem der Erbauung lag. Es ist davon auszugehen, dass dieser Erzählkranz bereits vor dem Einbau in die Königebücher in schriftlicher Form vorlag. Zwar ist es aufgrund der literarischen Beschaffenheit der Erzählungen wahrscheinlich, dass alle Erzählungen auf mündlichen Vorstufen beruhen und mündlich tradiert wurden, eine Rekonstruktion dieser Vorstufen ist allerdings nicht Gegenstand dieser Untersuchung.[27]

Wie gezeigt geschah der Einbau der Wundererzählungen in den Kontext der Königebücher post-deuteronomistisch, das heißt im Anschluss an die Bearbeitungen der Rahmennotizen, welche der ursprüngliche Deuteronomist vornahm. Neben den literarkritischen Argumenten gibt es dafür auch theologisch-tendenzkritische Indizien. So hätte sich der deuteronomistische Bearbeiter der Königebücher sicher an all jenen Verstößen gegen Dtn 18,10–14 gestört, von denen wir in den kurzen episodischen Wundererzählungen lesen. Der Redaktor, der für

---

24 Vgl. Culley, Studies, 73–78.

25 Vgl. 2Kön 4,1–7* und 2Kön 6,1–7; vgl. hierzu weiterführend Thiel, Essen, 381–386.

26 Vgl. Leuchter, Implications, 120f; Overholt, Elijah, 106–11; Würthwein, Könige II, 269; Rofé, Stories, 18; Otto, Jehu, 249; Beal, Prophet, 36–38; anders: Schmitt, Magie, 297. Vgl. zur Diskussion um den Begriff der Volksreligion weiterführend Berlinerblau, Religion.

27 Möglicherweise erkennt man Reste dieser mündlichen Tradition auch in Wortspielen, die sich in einigen der Erzählungen finden lassen. So könnte in der Erzählung von der Heilung der Quelle in 2Kön 2,19–22 mit den Wurzeln שכל und שלך, in der Erzählung von den spottenden Knaben in 2Kön 23–25 mit den Wurzeln קלס und קלל und in der Erzählung vom Tod im Topf in 2Kön 4,38–41 mit den Wurzeln צעק und יצק gespielt worden sein.

den Einbau der Wundererzählungen in die Königebücher verantwortlich zeichnet, schien hingegen keinen Anstoß daran genommen zu haben, dass Elischa hier die Typologie eines Magiers oder Zauberers innehat.

Anders als bei Schmitt[28] oder Stipp[29] lassen die Ergebnisse der literarkritischen Beobachtungen m. E. weiterhin auch nicht den Schluss zu, es habe außer den Elischa-Wundererzählungen einen weiteren Kranz oder eine Sammlung von Elischa-Erzählungen gegeben, der bzw. die bereits vor dem Einbau in die Königebücher zusammenhängend überliefert wurde. Meines Erachtens handelt es sich bei allen anderen Erzählungen um post-deuteronomistische, redaktionell geschaffene Texte, die erst nach dem Einbau der Elischa-Wundererzählungen in die Königebücher für diesen Zusammenhang geschaffen wurden oder bestenfalls um Einzelerzählungen, die ggf. eine mündliche oder ggf. sogar schriftliche Vorstufe hatten, bevor sie in die Königebücher eingearbeitet wurden. Von ehedem selbstständigen „Kriegs- oder Sukzessionssammlungen" hingegen kann nicht ausgegangen werden, da in ihnen die Figur Elischas elementarer Bestandteil ist, zugleich aber die Verbindung zwischen Elischa und dem Königtum vorausgesetzt ist, welche erst auf der Ebene der Königebücher geschieht.

Daher werden die Ausführungen der folgenden Kapitel sich stets mit der Frage der redaktionellen Erweiterung des Textbereiches 2Kön 2–13 beschäftigen. Insofern stellen die Annalen der Könige Israels und Judas, die Grundschicht der Erzählung über die Jehu-Revolution und die kurzen episodischen Elischa-Wundergeschichten im engeren Sinn die einzigen Quellen im Textbereich von 1Kön 19–2Kön 13 dar.[30] Bei allen anderen Texten handelt es sich um Produkte der Schreib- oder Sammeltätigkeit späterer Redaktoren oder Bearbeiter.

Weshalb die kurzen Wundererzählungen überhaupt ihren Weg in die Königebücher gefunden haben, ist schwer zu ergründen. Die Texte selbst zeigen nur wenige Anhaltspunkte. Allerdings lassen sich einige Indizien und Vermutungen sammeln, die hier zu einer Arbeitshypothese zusammengestellt werden und in der weiteren Rekonstruktion diskutiert und überprüft werden sollen.

---

28 Vgl. SCHMITT, Elisa, 131–138.
29 Vgl. STIPP, Elischa, 470–477.
30 Vgl. NOTH, Studien, 73 sowie Kap. 2.10., 3. und 3.1. in dieser Arbeit. Nach SCHMITT (Elisa, 74) kommen für die ursprüngliche Wundersammlung nur Geschichten aus 2Kön 4–8 in Frage, da er die späteren Einschübe (v. a. Kriegserzählungen) nicht nur als *terminus*, sondern auch als *locus ante quem non* versteht. Dass die Position der Erzählungen aber unmittelbar von der Arbeit des Redaktors abhängt, der die Elischa-Erzählungen in die Königebücher eintrug und zugleich von späteren Bearbeitern durch deren Einfügungen nochmals verändert wurde, verkennt diese vorschnelle Festlegung.

Zunächst ist festzuhalten, dass die Wundererzählungen, insofern sie lokalisiert sind, im Nordreich Israel spielen. Es scheint sich bei den Erzählungen über den Gottesmann Elischa also um eine Nordreichstradition zu handeln. Das volkstümliche Milieu auf der Erzählebene und ihre einfache Erzählstruktur lassen den Schluss zu, dass sie auch vor allem im volkstümlichen Milieu verbreitet waren, geht man davon aus, dass es eine grundsätzliche Anknüpfungsfähigkeit von erzählter und dem Leser eigenen Realität geben sollte, um die erbauliche Wirkung zu entfalten, auf die diese Erzählungen abzielen. Möglicherweise genossen sie hier über einige Jahrhunderte eine große Beliebtheit, ähnlich den lokalen und regionalen Märchentraditionen des Mittelalters und der Frühneuzeit, die bereits vor der systematischen Sammlung und Zusammenstellung etwa durch die Gebrüder Grimm lange im Umlauf waren.

Dass die Elischa-Erzählungen in die Königebücher eingearbeitet wurden, könnte möglicherweise dem Bestreben eines Redaktors zu verdanken sein, den Nordreichskönigen der Omriden-Dynastie in seiner Erweiterung der Königebücher einen Propheten an die Seite zu stellen, der die Geschicke des Reiches und seiner Könige voraussagt und begleitet. Erfolgt eine solche Deutung aus der Retrospektive mit einigem zeitlichen Abstand, ist es gut verständlich, dass eine Prophetenfigur gewählt wird, deren Handeln historisch entweder in der nicht näher definierbaren Vorzeit angenommen wird oder deren historische Verortung eigentlich gar nicht *möglich* ist. Alleiniges Kriterium ist, ob eine solche Wirksamkeit eines Propheten in einer solchen Zeit für den Autor wie den Leser *denkbar* ist. Ebendies schien und scheint bei Elischa der Fall zu sein.

Zwar zeichnen die ursprünglichen Elischa-Erzählungen ihn nur als Wundertäter und nicht als Propheten im engeren Sinne, jedoch mag seine Popularität als berühmter Held der Nordreichs-Volkserzählungen dazu beigetragen haben, dass ihm die Rolle des prophetischen Begleiters und Ratgebers des Nordreichskönigs zuteilwurde.

In diesem Prozess fand dann eine Änderung in der Charakteristik und der Ausrichtung der Elischa-Figur statt. Wie diese ausgesehen haben könnte, wird im nächsten Kapitel näher untersucht werden. Zuvor soll jedoch ein kurzer Exkurs die Gruppe der Prophetenjünger beleuchten, die dem Leser bereits in den kurzen Wundererzählungen begegnen. Die בני־הנביאים werden insgesamt viermal innerhalb der kurzen Wundererzählungen genannt (in 2Kön 4,1.38[2x]; 6,1).

Elischa wird in den Wundererzählungen vornehmlich mit seinem Eigennamen (achtmal in 2Kön 2,19.22; 4,1.2; 6,1; 13,20.21[2x]) genannt, darüber hinaus findet sich für ihn nur die Bezeichnung איש־האלהים (viermal in 2Kön 4,7.40.42; 6,6) in den ursprünglichen Wundererzählungen. Der Begriff נביא für Elischa hingegen ist nicht zu finden.[31]

3.2.1 Exkurs zu den Prophetenjüngern

Der Begriff בני־הנביאים findet sich in der Endgestalt des Textbereiches von 1Kön 19 – 2Kön 13 insgesamt 11-mal in 1Kön 20,35; 2Kön 2,3.5.7.15; 4,1.38(2x); 5,22; 6,1; 9,1. Wie das vorangegangene Kapitel gezeigt hat, ist er in den als ursprünglich re-konstruierten Wundererzählungen viermal belegt (in 2Kön 4,1.38[2x]; 6,1). Von den übrigen Belegen finden sich zwei in den Texten des *Elischa-Biographen* (2Kön 2,7.15), drei in den Eingriffen des *Theologisierenden Redaktors* (2Kön 2,3.5; 9,1), und eine in den Hinzufügungen des *Moralisierenden Bearbeiters* (2Kön 5,22), was eine ziemlich gleichmäßige Verteilung in den entstehungsgeschichtlichen Schichten der Texte ergibt. Der Beleg in 1Kön 20,35 muss gesondert betrachtet werden, da die Geschichte aus dem Rahmen der Elischa-Erzählungen fällt.

Bereits häufig wurde in der Sekundärliteratur die Frage diskutiert, was man sich unter dieser Gruppe der Prophetenjünger oder Prophetensöhne vorzustellen hat.

Zunächst sollte hierfür das Bild analysiert werden, welches wir aus den äl-testen Elischa-Texten erhalten. Nach den Texten aus 2Kön 4 und 6, die als ältester Bestand rekonstruiert wurden, ist es den Prophetenjüngern möglich, Frau und Kinder zu haben. Weiterhin erfahren wir, dass die Gruppe an einem Ort bzw. in einem Raum vor Elischa saß, was eine Art Lehrer-Schüler-Verhältnis zum Aus-druck bringen könnte.[32] Man könnte sich einen Lehrbetrieb vorstellen, der nach 4,38 wohl in Gilgal lokalisiert ist.[33] Dabei sollten die Prophetenjünger offenbar nicht ganz unten in der Hierarchie gedacht werden, kocht doch Elischas Diener in 2Kön 4,38 für sie das Mahl.[34] Mehr ist aus diesen wenigen Erwähnungen nicht herauszulesen.

Erst der Blick in die Erweiterungen und Bearbeitungen der Elischa-Überlie-ferung gibt uns mehr Auskunft über die Prophetenjünger. Allerdings muss dabei

---

31 Eine nähere Analyse der Begriffe wird in einem Exkurs in Kapitel 3.4.1. dieser Arbeit erfolgen.
32 Für diese Annahme gibt es kein Vergleichsmaterial. Sie speist sich allein aus der Termino-logie, für die es wiederum keine Vorlage gibt. Vgl. etwa die abweichende Verwendung von ישׁו לפני in Ps 61,8 und Jer 40,10. Mitinspiriert wurde die Idee eines prophetischen Lehrbetriebes ggf. von dem Fund eines prophetischen Textes in einem Raum in Tell Deir 'Alla, vgl. WENNING/ ZENGER, Heiligtum, 171–193; NISSINEN, Problem, 343.
33 Vgl. LEHNART, Prophet, 450.
34 Vgl. HOBBS, 2 Kings, 26 f.

beachtet werden, dass es sich um unterschiedliche Aussageintentionen der Bearbeiter handeln kann, die dieses Bild verzerren.

Nach Darstellung von 2Kön 2,3–7 gibt es verschiedene Prophetenjüngerschaften in Bet-El und Jericho. Da in der Erzählung „50 von ihnen" Elia und Elischa an den Jordan folgen, muss ihre Gesamtzahl recht groß gewesen sein. Ein ähnlicher Hinweis findet sich 2,15 f, wo erneut 50 aus der Gesamtheit der Prophetenjünger genannt werden. In 2Kön 5,22 bedient sich Gehasi nur der Prophetenjünger und erzählt Naaman eine fiktive Geschichte von der Ankunft zweier Prophetenjünger, für die er von Naaman im Namen Elischas Geschenke erbitten soll, um sie dann für sich zu behalten. Die letzte Erwähnung der Prophetenjünger findet sich schließlich 2Kön 9,1, wo Elischa einen Prophetenjünger mit der Salbung Jehus zum König von Israel beauftragt.

Innerhalb der Königebücher findet sich noch eine Erwähnung eines Prophetenjüngers außerhalb der Elischa-Erzählungen in 1Kön 20,35. Dieser steht in Verbindung mit dem namenlosen Propheten aus 1Kön 20,22 (bzw. Gottesmann in 20,28). Ob durch den Bearbeiter dieser Erzählung der Eindruck erweckt werden sollte, der namenlose Prophet/Gottesmann sei Elischa oder ggf. Elia,[35] ist im Rahmen dieser Arbeit nicht zu klären. Darüber hinaus gibt die Stelle jedoch keine Auskünfte über den Prophetenjünger an sich.

In 2Kön 9,4 erscheint plötzlich der Titel הנער הנביא. Dieser war zuvor nie verwendet worden und wird auch sonst im Alten Testament nicht gebraucht.[36]

Außerhalb der Königebücher findet sich der Begriff בני־הנביאים nur noch ein einziges Mal im Alten Testament in Am 7,14, wo Amos sich von den Propheten und den Prophetenjüngern explizit abgrenzt. Die dortige Verwendung des Begriffes könnte im Sinne einer Zugehörigkeit zu einem Berufsstand oder einer Prophetenzunft gemeint sein.[37] Aus der Verwendung in 7,14 wird allein deutlich, dass Amos sich gegen jegliche Art des (Berufs-)Prophetentums abgrenzen möchte. Nähere inhaltliche Bestimmungen können aus diesem Beleg nicht gewonnen werden.

Es fällt allerdings auf, dass die Texte, in denen es um Prophetenjünger geht, alle eine Bindung an das Nordreich haben.[38] Es ist allerdings unklar, ob es sich um eine Erscheinung handelte, die von Elischa ihren Ausgang nahm oder auf Elischa

---

35 Es finden sich sonst keine Belege für eine Beziehung der Prophetenjünger zu Elia; vgl. EHRLICH, Randglossen, 280, der sie aufgrund dessen für einen Urbestandteil der Elischa-Überlieferung hält.

36 Diese Formulierung verdankt sich dem *Theologisierenden Redaktor*.

37 Vgl. Neh 3,8; 12,28; NISSINEN, Problem, 341 und der dortige Verweis auf die Verwendung des akkadischen *māru*.

38 Vgl. WILLIAMS, Father, 345.

hin komponiert wurde. Zu dieser Unklarheit trägt bereits der *terminus* an sich bei. Wenn allein Elischa der Meister für die Gruppe gewesen wäre, warum ist dann das *nomen rectum* im Plural? Man würde bei einem Bezug auf Elischa als einzigem Meister oder Lehrer בני־נביא oder בני־הנביא erwarten. Dies könnte dafür sprechen, dass dieser Titel eine lange Tradition von Meistern und Schülern im Blick hat.[39] Gegebenenfalls zeigt sich aber auch ein anderes Verständnis der Constructus-Verbindung. Hierzu trägt der Beleg in Am 7,14 bei. Amos lehnt dabei für sich als Einzelperson den Titel בן־נביא und nicht בן־נביאים ab.[40] Es könnte sich bei dem Begriff בני־הנביאים daher ggf. um eine Pluralform handeln, die keinen besonders herausgehobenen Teil einer Gruppe meint,[41] oder hier ist schlicht eine – zugegeben nicht besonders häufige – Form der Pluralisierung des *status constructus* genutzt worden, bei der sowohl *nomen regens* als auch *nomen rectum* pluralisch gebildet werden.[42] Dieses Verständnis drückt sich in der gewählten deutschen Übersetzung „Prophetensöhne" aus und zeigt zugleich, dass es sich bei den Genannten um Individuen der „Gattung Prophet" handelt.

Eine andere Gruppe von Propheten finden wir in 1 Sam 10,5 – 7.10 – 12; 19,19 – 24. Nach Auskunft dieser Stellen musiziert diese Gruppe und weissagt (נבא Hitp.).[43]

Dass Propheten zu Gruppen und Gemeinschaften an Tempeln gehören, finden wir auch in den altorientalischen Texten aus Assyrien und Mari.[44] Welche Funktion die Prophetenjünger nun aber für die Elischa-Erzählungen haben, lässt sich auch im Vergleich mit diesen zwei Beispielen anderer Prophetengruppen nicht ergründen. Eine in der Forschung häufig aufgeworfene Frage betrifft die Tradententätigkeit der Prophetenjünger. Otto und Lehnart halten die Prophetenjünger selbst für die Tradenten der Elischa-Erzählungen, welche auch für deren Erstverschriftlichung verantwortlich zeichnen.[45] Wie Nissinen richtig bemerkt, hängt diese Vermutung unmittelbar von der Vorannahme ab, bei den Prophetenschülern habe es sich – ihre historische Existenz vorausgesetzt – um eine schriftgelehrte Gruppe gehandelt.[46] Für diese Vorannahme findet sich allerdings kein Zeugnis in den Elischa-Erzählungen. Es bliebe zu fragen, ob eine solche Vorannahme nicht

---

39 Vgl. WILLIAMS, Father, 348. Hierbei könnte es sich ebenso gut um eine bloße Vorstellung über Verhältnisse des 9. Jahrhunderts handeln.

40 Vgl. 1Kön 20,35, auch hier wird einer der Prophetenjünger in den Blick genommen, da er persönlich jedoch nicht im Fokus steht, wird er nur mit ואיש אחד מבני הנביאים umschrieben.

41 Vgl. GESENIUS/KAUTZSCH, Grammatik, §124, 1o.

42 Vgl. GESENIUS/KAUTZSCH, Grammatik, §124, 2b.

43 Interessant ist auch hier die Verbindung zu Gilgal in 1Sam 10,8 (vgl. 2Kön 4,38). Die Verbindung zwischen Musik und Ekstase finden wir bei Elischa allein in 2Kön 3,15.

44 Vgl. NISSINEN, Potential, 1–14.

45 Vgl. LEHNART, Prophet, 439–471; OTTO, Jehu, 261f.

46 Vgl. NISSINEN, Problem, 338f.

maßgeblich von dem Bild der Prophetie und der Tradierung und Fortschreibung von Prophetie beeinflusst ist, welches die Forschung in Bezug auf die Schriftpropheten entwickelt hat.[47]

3.3 Elischa-Biograph und der Einbau der Elischa-Erzählungen in Kön

Der Einbau der ehedem selbständigen Wundererzählungen über den Gottesmann Elischa geschah durch den *Elischa-Biographen*. Er selbst verfasste im Zuge dieses Einbaus gleichsam selbst eine Vielzahl von Einzelerzählungen, die wiederum verschiedene Genres abdeckt. So finden sich unter den Kompositionen des *Elischa-Biographen* Erzählungen, in denen Elischa zwar auch Wunder tut, die aber in ihrem Umfang und ihrem Stil deutlich anders gestaltet sind als die ehedem selbständigen kurzen Wunderepisoden. Bei diesen Erzählungen handelt es sich um die Auferweckung des Knaben in 2Kön 4,8 – 37* und die Heilung Naamans in 2Kön 5,1 – 14*. Offenbar ließ sich dieser Redaktor von den ihm vorliegenden kurzen Wunderepisoden inspirieren und schuf selbst eigene, elaboriertere Wundererzählungen.

Diese beiden genannten Erzählungen in 2Kön 4,8 – 37* und 2Kön 5,1 – 14* weisen einige Gemeinsamkeiten auf, die sie zugleich von den kurzen Wunderepisoden unterscheiden.[48] Beide Erzählungen beginnen mit einer recht langen dialogischen Exposition, die szenisch noch abgehoben von der darauf folgenden Handlung ist. In 4,8 – 37* liefern das Zwiegespräch zwischen Mann und Frau und der Bau des Obergemachs die Exposition zur Handlung. In 2Kön 5,1 – 14* ist es die Unterredung der Frau des Naaman mit der israelitischen Magd und deren Vorgeschichte vom Raub des israelitischen Mädchens durch aramäische Streifscharen. Zudem überschreitet die Länge, v. a. von 4,8 – 37*, deutlich den Rahmen, den wir aus den Wunderepisoden kennen.

Der Protagonist der Erzählung wird in 2Kön 5,1 – 14*, anders als in den kurzen Wunderepisoden, mit Namen genannt, und der Leser erhält durch eine längere Exposition eine Reihe von Hintergrundinformationen zu seiner Person. Zudem erhält der Leser Hintergrundinformationen über die Nebenfigur – das israelitische Mädchen.

In der Erzählung 2Kön 4,8 – 37* sind die Unterschiede zu den kurzen episodischen Wundern noch augenscheinlicher. Diese Geschichte hebt sich bereits

---

47 Vgl. Kratz, Redaktion, 15; Nissinen, Literatur, 153 – 171.
48 Vgl. Rofé, Classification, 433, der sie als „elaborated legenda" versteht.

durch ihre Länge (ca. 19 Verse) und ihren komplexen szenischen Aufbau von den kurzen Wundererzählungen ab. Zwar sind die Figuren hier nicht mit Namen benannt, aber die Erzählung erhält durch die Ortsbezeichnungen Schunem und Karmel eine genaue Lokalisation.

Ein weiterer erheblicher Unterschied zu den kurzen Wunderepisoden liegt in den in der Erzählung sich widerspiegelnden Milieus. Während in den Wunderepisoden stets ländlich-ärmliches Milieu vorgestellt wird und es meist um die existentiellen Nöte der Protagonisten geht, haben wir es in 2Kön 4,8 – 37* und 2Kön 5,1 – 14* mit einem gänzlich anderen *setting* zu tun. Sowohl Naaman als auch die Schunemiterin sind wohlhabend. Die Schunemiterin wird gleich zu Beginn der Erzählung als begütert beschrieben. Naaman ist als hochangesehener aramäischer Feldherr zugleich auch Staatsmann und nicht mit der ländlichen Bevölkerung der Wunderepisoden zu vergleichen. Jedoch ist, und das könnte ein Anknüpfungspunkt an die kurzen Wunderepisoden sein, seine Erkrankung ebenfalls eine Form der persönlichen und existentiellen Not. In 2Kön 4,8 – 37* könnte ferner der Anknüpfungspunkt in der persönlichen und existentiellen Not der Frau, ausgelöst durch den Tod ihres Kindes, zu finden sein.

Aufgrund der Unterschiede liegt es nahe, dass diese Erzählungen auf einer späteren Ebene liegen als die kurzen Wunderepisoden und von jenem Redaktor geschaffen wurden, der für den Einbau der kurzen Wundererzählungen in die Königebücher verantwortlich zeichnet. Offenbar wurde er von den kurzen Wunderepisoden dazu inspiriert, eigene, stärker ausgearbeitete Wundererzählungen zu schaffen, die eine Brücke zwischen der Figur des Elischa, die der *Elischa-Biograph* in den kurzen Wunderepisoden vorfand, und der Typologie, die er selbst für Elischa schuf und die im Folgenden näher analysiert werden wird, schlagen. Insofern muss jedoch zunächst festgehalten werden, dass wir es bei dem *Elischa-Biographen* mit einem Typus von Redaktor zu tun haben, der zugleich Sammler und Autor ist. Die von ihm geschaffenen Erzählungen passen zwar thematisch grob zu den von ihm gesammelten ehedem selbständigen Erzählungen, sind aber dennoch von ihnen durch Stil, Milieu, Umfang und Intention deutlich zu unterscheiden.

Neben dem Einbau der kurzen Wunderepisoden und der Gestaltung eigener, erweiterter Wundergeschichten verdanken sich diesem Redaktor einige Erzählungen, in denen Elischa eine Verbindung mit dem Königtum oder eine gewisse Verwicklung in kriegerische Auseinandersetzungen aufweist. Zu diesen Erzählungen gehören 2Kön 6,8 – 23*, 2Kön 6,24 – 7,20*, 2Kön 8,7 – 15*.

Auf den ersten Blick findet sich bereits eine Spannung innerhalb der Erzählungen. Während in 2Kön 6,8 – 23* und 6,24 – 7,20* eine grundsätzlich feindliche Stimmung zwischen Israel und Aram vorausgesetzt wird, erzählt 8,7 – 15* völlig organisch von Elischas Anwesenheit in Damaskus. Dieses Argument hat Exegeten in der Vergangenheit dazu motiviert, diese Erzählungen verschiedenen literarischen Schichten zuzuordnen.[49] Es ist m. E. jedoch nicht zu verkennen, welchen erzählerischen Verlauf die Geschichte von der Thronusurpation Hasaëls nimmt und welche literarische Entwicklung sie durchlaufen hat. Elischa sagt im Grundbestand der Erzählung die Genesung Ben-Hadads voraus, was Hasaël zur gewaltsamen Usurpation des Thrones veranlasst. Erst eine spätere Bearbeitung der Erzählung scheint offenbar Anstoß daran genommen zu haben, dass hier Elischa so unkommentiert an den Geschicken des aramäischen Königtums beteiligt gewesen sein soll und deutet diesen Sachverhalt daher theologisch aus durch die Einfügung von V. 10b–13. Nach dieser Deutung konnte Elischa durch Jahwe bereits den Tod Ben-Hadads und die Herrschaft Hasaëls mit all ihren Schrecken für Israel sehen. Somit wird deutlich, dass trotz Elischas Anwesenheit in Damaskus das Verhältnis zwischen Israel und Aram keinesfalls friedlich ist. Möglicherweise wurde der *Elischa-Biograph* von der ihm vorliegenden Jehu-Putsch-Erzählung motiviert, aufgrund seiner historischen Kenntnisse auch für Hasaël von Damaskus klarzustellen, dass es sich um einen Usurpator handelte.

Eine weitere Spannung besteht zwischen dem Ausgang von 2Kön 6,8 – 23* und der Belagerung Samarias durch aramäische Truppen in 6,24 – 7,20. Während in 6,23 konstatiert wurde, dass fortan keine aramäischen Streifscharen mehr in Israel einfielen, wird der Leser mit 6,24 mit der Belagerungssituation konfrontiert. Meines Erachtens könnte dieser Widerspruch mit der Sammlertätigkeit des *Elischa-Biographen* zu tun haben. Die Vielgestaltigkeit der Erzählungen, die auf ihn zurückgehen, scheint dafür zu sprechen, dass er älteres, eigenständiges Erzählmaterial, wie etwa auch die ursprünglichen Elischa-Wundererzählungen, sammelte und in die Königebücher einarbeitete. Möglicherweise handelt es sich bei der Erzählung über die Belagerung Samarias um eine solche Erzählung, die ebenfalls auf älterem Material beruht. So ließe sich erklären, weshalb diese beiden sich widersprechenden Aussagen hintereinander zu stehen kommen konnten. Die Verwobenheit Elischas mit der Belagerungserzählung ist äußerst schwach und obwohl es keine ausreichenden Indizien für eine literarkritische Operation gibt, ist vorstellbar, dass erst der *Elischa-Biograph* die Figur des Elischa in diese, ihm ggf. bereits als Quelle vorliegende Erzählung, einarbeitete.

Allen drei oben genannten Erzählungen ist allerdings, und das spricht für ihre gemeinsame Herkunft, ein besonderer Zug gemein. Die Figur Elischas wird in allen dreien als mantisch begabt vorgestellt.[50] Während in den kurzen episodischen

---

49 Vgl. SCHMITT, Elisa, 155.177 f; WÜRTHWEIN, Könige II, 318–320; STIPP, Elischa, 463–480; OTTO, Jehu, 230–234.

50 Vgl. 2Kön 6,8–23* (v. a. V. 9); 6,24–7,20* (v. a. 7,1.16) und 8,7–15* (v. a. V. 10a).

Wundergeschichten allein magische Fähigkeiten Elischas dargestellt wurden, trägt der *Elischa-Biograph* nun zusätzlich die Mantik als Wirkungsfeld Elischas in die Erzählungen ein. Gemeint ist damit Elischas Fähigkeit, Ereignisse der Zukunft vorhersehen zu können und so in irgendeiner Weise in die Geschicke des Königs oder des Volkes einzugreifen.[51]

Einen Sonderfall innerhalb der Erzählungen des *Elischa-Biographen* stellt die Erzählung in 2Kön 3,4–27* (Jorams Krieg mit den Moabitern) dar. Die Grundschicht dieser Erzählung kommt noch gänzlich ohne Elischa aus und erzählt von einem Sieg Israels über die Moabiter, ausgelöst durch eine optische Täuschung. Erst in einem späteren redaktionellen Stadium wird dieser Geschichte Elischa und mit ihm das Motiv der Mantik beigegeben und somit eine gewisse Nähe zu den drei oben beschriebenen Erzählungen geschaffen. Ob diese Erzählung allerdings tatsächlich, trotz Elischas Fehlen, auf den gleichen Redaktor zurückgeht, kann nicht abschließend geklärt werden.[52] Die ansonsten beobachtete sammelnde Tätigkeit dieses Redaktors legt jedoch nahe, dass er hier eine ihm vorliegende Erzählung einbaute. Weshalb er nicht bereits beim Einbau die Figur des Elischa auch in die Erzählung eintrug, ist m.E. auf Basis der literar- und redaktionsgeschichtlichen Methodik nicht zu klären.

Deutlich wird jedoch, dass der *Elischa-Biograph* eine Verbindung zwischen Elischa und dem Königtum schafft und zugleich die Mantik als Betätigungsfeld Elischas in die Erzählungen einträgt. Somit bekommt die Figur des Elischa Züge, die denen altorientalischer Hofpropheten näher stehen als etwa den Schriftpropheten Israels. Eine vornehmliche Aufgabe solcher Hofpropheten war die Vorhersage von Schlachtverläufen und anderen königlichen Unternehmungen.[53]

Schließlich schafft der *Elischa-Biograph* einen dritten Block mit Sukzessionsgeschichten und erzeugt somit die Verbindung von Elia- und Elischa-Erzählungen. Auf diesen Redaktor gehen die Erzählung von der Indienstnahme Elischas in 1Kön 19,19–21 und der Himmelfahrt Elias in 2Kön 2,1–15* zurück. Wie in Kapitel 2.2.1.1. bereits erläutert, liegen beide Texte auf einer literarischen Ebene und erfüllen unterschiedliche Aufgaben. Während 1Kön 19,19–21 Elischa einführt und Elischa von Elia als Diener berufen wird, wird Elischa durch die Erzählung in 2Kön 2,1–15* zu Elias Nachfolger und durch den Erhalt von Elias Geist in die Lage versetzt, Wunder zu tun. Diese Texte verbinden somit die Elia- mit der Elischa-

---

51 In allen Erzählungen dieses Redaktors, in denen Elischa mantisch tätig ist, wird stets nur ein intuitives Verständnis von Mantik zu Grunde gelegt; vgl. weiterführend Kapitel 4.1. in dieser Arbeit.

52 Vgl. Schmitt, Elisa, 39 f.

53 Vgl. Weippert, Art. Prophetie, 197; Nissinen, Prophets, 5–8; Nissinen, References, 4–9; Nissinen, Problem, 345; Kratz, Wrath, 110; Kratz, Propheten, 22–28.

Überlieferung. Ob dieser Redaktor auch für große Teile der Elia-Erzählungen und ggf. auch den Einbau einer ehedem selbständigen Elia-Überlieferung verantwortlich und insofern ggf. auch „Elia-Biograph" ist, lässt sich innerhalb dieser Arbeit nicht näher untersuchen. Es wäre dabei zu fragen, ob etwa die Übertragung der Motivik und vor allem die Verbindung der Erzählung von der Ölmehrung (hier auch Mehlmehrung) mit der Erweckung des Knaben zu einer Erzählung bei Elia in 1Kön 17,8 – 24 auf diesen Redaktor zurückgeht.[54]

Der *Elischa-Biograph* fügt an diese Erzählungen die ihm vorliegenden kleinen Wunderepisoden in 2Kön 2,19 – 22* und 2Kön 2,23 f* an und stellt mit dem von ihm geschaffenen Vers 2,25 (über die Stichwortverknüpfung „Samaria") einerseits eine Verbindung zur Anfangsnotiz für Joram von Israel in 2Kön 3,1– 3 und andererseits eine Vorausschau auf die folgenden Elischa-Erzählungen her; die Erwähnung des Karmel stellt dabei vor allem eine Verbindung zu 2Kön 4,25 her.

Der Textbestand, der auf den *Elischa-Biographen* zurückgeht, beläuft sich somit auf 1Kön 19,19 – 21; 2Kön 2,1b.7 – 9.11a.12aβ–13.14b–15.25; 3,5 – 7(ohne Joschafat).8 – 9aα.20 – 24a; 4,8 – 11.15b–25a.28.30b.32.34.37.38aα; 5,1aαb.2 – 3.9 f.14; 6,8 – 10a.11 – 13.15a(ohne משרת)b.18aαbα.19.20aαb (ohne Jahwe).21– 23; 6,24 – 26.28 – 30.32a; 7,1(ohne כה אמר יהוה דבר־יהוה).3 – 5.8aβ–16abα und 8,7 – 8abβ.9 – 10a.14 f.

Zwar erinnert der Begriff *Elischa-Biograph* an die von Otto rekonstruierte „Elisa-Biographie", dennoch ist der hier verwendete Terminus sowohl in Bezug auf den Umfang der Texte als auch auf die redaktionelle Technik anders gefüllt, wie die obige Charakterisierung dieser Redaktion zeigt.[55]

Dennoch birgt der Begriff eine Schwierigkeit, suggeriert er doch die Tätigkeit eines Einzelnen. Die Vielzahl der Texte ebenso wie die Unterschiede in der Gattung könnten jedoch dafür sprechen, dass es nicht notwendigerweise ein einzelner Bearbeiter war. So kann man m. E. nicht ausschließen, dass es sich vielmehr um eine Bearbeitungsschicht handelt, an der möglicherweise mehrere Hände sukzessive beteiligt waren. Eine ähnliche Problematik scheint sich bislang bei allen Rekonstruktionsversuchen der Elia-Elischa-Erzählungen zu ergeben. Sowohl bei Schmitt und seiner „Gottesmann-Bearbeitung"[56] als auch bei Otto und ihrer „Elisa-Biographie"[57] als auch ferner bei Würthwein[58] zeichnet für die Einfügung des (wie auch immer rekonstruierten) Grundbestandes ehedem selbständiger Elischa-Erzählungen in das Korpus eine multifunktionale Redaktionsschicht

---

54 Vgl. dazu WHITE, Legends, 11– 17 sowie Kapitel 2.4.2. in dieser Arbeit.
55 Vgl. OTTO, Jehu, 220 – 237.
56 Vgl. SCHMITT, Elisa, 131–138.
57 Vgl. OTTO, Jehu, 261 f.
58 Vgl. WÜRTHWEIN, Könige II, 366 – 368.

verantwortlich, die bei allen Rekonstruktionsversuchen wahrscheinlich auf mehrere Hände zurückzuführen ist. Dieser literarische Kulminationspunkt der Elischa-Erzählungen als Teil von Kön scheint weniger ein Kulminations*punkt* als eine Kulminations*phase* zu sein, bei der innerhalb einer Redaktionsschicht dennoch mit Fortschreibungen gerechnet werden muss.

Obwohl die genaue Unterscheidung der beteiligten Hände nicht letztgültig getroffen werden kann, zeichnen sich dennoch zwei Tendenzen ab. So scheint es auf der einen Seite ein stärkeres Interesse an Elischa dem Wundertäter (2Kön 4,8 – 37*; 5,1 – 14*) zu geben, andererseits ein Interesse an Elischa dem Hofpropheten (2Kön 6,8 – 23*; 6,24 – 7,20*; 8,7 – 15*). Dennoch – und das ist das Entscheidende – gibt es keine konzeptionellen Unterschiede und die redaktionelle Intention, die hinter allen Einfügungen zu erkennen ist, besteht in dem Interesse, aus dem Wundertäter Elischa einen Hofpropheten zu machen. Dabei reagiert der *Elischa-Biograph* in besonderer Weise auf die deuteronomistischen Rahmennotizen und Beurteilungen für die Könige Israels in ihrem Grundbestand, d. h. in ihrer Konzentration auf die Frage der Kult-Einheit und damit verbunden der Reichs-Einheit. Die Vorstellung dieses Redaktors scheint der des Koblenzer Romantikers Johann Joseph Görres zu entsprechen: „Jede Zeit hat ihren Propheten und ihre Gottbegeisterten"[59]. Ebenso muss auch die Dynastie der Omriden von diesem Redaktor an ihrem Niedergang einen Propheten zur Seite gestellt bekommen – gegebenenfalls auch zwei, bedenkt man, dass mit Elia zur Zeit Ahabs unter Umständen vom gleichen Redaktor ein weiterer Prophet eingefügt wurde.

Durch die Anordnung der von ihr gesammelten und geschaffenen Texte kreiert diese Redaktionsschicht eine Biographie eines Propheten Elischa, der zur Zeit Jorams wirkt. Die Übertragung des prophetischen Amtes von Elia auf Elischa liegt somit am Übergang von Ahab zu (Ahasja und) Joram, und es ist insofern gut zu erklären, weshalb sie sich außerhalb des deuteronomistischen Rahmens befindet. Ein weiterer Grund dafür, dass der Elischa-Biograph für Elischa einen biographischen Rahmen schuf, könnte in der „literarischen Umgebung" liegen, in welche hinein die Erzählungen über Elischa platziert wurden. Die dem Elischa-Biographen vorliegende deuteronomistisch überarbeitete Fassung des Rahmenschemas der Könige Israels und Judas gibt in gewissem Maße den Modus vor, in dem auch der Prophet in das Werk eingefügt werden muss. Dabei ist es interessant, dass auch Elischas Leben nicht etwa von seiner Geburt an erzählt wird, sondern – ebenso wie bei den Königsnotizen – vom Beginn seiner „Amtszeit" an.

Dass der Tod Elischas und mit ihm verbunden auch 2Kön 13,14 – 17 an seiner heutigen Stelle folgt, ist wahrscheinlich der Einarbeitung Elischas in die Jehu-

---

59 GÖRRES, Mythengeschichte, 5.

Revolution durch den *Theologisierenden Redaktor* zu verdanken, der möglicherweise 2Kön 13,14–21* (noch ohne V. 18 f) an die heutige Stelle und somit an eine Position außerhalb des dtr Rahmens verschob, um eine Beteiligung Elischas an der Jehu-Revolution überhaupt möglich werden zu lassen.

3.4 Theologisierende Redaktion

Der Begriff „*Theologisierende Redaktion*" mag auf den ersten Blick fragwürdig klingen.[60] Bei genauerem Hinsehen beschreibt er m. E. jedoch genau die Intention der Bearbeitungen, die in der Analyse unter diesem Sigel zusammengefasst wurden.

Das Material, welches dieser Redaktor vorfand, bestand aus den kurzen episodischen Wundererzählungen über den Gottesmann Elischa sowie den Erzählungen, welche der *Elischa-Biograph* schuf und in denen Elischa u. a. als mit den Königen Israels in Verbindung stehend beschrieben wird.

In jenen Erzählungen wurden sowohl die Wunder als auch die mantischen Fähigkeiten allein auf Elischas eigenes Vermögen zurückgeführt. Die *Theologisierende Redaktion* muss daran Anstoß genommen haben[61] und die ihr passender erscheinende Deutung in die Texte eingetragen haben, nach der Elischas besondere Beziehung zu Jahwe ihn zu den Wundertaten befähigt. Letztlich sind es, nach der Ansicht dieser Redaktion, nicht Elischas, sondern Jahwes Wille und Jahwes Handeln, welche die Dinge in der beschriebenen Weise geschehen lassen.[62]

Da die Begriffe „Bearbeitung" und „Redaktor" in jüngerer Zeit deutliche Verschiebungen erfahren haben und zudem nicht scharf genug von einigen anderen Begriffen zu trennen sind, sei hier noch eine Präzisierung in Bezug auf die Technik vorgenommen. Bei den Einfügungen, die der *Theologisierende Redaktor* in den Text macht, handelt es sich grundsätzlich um eigene Schöpfungen. Der Redaktor ist insofern auch selbst Autor, als dass er Textteile schafft, die eine bestimmte theologische Funktion in Bezug auf einen bestimmten Text erfüllen sollen und fügt diese an den relevanten Stellen ein. Dabei erzählen diese Einfügungen – im Gegensatz zu den redaktionellen Stücken des Elischa-Biographen – selbst keine eigenständigen Geschichten und stellen für sich genommen keinen zusammenhängenden Text dar. Es handelt sich daher nicht um eine Quelle, die der

---

60 Vgl. KARNER, Elemente, 1.
61 Vgl. SHEMESH, Stories, 38–40.
62 Vgl. 2Kön 2,3; 2Kön 3,15–17; 2Kön 6,16 f; 2Kön 8,8.10.

Redaktor mit dem Grundtext zusammengefügt hat, sondern vielmehr um eine Redaktion im Sinne einer Bearbeitung des ihm vorliegenden Textes. Dennoch arbeitet diese Redaktion flächig über den gesamten Bereich der Elischa-Erzählungen und nicht nur punktuell in einem Kapitel.

Die Art des redaktionellen Eingriffs wiederum ist vielgestaltig. So fügt der *Theologisierende Redaktor* in einigen Erzählungen ausgefeilte Szenen hinzu und verändert so die Erzählung deutlich.[63] Andere Einfügungen des *Theologisierenden Redaktors* fallen verhältnismäßig kurz aus. Zuweilen fügt er etwa nur kurze Gebete oder Glossen in den Text ein.[64] Ein interessantes Beispiel zeigt sich etwa in 2Kön 4,33b und 6,17 f. Nur in diesen beiden den Jahwe-Namen enthaltenden Versen wird das Verb התפלל innerhalb der gesamten Elischa-Erzählungen verwendet. Zusammen mit der Tatsache, dass diese Verse durch literarische Brüche zu ihren Kontexten als sekundär ausgeschieden werden konnten,[65] ergibt sich ein starkes Indiz dafür, dass sich diese Verse auch tatsächlich derselben Bearbeitung verdanken. Sie sind das Werk des *Theologisierenden Redaktors*, der durch die Einfügung von Gebeten die Wundertaten Elischas als Wunder Jahwes – auf Elischas Bitten hin – erscheinen lassen möchte. In diese Reihe fügt sich etwa auch der Ruf aus 2Kön 2,14 ein, der zwar nicht explizit als Gebet formuliert oder benannt ist, aber im Kontext erneut die gleiche Funktion erfüllt. Nach dem Anrufen Jahwes ist es Elischa möglich, den Jordan zu teilen. Auch dieser Vers wurde in der literarkritischen Untersuchung als sekundär ausgeschieden und muss aufgrund seiner Aussageintention, seinem theologischen Profil und der Verwendung des Jahwe-Namens dem *Theologisierenden Redaktor* zugewiesen werden.

Im Zusammenhang mit den mantischen und magischen Fähigkeiten Elischas fügt dieser Redaktor weiterhin an mehreren Stellen die Botenspruchformel oder den Rückverweis auf das Wort Jahwes ein.[66] Hiermit soll verdeutlicht werden, dass das übernatürliche (Vorher-)Wissen Elischas oder aber die wunderhafte Tat Elischas das Resultat einer Eingabe durch Jahwe ist. R. Schmitt merkt zu Recht an,[67] dass ein magisches Handeln eines Wundertäters völlig ohne den Bezug zu einer Gottheit im Bereich der altorientalischen Vorstellungen und somit die strikte Trennung von göttlicher Sphäre und *übernatürlichem* Handeln auf Erden kaum zu denken ist. Dieser Einschätzung kann sich die vorliegende Arbeit ohne weiteres anschließen, und so ist davon auszugehen, dass bereits den ehedem selbständigen

---

63 Vgl. 2Kön 2,1aβ.2–6.10.11b.12aα.14a; 3,9b.10a.11aββ.12b.13a.15–17; 5,4–5a.6–8.11–13.15a; 6,15b–18; 7,6–8aα; 8,10b–13; 9,1–13; 13,14–17.
64 Vgl. 2Kön 4,33; 6,17 f.
65 Anders urteilt Thiel, Gebete, 440 f.
66 Vgl. etwa in 2Kön 2,21; 3,17; 4,43 f; 7,1.16; 9,3.6.12.26.36; 10,10.17.
67 Vgl. Schmitt, Magie, 291–293.

Wundererzählungen sicherlich implizit die Vorstellung zu Grunde lag, Elischa sei in besonderer Weise mit der göttlichen Sphäre verbunden gewesen und aufgrund dessen zu den Wundertaten fähig. Dies zeigt sich bereits in seinem Titel איש־האלהים völlig unmissverständlich ausgedrückt. Die explizite Zurückführung der Taten Elischas auf Jahwe ist hingegen ein Zug, der sich in den ursprünglichen Wundererzählungen noch nicht findet und offenbar erst im Verlauf des literarischen Wachtumsprozesses ausgesprochen werden musste.

„So vertritt die neuere Forschung seit den 70er Jahren fast überwiegend die Auffassung, dass das überlieferungsgeschichtlich ursprüngliche ‚rein' magische (animistische/dynamistisch verstandene) Handeln der Gottesmänner in den Wundergeschichten erst in einem relativ späten Stadium durch redaktionelle Arbeit in Richtung eines theistischen Wirkungsprinzips uminterpretiert worden ist [...]"[68]. Die Intention des *Theologisierenden Redaktors* war es demnach, die Taten Elischas zu Taten Jahwes durch Elischa umzugestalten. Durch diese Bearbeitung wird aus dem reinen Wundertäter und Heiler Elischa, ein Wundertäter und Heiler, der seine Fähigkeiten allein aufgrund seiner besonderen Beziehung zu Jahwe besitzt und einsetzen kann; er wird zu einem Propheten Jahwes.[69] Es ist schließlich auch erst der *Theologisierende Redaktor,* der den Begriff נביא für Elischa einführt und ihn somit in die Reihe der alttestamentlichen Propheten stellt.[70] Möglicherweise wurde dieser Redaktor durch die Analogie des Nachfolgeverhältnisses von Elia-Elischa zu Mose-Josua, wie sie der *Elischa-Biograph* bereits in 2Kön 2 entworfen hatte, dazu inspiriert, Elischa als einen Propheten nach dem Vorbild anderer alttestamentlicher Propheten darzustellen, allen voran nach dem Vorbild Moses, dem Idealbild eines Propheten schlechthin.[71]

Wie in der literarkritischen Analyse von 2Kön 2 und 2Kön 4 gezeigt werden konnte, gibt es zudem Indizien dafür, dass diese Redaktion nicht nur im Elischa-

---

68 SCHMITT, Magie, 212. Vgl. so etwa SCHMITT, Elisa, 79; WÜRTHWEIN, 2Könige, 269 f.366 f; OTTO, Jehu, 171 f.

69 Vgl. SHEMESH, Stories, 40. Hierin liegt zwar eine intentionale Ähnlichkeit zu Schmitts „Jahwebearbeitung", wenngleich die ihr zugewiesenen Textteile sich zum Teil erheblich von denen der *Theologisierenden Redaktion* unterscheiden; vgl. SCHMITT, Elisa, 93.137. Schmitt rechnet zudem, ebenso wie Hentschel, mit einer bereits vor-deuteronomistisch stattfindenden Theologisierung der Elischa-Erzählungen. Hierin liegt ein weiterer großer Unterschied zu den redaktionsgeschichtlichen Beurteilungen der vorliegenden Arbeit, vgl. SCHMITT, Elisa, 127 f; HENTSCHEL, 2. Könige, 11–16.

70 Vgl. 2Kön 3,11; 5,8. Zuvor wurde nur der Name Elischa oder der Titel איש־האלהים verwendet, s.u. in Kapitel 3.4.1. in dieser Arbeit.

71 Vgl. Dtn 18,18; vgl. BLUM, Prophet, 350; BLANCO-WISSMANN, Rechte, 189.

Zyklus, sondern auch bei Elia in den Text eingreift.[72] Ob sie verantwortlich ist für die stärkere theologische Akzentuierung der Figur des Elia, kann im Rahmen dieser Untersuchung nicht analysiert werden, ist jedoch durchaus wahrscheinlich.[73] Dennoch zeigte die literarkritische Analyse deutlich, dass der *Theologisierende Redaktor* (im Anschluss an die durch den *Elischa-Biographen* vorgenommene Verbindung der beiden Figuren) beide Gestalten mithilfe von redaktionellen Klammern wie etwa 2Kön 2,12//2Kön 13,14 zusätzlich fester zusammenfügte.

Charakteristisch für diesen Redaktor ist die häufige und vorwiegende Verwendung des Gottesnamens Jahwe.[74] Auch der Jahwe-Name findet sich, so hat die literarkritische Analyse ergeben, weder in den ehedem selbständigen Wundererzählungen, noch in den Texten des *Elischa-Biographen* und wird daher erst vom *Theologisierenden Redaktor* in den Elischa-Zyklus eingetragen.[75]

Der Titel אלהים begegnet insgesamt nur sechsmal innerhalb der Elischa-Erzählungen: in 2Kön 2,14 (Sprecher: Elischa); 5,7 (Sprecher: König von Israel); 5,11.15 (Sprecher: Naaman); 6,31 (König von Israel); 9,6 (Prophetenschüler).[76] Alle diese Belege gehen jedoch auch auf den *Theologisierenden Redaktor* zurück.

Auch dieser Redaktor gleicht Elischa durch seine Hinzufügungen – ebenso wie zuvor bereits der *Elischa-Biograph* – in einigen Punkten dem Vorbild altorientalischer Propheten an, fügt dem ganzen jedoch stets seine besondere theologisierende Ausrichtung bei. So wird Elischa in 2Kön 3,15, ähnlich einem altorientalischen Propheten durch Musik in Ekstase versetzt und somit zu einem Orakel befähigt; diese Ekstase wiederum bleibt allerdings nicht unkommentiert, sondern wird ganz eindeutig auf das Wirken Jahwes zurückgeführt.[77]

---

72 Ebenso lässt sich auch eine Nähe zwischen dem Jahwe-Bekenntnis Naamans in 2Kön 5,15 (*Theologisierender Redaktor*) und der Bitte Elias in 1Kön 18,36 erkennen.

73 Thiel mutmaßt, dass redaktionell intendiert war, Elischa so zu bearbeiten, dass er mit dem ‚theologischen Niveau des Elia mithalten konnte‘; vgl. Thiel, Gebete, v. a. 441–447.

74 Obwohl die Verwendung des Jahwe-Namens bei Schmitt zum Ausweis einer „Jahwe-Bearbeitung" führt, gibt es innerhalb der Einzeltexte erhebliche Unterschiede in der Rekonstruktion dieser Bearbeitung, so dass die von Schmitt rekonstruierte „Jahwe-Bearbeitung" und die hier rekonstruierte *Theologisierende Redaktion* nahezu keine Schnittmengen aufweisen, vgl. Schmitt, Elisa, 126 f.

75 Die *Phouboumenos-Bearbeitung* in 2Kön 5 wiederum greift die Erwähnung auf und verwendet den Gottesnamen ebenfalls.

76 Ausgenommen von dieser Liste ist die Constructus-Verbindung im Titel „Gottesmann". Nur an einer Stelle in 2Kön 3,14 wird der Titel „Jahwe Zebaoth" verwendet. Dieser Vers konnte einer späteren Bearbeitung zugewiesen werden, vgl. Kapitel 2.3.2. in dieser Arbeit.

77 Vgl. ותהי עליו יד־יהוה in 2Kön 3,15, vgl. dazu Nissinen, Problem, 345; Kratz, Wrath, 106–108.

Eine weitere theologische Idee dieses Redaktors findet sich in seinen Bearbeitungen dreier verschiedener Texte. Der Herrschaftsanspruch Jahwes wird vom *Theologisierenden Redaktor* universal gedacht, wie 1Kön 19,15–18 (v. a. V. 15); 2Kön 5,1aβ.15 und 2Kön 8,10b–13 zeigen. Die Usurpation Hasaëls ist ebenso eine Tat Jahwes wie die anschließende Zerstörung Israels. Diese Vorstellung des Redaktors gipfelt in der Formulierung Naamans in 2Kön 5,15:

ידעתי כי אין אלהים בכל־הארץ כי אם־בישראל

Obwohl von diesem Bearbeiter das Schicksal Israels als Wille Jahwes gedeutet wird und insofern eine Nähe zu deuteronomistischer Theologie wahrnehmbar ist, handelt es sich m. E. nicht um einen deuteronomistischen Text im engeren, ursprünglichen Sinne. Zunächst fehlt die für deuteronomistische Texte sonst übliche Diktion (N.N. ביד נתן), ebenso auch das sonst zu erwartende deuteronomistische Urteil über Israels Handeln in den Augen Jahwes. Auch die redaktionsgeschichtliche Schichtung der Bearbeitungen hat gezeigt, dass es sich um eine post-deuteronomistische Redaktion handelt, die zwar zuweilen Schnittmengen mit deuteronomistischer Theologie und Phraseologie hat,[78] zuweilen aber auch stark davon abweicht, wie etwa in der Frage der Kulteinheit oder der Stellung der Tora.

Dennoch – und das ist unübersehbar – gibt es in der Frage des Ausschließlichkeitsanspruches Jahwes eine Schnittmenge mit einem bereits fortgeschriebenen oder überarbeiteten und somit sekundären Deuteronomismus (auf der Grundlage des ersten Gebotes),[79] wie wir ihn in den Königebüchern ebenso wie im gesamten DtrG finden können.[80] Auf diesen scheint der *Theologisierende Redaktor* selbst entweder zu reagieren bzw. Bezug zu nehmen oder ggf. mit diesem identisch zu sein, wenn er etwa Naaman ein so klar monotheistisches Zeugnis wie in 2Kön 5,15 in den Mund legt.

3.4.1 Exkurs zu den Titeln für Elischa

Im Anschluss an H. C. Schmitt soll in diesem Exkurs die Bedeutung der Titel für Elischa bei der entstehungsgeschichtlichen Beurteilung der Elischa-Erzählungen

---

78 Vgl. etwa 2Kön 9,6.
79 Vgl. Kratz, Komposition, 166 f.
80 Vgl. Dtn 4,32–40; Dtn 7,7–11; 2Sam 7,22–29; 1Kön 8,54–66; 1Kön 18,21–40; vgl. weiterführend dazu Kratz, Komposition, 165–167; Pakkala, Monolatry, 85–93; Ders., Entwicklung, 242 f.

insgesamt beleuchtet werden.[81] H. C. Schmitt rechnete in seiner literar- und redaktionsgeschichtlichen Analyse mit einer Gottesmann-Redaktion, deren Eingriffe in den Text zumeist den Titel איש־האלהים verwendeten.[82]

Zunächst soll der statistische Befund bezüglich aller Bezeichnungen für Elischa einen Eindruck über die Problemlage vermitteln. Ich beginne dabei mit dem Befund für den Eigennamen Elischa, bevor ich mich den Titeln נביא und איש־האלהים zuwende.

In den in dieser Arbeit analysierten Texten wird Elischa am häufigsten mit seinem Eigennamen bezeichnet. Korreliert man die Verteilung des Eigennamens[83] mit den Ergebnissen der Literarkritik, so fällt auf, dass sich die stärkste Dichte in den als ältestem Bestand rekonstruierten Wundererzählungen findet. Ob es sich bei dem Eigennamen um einen historischen Personennamen handelt, ist schwierig zu beantworten. Die Wahrscheinlichkeit[84] dafür ist immerhin höher als beim Personennamen Elia, der auffällig wie eine Überschrift zum monotheistisch-theologischen Programm von 1Kön 17–2Kön 1 klingt.

---

81 Die religionsgeschichtliche Bedeutung der Titel und ihre Implikationen werden hingegen erst in Kapitel 4.1. dieser Arbeit näher untersucht.

82 Vgl. SCHMITT, Elisa, 85–89.127–129. Vgl. weiterhin die textkritische Überprüfung bei STIPP, Elischa, 6–46, die m. E. zu nicht nachvollziehbaren Rekonstruktionen eines ältesten Textbestandes kommt, in dem die Verteilung des Gottesmann-Titels geringer ist als in MT. Die methodische Schwierigkeit liegt dabei darin, dass es um die textkritische Beurteilung einzelner Wörter geht, welche die verschiedenen Übersetzer der Königebücher m. E. aus stilistischen und diversen anderen Gründen ebenso gut vorgenommen haben könnten wie die von Stipp verdächtigten Masoreten. Weshalb nun bei Stipp der LXX in der Rezension des Origenes die Priorität in Sachen Gottesmanntitel zufällt, ist textkritisch nicht nachzuvollziehen und muss von Stipp selbst durch s. g. formkritische Argumente unterfüttert werden. Diese wiederum basieren nicht auf dem uns vorliegenden Endtext, sondern auf redaktionskritischen Vorannahmen, die keinesfalls einen Konsens der Forschung und in jedem Fall eine instabile Grundlage für literarkritische Urteile darstellen, vgl. v. a. STIPP, Elischa, 17 f. Meines Erachtens hat die Untersuchung Stipps lediglich gezeigt, dass die Annahme anderer Verteilungen des Gottesmanntitels in tentativen Rekonstruktionen eines Prototextes nicht zielführend für die entstehungsgeschichtliche Fragestellung ist.

83 1Kön 19,16.17.19.20.21; 2Kön 2,1.2(2x).3.4(2x).5.6.9(2x).12.14.15.16.18.19.20.22; 3,11.13.14.15; 4,1. 2.8.11.16.17.29.32.36.37.38.42.43; 5,8.16.19.25.26; 6,1.6.12.17(2x).18.19.20.21.31.32(2x); 7,1.2.19; 8,1.4.5 (2x).7.9(2x).10.13.14(2x); 9,1; 13,14.15.16(2x).17(2x).18.20.

84 Immerhin finden sich Belege dieses Namens auf Ostraka aus Arad (Arad[6]:24,15.19 f; vgl. RENZ/RÖLLIG, Handbuch I, 389–391) und Samaria (Sam[8]:1,4.7; Sam[8]:41,1; vgl. RENZ/ RÖLLIG, Handbuch I, 89 f.100), ggf. auf einer Elfenbeininschrift aus Nimrud (Nim[8]:2,1; vgl. RENZ/RÖLLIG, Handbuch I, 130 f), ggf. auf einigen Siegeln (vgl. AVIGAD/SASS, Corpus, 885.894 f.916.960.975.979) sowie auf einem Ostrakon aus einem von Amihai Mazar jüngst als das „Haus Elischas" gedeuteten Gebäude in Tell Rehov, vgl. MAZAR/AHITUV, Inscriptions, 306 f.

Namen mit ähnlichem Aussagegehalt, ähnlicher Stilistik und ähnlichem Klang wie der von אלישע finden sich außerdem auch außerbiblisch belegt. So ist etwa der Name des Kommandanten der Festung Arad, der in den Arad-Ostraka erwähnt wird, Eljaschib. Belege für diesen Namen finden sich in Arad in Stratum VII–VI (Josiazeit bis etwa 595 v. Chr.).[85]

Allerdings muss festgehalten werden, dass der Aussagegehalt des Namens אל ישע (Gott/El rettet/hilft)[86] zwar nicht ganz so programmatisch ist wie der Elias, dennoch findet sich gerade in den existentiellen Nöten der armen Landbevölkerung, welche wir in den ursprünglichen Wunderepisoden beschrieben finden und dem, was Elischa für diese Menschen tut, eine Art von Umschreibung dessen, was mit אל ישע ausgedrückt wird. Dennoch, und das sollte stets mitbedacht werden, finden sich in den ältesten rekonstruierten Wundererzählungen nie die Begriffe אל, אלהים oder der Gottesname יהוה. Dies könnte daher eher ein starkes Indiz für eine Koinzidenz von Name und Typologie sein. Ein weiteres Indiz für eine Koinzidenz stellt die große Bandbreite an gängigen Namen dar, die ebenso gut als Beschreibung dessen hätte dienen können, was in den Elischa-Wundererzählungen abgebildet wird.[87]

Gemessen am gesamten Textbestand der Elischa-Erzählungen wird am seltensten der Titel נביא als Bezeichnung für Elischa verwendet. Er findet sich nur an folgenden Stellen: 1Kön 19,16; 2Kön 3,11; 5.3.8.13; 6,12; 9,1.

Korreliert man die Verteilung des Titels נביא mit den literarkritischen Ergebnissen zu den entsprechenden Kapiteln, so zeigt sich, dass der Titel ausschließlich in den Texten des *Elischa-Biografen* (2Kön 5,3; 6,12) und noch stärker in den Hinzufügungen des *Theologisierenden Redaktors* (1Kön 19,16; 2Kön 3,11; 5,8.13; 9,1) gebraucht wird. Die ursprünglichen kurzen Wundererzählungen bezeichnen Elischa nie als Propheten.[88] In diesen finden sich allein die בני־הנביאים.[89] Die Vorstellung, Elischa sei ein *Prophet*, ist somit das Produkt eines späteren literarischen Stadiums der Elischa-Erzählungen.

In 2Kön 3,11; 6,12; 9,1 wird Elischa immer dann als Prophet bezeichnet, wenn er im Kontakt mit Königen steht.[90] Es wird dadurch und durch die Aufgabe, die er in

---

85 Vgl. TUAT 1, 251f.
86 Ebenso plädiert Becking in Ablehnung der These von J. H. Tigay, es könnte sich um ein theophores Element einer sonst unbekannten Gottheit *sha'* handeln; vgl. BECKING, Elisha, 113–116 und die a.a.O. diskutierte Literatur.
87 Neben אלישע könnte man sich etwa auch andere Programmnamen wie גבריאל, עזרא, בעז, יוחנן, יהונתן, יהושע, ישעיהו etc. vorstellen.
88 Vgl. OTTO, Jehu, 231.
89 Vgl. Kapitel 3.2.1. in dieser Arbeit.
90 Vgl. HOBBS, 2Kings, 25–28.114.

diesem Zusammenhang erfüllt, der Eindruck erweckt, Elischa sei eine Art Hof-prophet.[91] Alle anderen Texte, die auf den *Theologisierenden Redaktor* zurück-gehen, stilisieren Elischa als Propheten Jahwes.

Unter den Bezeichnungen für Elischa hat in der Forschungsgeschichte der Titel איש־האלהים das größte Interesse hervorgerufen.[92] Dieser Begriff findet sich innerhalb der Elischa-Erzählungen 29x in 2Kön 4,7.9.16.21.22.25.27.40.42; 5,8.14.15.20; 6,6.9.10.15; 7,2.17–19; 8,2.4.7.8.11 und 13,19.[93] Bezieht man die Ergeb-nisse der literarkritischen Analyse mit ein in den statistischen Befund, so zeigt sich, dass der Begriff bereits in den ursprünglichen Wundererzählungen ver-wendet wurde.[94] Er findet sich dann von den ursprünglichen Wunderepisoden ausgehend in nahezu allen redaktionellen Stufen in relativ gleichmäßiger Ver-teilung wieder. Der sichere Befund von vier Belegen in den ältesten Wunderer-zählungen spricht bereits für sich genommen gegen eine Verwendung des Titels als Indikator für redaktionelle Eingriffe. Ist ein solcher Terminus einmal „in der Welt", so kann er im Verlauf des literarischen Wachstums von jeder folgenden Entwicklungsstufe beliebig aufgegriffen und gebraucht werden, wie m. E. an der sonstigen Verteilung von איש־האלהים ersichtlich wird:

> Ursprüngliche Wundererzählungen: 4,7.40.42; 6,6.
> *Elischa-Biograph:* 4,9.16.21.22.25.; 5,14; 6,9.10.15; 8,7.8.
> *Theologisierende Redaktion:* 5,8.15; 8,11.
> *Moralisierende Bearbeitung:* 4,27; 5,20; 7,2.17–19; 8,2.4.
> *Steigerungsbearbeitung:* 13,19.

Zusammenfassend stellt sich der Befund somit folgendermaßen dar. Die ehedem selbständigen Wundererzählungen verwendeten demnach sowohl den Eigenna-men Elischa als auch den Titel איש־האלהים, nicht aber den Begriff נביא. Dieser wird erst durch den *Elischa-Biographen* eingeführt (an zwei Stellen) und dann vor allem vom *Theologisierenden Redaktor* gebraucht. Der Titel איש־האלהים und ebenso der

---

91 Zur inhaltlichen Füllung der Begriffe *Prophet* und *Gottesmann* im AT und dem Verhältnis zu anderen alttestamentlichen Termini vgl. Kapitel 4.1. in dieser Arbeit.
92 Vgl. SCHMITT, Elisa, 85–89.127–129; STIPP, Elischa, 6–46, SCHMITT, Magie, 120–122 u.a.
93 Im gesamten Alten Testament findet er sich 76 mal; außerhalb der Elischa-Erzählungen in: Dtn 33,1; Jos 14,6; Ri 13,6.8; 1Sam 2,27; 9,6–10; 1Kön 12,22; 13,1.4–8.11f.14.21.26.29.31; 17,18.24; 20,28; 2Kön 1,9–13; 23,16f; 1Chr 23,14; 2Chr 8,14; 11,2; 25,7.9; 30,16; Esr 3,2; Neh 12,24.36; Ps 90,1; Jer 35,4. Der Titel in 2Kön 1,9–13 wurde m. E. von Elischa auf Elia übertragen, vgl. STIPP, Art. Elischa, 523. Für die Schriftpropheten wird der Titel איש־האלהים hingegen nie verwendet; vgl. JEFFERS, Magic, 26. Der chronistische Gebrauch des Begriffs lässt erkennen, dass damit (nur noch) die Vorstellung eines Mannes mit besonderer Gottesbeziehung assoziiert wird, vgl. KÜHLEWEIN, Art. איש, 137; SCHMITT, Magie, 121.
94 So bereits beobachtet bei SCHMITT, Elisa, 89.91; vgl. weiterhin STIPP, Art. Elischa, 522.

Eigenname Elischa hingegen sind gleichmäßig in allen Entwicklungsstufen zu finden. Als redaktionsgeschichtlicher Indikator kann der Gottesmanntitel nicht dienen.

3.5 Phoboumenos-Bearbeitung in 2Kön 5

Wie in der literarkritischen Analyse in Kapitel 2.5. dieser Arbeit gezeigt wurde, findet sich in 2Kön 5 eine Bearbeitung, welche die Verse 17aβ(ab ולא)–19a in die Naaman-Erzählung einfügt.

Diese sind sekundär zu den Einfügungen des *Theologisierenden Redaktors* und verleihen der Erzählung eine etwas andere Stoßrichtung, als der *Theologisierende Redaktor* es zuvor tat.

So hatte, wie in Kapitel 2.5. bereits angedeutet, der *Theologisierende Redaktor* Naaman ein exklusiv-monotheistisches Bekenntnis in den Mund gelegt, welches davon ausgeht, dass neben Jahwe keine anderen Götter existieren. Die Verse 17aβ(ab ולא)–19a tragen in die Erzählung nun aber die Tendenz ein, dass es andere Götter gibt, denen außerhalb Israels auch gedient wird.[95] Diese grundsätzliche Anerkennung der Existenz und des Dienstes an anderen Gottheiten ist jedoch noch nicht alles. Der Redaktor legt Elischa zudem auch die Anerkennung einer Regelung in den Mund, die Naaman vorschlägt. Der aramäische Feldherr reklamiert für sich eine Eselsladung israelitischer Erde und die Möglichkeit, neben seinem Dienst an Jahwe als persönlichem Gott auch dem berufsbedingten Dienst und Staatskult Arams für Rimmon nachgehen zu können. Darin liegt der gravierende Unterschied zwischen 5,17aβ(ab ולא)–19a und den Texteingriffen des *Theologisierenden Redaktors*. Letzterer hat ein universales Verständnis Jahwes, 5,17aβ(ab ולא)–19a hingegen führt einerseits eine Unterscheidung zwischen offizieller und Privatreligion oder Staatsgott und persönlichem Gott ein, andererseits wird mit der Existenz anderer Gottheiten in anderen Staaten gerechnet.

Die Theologie von 5,17aβ(ab ולא)–19a unterscheidet sich aber nicht nur von der des *Theologisierenden Redaktors*, sondern auch grundsätzlich von jener der deuteronomistischen Königsbeurteilungen der Königebücher, die einen Kult bereits außerhalb Jerusalems überhaupt nicht gutheißen, geschweige denn begleitend zum Dienst für andere Gottheiten.

Bemüht man das Bild konzentrischer Kreise innerhalb der Königebücher, so ist der engste dieser Kreise im Deuteronomismus der Rahmennotizen allein um

---

95 Vgl. KRATZ, Israel, 83–85. Kratz legt die Abhängigkeit aller anderen Belege für אלהים אחרים von Ex 20,3 (davon abhängig ist Dtn 5,7) dar.

Jerusalem gezogen. Ein etwas weiter gefasster Kreis findet Repräsentation in V.
15a, der immerhin Israel – wohlgemerkt nicht Juda, sondern Israel, wohl aber in
der Bedeutung der Gesamtheit beider Staaten – im Blick hat und schließlich der
größte Kreis, formuliert in V. 17aβ(ab וגם)–19a, nach dem Jahwe-Verehrung zum
Beispiel auch in Aram und somit im Grunde überall möglich ist.

Aus meiner Sicht sind diese in V. 17aβ(ab וגם)–19a thematisierten theologischen Probleme weder die Probleme der Exils- noch die der Heimkehrer-Gene-
ration. Es scheint sich um Themen der nach- und spät-nachexilischen Zeit zu
handeln, welche Juden und φοβούμενοι betreffen, die in anderen Religionskon-
texten und einer Umwelt des Religionspluralismus leben und arbeiten.[96] Es ist
auch denkbar, dass sich diese fremden Religionskontexte nicht notwendigerweise
im Ausland, sondern in Israel selbst abspielen und ein Zeichen für die religiöse
Vielfalt Israels in der beginnenden hellenistischen Epoche sein könnten.[97] Da sich
innerhalb der Elischa-Erzählungen keine weiteren Niederschläge dieser Bearbeitung finden, erfolgt die Benennung als *Phoboumenos-Bearbeitung* allein aufgrund der theologischen Thematik,[98] die durch sie in 2Kön 5 eingetragen wird.

3.6 Moralisierende Bearbeitung

Eine weitere Bearbeitung findet sich in insgesamt fünf Kapiteln der Elischa-Erzählungen, nämlich in der Himmelfahrtserzählung in 2Kön 2,1–18; der Aufer-
weckungserzählung in 2Kön 4,8–37; der Naaman-Erzählung in 2Kön 5; der Belagerungserzählung in 2Kön 6,24–7,20 und der Erzählung von der Rückgabe des
Grundbesitzes an die Schunemiterin in 2Kön 8,1–6. Diese Bearbeitung wird unter
dem Titel *Moralisierende Bearbeitung* zusammengefasst, da sie, wie zu zeigen sein
wird, ein starkes Interesse an der Moralisierung einiger Elischa-Erzählungen hat,
d. h. dem Leser sollen durch die Texteingriffe bestimmte moralische Vorstellungen
und ethische Maximen des Bearbeiters nähergebracht werden, die sich vor allem
aus zwei Themenkreisen speisen. Einerseits geht es diesem Bearbeiter um den
rechten Umgang mit Wohlstand und Besitz und die Ablehnung von Habgier.
Andererseits nimmt er den Glauben der Leser an die Taten des Elischa und das
Vertrauen auf seine Fähigkeiten in den Blick der Betrachtung. Durch die implizite
oder explizite Beurteilung des Handelns einiger Protagonisten zeigen sich die
ethischen Maximen des Bearbeiters dem Leser unmissverständlich. Er trägt durch

---

96 Vgl. KNAUF, Umwelt, 171–174.
97 Ähnlich SCHÖPFLIN, Naaman, 41.
98 Vgl. DIEBNER, Wunder, 199–202.

seine Eingriffe in den Text daher eine ethische Dimension ein, die zuvor nicht in den Elischa-Erzählungen zu finden war.

Drei dieser Stellen (2Kön 4,8 – 37; 2Kön 5; 2Kön 8,1 – 6) handeln unter anderem von Elischas Diener Gehasi, der dem Leser in 2Kön 4,12 erstmals ohne nähere Einführung begegnet. Es verwundert, dass weder Gehasis Herkunft noch sein Verhältnis zu Elischa und den בני־הנביאים geklärt wird. Bemerkenswert ist auch, dass er in vielen Elischa-Erzählungen nicht einmal erwähnt wird, obwohl es in den drei genannten Erzählungen den Anschein macht, als sei er stets um Elischa gewesen. Selbst der Name גיחזי lässt keine aussagekräftigen Rückschlüsse auf die Herkunft oder Funktion dieser Diener-Figur zu.[99]

In den drei Erzählungen, in denen Gehasi vorkommt, erfüllt er zugleich zwei verschiedene Funktionen. In der Schunemiterin-Erzählung in 2Kön 4,8 – 37 kommt der Figur Gehasi die Aufgabe zu, die Macht seines Meisters Elischa in hellerem Licht erstrahlen zu lassen. Da die Kraft des vorausgesandten Gehasi für die Auferweckung des toten Knaben nicht ausreicht, muss der Meister selbst eingreifen und den Jungen zum Leben erwecken. Diese Erweiterung der ursprünglichen Auferweckungsgeschichte soll also die Größe von Elischas magischer Kraft verdeutlichen und gebraucht Gehasi als Folie für die Verherrlichung Elischas. Ihr verdanken sich die Verse 2Kön 4,12 – 15a.25b – 27.29 – 30a.31.33.35 f.

Die Erzählung in 2Kön 8,1 – 6 wird nicht nur durch die Einleitung in V. 1 mit der Erzählung in 2Kön 4,8 – 37 verbunden, sondern auch hier fällt der Figur Gehasis ebenso wie in 2Kön 4,8 – 37 die Aufgabe zu, den Meister Elischa in glorreichem Licht erscheinen zu lassen. Da in 8,1 – 6 bereits der Tod Elischas vorausgesetzt wird,[100] soll Gehasi dem König gegenüber die Größe Elischas und seiner Taten darstellen. Die von Gehasi berichteten Großtaten Elischas bewegen den König schließlich zur Rückgabe des Landbesitzes an die Schunemiterin. Die Erzählung in 8,1 – 6 geht im Ganzen auf diesen *Moralisierenden Bearbeiter* zurück, der Gehasi in 4,8 – 37 eingearbeitet hatte. An dieser Stelle ist er somit auch fortschreibend tätig, indem er die Erzählung 2Kön 4,8 – 37 fortführt.

In der *Moralisierenden Bearbeitung* der Naaman-Erzählung, der sich die Verse 2Kön 5,5b.15b – 17aα.19b – 27 verdanken, wird eine andere Aussageintention mit der

---

99 Der Versuch einer etymologischen Herleitung von גי חזי als „Tal des Schauens/der Schauung" gibt keinen Aufschluss über Herkunft oder Funktion der Figur. Da es in den Geschichten auch keinen Zusammenhang zwischen der Namensbedeutung und der Rolle Gehasis gibt, kann auch nicht erklärt werden, ob – und wenn ja weshalb – die Bearbeitung diese Figur zu einem bestimmten Zweck mit diesem Namen benannt habe. Ebenso wenig Indizien gibt es für die von Bauer vorgeschlagene Ähnlichkeit des Namens zu einer arabischen Beinamenbildung, vgl. Bauer, Eigennamen, 78.

100 Vgl. die literarkritischen Anmerkungen zur Stelle in Kapitel 2.8. dieser Arbeit.

Figur des Gehasi verbunden. Zwar ist Gehasi auch hier nachträglich in die Erzählung eingefügt, er wird jedoch als hinterlistiger und raffgieriger Diener dargestellt, der sich heimlich der Maßgabe seines Meisters widersetzt und sich bereichern möchte. Sein Ansinnen und seine Tat bleiben jedoch vor seinem Meister und dessen seherischen Fähigkeiten nicht verborgen und die Bestrafung folgt sofort. Gehasi wird für die Erschleichung der Geschenke mit dem Aussatz bestraft, von dem Elischa zuvor Naaman geheilt hatte. Die Erzählung trägt m. E. eine deutlich moralische Aussagetendenz und zeichnet Gehasi als Gegenbild eines guten und tüchtigen Dieners. Der Leser wird auf diese Weise vor Raffgier, Ungehorsam und Hinterlist gewarnt und soll durch das drastische Ende der Erzählung abgeschreckt werden.

In 2Kön 2,16 – 18 als Fortschreibung der Himmelfahrtserzählung stehen nicht Gehasi, sondern die Prophetenjünger im Fokus der Erzählung. Diese sind nach der Auffahrt Elias konsterniert und wollen nicht recht an seine Entrückung glauben. Aus diesem Grund beschließen sie, im Umland nach Elia zu suchen. In dieser Bearbeitung wird ebenfalls eine moralische Tendenz erkennbar, die den Kleinglauben der Prophetenjünger kritisiert. Obwohl sie Zeugen von Elias Himmelfahrt wurden und zugleich auch den Geistübergang auf Elischa anerkennen, zweifeln sie an der Entrückung Elias. Als sie von ihrer Suche zurückkehren, tadelt Elischa ihren Kleinglauben mit der rhetorischen Frage הלוא־אמרתי אליכם אל־תלכו. Diese tadelnde und moralisierende Tendenz in Verbindung mit den Dienern des Propheten weist m. E. große Ähnlichkeit mit der Gehasi-Bearbeitung in der Naaman-Erzählung auf und geht daher auf den gleichen Bearbeiter zurück.

Eine weitere Stelle mit ähnlich gelagerter Aussageintention findet sich innerhalb der Belagerungserzählung in 2Kön 6,24 – 7,20. Die *Theologisierende Redaktion*, der sich die Verse 7,2.17 – 20 verdanken, weist m. E. eine sehr große Ähnlichkeit einerseits mit der Gehasi-Bearbeitung in 2Kön 5 und der moralisierenden Tendenz der Bearbeitung in 2,16 – 18 auf. Der Bote des israelitischen Königs, der zu Beginn der Belagerungserzählung zu Elischa eilt, um Hilfe zu erbitten, bringt gleichsam mehrfach zum Ausdruck, dass er bereits jede Hoffnung auf Rettung aufgegeben hat und nicht mit der Größe und Macht Elischas bzw. Jahwes rechnet (vgl. 7,2), die Belagerung und die daraus resultierende Hungersnot wenden zu können. Hierin drückt sich ein ähnlicher Kleinglaube aus, wie in 2,16 – 18. Dieser Kleinglaube wird am Schluss der Erzählung durch das wundersame Ende der Belagerung und Not nicht nur als Torheit enttarnt, sondern zugleich auch bestraft, indem der Bote von den im Stadttor versammelten Massen totgetreten wird. Sowohl in ihrer moralisierenden Tendenz als auch in ihrer Drastik entspricht diese Bestrafung dem Ende der Naaman-Erzählung in 2Kön 5.

Wie die Betrachtung der Texte gezeigt hat, ist der *Moralisierenden Bearbeitung* offenbar daran gelegen, die Größe Elischas hervorzuheben und den Kleinglauben oder die Habgier der *Dienerfiguren* zu kritisieren. Insofern sollen die *Dienerfiguren* vor allem dem Leser als Mahnung *dienen* und möglichen Kleinglauben gegenüber den Elia- und Elischa-Erzählungen ebenso wie moralisches Fehlverhalten verurteilen.[101]

Dass wir es dreimal mit Gehasi, dann wiederum aber einmal mit einem namenlosen Boten des Königs und einmal mit der Gruppe der Prophetenjünger zu tun haben, könnte m. E. der Gestalt und den Figurenkonstellationen geschuldet sein, die der Bearbeiter in den ihm vorliegenden Erzählungen vorfand. Die Einfügung Gehasis in 2Kön 4,8–37; 2Kön 5 und 2Kön 8,1–6 und somit in den Elischa-Zyklus geht aber in jedem Fall auf diesen Bearbeiter zurück. Elischa bekommt so erst sekundär einen Diener an die Seite gestellt, der nicht ursprünglich an seiner Seite war.[102] Dieser Bearbeiter wurde vermutlich durch die Erwähnung von Dienern in den ihm vorliegenden Elischa-Erzählungen (vgl. 4,38–41.42–44; 5,1–15; 6,3 etc.) dazu inspiriert, eine Dienerfigur zu schaffen, die dem Leser mit einer eigenen Typologie und deutlich mehrdimensionaler begegnet als die namenlosen Diener sonst. Eine solche Dienerfigur ist in der Lage, mehr von der redaktionellen Intention zu transportieren als die anonymen Figuren der anderen Erzählungen. In dieser moralisierenden Aussageintention lassen sich m. E. Nähen zu weisheitlichen, vor allem spruchweisheitlichen Texten wie Prov 10,27; 11,5 f.9; 13,21a; 14,27; 16,18; 19,16.23 und 20,21 erkennen.[103]

3.7 Juda-Joschafat-Bearbeitung

In 2Kön 3,4–27 und 2Kön 9 finden wir Eingriffe eines Bearbeiters, der ein besonderes Interesse am Südreich Juda und im Besonderen an König Joschafat zu haben scheint. Zwar sind die Eingriffe nicht zahlreich und auch nicht wirklich umfangreich, aber dennoch auffällig im Gefüge der Texte, in denen sie rekonstruiert wurden.

Innerhalb von 2Kön 3,4–27 fügt dieser Bearbeiter dreimal den Namen Joschafat (davon zweimal verbunden mit der Wurzel אמר) in 3,7a.11a.12ab ein. Weiterhin gehen auf ihn die Verse 3,13aβb und 14 zurück. Durch diese wenigen Einfügungen erzielt er jedoch große Wirkung. So wird Joschafat zu demjenigen stilisiert, der allein auf die Anrufung Jahwes in einer ausweglosen Situation hinweisen und den israelitischen König förmlich mit der Nase darauf stoßen muss,

---

101 Zum Auftreten der Dienerfiguren in der Elia-Überlieferung vgl. Smend, Wort, 335 f.

102 Vgl. Mommer, Diener, 113–115.

103 Gerade dieses letzte Beispiel wirkt, als böte es die exakt passende Moral zu der Geschichte von Gehasis Habgier in 2Kön 5.

dass es dazu eines Propheten bedarf. Der König von Israel hingegen wird durch die Eingriffe in ein schlechtes Licht gerückt. Elischa werden ablehnende Worte in den Mund gelegt, die dem Nordreichskönig seine Verstrickungen in den Baalsdienst seiner Eltern vorwirft. Allein der Allianz Joschafats sei es nach diesem Bearbeiter zu verdanken, dass Elischa den Königen das Wort Jahwes verkünde.

Zwar ist es etwa nach der Datierung von Begrich/Jepsen theoretisch denkbar,[104] dass Joschafat und Joram gegen Ende von Joschafats Regentschaft gemeinsam in die Schlacht gegen Moab gezogen sind; aus diesem Text jedoch historisierende Rückschlüsse zu ziehen, ist vorschnell. Begnügt man sich damit, die Denkbarkeit einer solchen Episode von Seiten des Bearbeiters und der Leser von 2Kön 3 zur Grundlage weiterer Überlegungen zu machen, kommt man ggf. zu hilfreicheren Ergebnissen. So finden sich die deuteronomistischen Notizen über Joschafat in 2Kön 22,41–51. Darin findet sich neben den üblichen Sachinformationen und einer positiven Beurteilung Joschafats auch die Notiz darüber, dass er Frieden mit dem König von Israel hatte. Gegebenenfalls ist diese Notiz der Auslöser für die Bearbeitung der Erzählung in 2Kön 3, in jedem Fall ermöglicht sie diese.

Von Joschafat und seiner sogenannten Rechtsreform lesen wir außerdem in 2Chr 19,4–11. Dort wird ein überaus positives Bild dieses Südreichskönigs gezeichnet. Besonders 2Chr 19,9 zeichnet dabei genau das Bild Joschafats, welches wir auch in den Erweiterungen in 2Kön 3 finden.[105]

Grundsätzlich ist davon auszugehen, dass eine solche Betonung des Südreiches bei gleichzeitiger Abwertung des Nordreichskönigs Joram ganz sicher erst vor dem Hintergrund der Erfahrung von 722 v. Chr. denkbar ist. Die Anklage Elischas gegenüber Joram und seiner Dynastie macht deutlich, dass das Nordreich hier bereits als verloren gedacht wird. M. E. ist damit allerdings nicht gleichzeitig vorausgesetzt, dass die Katastrophe des Südreiches von 586 v. Chr. noch nicht geschehen ist. Es ist vielmehr, ähnlich wie in 2Chr 19, davon auszugehen, dass hier trotz der Exilserfahrung ein positives (Ausnahme-)Modell eines frommen Südreichskönigs gezeichnet wird, welcher Recht und Gesetz Jahwes achtete. Ausgehend von 2Chr 19 wurde mancherorts vermutet, dass diese Zuschreibung ggf. erst nachträglich und motiviert durch seinen Programmnamen auf Joschafat entfiel.[106] Dies ist auch für die Bearbeitung der Erzählung in 2Kön 3 denkbar.[107]

---

104 Vgl. Jepsen, Chronologie, 42f. Einige andere Datierungen schließen eine gleichzeitige Regentschaft von Joschafat in Juda und Joram in Israel aus, vgl. die Gegenüberstellungen der Datierungen in Würthwein, Könige II, 516 (Übersicht über die Regierungszeiten der Könige von Juda und Israel).
105 Vgl. Whitelam, King, 185–206.
106 Vgl. exemplarisch Wellhausen, Prolegomena, 186f; Strübind, Tradition, 110f.131f.189–198.

Interessant ist fernerhin, dass die einzige Erwähnung des Titels „Jahwe Zebaoth" innerhalb der Elischa-Erzählungen in 2Kön 3,14 der *Juda-Joschafat-Bearbeitung* zugewiesen werden konnte, ebenso wie die deuteronomistisch anmutende Diktion (נתן ביד מואב) in 2Kön 3,10.13.

Die Einfügung in 2Kön 9,28 f ist wesentlich weniger theologisch motiviert und trägt nur die Begräbnisnotiz für den Südreichskönig Ahasja nach, dessen Tod in der Jehu-Putsch-Erzählung berichtet worden war. Die Motivation dieser Einfügung liegt m. E. allein darin, den Verbleib des Leichnams nicht unklar zu lassen und deutlich zu machen, dass auch Ahasja bei seinen Vätern in der Davidsstadt ruht.

Ob die Eingriffe dieses Bearbeiters über den Kontext der Elischa-Erzählungen hinausgehen, kann in dieser Arbeit nicht untersucht werden, wäre jedoch im Blick auf die Darstellung des Verhältnisses zwischen Nord- und Südreich innerhalb der Königebücher von großem Interesse.[108]

3.8 Steigerungsbearbeitung

Spuren einer weiteren Bearbeitung finden sich innerhalb von 2Kön 3,4 – 27 (in V. 4.18 f.24b–27); 6,8 – 23 (in V. 10b.14) und 13,14 – 19 (in V. 18 f). Der Begriff *Steigerungsbearbeitung* beschreibt dabei eine inhaltliche Gemeinsamkeit, die alle genannten Stellen eint. Vorab sei jedoch festgestellt, dass diese Bearbeitung nur in jenen Erzählungen zu finden ist, in denen Elischa mit den politischen Geschicken Israels verknüpft ist. Der Bearbeiter trifft dabei die Aussage, dass Israel Moab nicht nur schlägt, sondern vernichtend schlägt (2Kön 3,4 – 27), Israel Arams List nicht nur ein- oder zweimal, sondern häufig untergräbt (2Kön 6,8 – 23) und Israel Aram nicht vernichtend, sondern nur dreimal schlägt (2Kön 13,14 – 19). Letztere Stelle beschreibt zwar im Grunde eine umgekehrte Steigerung, zählt meines Erachtens jedoch dennoch zur gleichen Bearbeitung wie die beiden anderen Stellen.

Ein Indiz dafür ist die häufige Verwendung der Wurzel נכה im Hifil (vgl. 3,19.24b.25; 13,18[2x], 13,19[3x]) sowie das große Interesse an Zahlen (vgl. מאה־אלף in 3,4[2x]; שבע־מאות in 3,10; אחת und שתים in 6,10; שלש in 13,18; חמש und שש in 13,19).

Zudem gibt es inhaltliche Schnittmengen zwischen den Intentionen der einzelnen Hinzufügungen. So scheinen alle drei Eingriffe jeweils Erklärungen für das militärische Verhältnis Israels zu seinen Nachbarn liefern zu wollen.

---

107 Vgl. dazu Kapitel 2.3.2. in dieser Arbeit.
108 Vgl. etwa 1Kön 13.

In 2Kön 3 möchte der Bearbeiter durch seine Eingriffe in den Text offenbar einerseits eine Erklärung für das Ende der Vasallenschaft Moabs liefern, zum anderen aber dennoch die vollständige Überlegenheit Israels darstellen. Es muss also einen anderen Grund dafür geben, dass Moab fortan nicht mehr Vasall Israels ist. Dieser Grund wird mit dem קצף־גדול erklärt, der über Israel kommt. Hierin liegt ebenfalls eine Nähe zu 2Kön 13,19 und dem Erzürnen des Gottesmannes über den König von Israel (Wurzel קצף). Die Hinzufügungen des Bearbeiters in 2Kön 6,8 – 23 und 13,14 – 19 wiederum beschreiben das Verhältnis zu Aram in ähnlicher Weise. Obwohl Israel dem militärisch hochpotenten Aram (6,14) nach Ansicht des Bearbeiters eigentlich militärisch Paroli bieten kann (6,10; 13,19bβ), wird Israel es nie ganz schlagen können (13,19bα).

4 Religionsgeschichtliche Untersuchung

Inspiriert wurde die religionsgeschichtliche Fragestellung dieser Arbeit durch eine Passage in der Monografie von H. C. Schmitt, der, wie einige andere auch, das Prophetentum Elischas mit dem arabischer Derwische verglich.[1] Auf den ersten Blick mag dieser Vergleich als zu fern erscheinen und es drängt sich die Frage auf, ob in der Literatur des Alten Orients und des antiken Mittelmeerraumes nicht näherliegende Analogien zur Typologie des Elischa existieren. Die Typologie eines wundertätigen Gottesmannes, wie wir sie in den ältesten Elischa-Erzählungen finden, ist für das Alte Testament einzigartig. Es legt sich die Suche nach der Herkunft einer solchen Typologie im Umfeld des Alten Testaments nahe. Daher wird die vorliegende Arbeit den Versuch unternehmen, alle für die Fragestellung einschlägigen Texte[2] aus dem Alten Orient unter dem Gesichtspunkt dieser besonderen Typologie in den Blick zu nehmen.

Der Begriff der Typologie muss in diesem Zusammenhang verstanden werden als die literarische Beschreibung und die Darstellung des personalen Charakters einer literarischen Figur innerhalb von Erzählungen. Bestandteil dieser Typologie einer literarischen Figur sind etwa Aussagen zu ihrem Beruf, ihrem Handeln, ihrem Äußeren, ihrem Verhalten in bestimmten Situationen und ihrer Gedankenwelt, insofern diese erzählt wird. Aus all diesen Bestandteilen entsteht im Rahmen des literarischen Schaffensprozesses die Typologie einer literarischen Figur.

Im Anschluss an die literar- und redaktionsgeschichtlichen Ergebnisse der vorliegenden Arbeit muss auch die Frage nach der Typologie des Elischa stets vor

---

1 Vgl. SCHMITT, Elisa, 167 f; MOMMER, Diener, 102; WEIPPERT, Aspekte, 308; LANG, Prophet, 33 f; SCHMITT, Magie, 294 f; HILL, Hero, 39–41. Dieser Vergleich findet sich bereits in der älteren Literatur zu Elia und Elischa, vgl. FÜRST, Geschichte, 274 f; GRESSMANN, Geschichtsschreibung, 37 f; HÖLSCHER, Propheten, 8.174; MOWINCKEL, Religion, 126 sowie BROWN, Dervishes. Für den Vergleich mit arabischen Derwischen gehört vor allem die Zugehörigkeit zu einer Gruppe zu den Kriterien, die den Analogieschluss nahelegen. Dennoch sind mit Derwischen sehr viel mehr Schlüsselattribute verknüpft als nur das nicht-zölibatäre temporäre Gemeinschaftsleben und die Nähe zur Heilkunst, und so bleibt die Frage offen, ob es nicht näherliegende Vergleiche ggf. in anderen Kulturräumen und zu anderen Zeiten geben könnte.
2 Zu den methodischen und erkenntnistheoretischen Schwierigkeiten, die bereits eine solche Auswahl bestimmter außerbiblischer Quellen und mehr noch deren Vergleich miteinander in sich bergen vgl. die methodologischen Überlegungen bei STÖKL, Prophecy, 5–7. Die von Overholt angeführten Schwierigkeiten kulturübergreifender Vergleiche sind für die vorliegende Arbeit nur von geringem Einfluss, da die betrachteten Texte und deren Protagonisten allein als literarische Phänomene in ihrer literarischen Wirkung in den Blick genommen werden, ohne deren reale oder historische Haftpunkte miteinander in ein Verhältnis setzen zu wollen; vgl. OVERHOLT, Prophecy, 423–447; HILL, Hero, 40.

einem diachronen Hintergrund gestellt werden. Es ergibt sich – wenn man so will – also auch eine diachrone Typologie des Elischa, insofern man annimmt, dass nahezu jeder Bearbeiter durch Hinzufügungen oder Bearbeitungen der Erzählungen der Figur des Elischa je eigene Züge verlieh. Dieser Umstand soll in der religionsgeschichtlichen Analyse Beachtung finden.

In einem weiteren Schritt soll die religionsgeschichtliche Perspektive geweitet werden und religionsphänomenologische Analogien in kontemporären oder späteren Literaturen untersucht werden. Die vorliegende Arbeit versucht, durch diese Vorgehensweise Erkenntnisse in Bezug auf die Funktion und Verbreitungsgründe für diese Art der Literatur zu erlangen, welche im Kontext biblischer Erzählungen durch verschiedene sich überlagernde religiöse Intentionen in der Regel schwierig zu erheben sind. Diese Methodik hat also vor allem phänomenologische Ähnlichkeiten im Blick und versucht, diese als Erkenntnisquellen heranzuziehen.

Vorab soll zunächst jedoch eine terminologische Klärung erfolgen, die nochmals die für Elischa verwendeten Bezeichnungen in ein Verhältnis setzt zu den Bezeichnungen ähnlicher Phänomene aus anderen Literaturen. Es zeigt sich, dass in den einzelnen Altertumswissenschaften keineswegs ein Konsens darüber besteht, was mit Prophetie, Magie oder Mantik gemeint ist. Daher soll zunächst die für die Untersuchung zugrunde gelegte Definition erarbeitet werden, bevor ein Vergleich erfolgen kann.

4.1 Terminologische Klärungen

4.1.1 Elischa als Prophet und Gottesmann

Vor der Frage nach der religionsgeschichtlichen Herkunft der Typologie Elischas und der Begrifflichkeit in anderen Literaturen muss eine inhaltliche Analyse der biblischen Terminologie stehen, da diese ganz maßgeblich beiträgt zum Bild Elischas, wie es die Königebücher zeichnen.

Wie in der redaktionsgeschichtlichen Analyse herausgearbeitet wurde, wird in den ältesten Entstehungsschichten der Elischa-Erzählungen neben Elischas Namen ausschließlich der Begriff איש־האלהים verwendet. Erst auf einer späteren Stufe trägt der *Theologisierende Redaktor* den Begriff נביא für Elischa in die Erzählungen ein.[3] Wie bereits bemerkt, tut Elischa bis zum Eingreifen dieses Bearbeiters streng

---

3 Einzige Ausnahmen sind der Gebrauch des Titels im Sinne einer Fremdzuschreibung aus dem

genommen nichts von dem, was etwa in den Tätigkeitsbereich der sogenannten *klassischen Propheten* in der Darstellung der schriftprophetischen Bücher im Alten Testament fällt. Diese Prophetendarstellungen sind es, die das biblische Bild eines נביא maßgeblich prägen. Jenem Bild widerspricht Elischa in vielerlei Hinsicht; so sagt er etwa kein Heil oder Unheil an, übt keine Kritik an Kult, Glauben, Königtum oder den sozialen Missständen in Israel, verkündet nur selten Jahwe-Wort und auch Visionen werden nicht von ihm überliefert.[4] Im Gegenteil, er verstößt in dem diesem Redaktor vorliegenden Material streng genommen sogar gegen das Verbot mantischer und magischer Praktiken aus dem Prophetengesetz in Dtn 18,9–15. Folglich legt neben den vielen redaktionsgeschichtlichen Gründen auch die Verwendung des Begriffes נביא für Elischa eine deutlich post-deuteronomistische Herkunft des *Theologisierenden Redaktors* nahe; allerdings wird durch die Verwendung dieses Begriffes ein besonderes Interesse und Geschichtsbild zum Ausdruck gebracht. Ebenso verdanken sich auch alle Belege der Botenspruchformel diesem Redaktor. Sie erfüllt den Zweck, Elischa noch stärker in der Funktion eines Propheten in Anlehnung an die Schriftpropheten erscheinen zu lassen.

Die Belege für den Titel נביא und den Titel איש־האלהים müssen zugleich vor dem Hintergrund von 1Sam 9 betrachtet werden. Diese Erzählung über Saul und die verlorenen Eselinnen seines Vaters erklärt dem Leser, dass ein איש־האלהים gegen Geld Vorhersagen trifft. In V. 9 folgt dann eine die verschiedenen Bezeichnungen in ein Verhältnis setzende Erklärung:

לפנים בישראל כה־אמר האיש בלכתו לדרוש אלהים
לכו ונלכה עד־הראה כי[5] לנביא היום יקרא לפנים הראה:

Munde der Dienerin der Frau Naamans in 2Kön 5,3 und des Knechtes im Gefolge des aramäischen Königs in 2Kön 6,12.

4 Sowohl der Vergleich vorklassischer und klassischer Gestalten, die als נביא bezeichnet werden (vgl. etwa Elischa oder Mose mit Jesaja oder Hosea), als auch einige wenige atl. Stellen (vgl. etwa Am 7,14) geben einen Eindruck davon, dass es einen erheblichen Unterschied zwischen der vorklassischen Funktionsbezeichnung נביא und der Ausdeutung dieses Begriffs in den Darstellungen der klassischen Schriftpropheten gibt. Ob es sich zugleich um zwei konkurrierende theologische Modelle von Prophetie handelt, welche in den Vorderen und Hinteren Propheten zu finden sind, lässt sich nur schwierig beantworten, da spätere redaktionelle Eingriffe in beide Kanonteile zugleich auch Aspekte des jeweils anderen Modells in die unterschiedlichen Kontexte eintragen.

5 Ggf. ersetzte in diesem Text der Titel נביא ein ursprüngliches איש־האלהים. Für diese Annahme spricht die Verbindung mit der den Vers umgebenden Erzählung in 9,6–14. Vgl. weiterhin Lang, Art. Prophet I, 172f und die dort angegebene Literatur.

Es ist davon auszugehen, dass dieser Vers zusammen mit den literarkritischen Ergebnissen zum Begriff נביא in den Elischa-Erzählungen auf eine Entwicklung innerhalb des Propheten-Verständnisses der erzählenden Bücher des Alten Testaments hindeutet. So zeichnet sich zunächst eine ganz starke Unterscheidung von Schrift- und Nicht-Schriftprophetie ab, die im Verlauf der literarischen Überlieferung immer stärker nivelliert zu werden scheint. Am Ende dieser Entwicklung entsteht auf der Ebene des Endtextes eine Fiktion des Prophetentums, dessen vornehmster Vertreter und Idealbild Mose ist. In dieser Tradition stehen auch die Schriftpropheten, die Mose zwar in Bezug auf die Gottesnähe in vielem nachstehen, deren Forderungen und deren Proprium aber bestimmt werden durch den Modus des Gottesverhältnisses. Während in der Vorzeit Moses und Josuas das Verhältnis zwischen Israel und Jahwe noch als nahezu ideal gedacht wird, verändert sich diese Darstellung für die Richterzeit und dann vor allem ab der Zeit der geteilten Reiche erheblich. Von einem phasenweisen Abfallen Israels unter den Richtern kommt es in dieser Vorstellung zu einem konstanten Niedergang der Gottesbeziehung Israels in der Zeit der beiden Staaten Juda und Israel. In der Fiktion des Endtextes tragen die Schriftpropheten mit ihren Ansagen dieser Entwicklung Rechnung, indem sie Israel zur Umkehr zu Jahwe, sozialer Gerechtigkeit und einem Kult aufrufen, der den Forderungen Jahwes entspricht.

Auf diesem Hintergrund muss auch die Untersuchung der Typologie Elischas im Blick behalten, dass Elischa und seine Darstellung einerseits Teil dieser Fiktion sind und doch wiederum sperrig im Zusammenhang dieser Literatur erscheinen.[6]

Über den Titel Gottesmann und seine Implikationen erfahren wir innerhalb der Elischa-Erzählungen nicht viel. In 2Kön 4,8 – 37 finden wir im Zusammenhang mit den Reisevorbereitungen der Schunemiterin (V. 20 – 24) einen Hinweis darauf, dass es am Neumondtag oder am Sabbat wohl üblich gewesen sein könnte, einen Gottesmann aufzusuchen.[7] Dies wirft die Frage auf, ob der Erzähler den Gottesmann als eine Art Priester verstanden wissen möchte bzw. ob er in der erzählten Zeit gar als ein solcher wahrgenommen wurde.[8]

---

6 Vgl. BERGEN, Elisha, 175 – 179.

7 Vgl. VEIJOLA, Erben, 39.64. Auch in anderen Texten, die in vorexilischer Zeit spielen, finden wir beide Tage nebeneinander genannt: vgl. Am 8,5; Hos 2,13; Jes 1,13. Sie sollten als Ruhetage dienen: vgl. Ex 20,8 – 10; 23,12; 34,21; Dtn 5,12 – 15; und scheinen als Tage der besonderen Nähe und Aufmerksamkeit der Gottheit zu gelten, vgl. Jes 47,13; vgl. weiterhin LEVIN, Sturz, 39; FRITZ, 2. Könige, 24 und VEIJOLA, Erben, 74. Interessanterweise geht aus diesem Gespräch (V. 22 – 23) auch hervor, dass es am Sabbat oder Neumondtag durchaus üblich war, ein Reittier zu nehmen und eine längere Reise (die Entfernung von Schunem bis zum Karmel beträgt ca. 25 km) zu unternehmen, was dem Sabbatgebot aus Ex 20,10//Dtn 5,14 widerspricht.

8 Vgl. FRITZ, 2. Könige, 25; WÜRTHWEIN, Könige II, 293. Vgl. Versammlung am Heiligtum in Hos 2,13; Jes 1,13 f.

Die anderen Figuren, die im Alten Testament mit dem Titel *Gottesmann* bedacht werden, geben auch kein eindeutiges Bild davon ab, was genau der Begriff meint – zu groß ist die Spannbreite zwischen Mose, Samuel, Schemaja und den namenlosen Gottesmännern in Bezug auf ihr Handeln, ihre Charakteristik oder ihre Aufgaben.[9]

Wahrscheinlich soll der Titel auf die besondere Beziehung zwischen dem Benannten und der Gottheit hinweisen. In akkadischen Texten finden sich analog dazu zahlreiche Bildungen mit Götternamen (bspw. *amēl-*^{il}*Šamaš* oder *amēl-*^{il}*Ištar*) sowie zuweilen die Begriffsbildung ohne Nennung eines Götternamens, die sich dann äquivalent zu איש־האלהים als LÚ-DINGIR-RA, also *awīl-ilim* darstellt.[10] In dem von Haldar zitierten Text aus der in Kujundschik gefundenen Sammlung *šumma ālu ina melê šakin* wird der Begriff – ähnlich wie im Verlauf der Elischa-Erzählungen oder in 1Sam 9,9 – parallel zu anderen prophetisch-mantischen Professionsbezeichnungen (in diesem Fall: *bārû* [Ekstatiker] und *maḫḫû* [Opferbeschauer]) verwendet. Mehr Information über die spezifische Bedeutung oder die Implikationen dieser Bezeichnungen gibt der Text jedoch nicht preis.[11]

4.1.2 Prophetie im Alten Testament und im Alten Orient

Zwar geht der Begriff נביא in der hebräischen Bibel sprachgeschichtlich auf das akkadische *nabû(m)* zurück, es zeigt sich bei der Betrachtung der Texte jedoch sofort, welch unterschiedliche Bedeutung diese beiden Begriffe in ihren jeweiligen Kontexten haben.

Einige Arbeiten verweisen daher immer wieder auf die Schwierigkeiten, die die Verwendung der Begriffe *Prophetie* bzw. *prophecy* für altorientalische Phänomene mit sich bringt.[12] Dennoch ist es m.E. möglich, durch Abgrenzung und Eingrenzung eine Definition zu finden, die nichtsdestoweniger den Texten und ihren Kontexten gerecht wird.

---

9 Vgl. Dtn 33,1; Jos 14,6; Ri 13,6.8; 1Sam 2,27; 9,6–10; 1Kön 12,22; 13,1.4–8.11f.14.21.26.29.31; 17,18.24; 20,28; 2Kön 1,9–13; 23,16f; 1Chr 23,14; 2Chr 8,14; 11,2; 25,7.9; 30,16; Esr 3,2; Neh 12,24.36; Ps 90,1; Jer 35,4.
10 Vgl. Haldar, Associations, 29f; Gadd, CT 38, Tabl I; Nötscher, Omen-Serie, 48. Die Bildung LÚ-DINGIR-RA scheint es jedoch auch als Eigennamen gegeben zu haben, wie der Name des Autors eines Gedichtes aus Nippur beweist; vgl. Civil, Message, 1–11.
11 Vgl. Haldar, Associations, 29f; Gadd, CT 38, Tabl. I; Nötscher, Omen-Serie, 48.
12 So etwa Ellis, Observations, 132f.144–146; eine detaillierte Reflektion der Probleme bietet Stökl, Prophecy, 1–13.

Manfred Weippert formuliert im Blick auf die Prophetie im Alten Orient:

> Bei religiöser Offenbarungsrede ist dann von Prophetie zu sprechen, wenn eine Person (a) in einem kognitiven Erlebnis (Vision, Audition, audiovisuelle Erscheinung, Traum o. ä.) der Offenbarung einer Gottheit oder mehrerer Gottheiten teilhaftig wird und ferner (b) sich durch die betreffende(n) Gottheit(en) beauftragt weiß, das ihr Geoffenbarte in sprachlicher Fassung (als „Prophetie", „Prophetenspruch") oder in averbalen Kommunikationsakten („symbolischen" oder „Zeichenhandlungen") an einen Dritten (oder Dritte), den (die) eigentlichen Adressaten, weiterzuleiten.[13]

Prophetie will darüber hinaus in der vorliegenden Untersuchung als intuitiver Vorgang verstanden werden – im Unterschied zu induktiver Divination, also jenen Formen von Omina oder Prodigien, die auf der Grundlage von Eingeweide-, Vogelflug-, Himmels- und Gestirnsschau oder ähnlichen zufälligen oder herbeigeführten Phänomenen beruhen und eine gewisse Fragestellung im Hintergrund haben.[14] Obwohl es gute Gründe für die Infragestellung dieser Unterscheidung gibt,[15] wird sie in dieser Arbeit Anwendung finden, da sie – wenn wertfrei verwendet – trennscharfe Kategorien[16] anhand der äußerlichen Merkmale (Orakel-Anfragen, Medien, etc.) liefert und nicht so sehr an den Inhalten orientiert ist wie andere Kategorisierungen. Diese induktiven Formen werden im Bereich der altorientalischen Phänomene häufig auch als „Prophetie" bezeichnet, sollen in dieser Untersuchung jedoch ausschließlich unter dem Begriff der *Mantik* zusammengefasst werden.[17]

Dabei entspringt diese Unterscheidung der Begriffe *Prophetie* und *Mantik* keineswegs einem religiösen Empfinden von richtig und falsch auf Seiten der vorliegenden Untersuchung.[18] Sie reflektiert allein die alttestamentliche Unterscheidung und Abgrenzung dieser beiden Phänomene voneinander, um deren Klärung im Zusammenhang mit der Figur Elischas die vorliegende Untersuchung

---

13 WEIPPERT, Art. Prophetie, 197.

14 Vgl. WEIPPERT, Aspekte, 290 f. Auch induktive Divination scheint in der Vorstellungswelt einiger späterer Bearbeitungen für Elischa denkbar gewesen zu sein, vgl. 2Kön 13,18 f (Steigerungsbearbeitung). In den älteren Schichten der Elischa-Erzählungen hingegen finden sich ausschließlich intuitive Vorstellungen.

15 Vgl. BARSTAD, Prophets, 47 f; ELLIS, Observations, 144–146.

16 Weniger trennscharf zugunsten einer größeren Bandbreite von „prophetischen" Phänomenen ist etwa die Definition von PETERSEN, Prophecy, 33–39.

17 Vgl. KRATZ, Propheten, 21–28; FOHRER, Prophetie, 246 f.

18 Eines solchen Urteils möchte sich die vorliegende Untersuchung ebenso enthalten in Bezug auf das Begriffspaar *Religion* und *Magie*; vgl. dazu weiterführend SCHMITT, Magie, 293.

bemüht ist.[19] Die vorliegende Untersuchung ist sich dabei allerdings stets bewusst, dass diese in den alttestamentlichen Texten anzutreffende strikte Unterscheidung innerhalb der Kulturen des Alten Orients einen Ausnahmefall darstellt.[20]

Das vermeintliche Gegenüber von Prophetie und Mantik, welches die biblischen Autoren zuweilen zu erzeugen suchen, kann weiterhin insofern kritisch hinterfragt werden, als es im Alten Testament auch Formen der Divination gibt, die völlig mit denen übereinstimmen, die man in den umliegenden Kulturräumen des Alten Orients findet. Hier seien zunächst die beiden Orakellose Urim und Thummim genannt (vgl. Ex 28,15–30; Lev 8,8; Num 27,21; Ri 1,1–3; 1Sam 30,7 f; Esr 2,63; Neh 7,65), welche etwa für ein Orakel in Bezug auf das Vorgehen in der Schlacht verwendet werden (vgl. v. a. Num 27,21; 30,7 f).[21] In der Darstellung der biblischen Überlieferung sind diese Orakellose die einzige für Israel erlaubte Form der Mantik – jedwede andere Form wird abgelehnt, um sich von den „Gräueln der Völker" abzuheben, die nach der Vorstellung des Deuteronomiums etwa in mantischen Praktiken wie der Eingeweideschau oder der Nekromantie bestehen.[22] Dass es sich dabei aber vor allem um eine partikulare literarische Abgrenzung handelt, zeigen Belege für mantische Praktiken und deren Akteure in Israel und Juda, wie wir sie etwa aus 2Kön 16,15; Jes 44,25 f und Jer 50,36 rekonstruieren können.[23]

4.1.3 Elischa als Magier und Wundertäter

Das Phänomen der *Mantik* finden wir – wie zuvor gesehen – in jenen Erzählungen, die Elischa im Zusammenhang mit den Königen zeigen.[24]

---

19 Ebenso verteidigen einige Arbeiten die Unterscheidung aus ähnlichen Gründen, vgl. NISSINEN, Perspective, 21 f; CANCIK-KIRSCHBAUM, Prophetismus, 43–53 oder führen gar neue Unterscheidungen ein, vgl. STÖKL, Prophecy, 7–11.
20 Vgl. FARBER, Witchcraft, 1895.
21 Vgl. COGAN/TADMOR, II Kings, 48 f. Cogan und Tadmor gehen davon aus, dass ab der Mitte des 9. Jahrhunderts diese Funktion für die Priesterschaft nicht mehr denkbar gewesen sei und auf die Propheten übertragen worden wäre. Ob es tatsächlich diese Entwicklung gab oder dies der Eindruck ist, den die biblisch-deuteronomistische Fiktion erzeugt, kann an dieser Stelle nicht abschließend geklärt werden; vgl. weiterhin CRYER/THOMSEN, Witchcraft, 130 f.
22 Vgl. v. a. Dtn 18,9–12; LORETZ, Ugarit, 143 f.
23 Vgl. LORETZ, Ugarit, 145.
24 Vgl. bspw. 2Kön 6,8 f; 7,1. Wie die redaktionsgeschichtliche Rekonstruktion zeigte, wird das Motiv der Mantik, also des Vorherwissens Elischas, durch den *Elischa-Biographen* in die Erzählungen eingetragen. Dieser stellt Elischa in den Zusammenhang mit den Königen Israels und

In den Elischa-Erzählungen, vor allem jenen, welche die Literarkritik als ältesten Bestand erwiesen hat, treffen wir hingegen auf ein Phänomen, welches weder mit *Prophetie* noch mit *Mantik* richtig beschrieben ist. In vielen der betreffenden Erzählungen geht es nämlich nicht um göttliches Wissen oder Offenbarungsrede, sondern um magisches Handeln. Der Begriff der *Magie* muss daher hier als dritter eingeführt werden. Wenn Elischa etwa eine krankmachende Quelle durch das Hineinwerfen von Salz heilt, dann beschreibt der Begriff *Magie* einen solchen Vorgang am treffendsten.[25]

Der Begriff *Magie*, wie er in der vorliegenden Untersuchung gebraucht wird,[26] umfasst folgende Kriterien: Als magische Praktiken werden übernatürliche Handlungen verstanden, die *ex opere operato*, also durch ihren Vollzug und in diesem wirksam sind.[27] So ändert Elischa etwa durch den Gebrauch magischer Handlungen stets die Natur jener Dinge oder Menschen, die Ziel des magischen Handelns sind. Fernerhin wird mit dem Begriff nicht – wie in der Alltagssprache häufig der Fall – ein Gegensatz zu Religion oder als religiös qualifizierten Praktiken konnotiert. Diese alltagssprachliche Gegenüberstellung von Religion und Magie beruht auf einer der jüdisch-christlichen Religionstradition innewohnenden Sanktionierung magischer Praktiken im Rahmen der Abgrenzung von an-

---

verleiht ihm dadurch die Aura eines Hofpropheten, wie er in altorientalischen Texten gängig ist, vgl. dazu die folgenden Kapitel. Neben den oben angesprochenen Belegen für Orakellose finden sich auch an anderen Stellen des Alten Testaments Belege für mantische Phänomene, vgl. etwa Nekromantie in 1Sam 28,3–25 (vgl. dazu Lev 20,27 und Jes 29,4).

25 Vgl. OTTO, Magie, 408 f; FOHRER, Magie, 247.

26 Eine Untersuchung der in den verschiedenen Altertums- und Kulturwissenschaften existenten Magietheorien soll hier allerdings nicht erfolgen. Ich verweise dazu auf die detaillierte Durchsicht der entsprechenden Literatur in SCHMITT, Magie, 1–66; CRYER, Divination, 42–95; KARNER, Elemente, 7–56; vgl. weiterhin CRYER, Prophet, 79–88.

27 Vgl. RATSCHOW, Art. Magie, 686 f. Anders urteilt SCHMITT, Magie, 90, der ein solches Magieverständnis allen Konzeptionen von Magie im Vorderen Orient der Antike abspricht. Zu diesem Urteil gelangt Schmitt durch die Grundannahme ein *ex opere operato* schließe zwangsläufig die zu Grunde liegende göttliche Präfiguration der Magie aus. Hierbei handelt es sich m. E. jedoch um ein Missverständnis des Begriffes, welches (ggf. durch die Rezeption reformatorischer Sakramentaltheologie beeinflusst) eine Wirksamkeit des Rituals ohne göttliches Zutun ausschließen will. Dieses Verständnis teilt die vorliegende Arbeit nicht. Ein solch überzogenes Verständnis von Magie, gänzlich ohne göttliches Zutun, ist in der Antike m. E. ohnehin nicht zu denken und liegt den altorientalischen Quellen völlig fern. Das hier zur Anwendung kommende Verständnis des *ex opere operato* beschränkt sich allein auf die Methodik des Ritualvollzugs, bei der das Ritual in seiner Ausübung grundsätzlich aus sich selbst heraus funktioniert, wenn es nur richtig ausgeführt wird. Ein solches Verständnis der Magie als erlernbare Fähigkeit entspricht der überwiegenden Mehrheit altorientalischer Texte, wie in den folgenden Kapiteln zu zeigen sein wird.

deren Religionen[28] und repräsentiert nur *eine* Haltung innerhalb der alt- und neutestamentlichen Texte. Dass die Elischa-Erzählungen selbst dieser Bipolarität widersprechen, könnte ein Indiz dafür sein, dass es andere – wenn auch wirkungsgeschichtlich schwächere – Positionen innerhalb der kanonischen Texte ebenso wie in der nachkanonischen jüdischen und christlichen Tradition gibt. Der Blick in die literarischen Bezugsräume des Alten Testaments soll für die Identifikation bestimmter Tendenzen fruchtbar gemacht werden.

Das Alte Testament selbst kennt und nennt viele Bezeichnungen für magische Berufsgruppen im Alten Orient[29] und erzählt auch selbst von magischen Phänomenen.[30] Dabei gibt es eine Vielzahl von Kategorisierungsmöglichkeiten. R. Albertz etwa teilt die magischen Handlungen innerhalb des Alten Testaments vor allem zwei Kategorien zu. In den Bereich der Analogie- oder Ähnlichkeitsmagie fallen ihm zufolge etwa 2Kön 2,19–22; 4,40f; 6,6; 13,15–19. In den Bereich der Kontaktmagie fallen nach Albertz hingegen 2Kön 2,8.14; 4,29–37.[31]

Die größten Ähnlichkeiten zum magischen Handeln Elischas finden wir innerhalb des Alten Testaments neben den Elia-Erzählungen vor allem bei Mose. Bei Mose fällt ebenfalls häufig magisches Handeln zusammen mit der theologischen Ausdeutung desselben als Handeln Jahwes.[32]

Die biblisch-exegetische Forschung führt zudem einen weiteren Begriff in die Diskussion ein, der in Bezug auf altorientalische Phänomene selten oder nie Verwendung findet, nämlich den des *Wunders*. Die Geschichten um Elischa und Elia werden häufig als Wundergeschichten oder Wunderepisoden bezeichnet, wie auch in der vorliegenden Arbeit zuweilen geschehen.[33] Dabei stellt Schmitt – in der Tradition vor allem neutestamentlicher Formgeschichte – heraus, dass der Protagonist, der Thaumaturg, an sich bereits ein wichtiges Charakteristikum der Wundergeschichte ist.[34] Betrachtet man den als ältestes Stadium der Elischa-Erzählungen herausgearbeiteten Zyklus von Wundererzählungen näher, so vermag

---

28 Vgl. v. a. Dtn 18,9–15.
29 Vgl. etwa אשפים in Dan 1,20; 2,2.10 oder כשפים in Dan 2,2; Ex 7,11; 22,17; Dtn 18,10; Mal 3,5; Jer 27,9.
30 Vgl. Ex 7; Ri 6,36; therapeutische Magie in Tob 6,7; Num 21,4–9 etc., vgl. weiterführend DE TARRAGON, Witchcraft, 2075–2080.
31 Vgl. ALBERTZ, Art. Magie, 692f.
32 Vgl. bspw. Ex 4,1–9. Diese Deutung scheint sich ebenso späterer Bearbeitung zu verdanken, vgl. DE TARRAGON, Witchcraft, 2076. Unkritisch gegenüber dieser literarischen Entwicklung und ihrer Partikularität ist FOHRER, Prophetie, 248.
33 Vgl. weiterhin bspw. SMEND, Elia, 233; WÜRTHWEIN, Könige II, 269f; BECK, Elia, 158–161; STECK, Überlieferung, 144–146; KRATZ, Propheten, 35–38.
34 Vgl. SCHMITT, Magie, 209 und die dortigen Verweise auf die neutestamentliche Formgeschichte.

diese Annahme einiges über den Entstehungs- und Verbreitungszusammenhang der Elischa-Erzählungen zu erhellen. So dient eine Wundergeschichte vornehmlich zur Verherrlichung des Thaumaturgen, der in ihrem Zentrum steht.

Auf Basis dieser terminologischen Vorüberlegungen soll nun die Durchsicht von jenen Texten aus der Um- und Nachwelt des Alten Testaments erfolgen, die für die Frage nach der historischen und sozialgeschichtlichen Herkunft der Typologie Elischas in Betracht kommen könnten. Dabei deckt sich die Auswahl der Texte zum Teil mit der Arbeit anderer, die eine begründete Klassifikation einschlägiger Texte bereits vorgenommen haben.[35]

4.2 Altorientalische Texte

Für die Betrachtung der Phänomene Prophetie und Magie fällt der Blick der alttestamentlichen Wissenschaft stets auf den Alten Orient als wichtigem Bezugsrahmen für die biblischen Texte.[36] Auch in dieser Untersuchung sollen die Texte aus dem Alten Orient Betrachtung finden, jedoch zugespitzt auf die für die vorliegende Arbeit entscheidende Frage nach der Typologie Elischas. Es wird der Versuch unternommen, auf Basis der bereits erschlossenen Texte zu sehen, ob es Vorlagen und Analogien für die Typologie Elischas in den Literaturen des Alten Orients gibt. Diese Typologie, das hat die bisherige Analyse ergeben, findet sich im Spannungsfeld von prophetischen, mantischen und magischen Phänomenen. Alle diese Bereiche müssen in Bezug auf die typologische Fragestellung im Blick behalten werden.

Vor Beginn der Durchsicht der Texte muss jedoch mit aller Deutlichkeit auf zwei Unterschiede hingewiesen werden, die zwischen den altorientalischen Texten und den Elischa-Erzählungen bestehen. Zum einen sind die Elischa-Erzählungen – anders als viele prophetische Texte des Alten Testaments wie des Alten Orients – reine Erzählungen. In ihnen wird so gut wie nie ein Wort Jahwes verkündet und es gibt kaum Spruchmaterial.[37] Damit verbunden stellt sich die Frage, inwieweit die Begriffe *Prophet* für Elischa und *Prophetie* für die Vorderen Propheten generell treffend sind. Sicher verwenden die Texte den Begriff des Propheten selbst, allerdings und das hat die redaktionsgeschichtliche Analyse gezeigt, erst in einem relativ späten Entwicklungsstadium.

---

35 Vgl. Nissinen, Prophets, 1–11; Stökl, Prophecy, 1–26; Schmitt, Magie, 1–66.
36 Vgl. exemplarisch Nissinen, Prophets; Nissinen, References; Nissinen, Prophecy; Stökl, Prophecy, Schmitt, Magie.
37 Die Ausnahmen verdanken sich, wie in der literarkritischen Analyse gezeigt, allesamt späteren Bearbeitungen, vgl. 2Kön 3,12; 7,1; 9,25 f.36.

Zudem muss für die Betrachtung der altorientalischen Texte stets im Blick behalten werden, dass es offenbar einen großen konzeptionellen Unterschied gibt zu dem, was in den zahlreichen Untersuchungen zu Altorientalischen Texten mit *Prophetie* benannt wird. Dass es sich dabei zumeist um *divinatorische* Vorgänge, in aller Regel sogenannte *induktive Prophetie,* handelt, stellt einen erheblichen Unterschied zu der Mehrheit der Phänomene dar, die wir im Alten Testament finden. Insofern muss bei der Betrachtung und beim Vergleich der altorientalischen mit den biblischen Texten stets die Problematik der Terminologie und der Unterschiedlichkeit der Phänomene im Blick bleiben, wie sie im vorhergehenden Kapitel näher beleuchtet wurde.

Für den Begriff der Magie im Alten Orient schlägt Haas eine relativ weite Definition vor und beschreibt darin Magie als „eine mit festgelegten Regeln auf ein bestimmtes Ziel hin kausal orientierte Praxis mit der Absicht, Wirkungen bzw. Zustandsveränderungen hervorzubringen"[38]. Diese Definition zeigt, ebenso wie die in der Ägyptologie verbreitete Gleichsetzung von Magie und Zauberei,[39] dass es sich um ein schwierig zu fassendes Phänomen handelt, welches in jedem der untersuchten Kulturräume und dessen schriftlichen Hinterlassenschaften ebenso wie in denen sie untersuchenden Wissenschaften eine etwas andere Deutung erfahren hat. Diese Unterschiedlichkeit jeweils zu bedenken und trotzdem einen Vergleich der Phänomene zu ermöglichen, ist die Herausforderung dieses Kapitels.

4.2.1 Texte aus Mari

Aus dem altsyrischen Stadtstaat Mari am südwestlichen Ufer des Euphrat sind aus Grabungen seit den 1930er Jahren nach und nach tausende Tontafeln vornehmlich mit Verwaltungs- und Wirtschaftstexten zu Tage getreten, die Aufschluss über den Betrieb eines solchen Stadtstaates geben. Unter den gefundenen Dokumenten waren allerdings auch einige hundert Briefe. Etwa die Hälfte davon sind Aufzeichnungen über Orakel und Omina oder behandeln Traumdeutungen und geben uns einen Einblick in die divinatorischen Praktiken in der Stadt Mari, dem dortigen Königshof und den Tempeln, sowie über jene Orte, aus denen die Briefe zum Teil kommen. Diese stammen aus einem Gebiet von Aleppo im Westen bis Babylon im Osten.[40]

---

38 HAAS, Geschichte, 877.
39 Vgl. BORGHOUTS, Art. Magie, 1137 f; GUTEKUNST, Art. Zauber, 1320 f; FISCHER-ELFERT, Zaubersprüche, 9 – 11; SCHMITT, Magie, 66 – 69.
40 Vgl. HUFFMON, Company, 49.

Die große Mehrheit der in Mari gefundenen Gottesbotschaften – sie wurden nahezu alle aus dem Palastarchiv geborgen – hat den König zum Adressaten der Mitteilung. Die Mehrheit entstammt dem Ende der Regierungszeit Zimri-Lims (ca. 1717–1695 v. Chr.), des letzten Königs von Mari. Urheber der Botschaften sind verschiedene Gottheiten, meist Dagan und Annunitum, eine Manifestation Ischtars – etwas mehr als die Hälfte haben Heilsorakel für den König zum Inhalt. Nahezu alle denkbaren Arten des Offenbarungsempfangs sind vertreten, so finden sich etwa Träume, Visionen, Auditionen und Ekstasen.[41]

Die Texte aus Mari traten vor allem deshalb in den Fokus der alttestamentlichen Forschung, da sie offenbar zum großen Teil Phänomene der intuitiven Prophetie beschreiben, wie sie sonst im Alten Orient kaum zu finden sind,[42] in der Bibel jedoch den Regelfall darstellen.[43] Der Regelfall altorientalischer Prophetie hingegen besteht, so die Annahme der klassischen Forschung, aus technischen, induktiven Formen der Mantik, wie etwa Eingeweideschau, Vogelflug- oder Ölomina, wie sie von altorientalischen Hof- oder Tempelpropheten betrieben wurden und meist auf Anfrage des Königs oder des Hofpersonals hin geschah.[44]

Das in Mari zu Tage getretene und für die Untersuchung von prophetischen Phänomenen wichtige Material erstreckt sich von lexikalischen Listen mit Einträgen für die Berufsbezeichnungen von Propheten über Wirtschaftstexte, in denen Zahlungen an prophetische Einzelgestalten erwähnt werden, bis hin zu den offensichtlichsten Quellen: den Orakeltexten.[45]

Verschiedene Bezeichnungen werden hierin für jene Akteure verwendet, die eine prophetische Botschaft *(têrtum)* verkündeten.[46] Die häufigsten Titel sind *muḫḫûm/muḫḫūtum* (Ableitung der Wurzel *maḫûm* = besessen/ergriffen/rasend

---

41 Vgl. WEIPPERT, Art. Prophetie, 197 f; NISSINEN, Prophets, 13–17.

42 In den in akkadischer Sprache abgefassten Prophetien gibt es neben den Personennamen weitere Anzeichen dafür, dass Akkadisch nicht die Muttersprache der Propheten war, sondern diese Ammurriter und somit Westsemiten waren. Daraus folgert Hutter wiederum, dass das Phänomen der Prophetie ein westsemitisches ist; vgl. HUTTER, Religionen, 171 f. Obwohl die Argumentationskette nicht völlig stichhaltig ist, reflektiert sie dennoch die unklare und daher m. E. völlig berechtigte Frage, welches der kulturelle und sprachliche Bezugsraum für die syrischen Stadtstaaten im 2. Jahrtausend v. Chr. war.

43 Merlo argumentiert, dass sich unter den betreffenden Texten sowohl induktive, also erfragte, als auch intuitive Orakel finden und eine Zuordnung eines *āpilum* zu nur einem Phänomen nicht möglich sei, vgl. MERLO, Mari, 223–232.

44 Vgl. MALAMAT, Mari, 78 f.

45 Eine detaillierte Aufstellung aller relevanten Texte liefert STÖKL, Prophecy, 29–34. Für die altbabylonische Epoche soll hier eine nähere Betrachtung der Mari-Texte genügen. Zu den Beschwörungstexten aus Ebla verweise ich auf HUTTER, Religionen, 173 f. Zu den beiden Orakeltexten für Ibalpiel II. von Ešnunna vgl. NISSINEN, Prophets, 93–95.

46 Vgl. HUFFMON, Company, 49–56; NISSINEN, Prophets, 5–8; STÖKL, Prophecy, 37–69.

sein[47]), *āpilum/āpiltum* (Ableitung der Wurzel *apālum* = antworten) und *bārûm* (Opferbeschauer). Weniger häufig erscheinen die Titel *kurgarrûm, assinnum* (Eunuch), *nabûm* (Prophet), *zabbum* (Ekstatiker) und *qammatum* (Bedeutung unklar, weist ggf. auf eine Haartracht hin).[48]

Der *āpilum* wird in den Texten aus Mari als ein professioneller Hofprophet dargestellt, dessen hauptberufliche Betätigung offenbar das Prophezeien ist und der selbst Briefe mit Weissagungen direkt an den König senden kann.[49] Die Offenbarungsweitergabe wird allerdings auch häufig mit „sprechen", „stehen und sprechen" oder „kommen und sprechen" beschrieben.[50] Es ist davon auszugehen, dass diese mündliche Form die gängigere war und nur bestimmte Umstände, wie etwa größere räumliche Entfernungen, die schriftliche Fixierung der Prophetien nötig gemacht haben.[51] Dabei scheint der *āpilum* seine Botschaften vor allem im kultischen Zusammenhang zu empfangen. Es hat zudem den Anschein, als sei ein *āpilum* in besonderer Weise mit einer bestimmten Gottheit verbunden gewesen.[52] Nach Jonathan Stökl gibt es allerdings keinerlei Anzeichen dafür, dass die Weissagungen eines *āpilum* in ekstatischen Zuständen empfangen worden seien.[53]

Das Handlungsfeld des *muḫḫûm* scheint stärker durch ekstatische Prophetie geprägt zu sein und er besitzt wohl in stärkerem Maße eine Bindung an den Tempel, zu dem er zugehörig ist, als der *āpilum*.[54] Für den Briefverkehr eines *muḫḫûm* mit dem König finden wir keine Belege, seine Prophezeiungen werden hingegen von der Königin oder einem anderen Dritten gehört und aufgezeichnet.[55]

---

47 Vgl. 2Kön 9,11; zur näheren Definition des Begriffes vgl. Stökl, Prophecy, 52f.
48 Vgl. Nissinen, Prophets, 14f; TUAT.NF 4, 53–55. Für eine ausführliche Auflistung aller in den altbabylonischen Quellen belegten priesterlich/prophetischen Professionen vgl. Renger, Untersuchungen 1, 110–114, die von Renger (vorwiegend aufgrund der Belege in nichtliterarischen Texten) getroffenen Kategorisierungen widersprechen m.E. allerdings einigen der in literarischen Quellen für die Professionen belegten Funktionen, vgl. bspw. die Kategorisierung des *bārû* in Renger, Untersuchungen 1, 113 und Renger, Untersuchungen 2, 205–213; vgl. dazu weiterführend Moore, Balaam, 32–46.
49 Vgl. ARM 26 194,45; 26 199,55; Stökl, Prophecy, 44; Charpin, Contexte, 22. Die vorliegende Arbeit schließt sich nicht der Kategorisierung mancher Untersuchungen an, die Berufspropheten von Laien-Propheten zu trennen versuchen, da sie für die Fragestellung nach der Typologie des Elischa als verengend und insofern hinderlich angesehen wird. Diese Kategorisierung findet sich etwa bei Stökl, Prophecy, 38–69; dagegen: Cancik-Kirschbaum, Prophetismus, 44–46.
50 Vgl. *innibana āpiltum itbīma kīam idbub* in ARM 26 204,4; vgl. *u āpilum šū illikam kīam iqbêm* in ARM 26 223,5.
51 Vgl. van der Toorn, Prophecy, 73.
52 Vgl. Merlo, Mari, 328–332; Stökl, Prophecy, 47–49.
53 Vgl. Stökl, Prophecy, 50.
54 Vgl. Nissinen, Prophets, 6f.
55 Vgl. Durand, Siria, 324; Stökl, Prophecy, 55.

Der *muḫḫûm* scheint zudem einen niedrigeren sozialen Rang innegehabt zu haben als der *āpilum*.[56]

Inhalt der in Mari gefundenen Prophetien ist allen voran das Wohlergehen des Königs in persönlichen und vor allem militärischen Belangen. So sagt ein großer Teil der Texte einen siegreichen Ausgang der Auseinandersetzungen an, welche vor allem Zimri-Lim in seiner Regierungszeit führte. Neben diesen politisch-militärischen Prophetien gibt es auch einige Prophetien, die sich mit Fragen des Kultes und der Tempelunterhaltung sowie einigen privaten Belangen beschäftigen.[57]

Von einem *nabûm* ist in Mari streng genommen nie die Rede. Es findet sich allein ein Beleg für den Plural *nabî*. Obwohl in der Sekundärliteratur umstritten, lässt der Kontext der Erwähnung in ARM 26 216 m. E. keinen anderen Schluss zu, als dass es sich um eine Gruppe von Propheten im weitesten Sinne handeln muss und die Nähe der Begriffe *nabûm* und נביא nicht völlig zufällig ist.[58]

In den hier dargestellten Phänomenen der Prophetie in Mari können wir also gewisse Ähnlichkeiten zu Elischa-Überlieferungen finden, in vielerlei Hinsicht gibt es aber auch Unterschiede. So liegt eine Ähnlichkeit in der Nähe der Propheten, vor allem der *āpilū*, zum König, die wir bei Elischa vor allem in den Texten des *Elischa-Biographen* finden. Die Vorstellung Elischas als eines Hofpropheten,

---

56 Vgl. Huffmon, One, 121; Stökl, Prophecy, 47–50.

57 Vgl. Nissinen, Prophets, 17.

58 Vgl. *ūm ana ṣēr Ašmad akšudu ina šanîm ūmim nabî ša Ḫanê upaḫḫir têrtam ana šalam bēlija* (ich ließ sie eine Prophezeiung zum Wohlergehen meines Herren geben) *ušēpiš umma anākuma šumma bēlī inūma ramākšu* in ARM 26 216,5–10; vgl. Nissinen, Prophets, 51. Im Detail anders urteilt Stökl, Prophecy, 63f. Die von Stökl ins Feld geführte (wenn auch sogleich wieder relativierte) Unterscheidung von intuitiver Prophetie und induktiver Mantik in Bezug auf die Etymologie und Verwendung des atl. Begriffes נביא, ist meines Erachtens kein Kriterium, zeigt sich doch, dass die in den biblischen Schriften geschehene Einschränkung auf intuitive Prophetie das Ergebnis eines komplexen Fortschreibungs- und Redaktionsprozesses ist; ebenfalls so angedeutet bei Stökl, Prophecy, 64; weiterführend s. o. Kapitel 3.4.1. und 4.1.1. in dieser Arbeit. Der Schluss, es handele sich bei den frühen Stadien der Verwendung des Begriffes נביאים im Alten Testament notwendigerweise um „technical diviners" (so bei Stökl, Prophecy, 66) ist m. E. jedoch auch vorschnell, ist doch die Beleglage für solche technisch-divinatorischen Handlungen gerade in den älteren Textstrata äußerst gering. So entstammt 2Kön 13,18f als Beleg eines solchen technisch-divinatorischen Handelns innerhalb der Elischa-Erzählungen bspw. einer sehr jungen Textschicht. Zwar ist vorstellbar, dass dieser Umstand wiederum das Ergebnis eines die atl. Prophetenerzählungen prägenden langen Wachstums- und Redaktionsprozesses ist, dies fällt jedoch zunächst nur in den Bereich der Spekulation. Völlig korrekt ist m. E. allerdings die Einschätzung Stökls (gegen Huffmon, Company, 51f), die Belege für Pluralformen im Bereich der *muḫḫû* und *āpilū* ließen sich durch die Funktionen erklären, die beide hatten und ggf. mit anderen ihrer Zunft am Tempel ausführten und deuteten nicht notwendigerweise auf die Existenz fester Prophetengruppen hin.

der dem König durch intuitive Vorgänge Vorhersagen in Bezug auf militärische Unternehmungen oder das Wohlergehen des Königs bzw. des Volkes macht, finden wir etwa in 2Kön 6,8–10a; 7,1; 8,9–10a.

Zu anderen Teilen der Elischa-Erzählungen, vor allem zu den als ältester Textbestand ausgewiesenen Wundererzählungen, gibt es hingegen erhebliche Unterschiede. Weder ein *āpilum* noch ein *muḫḫûm* in Mari vollbringt Wunder wie etwa die Heilung einer kranken Quelle. Ihre Aufgabe besteht in der Kund- bzw. Weitergabe göttlicher Prophezeiungen. Von magischen Vorgängen, wie wir sie in den ältesten Strata der Elischa-Überlieferung finden, ist in den Texten von Mari in der Regel nicht die Rede.[59]

4.2.2 Babylonische Texte

Sowohl aus altbabylonischer als auch aus spätbabylonischer Zeit sind eine Reihe von Omina und Orakeln überliefert, in denen ähnliche Professionen genannt werden, wie sie aus Mari überliefert sind. Neben dem *āpilum* (Beantworter), finden sich auch in diesen Quellen Belege für die Profession des *maḫḫûm* (Ekstatiker) und des *raggimum* (Rufer) sowie im Bereich der technischen Divination des *bārûm* (Opferbeschauer). Die Formen der technischen Divination sind vielfältig und reichen u. a. von Astronomie und Astrologie, Physiognomik, Meteorologie, Ornithologie, über Lekanomantie (Ölorakel), Libanomantik (Rauchorakel), Oneiromantik (Traumdeutung) bis hin zur Teratologie (Deutung von Mißgeburten) und verschiedenen Formen der Eingeweideschau (Haruspizien), den verbreitetsten unter den Methoden.[60]

In einer südbabylonischen Schülertafel findet sich die bislang einzige Erwähnung einer interessanten Orakelform, die in den Wirkungsbereich eines *bārû* fällt und Anklänge an ein Wunder Elischas erkennen lässt. Der Text erzählt von einem Mehlorakel (Aleuromantik), bei dem Mehl offenbar in die Luft geworfen bzw. ausgeschüttet wird und die sich bildende Wolke im Raum bzw. die sich

---

59 Eine Ausnahme bildet das sogenannte Mari-Ritual und einige wenige andere kurze Ritual- und Beschwörungstexte, vgl. dazu TUAT.NF 4, 62–75; die in diesen Quellen bezeugten Typen von Magie weisen allerdings auch keine Schnittpunkte zu den Elischa-Erzählungen auf. Vgl. weiterhin SCHMITT, Magie, 128; Schmitt nennt für Syrien nur wenige Belege aus dem 1. Jahrtausend v.Chr., die jedoch eine andere Form von Magie erkennen lassen. Auf der Nērab-Stele (KAI 225), der Jehawmilk-Stele (KAI 10,13–16) und der Sfīre-Stele (KAI 223) finden sich Fluchformeln gegen jene, die versuchen die Stelen zu schänden, jeweils verbunden mit den entsprechenden Gottheiten, die im Falle der Schändung den Fluch bewirken.
60 Vgl. TUAT.NF 4, 16–52, v. a. 16f.

bildenden Mehlhaufen beobachtet und gedeutet werden. Allerdings ist die Lesung und Übersetzung des Textes und damit die genaue Rekonstruktion des Orakel-ablaufs schwierig.[61] Das Mehlorakel gleicht in hohem Maße dem wesentlich häufiger belegten Rauchorakel. Was allerdings die Aufmerksamkeit des Lesers in Bezug auf die Elischa-Überlieferung weckt, ist die Tatsache, dass das Mehlorakel offenbar Auskunft über den bevorstehenden Tod oder die Genesung von einzelnen Kranken gibt und nicht etwa, wie die Mehrheit der Rauchorakel, über das Wohl-ergehen des Königs. Dennoch ist das Mehl selbst nur Orakelinstrument und nicht Heilmittel – darin liegt ein erheblicher Unterschied zur Elischa-Erzählung in 2Kön 4,38 – 41.[62]

Weiterhin geben zuweilen auch Briefe Auskunft über die an Divination be-teiligten Akteure. Aus einem spätbabylonischen Brief aus Tell ed-Dēr geht etwa hervor, dass ein mit einer Leberschau beauftragter *bārûm* für eine bestimmte Zeichnung der Leber kein eindeutiges Omen ausmachen konnte und die Opfer-schau somit fehlgeschlagen sei.[63]

Ebenso wie die Texte aus Mari erweisen sich auch die babylonischen Texte für die Frage nach der Typologie Elischas als eine nicht besonders ergiebige Quelle. Das könnte maßgeblich an der Unterschiedlichkeit der Textgattungen liegen. Textsorten wie etwa *Berichte über* Einzelpropheten oder Einzelmagier finden sich unter ihnen nicht. Die babylonischen Quellen zeigen ebenso wie die Texte aus Mari kein besonderes Interesse an den handelnden Personen selbst, sondern ausschließlich an den von ihnen ausgeübten Riten und Tätigkeiten. Aus diesen Informationen lässt sich kaum eine Typologie entwerfen, die Vergleichspunkte zur Typologie des Elischa bieten könnte.

4.2.3 Texte aus Ugarit

Aus dem Stadtstaat Ugarit liegen uns zahlreiche Beschreibungen der dort aus-geübten Kultrituale vor, die einen Einblick in das religiöse Leben des bedeutenden nordsyrischen Stadtstaates geben.[64] Darunter finden sich bspw. viele Götter- und

---

61 Vgl. TUAT.NF 4, 29 – 31.
62 Mehl als Opfergabe für Brandopfer hingegen ist sowohl für den Alten Orient als auch das Alte Testament gut belegt, vgl. Lev 2; 5,11f sowie die weiterführenden Anmerkungen bei SCHMITT, Magie, 161 sowie bspw. die Verwendung von Mehl in einem Opfer an Šamaš zur Vertreibung böser Geister aus einem Haus als Bestandteil eines NAM.BÚR.BI-Rituals aus neu-assyrischer Zeit, vgl. SCURLOCK, Means, 46 f.
63 Vgl. TUAT.NF 3, 36.
64 Vgl. TUAT 2, 299 – 357; TUAT.NF 4, 243 – 257; KINET, Ugarit, 83 – 109.

Opferlisten, die allerdings nahezu keine Auskunft über die im Kult beteiligten Akteure liefern.

Für die Ausübung divinatorischer Praktiken wie der Eingeweideschau finden sich vor allem in einer Schicht aus dem 13. Jh. v. Chr. archäologische Hinweise, wie etwa die Vielzahl von Lebermodellen und ein Lungenmodell in einem Haus, welches als Wohn- und Wirkungsstätte eines *bārû*, also eines Opferbeschauers oder Haruspex interpretiert wird.[65] In diesem Gebäude wurden darüber hinaus auch Tontafeln mit magischen bzw. medizinischen Texten sowohl zu sympathetischer als auch imitativer Magie sowie eine Reihe von halbfertigen oder fehlerhaften Texttafeln gefunden, die zudem auf einen magisch-mantischen Lehrbetrieb hindeuten.[66] Die rekonstruierbaren Praktiken entsprechen vor allem denen eines *bārûm* in Mari.[67] Daneben finden sich in Ugarit auch astrologische Omina und die Sammlung von Geburtsomina *šumma izbu*, die aus Mesopotamien wohl bekannt ist und wahrscheinlich von dort nach Nordsyrien überliefert wurde.[68]

Neben den Grabungen in Ras Šamra wurden auch in der 5 km südlich gelegenen Dependance Ugarits in Ras Ibn Hani Beschwörungstexte gefunden, u. a. gegen Dämonen, Krankheiten und Unfruchtbarkeit, von denen in zwei Texten Exorzisten (*kšpm*) belegt sind.[69]

Zum Phänomen der Prophetie als intuitiver Form der Kommunikation zwischen Gottheit und Menschheit finden sich in Ugarit hingegen nahezu keine Belege.[70]

Die in Ugarit belegten Phänomene für Mantik und Magie sind den Belegen aus Mesopotamien in vielen Bereichen ähnlich. Auch in den Texten aus Ugarit scheint es kein besonderes Interesse an den magischen und mantischen Akteuren gegeben zu haben. Im Vordergrund der Darstellung stehen vielmehr die Akte und Praktiken selbst. Die stärkste Verbreitung fanden technische Divination und Beschwörungen zur Abwehr von Krankheiten.

---

65 Vgl. Dietrich/Loretz, Mantik, 1–3.
66 Vgl. Niehr, Mantik, 76; Kinet, Ugarit, 156.
67 Vgl. del Olmo Lete, Religion, 345–359.
68 Vgl. Dietrich/Loretz, Mantik, 87–204; Niehr, Mantik, 76 f. Weiterhin finden sich zahlreiche Belege für Nekromantie, deren nähere Betrachtung für die zugrundeliegende Fragestellung dieser Arbeit jedoch nicht zielführend ist, vgl. hierzu weiterführend Niehr, Mantik, 77 f; Dietrich/Loretz, Mantik, 87.205–240.
69 Vgl. KTU 1.169:9 (RS 92.2014); RIH 78/20; vgl. Pardee, Ritual, 158–161.
70 Das von Wyatt herangeführte Beispiel für ein prophetisches Orakel, welches innerhalb des Keret-Epos von El an den König Keret ergeht (vgl. Beyerlin, Textbuch, 240–242), kann m. E. mit den Argumenten Stökls als Beleg ausgeschieden werden; vgl. Wyatt, Word, 483–510; Stökl, Prophecy, 18 f; vgl. weiterführend del Olmo Lete, Religion, 325–330.

Im Gegensatz zu den Elischa-Erzählungen sind in den Texten aus Ugarit – ebenso wie aus den mesopotamischen Großreichen – die beschriebenen mantischen und magischen Phänomene nur aus Aufzeichnungen von Omina bzw. Ritualbeschreibungen bspw. zur Heilung von Krankheiten rekonstruierbar. Erzählungen über die eigentlichen Vorgänge finden sich in keiner der überlieferten Quellen.

Neben diesen gattungsbedingten Unterschieden scheinen die rekonstruierbaren mantischen Phänomene in den altorientalischen Quellen allerdings insofern eine Ähnlichkeit zu den mantischen Texten in den Elischa-Erzählungen zu haben, als dass der König der wichtigste Adressat der Orakel ist. Der Orakelinhalt weist zuweilen ebenso Gemeinsamkeiten auf. So ist ähnlich wie in 2Kön 3 auch der Ausgang oder Fortgang einer militärischen Unternehmung häufig in den altorientalischen Texten das Thema der erfragten Orakel. Diese Gemeinsamkeiten beziehen sich allerdings auf redaktionelle Texte innerhalb der Elischa-Erzählungen, die vorwiegend der *Theologisierenden Redaktion* zugewiesen werden konnten.

Zu den Wundererzählungen als dem ältesten rekonstruierbaren Kern der Elischa-Überlieferung können in den Texten aus den Stadtstaaten Mari und Ugarit keine Analogien oder Ähnlichkeiten festgestellt werden.

4.2.4 Hethitische Texte

In den bislang edierten Texten aus dem Hethiterreich finden sich vor allem Beschreibungen technisch-divinatorischer Vorgänge.[71] Unter den beschriebenen Vorgängen finden sich häufig Öl-, Eingeweide- oder Vogelflugorakel. Die größte Beliebtheit genoss offenbar die Analogie-Magie, da die Mehrzahl der betreffenden hethitischen Texte von solchen Riten berichtet. Neben diesen induktiven Orakeltechniken wird auch von Traumdeutungen berichtet, vor allem aus der Regierungszeit Hattušilis III.[72]

Immer wieder werden als einzige Referenz für das Phänomen der Prophetie die Pestgebete Muršilis II., vor allem das 2. Pestgebet genannt,[73] in dem der Begriff *Gottesmann* (LÚ DINGIR^{lim}-*ni-an-za-ma*) gleich zweimal verwendet wird. In dem Gebet ersucht König Muršili II. die Götter um Vergebung für verschiedene Ver-

---

71 Vgl. HAAS, Religionen, 245–258; FRANTZ-SZABÓ, Witchcraft, 2007–2019; für eine sehr ausführliche Zusammenstellung und Beschreibung aller Orakeltypen vgl. BEAL, Oracles, 57–81.
72 Vgl. FRANTZ-SZABÓ, Witchcraft, 2013.
73 Vgl. WEIPPERT, Aspekt, 297–299; STÖKL, Prophecy, 16; BEYERLIN, Textbuch, 191–196.

gehen seiner Vorfahren,[74] berichtet von seinen Sühneleistungen in Form von diversen Opfern und erbittet das Ende der zwanzig Jahre andauernden Seuche. Muršili bittet in dem Gebet fernerhin, wie für hethitische Gebete üblich, die Götter mögen ihm doch über das Genannte hinaus offenbaren, welche weiteren Verfehlungen zum Anhalten der Seuche führen. Diese Offenbarung solle durch Orakel, Traum oder das *Reden eines Gottesmannes* geschehen. Diese Verwendung des Begriffes *Gottesmann* lässt durchaus darauf schließen, dass es sich um eine Art Prophet handeln könnte, dennoch ist das Material spärlich und lässt kaum weiterführende Schlüsse zu.[75]

Aus dem Bereich der Magie erfahren wir hingegen mehr aus den hethitischen Quellen. Es lassen sich grundsätzlich zwei Formen von Magie unterscheiden, schwarze Magie oder Schadenszauber auf der einen Seite und weiße Magie oder Heilungs- bzw. Abwehrzauber auf der anderen. Von ersterer erfahren wir in hethitischen Quellen nur indirekt durch Belege über Abwehrzauber, die dem Zweck dienten, den Schaden aus schwarzer Magie abzuwenden oder zu heilen.[76]

Magische Rituale wurden oft nach einem bestimmten Formular ausgeführt, welches neben dem ausführenden Magier/Priester den EN *BĒL* SISKUR, den Herrn des Rituals, nennt und vorstellt, das Problem oder den Anlass für das Ritual darstellt, eine Liste von Dingen aufführt, die für das Ritual nötig sind und Anweisungen für den Ort und Ablauf des Rituals enthält.[77] In den meisten Fällen sind es die sogenannten *weisen Frauen* (wörtlich: *alten Frauen*), die für die Ausführung magischer Rituale zuständig waren.[78] Neben den weisen Frauen belegen die hethitischen Quellen jedoch noch eine Reihe anderer magischer Berufsgruppen,

---

74 Diese Vergehen ergeben sich zum Teil aus dem Ägyptenfeldzug Šupiluliumas und dem daraus resultierenden Vertragsbruch mit den Ägyptern, zum Teil aus kultischen Vergehen, für die Muršili sich selbst zwar nicht verantwortlich sieht, dennoch aber die Verantwortung übernimmt; vgl. BEYERLIN, Textbuch, 191–196.
75 Für die anderen Belege für einen Gottesmann vgl. WEIPPERT, Aspekte, 297–299; STÖKL, Prophecy, 17. Auch in diesen Textstellen wird das Reden eines Gottesmannes in gleicher Weise als eine Art der Divination neben Traum und Orakel dargestellt, vgl. 1Sam 28,6. Darüber hinaus erfahren wir aus diesen Texten nichts.
76 Vgl. HAAS, Art. Magie, 237f; HAAS, Religionen, 249–258; FRANTZ-SZABÓ, Witchcraft, 2008. Dasselbe trifft auch für die Literatur Mesopotamiens zu, in der auch keinerlei Anleitungen für den Gebrauch schwarzer Magie, wohl aber eine Vielzahl von Anleitungen zur Heilung oder Abwehr solch schwarzer Magie überliefert sind; vgl. THOMSEN, Zauberdiagnose, 9.36–40.
77 Vgl. FRANTZ-SZABÓ, Witchcraft, 2008f.
78 Frantz-Szabó plädiert für die Verwendung des Begriffes „magical practitioner" anstelle von „priestess", da die weisen Frauen nicht am Tempel angestellt waren und ihre Arbeitsweise und Aufgabe mit dem Begriff der Magierin besser beschrieben wird, vgl. FRANTZ-SZABÓ, Witchcraft, 2009.

die mit denen der akkadischen Texte nahezu identisch sind.[79] Ihre Anrufung
konnte, ebenso wie in den umliegenden Kulturen Mesopotamiens, bei Krankheiten oder divinatorischen Vorgängen wie den oben beschriebenen erfolgen.

4.2.5 Ägyptische Texte

4.2.5.1 Der Reisebericht des Wenamun/Unamun

Bei dem Reisebericht des Wenamun handelt es sich um einen ägyptischen Text,
der sich auf einem Papyrus aus der ersten Hälfte des 11. Jahrhunderts v. Chr. findet,
und von der Reise des Ägypters Wenamun nach Phönizien berichtet.[80] Von Relevanz für die vorliegende Untersuchung sind dabei vor allem jene Vorgänge, die
sich in Phönizien während der Reise abgespielt haben sollen. Nachdem Wenamun
vom Hohepriester aus Theben nach Phönizien geschickt wurde, um Bauholz für
die Barke des Amun zu besorgen, wird er zunächst all seines Geldes beraubt und
gerät zudem in eine Auseinandersetzung mit dem Fürsten von Dor. Die Mission
scheint schon gescheitert, da bricht Wenamun nach Byblos auf, wo sich die Wende
seines Geschickes ereignet. Während einer Opferzeremonie des Fürsten von Byblos
wird ein Ekstatiker[81] vom Gott Amun ergriffen und verkündet, dass Wenamun in
seinem Auftrag in Phönizien weilt. So erhält Wenamun Gehör beim Fürsten von
Byblos und dieser erklärt sich nach langen Verhandlungen zur Lieferung des
Holzes bereit, da er anerkennt, dass Amun selbst es ist, der Empfänger der Lieferung ist und ihn im Gegenzug mit langem Leben und Gesundheit belohnen wird.
Die kurze Notiz über den ergriffenen und in Raserei geratenen *Pagen* gibt nur
wenig über die divinatorischen Praktiken preis, bezieht man in die Auswertung mit
ein, dass es sich um einen Text aus ägyptischer Perspektive handelt. Die Notiz
scheint einen mehrfachen Zweck zu verfolgen. Während Ägyptens militärischer
Machteinfluss in Phönizien sichtlich gering ist und sich keiner der phönizischen
Fürsten mehr als Vasall versteht, soll nun durch die Weisung Amuns, der hier
universal gedacht ist, das Machtverhältnis wiederhergestellt werden. Amuns
Macht reicht nach Ansicht des Reiseberichtes weit über die Grenzen Ägyptens

---

79 Daher erfolgt hier nur der Verweis auf Kapitel 4.2.5 dieser Arbeit und FRANTZ-SZABÓ, Witchcraft, 2009.

80 Vgl. GALLING, TGI, 41–48 sowie die Bearbeitung von Schipper in: WEIPPERT, Textbuch, 214–
223; SCHIPPER, Erzählung; TUAT 3, 912–921.

81 Zur Diskussion über die Bedeutung des Begriffes „großer Knabe" vgl. EBACH/RÜTERSWÖR-
DEN, Ekstatiker, 17–22; WEIPPERT, Aspekte, 299 f; vgl. weiterhin die Deutung von Schipper in:
WEIPPERT, Textbuch, 218, Fn 46 sowie SCHIPPER, Erzählung, 183–185, dessen Urteil sich die
vorliegende Untersuchung anschließt.

hinaus nicht nur bis nach Syrien/Palästina als Großraum,[82] sondern auch bis in die individuellen Lebensbereiche etwa der phönizischen Fürsten hinein.

Der Vorgang der Raserei wird als eine ganze Nacht andauernd dargestellt. Ob es sich bei dem Ergriffenen um einen berufsmäßigen Ekstatiker oder einen schlichten *Pagen* handelte, der mehr oder minder zufällig von Amun ausgewählt wurde, wurde in der Literatur breit diskutiert.[83] B. Schipper vermutet, es handele sich um die ägyptische Widergabe eines semitischen Begriffes ʿ*ḏd* und „In jedem Fall läge hier sowohl in der Bezeichnung als auch in der Sache selbst ein dezidiert unägyptisches Detail vor, das deutlich die Verhältnisse im syrisch-palästinischen Raum widerspiegelt."[84]

Dabei ist neben der Frage der Bedeutung des Begriffes auch die in der Erzählung transportierte Vorstellung eines phönizischen Ekstatikers, der durch Amun-Re ergriffen und in Raserei versetzt wird, von Interesse. Die Begrifflichkeit lässt auf einen rein intuitiven nicht-induzierten Vorgang schließen. Der Inhalt der Prophetie ist nicht aus der Perspektive des Gottes heraus formuliert, sondern spricht über Amun-Re in der 3. Person. Sowohl die Götterstatuette des Amun als auch die Gottheit selbst werden genannt und offenbar voneinander unterschieden. Die Anweisung „bring den Gott herauf, und bring den Boten, der ihn bei sich hat! Amun ist es, der ihn gesandt hat, er ist es, der ihn hat kommen lassen"[85] zeigt diese Unterscheidung.[86]

In der Diskussion darüber, ob aus Ägypten selbst prophetische Texte überliefert sind, wird dieser Text immer wieder angeführt. M. E. gibt er aber keinen Aufschluss über diese Frage, da die Erwähnung eines prophetischen Vorgangs allein noch nicht hinreichend ist, diesen Text als prophetisch auszuweisen, zumal wenn dieser kein genuin ägyptisches Geschehen darstellt, sondern eines aus dem syrisch-palästinischem Raum. Es bliebe zu fragen ob etwa die Prophezeiung des Neferti,[87] die Mahnworte des Ipuwer oder andere Texte[88] mehr Aufschluss in dieser Hinsicht geben können. Da eine ausführliche Untersuchung aller in Frage kommenden Texte den Rahmen dieser Arbeit sprengen würde, schließe ich mich,

---

82 Vgl. Schipper, Erzählung, 315–319.329–333.
83 Vgl. Schipper, Erzählung, 183–185; vgl. weiterhin Weippert, Prophetien, 101 f.
84 Schipper, Erzählung, 185. Hierzu bemerkt Stökl zu Recht, dass es an sich bereits eine Tendenz zeigt, wenn die ägyptische Erzählung sich offenbar in Ermangelung eines eigenen Begriffes für einen Ekstatiker eines semitischen Lehnwortes bedienen muss; vgl. Stökl, Prophecy, 17.
85 Vgl. die Übersetzung von Schipper in: Weippert, Textbuch, 218.
86 Hierin liegt m.E. ein Unterschied zu den altbabylonischen Texten aus Mari, aber eine Gemeinsamkeit zu den neuassyrischen Texten aus Ninive, vgl. van der Toorn, Prophecy, 84–87.
87 Vgl. TUAT 2, 102–110.
88 Vgl. die Aufstellung bei Stökl, Prophecy, 14 f.

untermauert durch die exemplarische Durchsicht des Wenamun-Reiseberichtes, der Ansicht Jonathan Stökls an, bei den beschriebenen Phänomenen handele es sich nicht um Prophetie im engeren Sinne. So wirft etwa die „Prophezeiung" des Neferti zwar einen Blick in die Zukunft, stellt aber in keinem Maße einen Zusammenhang mit irgendeiner Form von göttlicher Offenbarung her.[89] Unabhängig von der Frage, ob es sich bei diesen Texten um prophetische Texte handelt oder nicht, wird dennoch deutlich, dass das im Reisebericht des Wenamun geschilderte Phänomen eine gewisse Nähe zur Prophetie hat, wie wir sie auch in Mari finden. Auch dort gibt es Ekstasen, in denen eine Offenbarung empfangen wird. Da die Texte aus Mari meist keinen genauen Anhalt darüber geben, ob diese Ekstasen induziert waren oder nicht, kann es durchaus sein, dass es sich um ein analoges Ereignis handelt, welches von Wenamun in dem Reisebericht beschrieben wird.

Im Blick auf die Elischa-Erzählungen findet sich allein eine Nähe zu 2Kön 3,15 – 17, einem späten Zusatz zu 2Kön 3, der Elischa in der Rolle eines Hofpropheten zeigt, der auf eine Anfrage des Königs hin durch eine von Musik induzierte Ekstase versetzt wird und ein göttliches Orakel erhält und verkündet. Der Vorgang ähnelt dem im Reisebericht geschilderten ekstatischen Offenbarungsempfang. Dieser Zusatz des *Theologisierenden Redaktors* in 2Kön 3,15 – 17 möchte Elischa m. E. bewusst an das Bild eines altorientalischen Hofpropheten angleichen,[90] welches sowohl der *Theologisierende Redaktor* als auch die Leser offenbar vor Augen hatten. Die Pointe seines literarischen Eingriffs liegt aber darin, dass Jahwe es ist, der Elischa das Orakel erhalten und verkünden lässt.

4.2.5.2 Magie in ägyptischen Texten

Sehr viel Material findet sich zum Thema Magie in ägyptischen Texten. Dabei dient Magie – als den Menschen vom Demiurgen verliehene Gabe (ḥk3) – in aller Regel der Einflussnahme auf die Götter mit dem Zweck, sie zu einer bestimmten Handlung zu bewegen.[91] Assmann deutet die Magie als „kosmotheistisches Wissen" und somit als einen entscheidenden Teil der Kosmologie der Ägypter.[92]

---

89 Hierin steht die „Prophezeiung" des Neferti dem Reisebericht des Wenamun nach; vgl. STÖKL, Prophecy, 15.

90 Vgl. KRATZ, Wrath, 100 – 111.

91 Vgl. GUTEKUNST, Art. Zauber, 1324 f; BORGHOUTS, Art. Magie, 1139; FISCHER-ELFERT, Zaubersprüche, 10 f; WIGGERMANN, Art. Magie, 663.

92 Vgl. ASSMANN, Weisheit, 242; SCHMITT, Magie, 67. Nach Interpretation Schmitts kommt der Zaubermacht ḥk3 eine eigene Existenz zu, welche etwa dem mesopotamischen Magie-Verständnis fremd ist, vgl. SCHMITT, Magie, 90.

Fischer-Elfert untergliedert die in den Texten belegten magischen Phänomene in die vier Kategorien 1) prophylaktisch-präventive Magie, 2) reaktiv-kurative Magie, 3) Transformationsmagie (inkl. Liebeszauber) und 4) divinatorische und prognostische Magie.[93] Weit verbreitet sind unter den altägyptischen Texten zu den Kategorien 1) und 2) zählende magische Rezitative, also Aufzeichnungen und Instruktionen über das zu vollziehende Ritual, welches zur Heilung eines bestimmten Krankheitsbildes oder zum Schutz etwa vor wilden Tieren diente.[94] Auch im Rahmen des Totenkultes finden sich magische Handlungen, die nach Ansicht Fischer-Elferts aber grundsätzlich von der sogenannten Alltagsmagie zu unterscheiden sind.[95]

Die magischen Vorgänge aus der Kategorie 4), divinatorische und prognostische Magie, entsprechen in der Kategorisierung der vorliegenden Arbeit den hier als *mantisch* bezeichneten Phänomenen. So finden sich etwa Belege für Lekanomantie oder Traumdeutungen, die ab der Ramessidenzeit in Ägypten verbreitet waren.[96] Dabei kann zunächst kein nennenswerter Unterschied zwischen diesen Praktiken innerhalb Ägyptens und Mesopotamiens festgestellt werden.[97]

4.2.6 Neuassyrische Texte

4.2.6.1 Neuassyrische Texte zur Prophetie

Aus neuassyrischer Zeit sind nahezu so viele prophetische Texte überliefert wie aus dem altbabylonischen Mari.[98] Die meisten der infrage kommenden Texte stammen aus dem 7. Jh. v. Chr., aus der Regierungszeit Asarhaddons (681–669

---

93 Vgl. FISCHER-ELFERT, Art. Magie, 2.

94 Vgl. ALTENMÜLLER, Art. Magische Literatur, 1155 f; ERMAN, Religion, 295–313; FISCHER-ELFERT, Zaubersprüche, 35–52.

95 Vgl. FISCHER-ELFERT, Art. Magie, 1.2; vgl. dazu ausführlich ERMAN, Religion, 242–284.

96 Vgl. FISCHER-ELFERT, Zaubersprüche, 98–113; MAUL, Art. Omina, 68 f.83 f.

97 Vgl. BORGHOUTS, Art. Magie, 1144. Dem gegenüber urteilt SCHMITT, Magie, 69, ein Unterschied läge darin, dass die ägyptischen Rituale nicht *ex opere operato* funktionierten, sondern die Götter selbst es seien, die intervenierten. Diese Unterscheidung mag nicht recht einleuchten, da auch im mesopotamischen Verständnis die Ritualtreibenden ihre Wirksamkeit stets auf die Intervention der Götter zurückführen würden, vgl. dazu Kapitel 4.1.3. in dieser Arbeit und SCHMITT, Magie, 90 f.

98 Anstelle eines Durchganges durch einzelne dieser zahlreichen neuassyrischen Texte, kann sich die vorliegende Arbeit auf Ergebnisse ausführlicher Untersuchungen zu diesem Thema stützen und diese anhand der eigenen Fragestellung durchgehen. Vgl. NISSINEN, Prophets, 97–177; STÖKL, Prophecy, 103–110; NISSINEN, Role, 89–114; NISSINEN, References; HUFFMON, Company, 57–63; WEIPPERT, Prophetien, 71–115.

v. Chr.) und Assurbanipals (668–627 v. Chr.), und wurden unter ca. 30.000 Tontafeln in den Palastarchiven in Kujundschik, dem antiken Niniveh, gefunden.[99]
Ähnlich wie in den altbabylonischen Texten aus Mari, ist auch in den neuassyrischen Texten aus Niniveh zumeist der König der Adressat der Prophetien, in wenigen Fällen die Königinmutter Naqia, der Kronprinz und in einem Fall das Volk von Assyrien. Die meisten der Orakel sind Heilsorakel und behandeln das Wohlergehen (*šulmu*) des Königs. Zu einigen der Orakelsprüche wird auch eine vorangegangene Anfrage erwähnt, bei den meisten macht es jedoch den Anschein, als seien sie spontan ergangen, also intuitive Vorgänge.

Die archäologischen Befunde zeigen, dass es ebenso wie in Mari auch in Niniveh nicht der Regelfall war, Orakelsprüche zu konservieren. Nur ein sehr kleiner Teil der gefundenen und edierten Texte enthält überhaupt prophetisches Material. Von diesen wenigen sind die Mehrzahl auf sogenannten Orakelsammlungen notiert, großen, vertikalen, mehrspaltigen Tontafeln (*ṭuppu*, sonst vor allem für Vertragstexte und die Archivierung gebraucht), auf denen mehrere Orakel gesammelt vorliegen. Es ist anzunehmen, diese seien nachträglich mit dem Ziel der Archivierung zusammengestellt worden.[100] Einige wenige Orakel liegen hingegen einzeln auf kleinen horizontalen Tontafeln (*u'iltu*) vor und machen den Anschein, als handele es sich um die Erstverschriftlichung, welche zunächst gar nicht für die dauerhafte Aufbewahrung gedacht war.[101] Die derzeitige Befundlage legt nahe, dass allein Asarhaddon und Assurbanipal überhaupt Orakel archivieren ließen. Die Orakelzusammenstellungen entstammen alle der Zeit Asarhaddons.[102] Parpola geht davon aus, dass die besondere Bindung Asarhaddons und Assurbanipals an den Kult der Ištar von Arbela der Grund für diese Beleglage ist; Ištar ist die Sprecherin der überwiegenden Mehrzahl überlieferter prophetischer Botschaften.[103] Selbst wenn einmal eine andere Gottheit Urheber der prophetischen Botschaft ist, so geschieht deren Orakelkundgabe dennoch durch Propheten Ištars.[104] Ihre Botschaft beinhaltet häufig die Bestätigung und Unter-

---

99 Zu den Textfunden aus Assur vgl. MAUL, Reste, 181–194.
100 Zu dem Phänomen der Dekontextualisierung durch Sammlung dieser Prophetien vgl. PARPOLA, Prophecies, LXVIIIf; VAN DER TOORN, Prophecy, 74f; NISSINEN, Prophets, 97–101; CANCIK-KIRSCHBAUM, Prophetismus, 42.
101 Vgl. NISSINEN, Prophets, 97f; STÖKL, Prophecy, 129f; CANCIK-KIRSCHBAUM, Prophetismus, 41; WEIPPERT, Prophetien, 72f.
102 Vgl. NISSINEN, Prophets, 98.
103 Vgl. PARPOLA, Prophecies, XXXIXf. Demnach verstehen sich beide Könige als Söhne und Erwählte der Gottheit und empfangen als solche Prophetien in Bezug auf ihre Regentschaft, vgl. PARPOLA, Prophecies, XXXVI–XLIV.
104 Vgl. PARPOLA, Prophecies, XLVIIf; SAA 9–1.4; SAA 13 139.

stützung des Königtums Asarhaddons und Assurbanipals, was darauf hindeutet, dass beides nicht völlig krisenfrei und ungefährdet verlief.[105]

Im Gegensatz zu den Prophetien in Mari war es offenbar von Relevanz, welche Prophetin bzw. welcher Prophet Überbringer der göttlichen Botschaft war. Nahezu alle überlieferten Orakel nennen den Namen und das Geschlecht des Propheten bzw. der Prophetin. Prophetinnen sind dabei in der Überzahl. Die überlieferten Namen tragen nahezu alle einen theophoren oder impliziten Bezug zu Ištar.[106] Die Propheten selbst scheinen vom Hof geachtete Personen gewesen zu sein und bedurften keiner zusätzlichen Legitimation.[107]

Neben den eigentlichen Orakeltexten finden sich auch in Verwaltungsurkunden, Briefen und Inschriften Hinweise auf Propheten und ihre Stellung in der neuassyrischen Gesellschaft. Im Vergleich mit Mari scheinen die neuassyrischen Propheten und mit ihnen die Prophetie im Allgemeinen – zumindest im 7. Jh. v. Chr. – einen höheren Stellenwert genossen zu haben als aus den altbabylonischen Texten rekonstruiert werden kann.[108]

Die häufigsten Titel für prophetische Professionen in den neuassyrischen Texten sind *raggimu/raggintu* und *maḫḫû/maḫḫūtu*. Beide Professionen[109] stehen in gewisser Nähe zu Ekstase, was auch aus der Typologie und dem Wirkungsfeld Ištars begründet sein könnte, mit der die viele Vertreter dieser beiden Professionen in besonderer Weise verbunden scheinen.[110] Weippert und Parpola gehen zudem von einer starken Bindung der beiden Berufsgruppen an den Kult aus.[111]

Daneben finden sich in den neuassyrischen Texten auch Hinweise auf andere Berufsgruppen, die eine prophetische Funktion im weitesten Sinne erfüllen. Eine Inschrift Assurbanipals etwa trägt einen Verweis auf einen Seher (*šabrû*), der in einem Traum eine Nachricht der Ištar von Arbela empfing.

Obwohl die prophetischen Texte aus neuassyrischer Zeit als Bezugsgröße für die Königebücher historisch naheliegend sind, zeigen sich doch erhebliche Unterschiede zu den Phänomenen in den Elischa-Erzählungen.[112] Die erneute

---

105 Auch die VTE und andere Texte aus der Zeit Asarhaddons deuten an, dass sowohl die Regierungszeit Asarhaddons als auch die Thronfolge diverse Gefährdungen und Krisen erfahren haben; vgl. Koch, Vertrag, 79 f; Watanabe/Parpola, Treaties, XXVIII–XXXIII.

106 Vgl. Nissinen, Prophets, 100.

107 Vgl. Huffmon, Company, 58 – 61; van der Toorn, Prophecy, 77.

108 Vgl. Huffmon, Company, 62 f.

109 Die Ansicht Parpolas, es handele sich um eine Berufsgruppe, für die beide Begriffe synonym gebraucht würden (vgl. Parpola, Prophecies, XLV–LXXIX), teilt die vorliegende Untersuchung nicht; zum gleichen Urteil gelangt auch Stökl, Prophecy, 152.

110 So urteilt van der Toorn, Prophecy, 79; ähnlich Parpola, Prophecies, IL [sic!].

111 Vgl. Weippert, Aspekte, 303 f; Parpola, Prophecies, XLVII.

112 Vgl. Nissinen, Role, 113 f.

Durchsicht der neuassyrischen Texte erbringt nach Jonathan Stökl etwa keinen einzigen Text, in dem Musik als Auslöser von Ekstase beschrieben wird. In Mari hingegen finden sich Erwähnungen von Kultsängern, die in einem Zusammenhang mit kultischer Ekstase stehen.[113] Die Begebenheit in 2Kön 3,15–17 scheint also eher – vielleicht basierend auf vagen Erinnerungen an eine Prophetie der „Vorzeit"[114] – einen archaischen Eindruck erwecken zu wollen,[115] als dass sie die Verhältnisse authentisch widerspiegeln, die für das 8.–7. Jahrhundert v.Chr. anzunehmen sind.

Weiterhin finden sich für die neuassyrischen Propheten nahezu nur Orakelansagen überliefert.[116] Über ihr Tun, ihre ekstatischen Handlungen oder ähnliches wird nichts berichtet. Allein die redaktionellen Teile der Elischa-Überlieferung, die ihn als einen Hofpropheten darstellen, lassen Schnittpunkte erkennen.

4.2.6.2 Neuassyrische Texte über Magier und Heiler

Die neuassyrischen Texte geben neben Informationen zur Prophetie und Divination auch in großem Maße Auskunft über Magie, Magier und Heilerfiguren, die im Vergleich mit der Typologie Elischas von Interesse sind.

Ein relevanter Text aus neuassyrischer Periode ist das Beschwörungskorpus *Utukkū lemnūtu* („böse Geister"), eine Sammlung von Abwehrriten, welche vorwiegend zur Heilung von böser Magie und deren Folgen gebraucht wurden.[117] In *Utukkū lemnūtu* IV 186–188[118] findet sich wahrscheinlich die Beschreibung einer der Synanachrosis ähnlichen Handlung, dem Berühren von Körperteilen durch die äquivalenten Körperteile (Hand, Fuß, Kopf) eines Anderen.

---

113 Vgl. Stökl, Prophecy, 211 f.

114 Vgl. hierzu auch 1Sam 10,5.

115 Das deuten die Unterschiede im Detail an, vgl. Stökl, Prophecy, 213 f.

116 Andere prophetische Texte wie die Schulgi-Prophetie oder die prophetische Rede Marduks (vgl. Beyerlin, Textbuch, 142–146) machen zwar auch den Anschein, als handele es sich um Prophetensprüche, allerdings kann dies nicht mit völliger Sicherheit geklärt werden, da diese Texte ohne erzählerischen oder situativen Kontext und Autor- oder Sprecherinformationen überliefert sind. Insofern sind sie für die Fragestellung der vorliegenden Arbeit nicht von Bedeutung.

117 Vgl. Becking, Touch, 39–49.

118 Vgl. Geller, Demons, 34.126. M. E. weist dieser Vergleich eine deutlich auffälligere Ähnlichkeit zu den Elischa-Erzählungen auf als der Vergleich zwischen dem Heilungsversuch Gehasis mittels des Stabes Elischas und der Passage *Utukkū lemnūtu* XIII 157–159, die Karner als Parallele zur Verwendung des *e'ru*-Stabes in *Utukkū lemnūtu* XIII 157–159 deutet; vgl. Karner, Elemente, 195.

Der Kontext legt in diesem Fall allerdings nahe, dass es sich hier um einen Dämon handelt, der die Methode der Kraftübertragung verwendet. B. Becking sieht darin einen Beleg, dass es im Rahmen magischer Rituale üblich war, dieses Verfahren (zum Positiven oder Negativen) anzuwenden, welches wir auch in 2Kön 4,34 von Elischa angewendet finden.[119] Hierin liegt ein erster interessanter Schnittpunkt zur Typologie Elischas als Wundertäter. Zwar zählt die Erzählung in 2Kön 4,8–37 nicht zum ältesten Bestand der Wundererzählungen, dennoch ist hier eine Parallele zu dem Zug des Wundertäters Elischa zu erkennen, der (vor allem durch die ältesten Elischa-Erzählungen) die Typologie maßgeblich prägt.

Weitere für die Untersuchung von magischen Phänomenen relevante Textkorpora bilden die Beschwörungstexte bzw. -sammlungen Šurpu (Verbrennung), die vorwiegend zur Abwendung eines Fluches bzw. Bannes (māmītu) verwendet wurden,[120] Maqlû, welche als Gegenmaßnahme zur schwarzen Magie (kišpu) Verwendung fanden[121] und die sogenannten Handerhebungs- oder Šu-ila-Gebete an Ištar.[122]

Bei Maqlû handelt es sich mit über 1600 Zeilen um das größte Textkorpus, welches eine detaillierte Anleitung für die Durchführung eines elaborierten, eine ganze Nacht dauernden Verbrennungsrituals bietet.[123] Dieses Ritual wurde von der stetig wiederkehrenden Rezitation bestimmter in den Maqlû-Texten genau beschriebener Beschwörungen begleitet. Daneben konnte auch eine prophylaktische Durchführung des Rituals als Schutz vor möglichen Angriffen aus schwarzer Magie erfolgen.[124]

Die einzige für die Elischa-Erzählungen relevante Ähnlichkeit findet sich in einer Passage des Maqlû-Textes in Maqlû VI 118–125. Darin wird Salz eine apotropäische Wirkung zugesprochen und als Mittel für rituelle Vollzüge, besonders zur Lösung von Schadenszaubern, bezeichnet.[125]

Als mögliche Erkenntnisquelle für magische und prophetische Phänomene im Alten Orient werden auch immer wieder die unter dem Begriff NAM.BÚR.BI („seine

---

119 Vgl. weiterführend FISCHBACH, Totenerweckungen, 75–79; WEINREICH, Wundertypus, 246–264; SCHMITT, Magie, 246–249.
120 Vgl. REINER, Šurpu, 1–6.
121 Vgl. FARBER, Witchcraft, 1898; ABUSCH, Witchcraft, 287–292; SCHWEMER, Abwehrzauber, 37–68.
122 Vgl. ZGOLL, Kunst, 247–282.
123 Vgl. ABUSCH, Witchcraft, 99–111; SCHWEMER, Abwehrzauber, 38.
124 Vgl. TUAT.NF 4, 129f; CRYER/THOMSEN, Witchcraft, 19–23.46–53.
125 Vgl. MEIER, Beschwörungssammlung, 45; TUAT.NF 4, 169; KARNER, Elemente, 183. Mit dem Wortspiel zur „Lösung" des Schadenszaubers wird im Text zugleich auf die löslichen Eigenschaften des Salzes angespielt.

Lösung") bekannten Löserituale diskutiert.[126] Der Begriff Namburbi beschreibt bereits, was der Zweck des Rituals war: Gelöst werden sollte ein schlechtes Omen, welches zuvor ergangen war und auf das sich der Titel bezieht.[127]

Betrachtet man die Begriffe für magisch oder prophetisch handelnde Personen in den genannten Texten näher, so findet in den Texten ab dem Beginn des 1. Jahrtausends v.Chr. die weiteste Verbreitung der sogenannte *āšipu*, ein Beschwörungspriesters, der vornehmlich angerufen wurde, um Heilung von Schadenszauber und Krankheiten zu wirken, die auf magisches oder göttliches Handeln zurückgeführt wurden.[128] Der *āšipu* war in neuassyrischer Zeit in der Regel nicht an einem Tempel angestellt, sondern freischaffend tätig. Seine Tätigkeit ist ein erlernter Beruf und dient zum Lebensunterhalt. Erst in seleukidischer Zeit wandelt sich dies und die Dienste des *āšipu* werden mehr und mehr in den Tempelkult integriert.[129] Viele dieser Beschwörungspriester werden in den Texten namentlich identifiziert. Ihre Arbeitsweise und ihre Techniken lassen sich etwa aus diagnostischen Textsammlungen rekonstruieren, wie dem Diagnosehandbuch *sakikkû* aus dem 11. Jahrhundert v.Chr., einer Zusammenstellung von Symptomen und entsprechenden therapeutischen Handlungsanweisungen, nach der ein *āšipu* vorging.[130]

Daneben gibt es die Profession des *bārû*, eines Opferschauers, dessen maßgebliche Funktion in der Deutung induktiver Divinationsformen wie Eingeweide- oder Ölorakel bestand. Dieser war in der Regel ebenfalls vom Tempel unabhängig tätig.

Weiterhin finden sich im Bereich der Schadensmagie die Professionen *kaššāpu/kaššaptu* (Hexer/Hexe) und deren Synonyme,[131] die „schwarze Magie" [132] ausübten. Diese Protagonisten der „schwarzen Magie" waren in der Regel unbekannt, wie Passagen aus dem Beschwörungskorpus *Maqlû* zeigen. Darin wird zu Beginn stets nach der Identität des Hexers oder der Hexe gefragt, die für den

---

126 Vgl. TUAT.NF 4, 111; vgl. weiterführend MAUL, Zukunftsbewältigung, 11–113; SCURLOCK, Means, 46 f.

127 Die Niederschrift des Namburbi-Rituals auf kleinen Tontafeln konnte auch als apotropäisches Mittel verwendet und etwa zur Abwehr eines schlimmen Schicksals an der Haustür angebracht werden; vgl. TUAT.NF 4, 111.

128 Von diesem unterscheiden lässt sich die stärker medizinisch orientierte Profession des *asû*, vgl. RITTER, Expert, 301 f.321; WILSON, Medicine, 348–354; MAUL, Heilkunst, 8–11; SCURLOCK, Physician, 69–79; FRAHM, Tradition, 77–104; TUAT.NF 3, 114 f. Vor dem 1. Jahrtausend gibt es nahezu keine schriftlichen Belege für die Tätigkeit der Berufsgruppe *āšipu*.

129 Vgl. SALLABERGER/HUBER-VULLIET, Art. Priester, 632.

130 Vgl. HEESSEL, Diagnostik, 11–40.

131 Vgl. SCHWEMER, Abwehrzauber, 81 f.

132 Zur Schwierigkeit dieses Begriffs vgl. FARBER, Witchcraft, 1898.

Schaden verantwortlich ist, der durch den *Maqlû*-Ritus geheilt oder abgewendet werden soll.[133]

Ausübende „schwarzer Magie" werden in den Abwehrritualen häufig recht genau in ihrer Arbeitsweise beschrieben. Es handelt sich um einen Mann oder eine Frau, häufig auch um ein Paar, sie fertigen Stellvertreter-Figurinen für das Opfer an, sprechen Flüche aus, durchbohren, verbrennen und zerschlagen die Figurinen, mauern sie ein oder begraben sie, um Schmerzen oder den Tod beim Opfer herbeizuführen.[134]

Ausübende „weißer Magie" hingegen werden in den neuassyrischen Texten in der Regel nicht im Vollzug ihrer Handlungen beschrieben. Auf ihre Funktion, ihre Typologie und ihre Arbeitsweise lässt sich nur begrenzt aus den Ritualanweisungen zurückschließen.[135]

Betrachtet man nun abschließend die altorientalischen Quellen unter der Fragestellung, ob sich Ähnlichkeiten zur Typologie des Elischa erkennen lassen, dann wird deutlich, dass es zunächst erhebliche gattungsgeschichtliche Unterschiede gibt, die einen Vergleich schwierig machen. Dazu trägt maßgeblich bei, dass die behandelten altorientalischen Texte nahezu alle aus dem Kontext des Königtums stammen und insofern hofprophetische oder am Hof lokalisierte magische Phänomene abbilden.[136] Zudem unterscheidet sich die Größe der Kulturräume, in denen diese Texte beheimatet sind, zum Teil erheblich von dem Kulturraum des Alten Testamentes. Bis auf die Texte aus den Stadtstaaten Mari und Ugarit entstammen alle betrachteten Textkorpora aus altorientalischen Großreichen. Auf der Ebene des Inhalts – und das mag durch die oben erwähnten strukturellen Unterschiede bedingt sein – zeigen sich zudem weitere deutliche Unterschiede. Kein einziger der altorientalischen Texte hat ein besonderes Interesse an der Person des Propheten oder Magiers, im Vordergrund steht vor allem sein magisches oder prophetisches Handwerk. Die Personen treten dahinter sehr stark zurück, werden bestenfalls mit ihrem Namen und ihrer Herkunft erwähnt, interessieren die Quellen sonst aber nicht.

---

133 Vgl. hierzu weiterführend THOMSEN, Zauberer, 21f.
134 Vgl. ABUSCH/SCHWEMER, Corpus, 6.
135 Vgl. SCHWEMER, Abwehrzauber, 132.
136 Vgl. BLUM, Prophetie, 86f. Neben dem Problem der strukturellen Unterschiede zwischen dem Kleinstaat Israel und den altorientalischen Großreichen muss weiterhin auch stets die Zufälligkeit der Überlieferung aus der Umwelt des Alten Testaments in alle Überlegungen bezüglich möglicher Analogieschlüsse einbezogen werden; vgl. BLUM, Prophetie, 87 und den dort zu findenden Verweis auf die Annahme Seeligmanns, gerade in der „mantischen Kriegsprophetie" liege der Ursprung der biblischen Prophetie, vgl. SEELIGMANN, Geschichte, 71.

Die magische und prophetische Literatur des Alten Orients kennt keine Legenden über Magier, Propheten oder Wundertäter. Die Gründe hierfür sind schwer zu eruieren. Allerdings ist neben vielen historischen Zufällen der Überlieferung ebenfalls denkbar, dass die Entstehung solcher Erzählungen vor allem in Milieus wahrscheinlich ist, deren Literalität in den Kultur- und Sprachräumen Mesopotamiens im 2. und 1. Jahrtausend (noch) nicht ausgeprägt war und es daher zu keiner schriftlichen Fixierung von legendarischem Material kommen konnte.

Insofern sind nur wenige Analogien zu den Elischa-Erzählungen auszumachen. Einige wenige Anklänge wie der Gebrauch von Mehl im Zusammenhang mit magischen Riten oder der Vorgang der Synanachrosis konnten identifiziert werden. Um eine Entwicklungslinie zwischen den Texten aus dem Alten Orient und den alttestamentlichen Elischa-Erzählungen zu zeichnen, sind diese Anklänge aber entschieden zu selten und zu vage. Die größte inhaltliche und formale Nähe zu den prophetischen Texten aus dem Alten Orient, vor allem den Texten aus Mari, konnte in jenen Elischa-Erzählungen festgestellt werden, in denen Elischa als Hofprophet dargestellt wird und dem König Ansagen in Bezug auf militärische Unternehmungen macht. Darüber hinaus gibt es kaum Gemeinsamkeiten. Zwar hat Elischa zuweilen einzelne Züge von allen der im Alten Orient bekannten prophetischen wie auch magischen Professionen – so wird er sowohl heilend als auch verfluchend, sowohl ekstatisch als auch Magie treibend gezeigt. Dennoch ist Elischa streng genommen weder *āpilu,* noch *muḫḫû,* noch *bārû.* Die größte Nähe besteht wohl zu der Paarung aus freiberuflicher und heilender Tätigkeit des *āšipu.*[137] Der Gottesmann Elischa wird ebenso als vom Tempelkult oder dem Hof unabhängig, sozusagen freiberuflich agierend (vgl. weiterhin Samuel in 1Sam 9 f), dargestellt. Allerdings wird die Heilertätigkeit bei Elischa nur äußerst punktuell neben vielen anderen Tätigkeitsfeldern und unabhängig von institutionalisierten und erlernbaren Techniken ausgeübt. Insofern unterscheidet sich die Typologie des Elischa auch von der des *āšipu* in neuassyrischen Texten.

4.2.7 Persische Texte über Magier

Der Begriff *Mager* bzw. *Magier (magi)* ist innerhalb der auf Zarathustra zurückgeführten Gathas (Yasna 65,7), einem Teil des Avestas, der heiligen Schrift des Zoroastrismus, belegt. Einerseits bezeichnet der Begriff einen medischen Volksstamm, der traditionell womöglich die Priesterkaste stellte, zum anderen be-

---

137 Vgl. SCHMITT, Magie, 293.

zeichnet er zoroastrische Priester und Ritualspezialisten.[138] Letztere Verwendung scheint ab der späten Achämenidenzeit die vorherrschende zu sein.[139] Ähnlich wie bei der biblischen Doppelbezeichnung *Leviten* ist gerade in den frühen Texten jedoch nicht immer aus dem Kontext zu erkennen, welche Wortbedeutung überwiegt.

Die Verwendung vornehmlich als Bezeichnung des Volksstammes scheint auch in der Behistun-Inschrift verwendet worden zu sein.[140] Dareios I. beschreibt in der Trilingue seinen Aufstieg gegen den Mager Gaumata, der sich als Bruder Kambyses II. ausgegeben hatte. Nach Kambyses' unglücklichem Tod erringt zunächst Gaumata durch diesen Schwindel 522 v.Chr. den Thron des persischen Großkönigs. Dareios I., ein entfernter Verwandter und Untergebener des Kambyses II., erhebt jedoch selbst Anspruch auf den Thron, ermordet Gaumata und legitimiert mithilfe der Behistun-Inschrift wiederum seine Usurpation. Die Inschrift scheint Gaumata durch den Begriff *Mager* nur in Bezug auf seine Herkunft zu charakterisieren und weist ihm weder priesterliche noch andere typologische Attribute zu.[141] Ähnlich verhält es sich in der ausführlichen Darstellung dieser Episode der achämenidischen Geschichte bei Herodot (Hist 3,61–79). Herodot erwähnt die Magier jedoch auch an anderen Stellen seines Geschichtswerkes mit je unterschiedlichem Gebrauch des Begriffs. In Hist 1,101 nennt er sie als einen der sechs medischen Volksstämme. Nach Hist 7,43 praktizieren die Magier verschiedene Opferrituale, an einer Stelle spricht Herodot auch von Menschen- bzw. Kinderopfern (Hist 7,113 f.).[142] Nacht Hist 1,107 werden einige der Magier aufgesucht, da sie der Traumdeutung mächtig waren. Ebenso hält es Xerxes, der sich nach Hist 7,19 und Hist 7,37 in Belangen der Kriegsführung und in Bezug auf Naturerscheinungen und Träume Rat bei den Magiern holte. Auch davon, dass die Magier Ameisen, Schlangen und Kriechtiere essen, berichtet Herodot mit einigem Abscheu (Hist 1,140).[143]

---

138 Diese Verwendung findet sich auch in den Beschreibungen des griechischen Historikers Herodot, vgl. die Verweise bei WOLFF, Avesta, 89 f.
139 Vgl. BOYCE, History 2, 19 f und die dort untersuchte Verwendung des Begriffs *magi* bei Herodot; vgl. BOYCE, Zoroastrianism, 7 f; STAUSBERG, Religion, 475; weiterführend zur Begriffsgeschichte und der Übertragung in die griechische Sprache vgl. OTTO, Magie, 143–218; DE JONG, Traditions, 387–403.
140 Anders urteilt GRAF, Gottesnähe, 24.
141 Vgl. BRIANT, Art. Gaumata, 333–335.
142 Der diese Stelle abschließende Verweis auf die generelle Sitte der Menschenopfer bei den Persern lässt eine tendenziöse und perserfeindliche Intention der Darstellung vermuten. Diese Tendenz schlägt sich nach Ansicht Ottos (vgl. OTTO, Magie, 152–156.) auch in der Darstellung der Magier bei Herodot nieder.
143 Vgl. DANDAMAYEV, Art. Magi.

Aus den elamitischen Verwaltungstafeln aus Persepolis erfahren wir anhand von Lieferlisten für Opferrituale, dass die Magier zahlreiche Opfer für Ahuramazda und andere Gottheiten ausführten.[144]

Über die oben genannten Informationen bezüglich eines vererbten Kultpriestertums und einige Hinweise zur Tracht, dem Ritualvollzug am Tempel und der Traum- und Naturdeutung hinaus, erhalten wir aus den persischen Texten der Achämenidenzeit keine weiteren Informationen über die Magier. Insofern geben die Texte aus dem ersten persischen Großreich ebenfalls wenig Aufschluss für die der Arbeit zugrundeliegende Fragestellung. Im Zusammenhang mit rabbinischen Texten wird in Kapitel 4.4. dieser Arbeit daher noch ein Blick in Texte aus der Zeit des Sassanidenreiches geworfen werden.

4.3 Texte aus dem syrisch-palästinischen Kulturraum

Die im Folgenden untersuchten Texte gehören zwar ebenso wie die bisher untersuchten auch in den Makrokontext des Alten Orients, dennoch sollen sie einer gesonderten Betrachtung unterzogen werden, da der syrisch-palästinische Kulturraum sowohl historisch als auch geografisch die für das Alte Testament nächstliegende Bezugsgröße bildet.[145]

4.3.1 Die Bileam-Inschrift aus Tell Deir 'Alla

Die 1967 im Ostjordanland auf dem Tell Deir 'Alla gefundene Inschrift über den Seher Bileam, den Sohn Peors,[146] bildet einen Sonderfall in der Gruppe der außerbiblischen Texte mit biblischem Bezug. Diese Inschrift ist der bislang einzig bekannte Fall, in dem für eine *prophetische* Figur aus der Bibel auch ein *external evidence* gefunden wurde.

---

144 Vgl. HALLOCK, Tablets, 755; OTTO, Magie, 150.
145 Die von Stökl in Erwägung gezogene Zitadelleninschrift aus Amman (Text vgl. HALLO, Context 2, 139) scheidet m. E. aus, da aus dem sehr fragmentarischen und kurzen Text allein die Milkom-Rede, nicht aber ein erzählerischer Kontext deutlich wird, der auf einen prophetischen Vorgang schließen lässt; zu einem ähnlichen Urteil gelangt STÖKL, Prophecy, 22. Aus dem gleichen Grund schließt sich die vorliegende Arbeit dem Urteil Stökls in Bezug auf den Sigelfund aus dem ägyptischen Deir Rifa an, vgl. STÖKL, Prophecy, 22f.
146 Vgl. TUAT 2, 138–148.

Obwohl der wahrscheinlich aus dem 8./7. Jh. v. Chr. stammende Text stark zerstört und schwierig zu übersetzen ist,[147] kann dennoch davon ausgegangen werden, dass Bileam bar-Beor in ihm als ein *Seher der Götter* (*ḥzh 'lhn*) bezeichnet wird.[148] In dem folgenden Text wird sodann von etwas (einer Vision) gesprochen, das die Götter Bileam in der Nacht sehen ließen. Der Inhalt der Unheils-Vision – genau wie die Überschrift ist diese mit roter Tinte bewusst vom Rest des Textes abgesetzt – wird von Bileam daraufhin weinend dem ganzen Volk mitgeteilt.[149] Bei dem beschriebenen Vorgang handelt es sich somit um ein intuitives prophetisches Ereignis, welches Bileam zuteilwird. Dass er zu Beginn des Textes bereits als *Seher der Götter* bezeichnet wird, bevor ihm dieses Ereignis widerfährt, lässt ggf. darauf schließen, dass es sich nicht um ein einmaliges Ereignis, sondern vielmehr um seine Profession gehandelt haben könnte.[150]

Dass es sich inhaltlich um eine Unheilsvision handelt, ist zwar in Bezug auf die Frage nach der Herkunft und Verortung biblischer Unheils- und Gerichtsprophetie von Bedeutung,[151] trägt aber in Bezug auf die Elischa-Typologie nur wenig aus. In der Rolle des Unheilspropheten tritt Elischa nur in der späten Bearbeitung in 2Kön 7,2.17–20 und v. a. in 2Kön 8,12 auf. Ansonsten wird dieser nie als *ḥzh* bezeichnet und unterscheidet sich – nach allem, was wir aus der Inschrift über Bileam erfahren können – typologisch von diesem. Der Bileam aus der Inschrift von Tell Deir 'Alla macht auf dem rekonstruierbaren Textmaterial den Eindruck eines *šabrû* (Seher), wie er etwa in einer Inschrift Assurbanipals als Empfänger einer nächtlichen Vision Ištars dargestellt wird.[152] Im weiteren Verlauf des Textes

---

147 Vgl. BLUM, Kombination, 597 f.

148 Die vorliegende Arbeit betrachtet vor allem die Rekonstruktion der Kombination 1, vgl. HOFTIJZER/VAN DER KOOIJ, Texts; WEIPPERT, Inschrift, 133–136; BLUM, Kombination, 574–579.

149 Vgl. BLUM, Prophetie, 88 f.

150 Vgl. BLUM, Prophetie, 95.

151 Vgl. WEIPPERT, Text, 183–186; BLUM, Prophetie, 94–108, KRATZ, Wrath, 118–120; zu den linguistischen Ähnlichkeiten zu Jes 8,9 vgl. MÜLLER, Funktion, 186.

152 Vgl. DE JONG, Isaiah, 315; NISSINEN, Prophets, 187 f. Moore vergleicht Bileam hingegen mit der in den Quellen wesentlich häufiger repräsentierten Profession eines *barû*; vgl. MOORE, Balaam, 66–68. Die Einschätzung Moores, der Bileam der Inschrift sei zugleich auch Exorzist und habe insofern Züge eines mesopotamischen *āšipu*, teilt die vorliegende Untersuchung nicht. Moore (vgl. MOORE, Balaam, 87–89) leitet die exorzistischen Züge der Bileam-Erzählung einerseits aus der Erwähnung der *šdyn* und der Ankündigung von Finsternis und Schrecken ab. Dass diese Androhungen allerdings von den *šdyn* der Göttin Schagar zugeschrieben und zugleich von ihnen abzuwenden versucht werden, lässt die Deutung Moores völlig außer Acht. Weiterhin stützt sich diese Deutung auf die völlig unsichere Rekonstruktion der Kombination 2, deren Text nicht deutlich erkennen lässt, dass es sich um Verfluchungen handelt, die a) gegen Bileam ausgesprochen und b) von ihm abzuwehren versucht wurden, wie es Hoftijzer annimmt, vgl. TUAT 2, 139.145–148. Meines Erachtens übt Bileam weder gegenüber den *šdyn* noch gegenüber

wird zudem einmal von einer Wahrsagerin (‛*nyh*) gesprochen, über deren Aufgaben und Funktion der Text jedoch keine weitere Auskunft gibt.[153]

4.3.2 Die Inschrift des Zakkur von Hamath

Bereits 1903 wurde in Aphis südwestlich von Aleppo eine Stele gefunden, auf der neben dem unteren Teil einer Reliefdarstellung Fragmente einer Votivinschrift erhalten sind. Diese Inschrift wird an den Anfang des 8. Jh. v. Chr. datiert.[154] In der Inschrift berichtet König Zakkur von Hamath[155] u. a. von dem Feldzug Birhadads (Ben-Hadads) und einer Koalition anderer Könige gegen ihn sowie der Belagerung der Stadt Hazrak im Rahmen dieses Feldzuges. In der geschilderten Belagerungssituation[156] erhebt Zakkur nach eigener Auskunft seine Hände zum Himmelsgott Baalschamin. Dieser antwortet Zakkur sodann durch Seher (*ḥzyn*) und Wahrsager (‛*ddn*[157]) mit einem Heilsorakel,[158] in dem er Zakkur seines Beistandes versichert und das Ende der Belagerung in Aussicht stellt. Die Darstellung der Inschrift macht den Anschein, als sei keine Orakelanfrage ergangen, sondern ein Gebet der Auslöser für das ergangene Heilsorakel. Dies wiederum würde einen intuitiven prophetischen Vorgang implizieren.[159] Mehr Information erhalten wir nicht zu diesen beiden Gruppen.

Am Ende des rekonstruierbaren Textes sind die Reste einer Fluchformel gegen eine mögliche Zerstörung der Stele überliefert. Solche Fluchformeln finden sich auf vielen altorientalischen Stelen und Inschriften.[160] Diese Verfluchungen werden in der Literatur häufig als Abwehrzauber und insofern ebenso als magische

---

den in Kombination 2 rekonstruierbaren Verfluchungen exorzistische Praktiken aus. Daher kann ihm m. E. auch nicht die Funktion eines Exorzisten zugesprochen werden.

153 Vgl. NIEHR/BONNET, Religionen, 316.

154 Vgl. TUAT 1, 626; BEYERLIN, Textbuch, 247.

155 Vgl. DONNER/RÖLLIG, KAI Nr. 202; TUAT 1, 626 – 628; BEYERLIN, Textbuch, 247 – 250. Die Darstellung seiner Königswerdung lässt im Vergleich mit ähnlich lautenden Darstellungen aus altorientalischen Quellen darauf schließen, bei Zakkur handele es sich um einen Usurpator auf dem Thron von Hamath, vgl. BEYERLIN, Textbuch, 247.

156 Diese Schilderung weist Ähnlichkeiten zur Erzählung über die Belagerung Samarias in 2Kön 6,24 – 7,20 auf, vgl. BEYERLIN, Textbuch, 247 f.

157 Vgl. die Verwendung dieses Begriffs im Reisebericht des Wenamun in Kapitel 4.2.4.1 dieser Arbeit.

158 Vgl. WEIPPERT, Aspekte, 300 – 302.

159 Zu diesem Schluss gelangt unter ähnlichen Vorbehalten auch STÖKL, Prophecy, 22.

160 Ein eindrucksvolles Beispiel bilden die zahlreichen Fluchformeln auf den VTE-Tafeln, die insgesamt etwa ein Drittel des Gesamttextes ausmachen; vgl. WISEMAN, VTE, 58 – 80, v. a. 58 – 60.

Phänomene beurteilt.[161] Eine solche Kategorisierung ist m. E. zwar zutreffend, dennoch tragen diese Verfluchungen für die Frage nach der Typologie eines Magiers nicht viel aus, da diese Flüche meist ohne einen Magietreibenden auskommen und in der Regel eine unmittelbare magische Beziehung zwischen Autor, Gottheit und dem Übertreter der in den Inschriften fixierten Verbote herstellen.

4.3.3 Die Lachisch-Ostraka

Die im Stratum II der Grabungen in Lachisch gefundenen Ostraka geben uns einen Einblick in die Zeit unmittelbar vor der Eroberung Judas durch die Babylonier, also das frühe 6. Jh. v. Chr.[162] Auf den Ostraka finden sich mit schwarzer Tinte geschriebene Briefe vom Militärkommandanten Hoschajahu an seinen Vorgesetzten Ja'usch in Lachisch.[163] Der dritte der gefundenen Briefe,[164] ein auf beiden Seiten beschriebenes Ostrakon mit einundzwanzig vollständig erhaltenen Textzeilen, spricht in Zeile 20 von einem Brief des Propheten *(hnb')* an Schallum mit dem Inhalt: „Hab Acht!" *(hšmr* Imp. Nif. von *šmr).* Dieser Brief [165] hat das Interesse der alttestamentlichen Exegese geweckt, nicht zuletzt, da der nicht namentlich genannte, aber wegen der Determination möglicherweise als bekannt vorausgesetzte Prophet aufgrund seiner Aussage und der historischen Situierung ggf. mit Jes 7,4 und – in Bezug auf die dieser Arbeit zugrundeliegende Fragestellung von Bedeutung – auch mit 2Kön 6,9 in einem wie auch immer zu deutenden Zusammenhang steht.[166] Für die vorliegende Untersuchung ist dabei entscheidend, dass hier ein prophetischer Ausspruch im Zusammenhang mit einer militärischen

---

161 Vgl. Beyerlin, Textbuch, 153–157.

162 Vgl. Barstadt, Lachisch, 8*.

163 Vgl. Torczyner, Lachish I; Renz/Röllig, Handbuch I, 405–438; TUAT 1, 620–624.

164 Vgl. Torczyner, Lachish I, 45–73.

165 In Bezug auf die von Torczyner vorgeschlagenen anderen Rekonstruktionen des Begriffes *nb'* schließt sich die vorliegende Arbeit den Beurteilungen von Thomas und Barstad an, nach denen allein der Beleg in Ostrakon III sicher als *nb'* zu lesen ist, vgl. Thomas, Prophet, 7–9; Thomas, Ostraca, 244f; Barstad, Lachisch, 8*. Anders urteilt Stökl, Prophecy, 167–171; Stökl geht auch von der Verlässlichkeit der Lesung *nb'* bei den Ostraka VI und XVI aus. M. E. entspricht die von Stökl in Ostrakon VI, Z. 5 angenommene Lesung jedoch reiner Interpolation, da nach dem He kein weiterer Buchstabe erkennbar ist, vgl. Torczyner, Lachish I, 102f. Gegen die Lesung in Ostrakon XVI spricht vor allem die Unvollständigkeit des als Beth gedeuteten Buchstabens und dessen eigentümlich geringe Neigung bzw. völlig aufrechte Position im Verhältnis zu dem sicher zu lesenden Beth in Zeile 4; vgl. Torczyner, Lachish I, 170f; Barstad, Lachisch, 8*; 10*f, FN 4–6.

166 Vgl. Renz/Röllig, Handbuch I, 419; Barstad, Lachish, 8*f; Rüterswörden, Prophet, 188f.

Aktion steht, ebenso wie in 2Kön 6,9. Die kurze Formulierung „Hab Acht!" auf dem Ostrakon könnte möglicherweise den Briefanfang bzw. eine Kernaussage eines ggf. auf Papyrus überlieferten längeren Prophetenspruchs/-orakels zitieren.[167] Das würde die Kürze der aus dem Zusammenhang sonst nicht recht zu deutenden Botschaft erklären.[168] Die Verbindung *m't hnb'* kann m. E. sehr gut mit „durch den Propheten" übersetzt werden, wie die analoge Bildung in 2Kön 3,11 zeigt.[169] Über den Propheten an sich und seine Handlungsweise erfahren wir aus dieser kurzen Erwähnung nur, dass er im Zusammenhang einer militärischen Aktion als Ratgeber wirkte[170] und insofern in der gleichen Funktion wie Elischa in 2Kön 6,9 auftrat.

4.3.4 Qumran

Wie in der Einleitung zu dieser Arbeit bereits angedeutet wurde, findet sich in den Schriften von Qumran nichts, was für die Rekonstruktion der biblischen Elischa-Erzählung in besonderer Weise fruchtbar gemacht werden könnte. Es wurden nur sehr wenige und schwierig zu rekonstruierende Fragmente der Königebücher gefunden, die Baillet auf die 2. Hälfte des 2. Jahrhundert v. Chr. datiert.[171] Die für die Elischa-Erzählungen in Frage kommenden Fragmente bieten kaum textgeschichtlich bedeutsame Varianten oder theologische Eigenheiten.[172]

---

167 Vgl. RENZ/RÖLLIG, Handbuch I, 419, FN 1. Dass es sich bei den Ostraka möglicherweise um Begleitschreiben zu auf Papyrus geschriebenen und mit archäologisch belegbaren Bullen versiegelte Briefe handeln könnte, nimmt etwa Rüterswörden an, vgl. RÜTERSWÖRDEN, Prophet, 180 – 182.

168 Vgl. KRATZ, Worte, 318 f; KRATZ, Mund, 18 – 20.

169 Vgl. CROSS, Soldier, 47. Für die Frage nach dem Zusammenhang der Verbindung *m't hnb'* mit dem biblischen Jeremiabuch kann an dieser Stelle nur auf BARSTAD, Lachisch, 9* und die dort skizzierte Diskussion verwiesen werden.

170 Thomas geht für den Brief aus Lachisch nicht einmal davon aus, sondern glaubt in der Formulierung in Z. 20 des Ostrakons III allein die Botentätigkeit des *nb'* belegt zu finden; vgl. THOMAS, Ostraca, 246 f. Die vorliegende Untersuchung teilt dieses Urteil nicht (so auch BARSTADT, Lachisch, 8*; STÖKL, Prophecy, 170), da eine solche Funktion für einen *nb'* im gesamten Alten Orient wesentlich schlechter belegt wäre als die naheliegende und häufig belegte Kundgabe eines göttlichen Ratschlages in militärischen Angelegenheiten, vgl. hierzu Kapitel 4.2. in dieser Arbeit.

171 Vgl. 6Q4, BAILLET, DJD III, 107. Erhalten sind nur 88 winzige Fragmente einer Abschrift der Königebücher, von denen die meisten nur wenige Millimeter groß sind und kaum mehr als fünf Buchstaben enthalten, vgl. 6Q4, BAILLET, DJD III.Plates, XX–XXII.

172 Vgl. 6Q4, BAILLET, DJD III.Plates, XX–XXII; STIPP, Elischa, 44 f; und Kapitel 2.8.1. in dieser Arbeit.

Darüber hinaus findet sich im Damaskus-Dokument eine einzige Erwähnung Elischas in CD 8,20 f. Sie ist ausschließlich in Manuskript A zu finden[173] und scheint in irgendeiner Form an den vorhergehenden Text anzuschließen. Dennoch gibt es Spannungen zu dem Vorangegangenen in 8,19 (Numeruswechsel) und der Anschluss bereitet auch inhaltliche Schwierigkeiten. In dem fraglichen Satz werden Jeremia und Elischa erwähnt als Beispiele für mahnendes und strafendes Verhalten. Nach Davies und Lohse könnte es sich um eine Randglosse handeln, die später in den Text eingewandert ist.[174] Aufgrund des fragmentarischen Charakters des Verses kann aus der Erwähnung Elischas nicht viel mehr geschlossen werden, als dass der Text wahrscheinlich auf die Erzählung in 2Kön 5 rekurriert und das Strafwort gegen Gehasi in 2Kön 5,27 meint.

Einige Fragmente der Paraphrase der Königebücher in 4QpapParaKings (4Q382)[175] aus der ersten Hälfte des 1. Jh. v. Chr. scheinen Material aus 2Kön 2 zu zitieren. Die präpositionalen Abweichungen des Textes vom MT deuten darauf hin, dass die Paraphrase stärker mit der Texttradition der LXX vertraut schien.[176]

Ebenso ist auch das Elischa-Apokryphon (4Q481a)[177] aus der späten Hasmonäerzeit offenbar eine Paraphrase der Elischa-Erzählungen, die ebenfalls nur fragmentarisch vorliegt und auf den vorhandenen Fragmenten Material aus 2Kön 2 wiederzugeben scheint. Die schlechte Überlieferungssituation lässt jedoch keinerlei weitere Schlüsse in Bezug auf Aussageintention oder inhaltliche Tendenzen zu.

Über die oben genannten Texte hinaus gäbe es noch einige weitere Texte aus dem anatolischen Kulturraum, die ebenfalls kurze Notizen oder Erwähnungen über prophetische Vorgänge oder Propheten enthalten.[178] Darunter findet sich jedoch kein einziger Text, der ein besonderes Interesse an der Person oder der

---

173 Manuskript B bietet ansonsten den gleichen Text, allein der Vers über Elischa fehlt.

174 Vgl. Lohse, Texte, 83.289 Anm. 53; Davies, Covenant, 173 f.

175 Vgl. Attridge, DJD XIII, XXXVIII–XLI.

176 Vgl. Trebolle, Qumran, 28 f. Generell erfährt Elia eine deutlich stärkere Rezeption in den außerbiblischen Texten von Qumran als Elischa, vgl. Trebolle, Qumran, 28–33.

177 Vgl. Brooke, DJD XXII, 305–309; weiterführend vgl. Trebolle, Qumran, 29.

178 In einem ebenso militärischen Zusammenhang werden beispielsweise auch die beiden vom Wettergott „inspirierten" (masanami-) Propheten in den Texten Tell Ahmar 5 (§11) und Tell Ahmar 6 (§22) aus Til Barsib, der Hauptstadt des nordsyrischen Königreichs Bit Adini, dargestellt. Die Erwähnungen geben außer der Bezugnahme auf eine militärische Aktion auch keinerlei weitere Informationen über die Art der „Inspiration" durch Tarhunza (wahrscheinlich ein Epitheton für den Sturm- und Wettergott Hadad in seiner militärischen Funktion) oder die Typologie der Propheten selbst, vgl. Bunnens, Stele, 27.76–82. Zu der Analogie zu den Mari-Texten und der Inspiration durch Hadad von Aleppo vgl. Bunnens, Stele, 82f; Galter, Himmel, 178–180.

Typologie des Propheten erkennen lässt. Insofern ist es auch für diese Texte schwierig, Analogien oder Ähnlichkeiten zu der Typologie Elischas zu finden.

Erneut konnte nur die Funktion Elischas als der in militärischen Aktionen ratende (Hof-)Prophet in eine Beziehung zu den in diesem Kapitel betrachteten Texten hergestellt werden. Ein Wundertäter oder Magier findet sich in den bislang bekannten Texten aus dem syrisch-palästinischen Raum hingegen nicht.

4.4 Texte aus Antike, Spätantike und frührabbinischer Zeit

Da die zuvor gemachten Beobachtungen zu den Literaturen des Alten Orients und des syrisch-palästinischen Kulturraumes nur wenige Anknüpfungspunkte zu der Typologie Elischas als Wundertäter erkennen ließen, wie wir sie in der ältesten Elischa-Überlieferung finden, muss der Blick nun darüber hinaus in die griechische Antike, Spätantike und das hellenistische sowie frührabbinische Judentum gerichtet werden.

Bereits die Kapitelüberschrift zeigt, dass die im folgenden Kapitel zusammengestellten Texte sowohl in Bezug auf ihren Kulturraum als auch auf ihre Epoche schwierig einzugrenzen und zu kategorisieren sind. Sie erstrecken sich über einen Zeitraum von ca. 600 v.Chr. bis ca. 300 n.Chr., entstammen somit z.T. der griechischen Klassik, dem Hellenismus, dem Judentum in hellenistischer Zeit oder reichen bis in die römische Kaiserzeit hinein.

Bereits diese Gruppierung könnte Anstoß erregen, sie verfolgt jedoch keinen anderen Zweck als eine – wenn auch grobe – Abgrenzung von den altorientalischen Texten aus Ägypten, Mesopotamien, Kleinasien und dem syrisch-palästinischen Kulturraum.

Zugleich ist das Neue Testament, welches Gegenstand eines eigenen Kapitels sein wird, zwar ebenso Teil des in der Überschrift umschriebenen Zeitraumes, soll aber in Bezug auf die Wirkungsgeschichte der alttestamentlichen Elischa-Erzählungen eine eigene Betrachtung erfahren.

Weiterhin ist die Auswahl der betrachteten Texte und die Auslassung anderer dem Ziel des Kapitels geschuldet, einen Überblick über die Entwicklung einer Typologie zu bieten. Dabei geht es wohlgemerkt stets um motivgeschichtliche Entwicklungslinien als Teil von literarischen Phänomenen und nicht um historische Rekonstruktionen. So werden zugunsten dieser Fragestellung etwa die griechischen Zauberpapyri[179] ebenso wenig einer Betrachtung unterzogen wie bspw. die einzelnen Erwähnungen Elias und Elischas in den Klemens von Rom

---

179 Vgl. dazu weiterführend GORDON, Art. Zauberpapyri, 697–700; OTTO, Magie, 337–412.

zugeschriebenen Briefen *Ad Virgines* (PsClem virg. I,6,5),[180] da sie zur Bearbeitung der Fragestellung nach der Typologie des Elischa und deren Wirkungsgeschichte keinen eigenen Beitrag leisten können.

Nicht alle Texte aus den genannten Epochen können im Blick auf die Entstehung der Elischa-Typologie hin untersucht werden, wohl aber auf eine mögliche Verbreitung derselben. Analogien aus kontemporären oder jüngeren Literaturen können religionsphänomenologische Erkenntnisse ermöglichen, die ggf. fruchtbar gemacht werden können etwa für die Frage, welche Milieus und Gruppen es sind, die die Typologie Elischas erzählens-, lesens- oder erzählerisch nachahmenswert finden.

4.4.1 Eine Fabel Äsops

Bereits in Kapitel 2.6.1. dieser Arbeit wurde die Analogie zwischen der Erzählung in 2Kön 6,1–7 und einer Fabel Äsops erwähnt. In „Ξυλευόμενος καὶ Ἑρμῆς" (Der Holzfäller und Hermes) geht es ebenso wie in 2Kön 6,1–7 um einen Holzfäller, dessen Axt in einen Fluss fällt und der sie damit verloren glaubt. Bei Äsop kommt Hermes dem Holzfäller zu Hilfe, taucht in die Fluten und holt zunächst eine goldene Axt hervor. Der Holzfäller verneint die Frage, ob das seine verlorene Axt sei. Auch als Hermes mit einer silbernen Axt auftaucht, verneint der Holzfäller erneut. Erst als Hermes ihm seine eigene Axt aus dem Fluss hervorholt, nimmt er sie an. Beeindruckt von der bedingungslosen Ehrlichkeit des Holzfällers, schenkt Hermes ihm alle drei Äxte. Als der Holzfäller seinen Freunden von seinem Widerfahrnis berichtet, wird einer von ihnen von der Habgier gepackt. Er geht an den Fluss und wirft seine Axt absichtlich in die Fluten. Als Hermes auch ihm zunächst eine goldene Axt aus dem Fluss holt, bejaht er die Frage, ob dies seine Axt sei, um das Gold zu erbeuten. Hermes jedoch erkennt die Absicht und gibt ihm weder die goldene noch seine eigene Axt zurück.[181] Die Unterschiede zu 2Kön 6,1–7 sind augenfällig. Während Elischa einen magischen Akt benötigt, um die Axt aus dem Fluss zu holen, scheint Hermes schlicht ins Wasser zu steigen. Die Fabel hat in der Version Äsops zudem eine starke moralische Tendenz und dieser ist möglicherweise der Umstand geschuldet, dass es auch noch eine silberne und eine goldene Axt gibt. Diese moralische Tendenz ist in der Elischa-Erzählung keineswegs erkennbar.

---

180 Vgl. Duensing, Klemens, 166–188.
181 Vgl. Hausrath, Äsopische Fabeln, 86.

Trotz dieser Unterschiede in der Ausgestaltung ist dennoch die Nähe der verwendeten Motive unverkennbar. Ob es sich gleichsam um eine traditionsgeschichtliche Linie handelt, die sich von Elischa zu Äsop spannen lässt, oder ob wir es nur mit der zufälligen Verwendung eines umlaufenden Motives in zwei voneinander gänzlich unabhängigen literarischen Kontexten zu tun haben, ist in Ermangelung weiterer Texte mit ähnlicher Motivik ebenso wie aufgrund der schwierigen Überlieferungslage der äsopischen Fabeln nicht (eindeutig) zu klären.[182]

4.4.2 Delphi

Für das Phänomen der Prophetie rückt in der alttestamentlichen Exegese der letzten Jahre auch immer wieder das delphische Orakel in den Blick der Forschung.[183] Für die griechischsprachige Welt ist es das bedeutendste und am längsten belegte Orakelheiligtum (mindestens vom 7. Jh. v. bis zum Ende des 4. Jhs. n. Chr.). Von der als Medium dienenden Pythia werden in den griechischen Quellen tranceartige Zustände berichtet, in denen sie nach einem Vorritual schließlich über einer Erdspalte sitzend Orakel verkündete. Es handelt sich dabei also um erfragte Orakel, deren Inhalt dann von Orakelpriestern interpretiert und zuweilen fixiert wurde.[184] Da über die Pythia und ihre Wirkweise sonst aber nur wenig bekannt ist, fällt sie als Quelle für typologische Fraugestellungen aus. A. Lange stellt für das sonstige griechische Seher-Wesen allgemein fest, dass es ebenso wie die ‚Prophetie' des Alten Orients eine große Anzahl induktiver, mantischer Vorgänge beinhaltete, wie bspw. Lekanomantie oder Haruspizien.[185]

Für die Frage nach der Typologie des Elischa scheinen diese Formen des griechischen Sehertums wie sie in Delphi, Dodona und anderen Kultorten praktiziert wurden, jedoch nichts beitragen zu können. Die einzige feststellbare Analogie läge erneut in dem für die Pythia beschriebenen Trance-Zustand, der dem in 2Kön 3,15–17 zwar in gewisser Weise ähnelt, dennoch anders induziert zu sein scheint und allein noch keine Typologie erkennen lässt.

---

182 Vgl. ZIMMERMANN, Handbuch, 322–325.
183 Vgl. HUFFMON, Process, 449–460; HAGEDORN, Foreigners, 432–448.
184 Vgl. BURKERT, Religion, 181.
185 Vgl. LANGE, Seers, 462.

4.4.3 Theios-Aner-Literatur

Der Begriff θεῖος ἀνήρ[186] bezeichnet eine in der Literatur der Spätantike wohl aus dem Herrscherkult stammende Vorstellung besonders herausragender und mit außergewöhnlichen Kräften ausgestatteter Männer. In der Logik des Begriffes nimmt ein solcher *göttlicher Mann* nach Bieler eine Mittelposition zwischen Menschen und Göttern ein.[187] Während unter den Herrschern Alexander, vor allem im späten Alexanderroman, das Idealbild eines θεῖος ἀνήρ darstellt, bezeichnet die antike Literatur neben Königen sonst v. a. Philosophen und Poeten (Pythagoras, Empedokles, Platon, Cicero, Vergil) sowie die großen Helden der Literatur (Achill, Herakles, Theseus und Odysseus) als θεῖοι ἄνδρες.[188]

Ein θεῖος ἀνήρ zeichnet sich vor allem durch übermenschliche Fähigkeiten aus, die in prächtigen Farben dargestellt werden. Daneben gibt es in den literarischen Zeugnissen immer wiederkehrende Merkmale, wie etwa die göttliche Ankündigung der Geburt eines solchen Gottgesandten, der in der Regel die Zeugung durch einen Gott vorausgeht, ähnlich wie etwa vor der Geburt des Pythagoras, des Apollonius von Tyana oder Alexanders.[189] Ein solch göttlicher Mensch unterscheidet sich bereits in seiner Kindheit von seinen Altersgenossen,[190] ist etwa durch einen enormen Wissensdurst oder die intensive Suche nach der Wahrheit charakterisiert, was ihn häufig zu einer lebenslangen Wanderschaft veranlasst. Seine Lebensweise ist zudem oftmals geprägt von einem gewissen Maß an Weltabgewandtheit und Asketismus.[191] Viele beherrschen die Fähigkeit zur Bilokation,[192] sie vermögen Zukünftiges vorherzusehen, Naturgewalten und wilde Tiere zu kontrollieren, Heilungen und Dämonenaustreibungen zu wirken oder gar Tote

---

186 Erstmals als konzeptioneller Begriff gebraucht bei REITZENSTEIN, Wundererzählungen, 50 (1. Auflage von 1906). Zur Forschungsgeschichte des Begriffs vgl. weiterführend DU TOIT, Anthropos, 2–7.

187 Vgl. BIELER, Aner 1, 16.20 f. Nach der jahrzehntelang einflussreichen Untersuchung Bielers wird diese spätantike Vorstellung im frühen Christentum fortgeführt und auf Jesus Christus übertragen.

188 Vgl. BIELER, Aner 1, 10 f; BECK/BOL, Spätantike, 162. Nach Reitzenstein kommt das religionsgeschichtliche Konzept des θεῖος ἀνήρ aus Ägypten und den östlichen Religionen; vgl. REITZENSTEIN, Wundererzählungen, 36. Für diese Annahme benennt Reitzenstein jedoch ausschließlich sekundäre Quellen, wie etwa die Behauptung einiger jüdischer Quellen oder auch des Christentumskritikers Kelsos, Jesus habe in Ägypten Zauberei gelernt, vgl. REITZENSTEIN, Wundererzählungen, 36 FN 1; OTTO, Magie, 296 f.

189 Vgl. BIELER, Aner 1, 24; BECK/BOL, Spätantike, 163.

190 Vgl. BIELER, Aner 1, 34 f.

191 Vgl. BIELER, Aner 1, 60–73; BECK/BOL, Spätantike, 165 f.

192 Vgl. OTTO, Magie, 287.

zum Leben zu erwecken.[193] Häufig sammeln die θεῖοι ἄνδρες (so wie etwa Pythagoras, Apollonius oder unfreiwillig auch Antonius) eine Schar von Anhängern bzw. Jüngern (μαθηταί) um sich.[194] Seine Aufgabe versteht der θεῖος ἀνήρ nicht nur in dem Streben nach Erkenntnis der Götter und Weisheit, sondern auch in helfenden, heilenden und friedenstiftenden Taten an der Welt.[195] Oftmals zeichnet die Literatur den θεῖος ἀνήρ „als milden Helfer in kleinen und großen Nöten des täglichen Lebens"[196]. Ein weiterer interessanter Zug ist dem θεῖος ἀνήρ zu eigen, so hilft er nicht nur aus persönlichen kleinen und großen Nöten, sondern verschafft nach Bieler ebenfalls seinen Mitbürgern den Sieg über ihre Feinde.[197]

Schließlich erleidet der θεῖος ἀνήρ in der Regel einen ungewöhnlichen Tod, wie die Himmelfahrt im Alexanderroman oder die angedeutete Auferstehung bei Apollonius zeigen.[198]

Die Bedeutung der θεῖοι ἄνδρες entspringt dabei vor allem aus der von ihnen und ihrer Lebensweise ausgehenden Wirkung, die ihren Niederschlag dann in der Literatur vor allem in der Spätantike gefunden hat, wie etwa der Alexanderroman zeigt.[199]

Unter den genannten und aus der spätantiken Literatur abgeleiteten Charakteristika für θεῖοι ἄνδρες finden sich deutliche Parallelen zur Darstellung Elischas in den Königebüchern. Von den biblischen Figuren bezeichnet Josephus explizit allein Mose als einen θεῖος ἀνήρ (Ant 3,180).[200]

Neben den oben genannten Beispielen aus der hellenistischen Literatur, gibt es auch aus den sogenannten außerkanonischen christlichen Schriften weitere Belege für θεῖοι ἄνδρες. So erzählen die Apostelakten etwa von Thomas eine Reihe von Wundern der oben beschriebenen Kategorien. Ebenso wird auch Simon Magus beschrieben, obwohl dieser von den Petrusakten als illegitimer Magier dargestellt wird.[201]

---

193 Vgl. BIELER, Aner 1, 103–111; vgl. weiterführend die Textbeispiele bei BECK/BOL, Spätantike, 165–168.
194 Zu nennen ist etwa die Menge, die vor Pythagoras ein Lehrhaus errichtet, um von ihm unterrichtet zu werden; vgl. BIELER, Aner 1, 122–129.
195 Vgl. BIELER, Aner 1, 73–97; BETZ/BOL, Spätantike, 173.
196 BIELER, Aner 1, 111.
197 Vgl. BIELER, Aner 1, 112f und die dort aufgeführten Textbeispiele für strategische Ratschläge in Belagerungs- und Kriegssituationen oder orakelhafte Eingriffe in ein Kriegsgeschehen.
198 Vgl. BECK/BOL, Spätantike, 169.
199 Vgl. BECK/BOL, Spätantike, 163.
200 Vgl. Dtn 33,1.
201 Vgl. BECK/BOL, Spätantike, 168.

Bieler kommt am Ende seines ersten Bandes zu dem Schluss, es handele sich beim antiken θεῖος ἀνήρ um einen „religiösen Helden"[202]. Weiterhin konstatiert er:

> Schließlich kommt es auf den Geist an, der die Gestalten beseelt, auf ihre letzten Ziele und Absichten. Hier liegt das Wesentliche und Originale: Geschichten und Einzelzüge wandern hin und her, liegen da wie dort am Wege – sie sind doch nur der Baustoff.[203]

Hierin liegt m. E. ein Problem der Rekonstruktion Bielers. Während die Textbe-obachtungen am antiken Text sehr gut und deutlich darstellen, was die Ge-meinsamkeiten der verschiedenen und zu der Kategorie des θεῖος ἀνήρ zugehö-rigen Charakteristika sind, ist der letztgenannte Schluss sehr stark orientiert an der Vorstellung Bielers, die höchste Ausprägung der Kategorie läge in Jesus Christus. Das zeigt das folgende Zitat eindrücklich:

> Darin ist aber das Christentum, ist vor allem sein Stifter, durchaus original, [...]. Gerade die Persönlichkeit Jesu Christi hob die neue Lehre so sehr über die vielen Glaubensformen der hellenistischen Theokrasie hinaus, [...].[204]

An dieser Stelle verkennt Bieler m. E. die literargeschichtliche Entwicklung, zu deren Bestandteilen u. a. auch die Darstellung Jesu in den Evangelien zählt, und postuliert im literarischen Vergleich, offenbar von Rudolf Otto beeinflusst,[205] ein Mehr der Jesusüberlieferung auch gegenüber den dezidiert religiösen Literaturen der Antike, insofern eine solche Trennung von religiös und pagan für die Lite-raturen der Antike überhaupt zielführend ist.[206]

---

202 BIELER, Aner 1, 141.
203 BIELER, Aner 1, 148.
204 BIELER, Aner 1, 149.
205 Vgl. BIELER, Aner 1, 147.
206 So allerdings implizit formuliert bei BIELER, Aner 1, 146–150. Zudem erweckt die Unter-suchung Bielers den Eindruck, der Begriff θεῖος ἀνήρ sei in der antiken Literatur an sich sehr häufig als stehender Terminus zu finden, was nur bedingt zutrifft, vgl. DU TOIT, Anthropos, 24.165–167. Im Nachgang zu Bielers Arbeit entwickelte sich daher auch eine breite For-schungsliteratur, in der immer wieder auf den Charakter des Begriffs als einer kulturellen oder sozialgeschichtlichen Deutungskategorie hingewiesen wurde, vgl. den Überblick bei DU TOIT, Anthropos, 24–31. Dennoch – und darin liegt m. E. der Gewinn der Arbeit Bielers – ist einerseits nicht zu leugnen, dass der Begriff in der antiken Literatur wundertätige, göttliche Menschen bezeichnete und dass er andererseits – wie die neuere Literatur zeigt – durchaus geeignet ist, einige wichtige typologische Gemeinsamkeiten der antiken Viten und Erzählungen herauszu-arbeiten, die für die in dieser Arbeit zugrundeliegende Fragestellung von Bedeutung sind, vgl. etwa DU TOIT, Anthropos, 38 f.

Diese Einschätzung Bielers verkennt m. E. zudem, dass in einem solchen Evolutionsmodell jene Texte nicht erklärt werden können, die zwar nach den neutestamentlichen Evangelien entstanden sind, dennoch aber die Typologie des θεῖος ἀνήρ zuweilen zu einem höheren Ausprägungsgrad treiben, wie an einigen Erzählungen zu sehen ist. Neben den Pythagoras-Viten der Neuplatoniker Iamblich und Porphyrios[207] ist das wichtigste Beispiel für eine solche Darstellung eines θεῖος ἀνήρ[208] höchster Ausgestaltung die *Vita Apollonii* des Sophisten Philostrat. Sie soll an dieser Stelle daher exemplarisch im Blick auf die verwendeten Motive und die dadurch erzeugte Typologie untersucht werden.

4.4.3.1 Apollonius von Tyana

Die Vita des Pythagoreers Apollonius kam maßgeblich durch die Darstellung des Sophisten Philostrat vom Beginn des 3. Jh. n. Chr. auf uns. Das Wirken des Apollonius wird in das 1. Jh. n. Chr. datiert.[209] Auf Grundlage der breiten Darstellung Philostrats ist die *Vita Apollonii* zugleich der wichtigste Vertreter der sogenannten θεῖος ἀνήρ-Literatur.[210] Dennoch muss im Blick behalten werden, dass ihr historischer Wert zweifelhaft ist und Philostrat in seiner Darstellung offenkundig stark beeinflusst wurde von den wesentlich älteren Pythagorastraditionen, die im Umlauf waren. Zu deren ältestem Bestand mit hohem Quellenwert zählt die Pythagoras-Forschung bemerkenswerterweise vor allem die Wunderüberlieferung.[211]

Neben der Verwendung des Titels θεῖος ἀνήρ in Philostrats Werk,[212] treffen viele der von Bieler gesammelten Kriterien auf Apollonius zu, wie etwa die Begleitung der Geburt durch besondere Zeichen. So wird von der Geburt des Apol-

---

207 Von Pythagoras wird bei Porphyrios bspw. erzählt, wie er eine wilde Bärin zähmte (VitPyth 23) und die Pest vertrieb (VitPyth 29), vgl. weiterführend WEINREICH, Heilungswunder, 46 f; COTTER, Miracles, 37–53; OTTO, Magie, 287.

208 Die Theorie Bielers hat in der Forschung insgesamt kritische Reaktionen ausgelöst. Fraglich bleibt etwa, ob es sich um einen in der antiken Literatur wirklich nachweisbaren Wundertäter-Typus oder allein um eine Sammlung von Einzelmotiven handelt, vgl. THEISSEN/MERZ, Jesus, 276; KOSKENNIEMI, Apollonius, 147–168; GALLAGHER, Man, 174 f; HOLLADAY, Aner, 43–45.

209 Vgl. MUMPRECHT, Philostratos, 973–1021. Die Figur des Apollonius ist in der biblischen Exegese vielfach Gegenstand des Vergleichs mit der Biografie Jesu geworden, wie sie uns in den kanonischen und außerkanonischen Evangelien überliefert ist; vgl. etwa PETZKE, Traditionen. Dieses Verhältnis ist nicht Gegenstand der vorliegenden Untersuchung, daher soll hier nur auf die Analogien zu den Elischa-Erzählungen eingegangen werden.

210 Vgl. DU TOIT, Anthropos, 276 f.

211 Vgl. BURKERT, Weisheit, 86–142; KOLLMANN, Jesus, 89–106.

212 Vgl. VitAp 1,2.21; 2,17.40; 3,28.42; 8,13.15, vgl. weiterführend DU TOIT, Anthropos, 300–315.

lonius erzählt, dass sie ausgelöst und begleitet wurde vom Gesang einer Gruppe Schwäne, die sich auf einer Wiese um Apollonius' Mutter herum versammelt hatten. Die Mutter hatte zuvor in einem Traum die Anweisung erhalten, auf jener Wiese Blumen zu pflücken (VitAp 1,5).[213]

Aus dem Leben und Wirken des Apollonius werden fernerhin zahlreiche Wunder erzählt, wie etwa Dämonenaustreibungen (VitAp 3,38; 4,20); Wunder, die seine Herrschaft über die Naturgewalten verdeutlichen (VitAp 3,15.17; 4,10; 7,38; 8,30); Wunder, in denen er als Herr über wilde Tiere dargestellt wird (VitAp 6,43; 8,30) sowie Heilungswunder (VitAp 3,39 f; 6,27.43).

Einige Wunder des Apollonius lassen deutliche Ähnlichkeiten zu den Wundern Elischas erkennen. So wird Apollonius bspw. auch eine Totenerweckung zugeschrieben (VitAp 4,45).[214] Apollonius verfügte weiterhin wie Elischa über die Gabe, weit entfernte Dinge zu sehen bzw. Dinge vorhersehen zu können. So erzählt Philostrat (VitAp 8,26 f) von der Ermordung Domitians in Rom (96. n.Chr.), die Apollonius in Ephesos gesehen habe. Diese Begebenheit hat verblüffende Parallelen zu 2Kön 8,7–15. Ebenso wie in der Elischa-Erzählung geht es hier um Fernsicht im Zusammenhang mit politischen Ereignissen, genauer gesagt mit Thronusurpation und Herrschermord. Weiterhin wird berichtet, dass Apollonius die Pest in Ephesus vorhersagen konnte (VitAp 4,4).[215] Auch die Funktion als politischer Berater des Königs hat Apollonius inne (VitAp 1,37; 2,39).

In einer anderen Erzählung verhilft Apollonius einem armen Mann zu einem Schatz (VitAp 6,39); wie bei Elischa und der Witwe in 2Kön 4,1–7 macht Apollonius dabei viel aus dem Wenigen, was der Mann besitzt. In diesen genannten Erzählungen zeigen sich deutliche Parallelen zu der Typologie des Elischa. Ebenso wie in den ältesten Schichten der biblischen Überlieferung zu Elischa ist Apollonius „Helfer in kleinen und großen Nöten des täglichen Lebens"[216].

Ebenso wie Elischa hat auch Apollonius einen Schülerkreis (VitAp 1,18 f; 4,1.24 f.27), Damis scheint als einer von ihnen einen herausgehobenen Status zu haben (VitAp 1,19.23.33; 7,41).[217]

Über das Ende des Apollonius kennt Philostrat mehrere Traditionen. Zweien zufolge ist er in den Himmel aufgefahren, einmal aus einem Tempel der Athene in

---

213 Vgl. MUMPRECHT, Philostratos.
214 Vgl. dazu weiterführend FISCHBACH, Totenerweckungen, 118–123.
215 Für weitere Beispiele vgl. PETZKE, Traditionen, 172; zur Fernsicht vgl. weiterhin SCHIRREN, Bios, 252f.
216 BIELER, Aner 1, 111. Das wirft die Frage auf, ob nicht die Volksschichten, in denen die jeweils rekonstruierbaren Grunderzählungen entstehen, gleicher Art sind, vgl. Bielers Vorschläge a.a.O.
217 Vgl. SCHIRREN, Bios, 255.

Ephesos, einmal aus einem Tempel der Diktynna auf Kreta (VitAp 8,30). Weiterhin wird von einer Erscheinung nach seinem vermeintlichen Tod berichtet (VitAp 8,31).

Neben Apollonius und den oben genannten großen Figuren der θεῖος ἀνήρ-Literatur gibt es von der hellenistischen Periode bis ins 3. Jh. n. Chr. noch eine Vielzahl kleinerer Berichte über Wundertäter. Koskenniemi listet u. a. den Syrer Eunus, den Römer Publius Nigidus Figulus, den Epikureer Asklepiades und Alexander von Abonuteichos, von denen häufig die Voraussage von zukünftigen Ereignissen berichtet wird, ebenso wie Arnuphis den Ägypter, der nach Darstellung des Cassius Dio den Truppen Marc Aurels durch ein Regenwunder das Leben rettete.[218] Eine Schwierigkeit dieser letztgenannten Figuren, ebenso wie einiger von Kelsos erwähnter Wundertäter, ist die Quellenlage und Darstellung. Vieles zu den vermeintlichen Wundertätern und ihren Taten können wir nur noch aus den Reflexen der Wundertäterkritik des sich etablierenden Christentums bzw. anderer Provenienz rekonstruieren.[219]

Letztlich muss für alle Belege ab dem Ende des 1. Jhs. n. Chr. zudem die Frage gestellt werden, inwieweit sie generell vom entstehenden Christentum und der Auseinandersetzung der paganen Literatur mit den entstehenden ersten Berichten über das Leben und Wirken Jesu abhängig bzw. beeinflusst sind.[220]

Kehren wir noch einmal zu Ludwig Bielers Beschreibung des θεῖος ἀνήρ zurück, so zeigt der zweite Band seines Werkes eine Entwicklungslinie auf, deren Anfang Bieler im Alten Testament sieht. Neben einzelnen Zügen bereits bei Henoch und den Patriarchen, sieht er den ersten in der Reihe der eigentlichen θεῖοι ἄνδρες in Mose und in ihm zugleich das Ur- und Vorbild des *jüdischen Gottesmannes*.[221] Zu dieser Einschätzung führt die von Bieler beobachtete Häufung der Züge, die so erstmals bei Mose zu finden ist (Geburt, Aussetzung, Rettung, Pharao als ständiger Gegenspieler, Wunder zur Beseitigung der Plagen und der Nöte der Israeliten, Strafwunder gegen die Rotte Korach, unmittelbarer Zugang und Kontakt zu Gott, von Gott geweihter Nachfolger, sagenumwobenes Ende).[222]

Bieler führt die Linie fort und gelangt über Gideon und Samson, Samuel, Saul und David zu Elia und Elischa. Für Letzteren listet er die Züge in ähnlicher Weise wie für Mose auf und es findet sich – mehr noch als bei Mose – eine extrem breite

---

218 Vgl. KOSKENNIEMI, Apollonius, 208–217; vgl. 2Kön 3,9–20; vgl. weiterführend KOLLMANN, Jesus, 109–118.
219 Vgl. KOSKENNIEMI, Apollonius, 216–219.224–229; EBNER, Lukian, 153–166.
220 Vgl. BROWN, Jesus, 98; KOSKENNIEMI, Function, 71–75; zu den motivgeschichtlichen Verbindungen zwischen VitAp 4,45 und Mk 5,21–43par vgl. FISCHBACH, Totenerweckungen, 155.
221 Vgl. BIELER, Aner 2, 5.
222 Vgl. BIELER, Aner 2, 5–8.

Übereinstimmung mit den in seinem ersten Band gelisteten Merkmalen, wie der Berufung (1Kön 19,19–21; 2Kön 2,1–18); den Wundertaten zur Beseitigung von Nöten seiner Mitmenschen (2Kön 2,38–41; 4,1–7.8–37; 4,38–41.42–44); den Strafwundern (2Kön 2,42–44; 5,19b–27); der Beherrschung von Naturgewalten (2Kön 6,1–7); den strategischen Eingriffen in Kriege oder politische Vorgänge (2Kön 3,1–27; 6,8–23; 6,24–7,20; 8,7–15; 9,1–13); dem Vorher- bzw. Fernwissen (2Kön 3,15–17; 5,26; 6,16–23; 7,1; 8,10–13); dem direkten Kontakt mit Gott (2Kön 8,10–13), dem Jüngerkreis (2Kön 2,1–18; 4,38–41, 6,1–7) und dem sagenumwobenen Ende (2Kön 13,20 f).[223]

Während Bieler in Mose also das Ur- und Vorbild eines jüdischen Gottesmannes sieht, möchte die vorliegende Arbeit auf Grundlage der Erkenntnisse zur Entstehungsgeschichte der alttestamentlichen Schriften die Frage aufwerfen, ob nicht vielmehr der in vorexilischer Zeit entstandene Grundbestand an Elischa-Wundererzählungen die Keimzelle der Gottesmann-Literatur des Alten Testaments darstellt und ob nicht vielmehr Elischa jenes Ur- und Vorbild ist, von dem ausgehend Elia und auch Mose im literarischen Wachstumsprozess als solche Gottesmänner gestaltet wurden.

Elischa wäre insofern auch ein Vorläufer der hellenistischen θεῖος ἀνήρ-Gestalten. Diese Gattung von Wundererzählungen über besondere und große Männer, die Wunder vollbringen, scheint sich im Alten Orient nach bisheriger Beleglage sonst nicht zu finden. Mit dem Beginn der hellenistischen Epoche bis zum 2./3. Jh. n.Chr. nimmt die Anzahl solcher Erzählungen stark zu, was einer literarischen Mode zu gleichen scheint. Ob die Elischa-Erzählungen ggf. am Beginn einer solchen Mode stehen, wird im Weiteren zu prüfen sein.

4.4.4 Josephus

Flavius Josephus erzählt im achten und neunten Buch seiner *Antiquitates Judaicae* jenen Abschnitt der biblischen Erzählung nach, dem u. a. die Elischa-Erzählungen angehören. Josephus trifft dabei eine interessante Auswahl von Begebenheiten, die ihm für seinen Erzählverlauf wichtig erschienen. Vorwiegend erzählt er von

---

223 Vgl. BIELER, Aner 2, 21 f (Stellenangaben entsprechen der Auswahl durch die Autorin) und s. o. in Kapitel 4.4.2. dieser Arbeit. Trotz der größeren Anzahl an Wundern und der bei Elischa breiteren Beleglage an nach Bieler typischen Einzelzügen eines θεῖος ἀνήρ erliegt Bieler der biblischen Fiktion und übernimmt unkritisch deren Darstellung, nach der es sich bei Elischa nur um einen Abklatsch des weitaus größeren und danach im Alten Testament nicht mehr übertroffenen Elia handele: „Die Elisa-Aretalogie zeigt nicht den kunstvollen Aufbau der Wundererzählungen um Elias; sie reiht ziemlich wahllos Wunder an Wunder." (BIELER, Aner 2, 21).

den militärischen Aktionen, an denen Elischa beteiligt war.[224] Dennoch lobt Josephus gegen Ende seiner Erzählungen über Elischa in Ant 9,182 zuerst seine Wundertätigkeit und dann seine prophetische Gabe.[225] Josephus hatte Elischa zuvor in Ant 9,46 bereits mit dem Hinweis auf die Besonderheit seiner Taten eingeführt, die der Geschichte würdig seien. Was der Grund für die Auslassung nahezu aller Wundererzählungen ist, wird in der Forschung diskutiert.[226]

An der Darstellung Elischas bei Josephus überrascht zudem im Vergleich mit der Rezeption Elischas bspw. in den anderen alttestamentlichen bzw. den neutestamentlichen Schriften, inwieweit Josephus Elischa aus dem Schatten Elias heraustreten lässt.[227]

Nach Feldman erwächst dieser Umstand aus einem Zwiespalt, in dem sich Josephus bei seiner Darstellung der jüdischen Geschichte befand. Einerseits war Elia in der biblischen Darstellung der Lehrer und Meister des Elischa und die im apokalyptischen Judentum wesentlich beliebtere und bedeutendere Figur. Zu dieser Popularität und einer darauf beruhenden, breiten Wirkungsgeschichte hatte ihm die Himmelfahrtserzählung in 2Kön 2 verholfen.[228] Auf der anderen Seite

---

224 Vgl. Moabfeldzug in Ant 9,29 – 43 (2Kön 3); Aramäische Streifscharen in Ant 9,51– 59 (2Kön 6,8 – 23); Belagerung Samarias in Ant 9,60 – 86 (2Kön 6,24 – 7,20); Thronusurpation Hasaëls in Ant 9,87– 94 (2Kön 8,7– 15); Jehu-Revolution in Ant 9,106 – 109 (2Kön 9f). Darüber hinaus erzählt Josephus neben der Berufung Elischas durch Elia auf dem Feld in Ant 8,352 – 354 (1Kön 19,15 – 21) nur die Geschehnisse um den Tod Elischas in Ant 9,178 – 183 (vgl. 2Kön 13,14 – 21) und die darin enthaltene wundersame Wiederbelebung durch Elischas Gebeine und somit nur ein einziges weiteres Wunder in Ant 9,47– 50 (2Kön 4,1– 7).
225 Vgl. hierzu Sir 48,12 – 14.
226 Vgl. FELDMAN, Portrait, 20 – 24; BEGG, Story, 67– 112. Eines der immer wieder angeführten Argumente ist das einer grundsätzlichen Skepsis des Josephus gegenüber Wundern, welches in seiner römisch-griechischen Prägung und seiner paganen Leserschaft begründet liegen könnte; vgl. hierzu KAISER, Prophet, 161 f. Weiterhin könnte Josephus durch Auslassung einiger Wundererzählungen das in Kapitel 2.2.1. in dieser Arbeit erörterte Ungleichgewicht aus Meister-Schüler-Verhältnis und der gegenüber Elia größeren Menge und Qualität der Wunder Elischas zu nivellieren versucht haben; ähnlich argumentiert FELDMAN, Studies, 340 f.
227 Die Mäßigung in der Darstellung Elias bei Josephus könnte aus einer antizelotischen Haltung bei Josephus gespeist sein, vgl. HÖFFKEN, Elischa, 483 – 486; FELDMAN, Josephus, 26 f. Dementsprechend betont Josephus auch den beratenden Einfluss Elischas in die Belange des israelitischen Königs, der in der Regel zu einem kampflosen Erfolg Israels führt (vgl. Ant 9,179 f). Diese Botschaft korrespondiert mit der Aufgabe und Sendung und ggf. auch dem Selbstverständnis des Josephus als Berater der Römer im Verlauf des jüdischen Krieges, was wiederum Rückwirkungen auf seine Darstellung der Geschichte des Judentums hat. Zum Verhältnis von Elia und Elischa bei Josephus vgl. weiterführend FELDMAN, Studies, 337– 343; HÖFFKEN, Elischa, 477– 486.
228 Dieser effektvolle biblische Bericht wiederum findet sich bei Josephus nicht erzählt. Allein das „Unsichtbarwerden" Elias wird in Ant 9,27 f paraphrasiert; vgl. hierzu KAISER, Prophet, 161 f.

war Josephus als römischem Bürger und Begünstigtem des flavischen Herrschergeschlechts besonders an der Rezeption seiner Darstellung der jüdischen Geschichte in römischen und griechischen Kreisen gelegen, die in Elia als einem messianischen Vorläufer, Volkshelden und einer zelotischen Leitfigur eher das Potential für antirömische Aufstandsbewegungen sahen.[229] So nimmt beispielsweise die Darstellung Elias zwar mehr Raum ein, den Titel *Prophet* verwendet Josephus aber wesentlich häufiger für Elischa; auf den Gottesmanntitel verzichtet Josephus hingegen völlig.[230]

Josephus versucht, die Ungereimtheiten und zum Teil auf literarische Genese zurückzuführenden Schwierigkeiten des Textes seiner mehrheitlich paganen Leserschaft möglichst plausibel zu machen und eine rational anknüpfungsfähige Darstellung der Geschichte des Judentums zu liefern.[231] Insofern lässt sich möglicherweise auch die Zurückhaltung in Bezug auf die Wundertätigkeit des Elischa erklären.

Ein weiterer gewichtiger Grund könnte sein, dass Josephus sich explizit der Geschichtsschreibung verpflichtet weiß und insofern besonders die Verflochtenheit Elischas in die Staatsgeschichte Israels zur Darstellung bringen möchte. Die Wunder, die im Zusammenhang mit der Staatsgeschichte Israels zu stehen scheinen, werden von Josephus wiederum zuweilen größer dargestellt, als es in den biblischen Erzählungen der Fall ist.[232]

---

229 Vgl. FELDMAN, Studies, 334 f.

230 Vgl. HÖFFKEN, Elischa, 479; FELDMAN (Studies, 335.343.351) vermutet in der Vermeidung dieses Titels eine gewisse Vorsicht in Bezug auf die für Elischa gemachten Aussagen. Möglicherweise stecke dahinter eine anti-christliche Polemik oder zumindest die Vorsicht, einen Menschen nicht zu sehr als mit göttlichen Zügen ausgestattet und damit als *Gott* darzustellen. Die Verwendung des Begriffes *Prophet* beschränkt sich bei Josephus auf jene prophetischen Figuren der ‚goldenen Vorzeit‘ von Mose bis Daniel oder bestenfalls bis zu Johannes Hyrkanos (vgl. BJ 1,69). Dahinter steckt die Vorstellung vom Ende der Prophetie mit dem Aufkommen der Apokalyptik, wie sie bei Josephus zu finden ist, vgl. dazu GRAY, Figures, 1–34. Gray beobachtet zugleich, dass Josephus sich selbst wiederum, vor allem in der auf eine jüdische Leserschaft abzielenden Darstellung des jüdischen Krieges, gerne als einen Propheten nach dem Bilde jener Großen stilisiert, etwa in Bezug auf die Vorhersage der Herrschaft Vespasians (BJ 4,622–629), vgl. GRAY, Figures, 35–79.

231 Vgl. KAISER, Prophet, 160 f. Vgl. etwa die rationalisierende Erklärung für das Erscheinen des Wassers in Ant 9,37 (vs. 2Kön 3,16).

232 Vgl. etwa Ant 9,73 vs. 2Kön 6,24–7,20. Die Auferweckung des Leichnams, der in Elischas Grab geworfen wurde (vgl. Ant 9,178–183 vs. 2Kön 13,14–21), wird nach Ansicht Feldmans (FELDMAN, Studies, 347) von Josephus nur deshalb (aber dann in einer geänderten Weise) erzählt, um damit eine wenn auch chiffrierte Anspielung auf die verbissenen jüdischen Kämpfer in Masada oder Jerusalem zu machen, denen Josephus hier metaphorisch einen Mord zu Lasten

Feldman vermutet zudem, dass Josephus eine gewisse Zurückhaltung in Bezug auf die Naturwunder walten lässt, weil er Kenntnis früher rabbinischer Traditionen und einiger dort zu findender Ausschmückungen habe, von denen er sich bewusst abzusetzen versuche.[233]

Die Wundererzählung von der Heilung der Quelle bei Jericho findet hingegen „farbige Aufnahme"[234] in Josephus' Darstellung des Jüdischen Krieges (BJ 4.459–464), was seinen Grund möglicherweise in der unterschiedlich intendierten Leserschaft der beiden Werke hat.[235] In der Darstellung in BJ 4.459–464 entwirft Josephus im Gegensatz zu den Antiquitates ein Bild Elischas als eines „Palestinian example of a Graeco-Roman 'divine man' in action"[236].

Es zeigt sich also, dass Josephus für Elischa vor allem aus politisch-rezeptionsgeschichtlichen Gründen größere Sympathien hegt als für Elia. Das Bild, welches Josephus von Elischa zeichnet, soll für die jeweilig intendierte Leserschaft plausibel sein und reflektiert zugleich, in welcher Weise Josephus die Figur Elischas (und Elias) für seine jüdische Leserschaft neu interpretiert. Insofern stellt Josephus Elischa, vor allem in der Geschichte des Jüdischen Krieges (für eine vorwiegend jüdische Leserschaft), in Gestalt eines θεῖος ἀνήρ dar, wie sie im paganen Schrifttum zur Zeit des Josephus populär war.[237] Die Darstellung in den an einer stärker paganen Leserschaft orientierten Jüdischen Altertümern hingegen fällt in Bezug auf solche Züge – wenn auch nur graduell – moderater aus.

Möglicherweise spiegelt sich in den beobachteten Unterschieden zwischen der Darstellung dieser beiden biblischen Figuren im Frühwerk Bellum Judaicum und den deutlich später verfassten Antiquitates auch eine Entwicklung in Josephus' eigener Wahrnehmung und Deutung der mit diesen Figuren verbundenen Typologien.

---

legt und gegen deren Treiben Elischa sozusagen posthum wirke; vgl. dazu weiterführend BEGG, Joash, 28–46.

233 Vgl. FELDMAN, Studies, 338–351.

234 HÖFFKEN, Elischa, 478.

235 Vgl. FELDMAN, Studies, 345.

236 FELDMAN, Studies, 348. Weiterhin formuliert Feldman a.a.O.: „One is reminded of the man who sacrificed to earth for treasure and of Apollonius of Tyana (*ap.* Philostratos, *Life of Apollonius of Tyana* 6.39) [...]".

237 Ähnliche Züge finden sich andeutungsweise bereits in der Darstellung des Mose im 3. Buch der Antiquitates, vgl. FELDMAN, Studies, 65–71.

4.4.5 Magier der Sassanidenzeit

Jene Priesterkaste, welche (spätestens) seit der Achämenidenzeit[238] mit dem Begriff *magi* bezeichnet wurde, trägt in persischen Texten ab der Sassanidenzeit den Titel *mōbad*.[239] Über ihre Aufgaben erfahren wir u. a. durch die Aufzeichnungen des spätantiken Historikers Ammianus Marcellinus über den Landstrich Medien. Ihm zufolge sind die Magi eine in Medien angesiedelte Sekte (ResGest XXIII, 6,32), die durch Zarathustra selbst die Kunde der Stern- und Weltbewegung und heilige Riten erlernten: „Diese wiederum geben es zusammen mit der Wissenschaft von der Vorausschau künftiger Ereignisse späteren Generationen weiter, ein jeder über die eigenen Söhne." (ResGest XXIII 6,33).[240] Ammianus beschreibt weiter, wie sie zunächst (gemeint ist wohl ab der Achämenidenzeit) als Kultpriester im Dienst der persischen Könige etwa durch Libationen Altäre und Opfer vorbereiteten und andere gottesdienstliche Handlungen durchführten und erst im Laufe der Zeit zu einer festen Stammeseinheit mit eigenem Namen und schließlich auch zu einer politischen Größe wurden (ResGest XXIII 6,35 f).[241] Weiterhin beschreibt Ammianus ein gemeinschaftliches Leben der Priesterkaste auf Landgütern (ResGest XXIII 6,32 – 35).[242] Während bereits bei Herodot die Traumdeutung und Deutung von Naturerscheinungen als Betätigungsfelder der Magi genannt wurden, die ja mit denen vieler altorientalisch-divinatorischer Professionen übereinstimmen, ist die bei Ammianus genannte Vorausschau zukünftiger Ereignisse eine Umschreibung, welche möglicherweise auch intuitive Phänomene, ähnlich denen in 2Kön 3,15 – 17; 6,9 oder 7,1, einschließt. Ebenso erinnert auch die Erwähnung des gemeinschaftlichen Lebens der Magi bei Ammianus unweigerlich an 2Kön 6,1 f. Dennoch wird die Rolle und Typologie der Magi in der iranistischen Forschung kontrovers diskutiert. Die Positionen reichen von bezahlten, technisch-divinatorischen Experten nach dem Vorbild der in Kapitel 4.2. genannten babylonischen und assyrischen Professionen über Jünger Zarathustras bis hin zu der Frage, ob die Magi überhaupt von Anfang an Zoroastrier waren.[243] Im weiteren Verlauf der Sassanidenzeit scheinen sich ihre Aufgaben immer stärker im Bereich des Feuerpriestertums[244] zu konzentrieren.

---

238 Vgl. hierzu Kapitel 4.2.7. in dieser Arbeit.
239 Zur sprachgeschichtlichen Entwicklung von *magi* über *magupati* zu *mōbad* vgl. WIDENGREN, Religionen, 259.
240 Übersetzung nach SEYFARTH, Geschichte, 95.
241 Hierin liegt eine interessante Parallele zur biblischen Doppelbezeichnung *Levit*.
242 Vgl. WIDENGREN, Religionen, 260.
243 Für einen Überblick über die Diskussionslage vgl. DANDAMAYEV, Art. Magi.
244 Vgl. WIKANDER, Feuerpriester, 44 f; WIDENGREN, Religionen, 266 – 269.

Innerhalb des babylonischen Judentums könnte es aber einen Konnex zur Entwicklung der Typologie der Rabbinen geben.[245] Dieser besteht nach Neusner in jenen den Rabbinen zugeschriebenen Fähigkeiten, wie etwa der der Krankenheilung, der Voraussicht zukünftiger Ereignisse oder der Zeichendeutung.[246] Der babylonische Talmud (Sota 22a) stellt diesbezüglich auch eine explizite Verbindung der jüdischen *Tannaim* mit der persischen Priesterkaste der Magi her, indem er etwa mnemotechnisches Repetieren oder Sterndeutung als Aufgaben beider Gruppen nennt.[247]

4.4.6 Frührabbinische Wundertäter

Aus dem antiken Judentum rund um die Zeitenwende sind eine Reihe von Erzählungen über Wundercharismatiker und wundertätige Rabbinen überliefert, von denen im Folgenden einige für die Fragestellung relevante Beispiele Betrachtung finden sollen.

Bereits im Zeitalter der Tannaim gab es eine lebhafte Auseinandersetzung über die Legitimation wunderhaften Wirkens. Unter dem halachischen Stichwort *Amoriter-Bräuche* subsummierten die Rabbinen all jene als heidnisch und gotteslästerlich angesehenen Zaubereien, die den Bereichen Mantik, Astrologie, Nekromantie oder zweifelhaften Heilungen entstammten.[248] Tatsächlich waren Wunder und Wundertätigkeit zunächst Themen der paganen Umwelt des Judentums und ab dem 1. Jh. n. Chr. dann verstärkt des entstehenden Christentums. Dennoch ist aber auch für viele Rabbinen wunderhaftes Handeln aus eben diesen Bereichen überliefert. „Dies deutet darauf, daß es in dieser Zeit ein ‚Wunder'-Charismatikertum sowie ein Verständnis dafür innerhalb des Judentums gegeben hat, dem sich auch die frühen Rabbinen nicht entziehen konnten."[249]

Bestandteil dieser Entwicklung ist m. E. ein Autoritätenstreit, den die Rabbinen in Bezug auf ihre Wirkmächtigkeit mit der sie umgebenden paganen Kultur ausfochten. Das verstärkte Auftreten von Wundercharismatikern um die Zeitenwende zwingt das Judentum zu einer Unterscheidung von Wundern und Magie,

---

245 Vgl. NEUSNER, Judaism, 66–69.

246 Vgl. NEUSNER, Judaism, 66.

247 Vgl. VELTRI, Magier, 153 f; VELTRI, Magie, 205. In der Bestimmung jener rabbinischen Funktionen muss von nennenswerten Unterschieden zwischen dem babylonischen und palästinischen Judentum der ersten beiden Jahrhunderte n. Chr. ausgegangen werden, vgl. NEUSNER, Judaism, 69; vgl. dazu bspw. den Targum Onkelos zu Dtn 18,11.

248 Vgl. GOLDIN, Magic, 115–120.

249 BECKER, Wunder, 288.

d.h. in diesem Fall von religiös motiviertem und gebilligtem auf der einen und heidnischem sowie gotteslästerlichem, „übernatürlichem" Handeln auf der anderen Seite. Während die biblische Haltung etwa in Dtn 18,11 deutlich und strikt ist,[250] bildet sich in der frührabbinischen Diskussion schnell eine pragmatische Grundhaltung heraus, die bis auf wenige Ausnahmen mit dem Leitspruch ‚erlaubt ist, was nützt' umrissen werden könnte.[251] Dennoch bleiben bestimmte biblische Grundpostulate, wie die Ablehnung von Vielgötterei und Synkretismus, in Geltung.

Parallel dazu kann man anhand der Behandlung der biblischen Figuren in Mischna und Gemara erkennen, in welcher Weise sich das Selbstverständnis der Rabbinen zu entwickeln scheint. So findet beispielsweise eine ‚Rabbinisierung' Elias und Elischas vor allem in der Gemara statt. Diese beruht nach Hedner-Zetterholm maßgeblich auf der Idee der Rabbinen, es gäbe kein Ende der Prophetie, sondern allein einen Übergang der Prophetie – und somit auch jener Form, die von Elia und Elischa repräsentiert wird – auf die Rabbinen und diese diene insofern der Legitimierung rabbinischer Autorität.[252] So ist das Wirken der Wunderrabbis *magia licita* und bezieht seine Legitimation unter anderem aus dem Wirken der Gottesmänner Elia und Elischa, aber auch stark von den Wundertaten Moses her.[253]

4.4.6.1 Choni der Kreiszieher

Bei Choni dem Kreiszieher handelt es sich um einen jüdischen Magier aus dem 1. Jh. v.Chr., der exemplarisch für die oben genannte Diskussion um Magie und

---

250 Diese strikte Haltung wiederum ist innerhalb des Alten Testaments partikular und wird (scheinbar) durch Erzählungen wie die über Elischas Wunderwirken oder magische Riten wie in Tob 8,2f konterkariert. Die verschiedenen Erzählungen und deren Haltung zur Magie innerhalb des Alten Testaments reflektieren jedoch offenbar je nach den dem biblischen Schrifttum zugrundeliegenden Traditionen sehr unterschiedliche Haltungen innerhalb des antiken Judentums. Für das Diasporajudentum in Mesopotamien und Ägypten kann mit großer Sicherheit davon ausgegangen werden, dass der Kontakt mit magischen Praktiken und Heilkunde gegeben war.
251 Vgl. Veltri, Magie, 218–220.282.
252 Vgl. Hedner-Zetterholm, Elijah, 596f.
253 Vgl. Schmitt, Magie, 393; Kollmann, Jesus, 134–136. Ein rabbinischer Überhang zur Erzählung in 2Kön 2,23f deutet jedoch auch an, dass bestimmte Formen der Magie Elischas nicht unumstritten waren. So erfolgt nach bPesachim 66b und bSotah 47a die Bestrafung der Knaben aufgrund mangelnder Mäßigung des Zorns Elischas und führt im Nachhinein zu einer Krankheit des Gottesmannes. Weiterhin wird etwa auch der Zorn Elischas gegen Joram in 2Kön 3,13 getadelt, wie an bPesachim 66b und bSanhedrin 39b abzulesen ist; vgl. Feldman, Studies, 339–343.

Wunder im entstehenden rabbinischen Judentum ist.[254] Die Bewertung Chonis in der spätantiken Literatur ist schillernd.[255]

In der Mischna wird von Choni ein Regenwunder überliefert, welches unweigerlich an den Regenzauber Elias in 1Kön 18 erinnert.[256] Nach einer langen Dürreperiode betet Choni (nach mTaan 3,8) zunächst um Regen zu Gott.[257] Nachdem das Gebet nicht erhört wird, zieht er einen Kreis um sich und droht Gott mit einem Schwur, diesen Kreis nicht zu verlassen, bis er es regnen ließe. Choni hat Erfolg mit seinem Zauber und der Regen setzt ein. Daraufhin mahnt er an, der Regen sei zu schwach und es beginnt in Strömen zu regnen, was Choni ebenso missfällt, und er mahnt auch dies an, bis Gott eine normale Menge Regen fallen lässt. Daraufhin entgeht Choni nur knapp dem Synagogenbann, da sein Schwur streng genommen gegen Ex 20,7//Dtn 5,11 verstößt. Allein die Tatsache, dass es Gott hat regnen lassen und auch Chonis Spezifizierungen erhört wurden, lässt den pharisäischen Gesetzeslehrer Simon ben Schetach von einem Bann absehen.[258]

Anhand der Notiz über den vermeintlichen Synagogenbann wird die Ambivalenz der Wundertat Chonis im Verständnis des (pharisäischen) Judentums seiner Zeit deutlich. Es ist die eintretende Wirkung, die den für Simon ben Schetach magischen Akt Chonis dennoch in ein Wunder verwandelt.

Die vermutlich älteste Überlieferung zu Choni findet sich bei Josephus (Ant 14,22–24). Das Regenwunder erzählt Josephus nur zusammenfassend und berichtet, dass es auf ein Gebet Chonis hin geschehen sei, von dem Kreis oder dem Schwur finden wir bei Josephus nichts. Die Erwähnung des Regenwunders bildet bei Josephus ohnehin nur die Veranlassung für eine andere Erzählung, nach der Choni während der Belagerung Jerusalems im Jahr 65 v. Chr. in die Auseinandersetzung zwischen Aritobulos II. und Hyrkanos II. verwickelt wurde. Choni sollte Aristobulos und seine Anhänger demnach verfluchen. Als Choni die Verfluchung ablehnt, wird er gesteinigt. Josephus zeichnet ein durchweg positives Bild Chonis als eines gerechten und gottgefälligen Mannes.

Die Tosefta-Erzählung des Regenwunders widerspricht der Mischna-Version in mehreren Punkten. Nach tTaan 2,13; 3,1 wird bereits das Gebet Chonis erhört. Weder von einem Kreis noch von einem Schwur oder vom Nachverhandeln be-

---

254 Vgl. KOLLMANN, Jesus, 139 f; GREEN, Men, 647.
255 Vgl. KOLLMANN, Jesus, 137 f; THEISSEN/MERZ, Jesus, 278.
256 Vgl. GREEN, Men, 634 f; ÖHLER, Elia, 117.258 f; BECKER, Wunder, 314.
257 In den Talmudim finden sich weitere Legenden zu Chonis Enkeln Chanan ha-Nechba und Abba Chilqa, die ebenfalls als Regenzauberer bzw. Regenbeter beschrieben werden (vgl. bTaan 23a–b), vgl. BECKER, Wunder, 331–337.
258 Vgl. GRUBER, Art. Honi, 518 f; KOLLMANN, Jesus, 139; VERMES, Hanina 2, 51 f; HILL, Hero, 57.

züglich der Regenintensität ist hier die Rede, stattdessen wird Bezug auf die biblische Fluterzählung (Gen 9,11) und Jes 54,9 genommen.

Die o. g. Notiz der Mischna über den beinahe ergangenen Synagogenbann zeigt bereits, dass Choni im frührabbinischen Judentum wahrscheinlich nicht zu den Rabbinen gezählt wurde und Wundertaten dieser Art nicht unumstritten waren.[259] Ebenso ist im schriftlichen Niederschlag der Choni-Traditionen spürbar, dass es eine Diskussion um den Grad an Magie in der Erzählung gegeben haben muss. Die Unterschiede zwischen der Mischna- und der Tosefta-Tradition legen nach Becker zudem nahe, dass der Tosefta eine vormischnaische Erzähltradition zu Choni zugrunde liegt.[260] Beide Versionen treten in Folge mit je eigener Aussageintention in Konkurrenz zueinander. Während die Mischna relativ offen den magischen Akt ebenso wie die Kritik an demselben thematisiert, scheint die Tosefta-Version eine grundsätzliche Korrektur der Choni-Tradition vornehmen zu wollen, indem sie u. a. den magischen Akt auslässt und das Gebet Chonis in den Vordergrund stellt. Die Entwicklung der Talmudim wiederum zeigt, dass sich dieses striktere und anti-magische Verständnis der Tosefta nicht durchsetzen konnte.[261] Es setzt sich hingegen ein gesteigertes Interesse an der Wundertätigkeit Chonis durch. Diese Entwicklung ist höchstwahrscheinlich dem oben erwähnten Wandel des rabbinischen Selbstverständnisses und der damit einhergehenden „Rabbinisierung" von Wundertätern geschuldet.[262]

Green und Becker[263] führen gute Argumente an, weshalb die Mischna-Version der Choni-Erzählung aus dem Rahmen frührabbinischer Literatur und der mischnaischen Erzählweise herausfällt. Demnach ist sie volkstümlicher Natur, hat ein Interesse an der Biographie ihres Protagonisten und dient vorwiegend dessen Verherrlichung. Sie setzt mit einer Notlage ein, die durch das Wunder gelöst wird und verwendet einen „auf die Erzeugung von narrativer Spannung und innerer Dramatik"[264] angelegten Erzählbogen mit retardierenden Momenten. Dies alles

---

259 Vgl. BECKER, Wunder, 290 f. Becker gelangt zu diesem Schluss, da er m. E. zu Recht einen Unterschied in den Darstellungen innerhalb der frührabbinischen Literatur bzw. der späteren rabbinischen Literatur wahrnimmt. Weiterhin verweist er auf die Schwierigkeiten historisierender Fragestellung an die Berichte über antike jüdische Wundercharismatiker. Die Fragestellung der vorliegenden Arbeit ist keineswegs am historischen Gehalt der Erzählungen selbst interessiert, sondern vergleicht sie als literarisches Phänomen mit anderen literarischen Phänomenen ähnlichen Inhalts.

260 Vgl. BECKER, Wunder, 303 f.319 f.

261 Vgl. BECKER, Wunder, 304.

262 Vgl. HEDNER-ZETTERHOLM, Elijah, 596 f; GREEN, Men, 639; BECKER, Wunder, 304 f; HILL, Hero, 57.

263 Vgl. GREEN, Men, 629–639; BECKER, Wunder, 305–308.

264 BECKER, Wunder, 306; vgl. weiterhin BECKER, Wunder, 327.

lässt nach Becker und anderen auf eine vormischnaische Choni-Tradition schließen,[265] die – wahrscheinlich aufgrund ihrer Wunderthematik – das Interesse der frühen Rabbinen weckte und zugleich Abbild einer in frührabbinischer Zeit stattfindenden Diskussion um das Selbstverständnis der Rabbinen sein könnte.

Es kann somit zusammenfassend festgestellt werden, dass sich die Erzählungen von Choni dem Kreiszieher und Elia in 1Kön 18 sowohl traditions- und motivgeschichtlich als auch in ihrem Stil und ihrer Gestalt innerhalb des sie umgebenden literarischen Werkes ähneln. Besonders hervorzuheben ist demnach die von Becker m. E. überzeugend rekonstruierte Einarbeitung einer vormischnaischen Erzählung in den Kontext der Mischna, in deren Verlauf mit großer Wahrscheinlichkeit die Hinzufügung des Gebetes erfolgt ist,[266] um den als rein magisch erscheinenden Vorgang zu theologisieren (bzw. zu rabbinisieren) und „den ‚Wundertäter‘ in das rabbinische Autoritätssystem zu integrieren"[267]. Weiterhin von Bedeutung ist die von Green geäußerte Vermutung zum Zweck der Einfügung einer vormischnaischen Choni-Tradition in den Zusammenhang der Mischna und später der Talmudim. Er sieht eine Verbindung mit der Zerstörung des Tempels und die Möglichkeit, die sich den Rabbinen in dieser Erzählung bot, das ehedem dem Tempel und der Priesterschaft vorbehaltene Ritual zur Bitte um Regen nach dem Ende des Tempelkultes auf die Rabbinen zu verlagern.[268] Eine solche Übertragung ist nach Becker einerseits aufgrund der bereits bestehenden Popularität Chonis und andererseits erst deshalb möglich, da Choni durch Hinzufügung eines Gebetes „vom regenmachenden Charismatiker zum rabbinischen Beter transformiert werden konnte"[269].

Obwohl die Erzählung von Chonis Regenwunder streng genommen nur einen Bezug zur Elia-Überlieferung hat, gibt es zugleich strukturelle Analogien zur Entstehungsgeschichte der Elischa-Erzählungen. Hält man grundsätzliche Analogien in solchen literarischen Entwicklungsprozessen für möglich, so ließen sich ggf. interessante Rückschlüsse in Bezug auf den Zweck der Einarbeitung der Elia- und Elischa-Traditionen in die Königebücher ziehen. Analoge Vorgänge und strukturelle Analogien (Theologisierung/Rabbinisierung) sowie eine ähnliche

---

265 Vgl. GREEN, Men, 632; BECKER, Wunder, 306; nach Becker ist dieser ursprüngliche, vormischnaische Erzählkern vermutlich ohne das vorgeschaltete Gebet ausgekommen, vgl. BECKER, Wunder, 308.

266 Vgl. BECKER, Wunder, 317.323 f.

267 BECKER, Wunder, 317.

268 Vgl. GREEN, Men, 640 f; BECKER, Wunder, 325 f.

269 BECKER, Wunder, 325; vgl. weiterhin die Benennung Chonis als Rabbi sowie die Einfügung einer Schülerschaft im babylonischen Talmud (bBer 33a).

Form der Verhältnisbestimmung von Wunder und Magie konnten jedenfalls für Elischa im Zuge des redaktionellen Prozesses rekonstruiert werden.[270]

4.4.6.2 Chanina ben Dosa

Die Quellen über Chanina ben Dosa lassen von einem Wirken dieses galiläischen Gelehrten im 1. Jh. n. Chr. ausgehen.[271] In der Mischna wird von ihm an drei Stellen berichtet: Nach mBer 5,5 besitzt Chanina die Gabe der Vorausschau. Er kann für Kranke um Heilung beten und weiß bereits während des Gebetes, ob der Betreffende überleben oder sterben wird. Gelingt ihm das Sprechen des Gebetes in flüssiger Form, so wird Genesung eintreten, gelingt dies nicht, wird der Kranke seiner Krankheit erliegen. Diese Aussage über Chanina fußt offenbar auf der Annahme, dass ein Irrtum im Rezitieren eines Gebetes ein negatives Omen bedeutet.[272] Der Text suggeriert, dass Chaninas prognostische Gabe mit absoluter Sicherheit funktionierte. Die Aussage der Mischna ist allgemein gehalten und stellt keinen erzählerischen Kontext zu einer bestimmten Heilung her. Nach Vermes liegt der Mischna-Version jedoch nicht die älteste Tradition zu diesem Erzählstoff zu Grunde. Vermes rekonstruiert älteres Material aus der Überlieferung hinter den Erzählungen der Talmudim.[273]

In jBer 5,5 findet sich eine Erzählung über die Heilung des Sohnes Gamaliels. Dieser schickt zu Chanina um Hilfe. Chanina geht in sein Obergemach (vgl. 2Kön 4,8–37), kehrt zurück und erläutert den Gesandten, dass der Junge von seiner Krankheit genesen werde. Abschließend konstatiert die Erzählung als Zeichen der Heilung und Beweis für das geschehene Wunder, dass der Junge zu genau jener Stunde nach Speise verlangt habe.

Die längere Erzählung in bBer 34b ist im Unterschied zu jBer 5,5 erweitert um ein Zitat aus Am 7,14, und auf die Heilungserzählung folgt die Erläuterung, die

---

270 Vgl. die redaktionsgeschichtliche Rekonstruktion in Kapitel 3. in dieser Arbeit.

271 Vgl. KOLLMANN, Jesus, 142. Zwar wird Chanina in den jüngeren Quellen häufig als Rabbi bezeichnet. Da von ihm jedoch keinerlei Halakha überliefert ist und die Zuschreibung nur spät erfolgt, muss davon ausgegangen werden, dass es sich auch bei ihm – ebensowenig wie bei Choni – nicht um einen Rabbi im Sinne der frührabbinischen Literatur handelte, vgl. BECKER, Wunder, 358 f. Nach BECKER (Wunder, 359) könnte auch die Identifikation des Vaters mit R. Gamaliel dem Prozess der nachträglichen Rabbinisierung Chaninas geschuldet sein. Eine ältere Tradition kam dann ggf. mit einem namenlosen Vater aus (vgl. 2Kön 4,8–37).

272 Vgl. R. Aqiba in tBer 3,3 (nach BECKER, Wunder, 354 f eine sekundäre Aufnahme der Aussage über Chanina in mBer 5,5); VERMES, Hanina 1, 29 f; BECKER, Wunder, 349. Vermes geht in Bezug auf Chanina davon aus, dass es sich nicht um das Rezitieren eines vorgegebenen Gebetes, sondern um das Sprechen eines ekstatischen Gebetes handelt, vgl. VERMES, Hanina 1, 30 f.

273 Vgl. VERMES, Hanina 1, 30 f.

ohne Erzählkontext in mBer 5,5 zu finden ist. Nur der babylonische Talmud berichtet im Anschluss daran eine weitere Heilungserzählung um den Sohn R. Jochanan ben Sakkais. Während des Gebetes, welches Chanina spricht, um Heilung für den Jungen zu erbitten, legt er seinen Kopf zwischen seine Knie (vgl. 1Kön 18,42). Eine ähnliche Erzählung findet sich zudem in bJev 121b und bBQ 50a.[274] Bis auf diese letzte Erzählung, die einen Überhang des Bavli darstellt, ist allen Erzählungen gemein, dass Chanina als vom Ort des Geschehens abwesend vorgestellt wird.[275]

Eine weitere interessante Analogie zwischen den Figuren Chaninas und Elischas findet sich in der Talmud-Erzählung in bBer 34b. Hierin wird das Verhältnis zwischen R. Jochanan ben Sakkai und Chanina ben Dosa als ein Meister-Schüler-Verhältnis dargestellt.[276] Dennoch thematisiert die Erzählung die Bedeutung der beiden aufgrund des vom Schüler Chanina gewirkten Wunders, welches die Fähigkeit des Meisters offenbar übersteigt.[277] Die Frage der Frau Jochanans problematisiert diesen Umstand, und mit der Antwort Jochanans wird – ähnlich wie in 2Kön 2,9 oder Sir 48,12 (MS B) – eine plausibilisierende, den Umstand jedoch nicht negierende Antwort gegeben.

Die Erzählung in tBer 3,20 verdeutlicht Chaninas Macht über wilde Tiere. Als Chanina während eines Gebetes von einer giftigen Schlange gebissen wird, lässt er sich nicht vom Vollzug seines Gebetes abbringen. Als seine Schüler hinzukommen, finden sie die Schlange tot am Eingang ihres Schlupfloches.[278]

Eine weitere relevante Aussage über Chanina findet sich in mSot 9,15. Darin wird festgestellt, dass mit Chanina die Reihe der „Männer der Tat" (אנשי מעשה) endet.[279] Was genau der Begriff bedeutet, ist bereits Gegenstand zahlreicher Untersuchungen gewesen.[280] Dabei versteht ein Teil der Forschung diesen Titel als Ausdruck für „Wundertäter",[281] ein anderer Teil als Umschreibung für die besondere Tora-Observanz Chaninas.[282]

---

274 Vgl. hierzu weiterführend BECKER, Wunder, 356–364.

275 Hierin besteht eine Parallele zu 2Kön 4,25–29; 2Kön 5,10.26; 8,10–12 etc.

276 Die Idee eines Meister-Schüler-Verhältnis mit Jochanan ben Sakkai könnte ebenso im Zuge der Rabbinisierung Chaninas entstanden sein, vgl. hierzu BECKER, Wunder, 361f.

277 Vgl. BECKER, Wunder, 360; VERMES, Hanina 1, 32.

278 Vgl. BOKSER, Wonder, 49–60 und die dort beschriebenen Parallelen zu Pythagoras-Traditionen und der Theios-Aner-Literatur.

279 Vgl. weiterhin tSot 15; jSot 24c; bSot 49b.

280 Zum Verhältnis des Begriffes zu dem der „Chasidim" vgl. BECKER, Wunder, 368–375; vgl. weiterhin FREYNE, Charismatic, 224–227; VERMES, Hanina 1, 37–39; BÜCHLER, Types, 83–87.

281 Vgl. FREYNE, Charismatic, 224–227.244f; VERMES, Hanina 1, 37–39; BECKER, Wunder, 368–370.

282 Vgl. BÜCHLER, Types, 86f.

Der älteste Bestand der Chanina-Traditionen ist nach Becker hinter den talmudischen Heilungserzählungen zu suchen. In ihnen waren die Vorstellungen von Gebetsheilung und prognostischer Gabe des Charismatikers Chanina vereint, welche nach Becker in der Elia-Tradition ein Vorbild fanden.[283] Die rabbinische Tradition wiederum scheint Chanina im Fortgang der Überlieferung an ein rabbinisches Ideal angepasst zu haben, indem mehr Gewicht auf das Gebet und die Frömmigkeit Chaninas gelegt wurde. Diese literarische Entwicklung weist erstaunliche Parallelen zum Entstehungs- und Wachstumsprozess in den Elischa- (und Elia-)Erzählungen der Königebücher auf, wie er in der redaktionsgeschichtlichen Rekonstruktion in Kapitel 3. der vorliegenden Arbeit nachgezeichnet wurde. Ähnlich wie bei Choni dem Kreiszieher ist auch bei Chanina ben Dosa erkennbar, dass die babylonische Talmud-Tradition weniger Probleme mit dem wunderhaften Charakter von Chaninas Taten hat,[284] während die palästinische Talmudtradition das Gebet als *conditio sine qua non* betont und somit das Wunder zum alleinigen Wunder Gottes macht.[285]

Vier weitere kurze Erzählungen des babylonischen Talmuds über Chanina in bTaan 24b–25a bilden eine Art Wunderzyklus.[286] Inhaltlich wird Chanina in ihnen stets als Wundertäter dargestellt. Zu diesen Erzählungen zählt ein Regenwunder in bTaan 24b, bei dem Chanina für die Dauer seiner Reise Gott um das Ende des Regens bittet und für das erneute Einsetzen des Regens nach Ankunft in seinem Haus betet. Sie stellt Chanina motivgeschichtlich in eine Reihe mit den Regenmachern Elia, Choni und dessen Enkeln.[287]

---

283 Vgl. BECKER, Wunder, 375 f. Nach der Rekonstruktion der vorliegenden Arbeit kann dies nur für die spezifische Gebetshaltung bestätigt werden. Die Verbindung von Heilung und Gebet eines Kindes findet sich wohl primär in der Elischa-Tradition und erst daraus abgeleitet in der Elia-Tradition.

284 Vgl. BOKSER, Wonder, 71–75.

285 Vgl. BECKER, Wunder, 376.409. Nach Vermes lässt sich in Bezug auf die Heilung des Sohnes Gamaliels eine literarische Abhängigkeit des palästinischen vom babylonischen Talmud nachweisen; vgl. VERMES, Hanina 1, 31. BECKER (Wunder, 382–403) nennt weiterhin eine Reihe früher Rabbinen, die mit Wundern in Verbindung gebracht werden. Sie finden an dieser Stelle jedoch keine nähere Betrachtung, da über sie nur wenig erzählendes Material überliefert ist. Wunder werden in diesen Fällen in der Regel nur genannt, nicht aber erzählt, was sie in Bezug auf die Fragestellung der vorliegenden Arbeit nicht von Nutzen sein lässt.

286 Vgl. BLENKINSOPP, Miracles, 70 f; VERMES, Hanina 1, 39–46. Sie dienen nach Vermes dazu, einen sekundären, erzählerischen Hintergrund für die Figur Chaninas zu schaffen. Im Gegensatz vgl. FREYNE, Charismatic, 230 f und die dort beschriebenen Funktionen der Wundererzählungen.

287 Vgl. Elia in 1Kön 18,41–45; Choni der Kreiszieher in mTaan 3,8; jTaan 66d; bTaan 23a; Josephus in Ant. 14,22 und dessen Enkel in bTaan 23a–b; vgl. weiterhin die parallele Erzählung zu Chanina ben Dosa in bJom 53b.

Die (aramäische) Erzählung in bTaan 25b zeigt Chanina in einer Rolle, in der Elischa in den Königebüchern vielfach dargestellt wird: Eine Nachbarin Chaninas wendet sich in einer Notlage an ihn. Bei ihrem neugebauten Haus gibt es einen Konstruktionsfehler und die Länge der Balken passt nicht zueinander, so dass sie nicht miteinander verbunden werden können. Chanina erhört ihre Bitte und gibt den Befehl, ihre Balken mögen sich miteinander verbinden. Nach Angabe der ersten der beiden (hebräischen) Baraitot geschieht das Wunder durch magische Verlängerung der Balken, nach Angabe der zweiten Baraita veranlasst Chanina die Balken durch Gebet dazu, die richtige Länge anzunehmen und sich in die Verbindungen einzufügen.[288]

Zu dem Zyklus zählen weiterhin ein Lampenölwunder, bei dem auf Chaninas Geheiß auch eine versehentlich mit Essig gefüllte Lampe die gesamte Nacht brennt, und ein Brotmehrungswunder, bei dem auf wundersame Weise der Ofen von Chaninas Frau mit Broten gefüllt ist, als diese von einer Nachbarin überrascht wird.[289]

Vermes rekonstruiert die Entstehung dieser talmudischen Chanina-Traditionen in der Weise, dass sich im Laufe der Überlieferungsgeschichte aufgrund des „growing popular belief in Hanina's supernatural power"[290] eine Reihe von erbaulichen Wundererzählungen an die Figur Chaninas angelagert haben. Zwar kann die Validität dieser These in Bezug auf die Entstehungsgeschichte des Talmud in dieser Arbeit nicht überprüft werden, m.E. wirft die These allerdings bereits *prima facie* die Frage auf, woraus sich denn ein solcher „wachsender Glaube" an die übernatürliche Kraft Chaninas speisen soll, wenn nicht bspw. aus volkstümlichen Wundererzählungen.[291]

Neben der Hilfe für die Nachbarin und dem Auferwecken des Kindes bzw. der Kinder zeigen sich zwei weitere motivgeschichtliche Parallelen zu Elischa. So lehrt Chanina ebenso wie Elischa eine Gruppe von Schülern und der Unterricht geschieht, wie bei Elischa, in einem Lehrhaus.[292] Ähnlich wie für Choni ist auch bei Chanina festzustellen, dass es zwar namentliche und motivgeschichtliche Bezüge zu Elia gibt, dennoch lassen sich – wie gesehen – in den Chanina-Erzählungen nicht wenige motivische Anklänge an Elischa-Erzählungen finden.

Diese um die Zeitenwende auftretenden charismatischen Wundertäter stehen somit motivgeschichtlich in der Nachfolge der Wundertaten Elias und Elischas,

---

288 Vgl. Vermes, Hanina 1, 40f, der in der ersten, anonymen Baraita eine dem Wunder gegenüber kritische Anmerkung sieht.

289 Vgl. die Art der an Chanina herangetragenen Notlagen mit 2Kön 4,1–7.42–44; 6,1–7.

290 Vermes, Hanina 1, 41.

291 Ähnliche Zweifel an der These Vermes' äußert Blenkinsopp, Miracles, 70.

292 Vgl. bBer 33a und 2Kön 6,1–7.

auch wenn es ansonsten zahlreiche Unterschiede zwischen den Figuren geben mag.[293] Für Choni und Chanina ließen sich zugleich ähnliche volkstümliche Züge wie in den Elischa-Erzählungen nachweisen, wie etwa die Not der kleinen Leute, der durch die Wunder der beiden jüdischen Wundertäter Abhilfe geschaffen wird und der u. a. dadurch entstehende erbauliche Charakter der Erzählungen.[294]

Fasst man abschließend die Beobachtungen zu den Phänomenen der griechischen Antike und Spätantike sowie dem spätantiken Judentum zusammen, so zeigt sich, dass sich mit Beginn der griechischen Antike erstmals deutlichere Analogien zu den Erzählungen über Elischa finden und im Verlauf der Spätantike zu häufen scheinen. Während der gesamte Alte Orient gerade einmal zwei literarische Anknüpfungspunkte an Einzelmotive aus der Elischa-Überlieferung bieten konnte, haben wir es in den oben betrachteten Kulturräumen mit einer Vielzahl von Ähnlichkeiten und Anklängen zu tun, die den kundigen Leser unweigerlich an die Elischa- (und zum Teil abgeleitet davon an die Elia-) Erzählungen erinnern. Zudem scheint sich erst in dieser Phase eine Gattung von Erzählungen über Wundertäter zu formieren. In der Literatur des Alten Orients konnte eine solche Gattung nicht nachgewiesen werden.

Möglicherweise sind die Wundererzählungen über Elischa (und davon abhängig auch über Elia) Vorläufer einer literarischen Mode, in deren Weiterentwicklung Erzählungen wie die über Apollonius oder andere Vertreter der Gattung des θεῖος ἀνήρ entstehen. Im Rahmen des Judentums scheinen charismatische Wundertäter wie Chanina ben Dosa und Choni der Kreiszieher die Elischa-Überlieferung aufzugreifen. Chanina und Choni wirken dabei nicht selbst ihre Wunder, sondern erwirken (in der auf uns gekommenen Endgestalt der Erzählungen) einen Eingriff Jahwes durch Gebete, ebenso wie etwa auch Elischa in der Endgestalt von 2Kön 4,8 – 37.[295]

Schließlich scheint auch die Darstellung Jesu in den neutestamentlichen Evangelien und deren Ähnlichkeit zu den Erzählungen über Apollonius, welche von der neutestamentlichen Exegese vielfach untersucht wurde, maßgeblich von einer solchen literarischen Mode beeinflusst zu sein.[296] Solche Erzählungen über große Männer mit übermenschlichen Fähigkeiten und ihren magischen Taten sind offenbar zunächst volksreligiösen Ursprungs und dienten augenscheinlich kaum

---

293 Neben Choni und Chanina gibt es weitere Figuren in der Spätantike, die einzelne motivgeschichtliche Anklänge an Elischa oder andere biblische Figuren aufweisen. So kündigt etwa der Zeichenprophet, Magier und Wanderprediger Theudas um 44 n.Chr. die Teilung des Jordan an; vgl. Josephus Ant 20,97–99, vgl. 2Kön 2/Jos 3.
294 Vgl. BLENKINSOPP, History, 71.
295 Vgl. hierzu Kapitel 3.4. in dieser Arbeit; BLENKINSOPP, Miracles, 76 f.
296 Vgl. BECK/BOL, Spätantike, 161 f.

einem anderen Zweck als der Erbauung. Im Laufe der oben angedeuteten Entwicklung erlangten sie dann jedoch offenbar eine so große Popularität, dass aus Erzählungen der Volksreligion weitverbreitete und schließlich sogar traditionsgeschichtlich wirksame Literaturen wurden.[297]

Zwar lassen sich schwerlich direkte literarische Abhängigkeiten nachzeichnen, dennoch sind die motiv- und traditionsgeschichtlichen Linien nicht zu übersehen, für welche die Elischa-Erzählungen bislang den ältesten Nachweis liefern.[298] Daher muss – solange es keinen Nachweis für ältere Belege dieser Art gibt – davon ausgegangen werden, dass wir es bei den Elischa-Wundererzählungen mit Initialerzählungen zu tun haben, die eine traditionsgeschichtliche Entwicklung aus sich heraus gesetzt haben, deren Niederschlag bis in die Literatur der römischen Kaiserzeit sowohl im griechisch-römischen als auch im jüdischen Kontext zu finden ist.[299] Wie genau diese traditions- und motivgeschichtliche Entwicklung vorzustellen ist, soll am Ende der religionsgeschichtlichen Untersuchung und nach Durchsicht neutestamentlicher, islamisch-sufistischer und anderer religionsphänomenologisch relevanter Texte rekonstruiert werden.

---

297 Die kurze Erwähnung Elischas in den pseudepigraphen *Vitae Prophetarum* findet hier keine nähere Betrachtung, da für die der Arbeit zugrundeliegende Fragestellung keine Erkenntnisse gewonnen werden konnten, vgl. dazu weiterführend XERAVITS, Remarks, 360–364.
298 In Bezug auf die Totenerweckung in 2Kön 4,18–37 kommt FISCHBACH (Totenerweckung, 313) zum gleichen Ergebnis.
299 Vgl. ähnlich BOKSER, Wonder, 82–86. Bokser rekonstruiert über die Beobachtung hinaus hinter dieser Traditionslinie eine allen spätantiken Wundertäter-Erzählungen gleichsam zugrundeliegende politisch-gesellschaftliche Voraussetzung in der Spätantike. Diese sei die Erfahrung sich verlagernder politischer Machtverhältnisse, die unmittelbaren Einfluss auf religiöse Grundaxiome des Judentums sowie der griechisch-römischen Religion nähmen. Im Fall des Judentums seien vor allem die Zerstörung des Tempels durch die Römer und das Erstarken des Kaiserkultes im ersten nachchristlichen Jahrhundert zu nennen, vgl. BOKSER, Hanina, 5. Die Validität dieser These kann an dieser Stelle nicht überprüft werden, dennoch ist die Frage nach dem Grund einer Zunahme bzw. einer aufkommenden „Mode" der Wundertäter-Erzählungen gerade in der Spätantike berechtigt, vgl. aktuell ebenso ZIMMERMANN, Kompendium, 109. Die in diesem Kapitel der Arbeit nachgezeichneten Entwicklungslinien haben hingegen die Aufgabe, zu zeigen, aus welchem Motivschatz die Autoren der spätantiken Wundertäter-Erzählungen schöpften. Gleichsam lassen sich aus dem Wiederkehren ähnlicher, volkstümlicher Milieus innerhalb der Erzählungen ggf. Rückschlüsse auf die Entstehungszusammenhänge solcher Wundertäter-Erzählungen ziehen; vgl. ähnlich BLENKINSOPP, Miracles, 73. Aus der Annahme Boksers und Blenkinsopps ließe sich zudem die Möglichkeit ableiten, es handle sich um parallele politische Entwicklungen, die zur Verschriftlichung der Elischa-Erzählungen und der spätantiken Wundertäter-Erzählungen führten. Ob es sich bei diesen parallelen Entwicklungen um die Ereignisse der Jahre um 586 v.Chr. und 70 n.Chr. handelt, lässt sich allerdings nur im letzteren Fall mit einiger Gewissheit rekonstruieren.

4.5 Neutestamentliche Wirkungsgeschichte

Für die wirkungsgeschichtliche Fragestellung der vorliegenden Arbeit ist das Neue Testament neben den jüdischen Schriften der Spätantike die wichtigste Quelle, da die neutestamentlichen Autoren allesamt Kenntnis der alttestamentlichen Überlieferung haben. Der Fokus der wirkungsgeschichtlichen Analyse liegt dabei auf der Verwendung der atl. Elischa-Erzählungen bzw. mit ihnen verbundener Motive in neutestamentlichen Texten.

Die Ergebnisse solcher Betrachtungen können in begrenztem Umfang Rückschlüsse auf das antike Verständnis der alttestamentlichen Quellen und ggf. auch den Gebrauch solcher Literatur zulassen. Weiterhin können sie Auskunft über die Milieus geben, in denen sie Wirkkraft besaßen, und dies lässt gegebenenfalls vorsichtige Rückschlüsse auf die Entstehungs-Milieus der in jüngeren Texten fortwirkenden alttestamentlichen Erzählungen zu.

In Bezug auf Elischa stellt sich die Frage nach der neutestamentlichen Wirkungsgeschichte deutlich schwieriger dar als in Bezug auf Elia. Während Elia 29-mal namentliche Erwähnungen im Neuen Testament findet, wird Elischa nur ein einziges Mal in Lk 4,27 namentlich erwähnt. Dort steht er im Kontext von Jesu Wort vom Propheten im eigenen Land. Lk 4,27 erinnert an Elischas Heilungswunder an Naaman, der in diesem Zusammenhang zur Illustration des Handelns an einem Nicht-Israeliten dient.[300]

Abgesehen von Lk 4,27 gibt es jedoch eine Reihe von Anklängen an die Elischa-Tradition im Neuen Testament, die Elischa nicht namentlich nennen, sich motivgeschichtlich aber eindeutig an Elischa-Erzählungen anlehnen. Diese werden in diesem Kapitel einer näheren Betrachtung unterzogen.

4.5.1 Johannes der Täufer

Generell wird mit Johannes dem Täufer in ausgeprägtem Maße die Elia-Figur verknüpft, sowohl explizit als auch implizit.[301] Dennoch gibt es einen motivgeschichtlichen Anklang in der neutestamentlichen Darstellung des Täufers, der

---

300 Vgl. Nützel, Elija, 162. Das Gewicht dieser Aussage liegt also weniger auf Elischa als auf Naaman als Symbolfigur für einen Ausländer. Nichtsdestotrotz wird durch die Parallelisierung Jesu mit Elia und Elischa eine Aussage in Bezug auf das Selbstverständnis Jesu getroffen. Eine weitere strukturelle wie motivische Analogie zur Naaman-Erzählung findet sich in Joh 9,11, vgl. dazu weiterführend Brodie, Jesus, 40.

301 Vgl. bspw. Mt 1,2.6; 3,4; 11,14; 17,12 f; Mk 6,17–29; 9,11 f; Lk 1,17; Joh 1,21 sowie zu diesen Stellen ausführlich, Öhler, Elia, 31–110; Nützel, Elija, 163–167.

sich neben Elia auch auf Elischa bezieht. Trotz des Bezugs auf beide Figuren ist dieser Anklang auf Basis der Rekonstruktion der Elischa-Überlieferung von Bedeutung. Johannes trägt nach Mt 3,4//Mk 1,6 einen Mantel aus Kamelhaar.[302] In der Literatur wird diskutiert, ob es sich um einen Prophetenmantel nach dem Vorbild von 1Kön 19,19 und 2Kön 2,8.13f sowie in 2Kön 4,38–41 handelt. Tilly gelangt aufgrund der Aussagen, dass in 2Kön 2,8.13f und 2Kön 4,38–41 sowohl Meister als auch Schüler einen אדרת tragen, zu dem Schluss, es müsse sich um eine Art Standestracht handeln.[303]

Eine weitere motivische Anleihe findet sich in dem Tauchbad im Jordan in Mk 1,4f und in 2Kön 5,14; diese Erzählungen erzeugen eine typologische Ähnlichkeit zwischen Elischa und Johannes dem Täufer.[304]

4.5.2 Jesuswunder

Weitaus seltener als der Versuch, Johannes den Täufer mit dem wiederkehrenden Elia zu identifizieren, findet sich im Neuen Testament der Versuch der Identifikation Jesu mit Elia.[305] Dagegen wird niemals der Versuch unternommen – analog zur Identifikation zwischen Johannes und Elia – Jesus mit Elischa zu identifizieren.[306] Dennoch ist nicht zu leugnen, dass es deutliche motivgeschichtliche Anklänge an die Wunder Elias und Elischas gibt.[307] Die These dieses Kapitels ist, dass die neutestamentlichen Autoren in der Wahl der entlehnten Motive sehr bewusst vorwiegend aus den Elischa-Wundern und nicht aus dem Bestand von Elia-Wundern geschöpft haben.[308] Erstes Indiz – zunächst noch unabhängig von Wundererzählungen – ist die Existenz einer Jüngerschaft für die allein die Elischa-Erzählungen ein Vorbild liefern kann. Im Blick auf die Wundererzählungen fallen jedoch zahlreiche weitere motivische Ähnlichkeiten auf.

Besonders das Markusevangelium hat ein hervorgehobenes Interesse an Jesus als dem Thaumaturgen. Matthäus und Lukas greifen zwar in weiten Teilen die markinische Erzählstruktur auf, lassen aber generell ein geringeres Interesse an

---

302 Vgl. Mt 3,4: Ἰωάννης εἶχεν τὸ ἔνδυμα αὐτοῦ ἀπὸ τριχῶν καμήλου.
303 Vgl. TILLY, Johannes, 172. Problematisch ist m.E. jedoch eine terminologische Spannung, für die sich keine naheliegende Erklärung finden lässt. Die Evangelien verwenden durchweg den Begriff ἔνδυμα, während die LXX in 1Kön 19,19; 2Kön 2,8.13f sowie 2Kön 4,38–41 durchweg μηλωτή übersetzt.
304 Vgl. MAJOROS-DANOWSKI, Elija, 246; BOSTOCK, Elisha, 40.
305 Vgl. Mt 16,14par.
306 Vgl. NÜTZEL, Elija, 167.
307 Vgl. OTTO, Magie, 281.
308 Vgl. andeutungsweise ÖHLER, Elia, 138; BROWN, Jesus, 85f.

dem Wunderwirken Jesu und dessen atl. Vorlagen erkennen. Markus hingegen orientiert sich in der Gestaltung der Wundererzählungen, zum Teil aber auch in deren Abfolge, sehr deutlich an den Wundern Elias und Elischas in den Könige-büchern.[309] So ist die Tatsache, dass es zwei Brotmehrungserzählungen an un-terschiedlichen Stellen des Markusevangeliums gibt ggf. angelehnt an das Ne-beneinander von 1Kön 17,16; 2Kön 4,6 und 2Kön 4,42f.

Die Unterschiede in der Verwendungsart motivgeschichtlicher Anleihen an die Elischa-Erzählungen zwischen Markus und Lukas/Matthäus fallen bspw. zwischen Mk 6,8 und den Parallelstellen in Mt 10,10 und Lk 9,3 auf. Nach Markus erlaubt Jesus den Jüngern die Mitnahme eines Stabes auf den Weg in die Nach-folge, während alle anderen Gegenstände, auch Reiseproviant, verboten werden. Markus erinnert hierbei offenbar die Episode aus 2Kön 4,18 – 37 und die Bedeu-tung, die der Stab in diesem Fall sowohl für Elischa als auch seinen Jünger Gehasi hatte. Matthäus und Lukas hingegen betonen allein die Bedingungslosigkeit der Nachfolge und schließen auch den Stab als schlichte Habseligkeit auf dem Weg in der Nachfolge Jesu aus.[310]

Jedoch verwenden auch Matthäus und Lukas zuweilen unabhängig von Markus und unabhängig voneinander Reminiszenzen an die Elischa-Überliefe-rung, so etwa in Bezug auf die Nachfolgethematik in Lk 9,61f. Hier finden sich sowohl motivische als auch – durch Vermittlung der LXX – wörtliche Anklänge an 1Kön 19,19 – 21.[311] In einem anderen Fall erinnert das Herabkommen des Geistes auf Jesus im Anschluss an die Taufe im Jordan in Mt 3,13 – 17 an den Übergang des Geistes Elias auf Elischa in 2Kön 2,9 – 12 – ebenfalls am Jordan.

Während sich bei Lukas nur eine Brotmehrungserzählung findet, scheint ihm jedoch das Nebeneinander zweier Auferweckungsgeschichten in 1Kön 17,22 und 2Kön 4,35 als Vorbild für Lk 7,11 – 17 (Jüngling von Nain) und Lk 8,51 (Tochter des Jaïrus) zu dienen.

Weiterhin ist die Unfähigkeit der Jünger, den mondsüchtigen Knaben in Mt 17,16 zu heilen, wahrscheinlich angelehnt an die Unfähigkeit Gehasis, das tote Kind in 2Kön 4,31 aufzuerwecken. Diese Bezugnahme ist zugleich ein Beispiel dafür, dass es häufig das Spezifische der Elischa-Überlieferung (und nicht der parallelen Elia-Überlieferung in 1Kön 17) ist, welches die Evangelisten für die Gestaltung der jesuanischen Wundererzählungen verwenden. Weitere Beispiele sind etwa die Anweisung, die Tür vor dem Gebet zu schließen in Mt 6,6 und 2Kön

---

309 Vgl. trotz einiger Ungenauigkeiten die Synopse der Wunder in ihrer Abfolge bei GUILLAUME, Miracles, 21.

310 Vgl. HENGEL, Nachfolge, 20f; GUILLAUME, Miracles, 22. Nach LUZ (Art. Nachfolge, 679) liegt hierin die Idee der Überbietung der Nachfolge Elias und Elischas.

311 Vgl. EVANS, Use, 81; BRODIE, Luke, 216 – 226.

4,4 f oder das Gebot an die Jünger, auf dem Weg niemanden zu grüßen in Lk 10,4 und 2Kön 4,29,[312] welche beide kein Äquivalent in den Elia-Erzählungen haben. Bereits an diesen Beispielen wird deutlich, dass die Figur Elischas zumindest in ihrer motivgeschichtlichen Wirkkraft der Figur Elias überlegen ist.[313] Ziel dieser motivgeschichtlichen Anleihen ist es, das Wunderwirken Jesu in Verbindung mit dem Wirken Elias, aber vor allem Elischas zu bringen. Worin sollte nun aber der Grund für die stärkere Orientierung an den Wundern Elischas liegen? Meines Erachtens gibt es hierfür zwei mögliche Erklärungen, die sich ggf. ergänzen.

1) Bereits in Kapitel 2.2.1. wurde auf das Meister-Schüler-Paradox hingewiesen, welches in der Überlegenheit der Wunder des Schülers Elischa sowohl in Anzahl als auch in Bedeutung gründet. Diese Überlegenheit in Bezug auf die Wunder des Schülers gegenüber denen des Meisters könnte die Evangelisten dazu bewogen haben, die Wunder Elischas zu ihrem maßgeblichen Vorbild in der Darstellung der Wunder Jesu zu nehmen. Ein Zurückbleiben der Wunder Jesu hinter denen Elischas wäre in Anbetracht der Aussageintention der Evangelisten kaum denkbar. Eine weitere, allgemeine Beobachtung kann an dieser Stelle angeführt werden: Die Zahl der von Jesus in den synoptischen Evangelien überlieferten Wunder entspricht – je nach Zählung – zusammen in etwa der Zahl der Wunder, die Elia und Elischa zusammen vollbringen. Sollte diesem Umstand ein bewusster Gestaltungwille zugrunde liegen, so drückt er aus, dass Jesus die Fähigkeiten dieser Wundertäter des Alten Testaments überbietet.[314]

2) Ähnlich wie die politischen Darstellungsintentionen des Josephus in den *Antiquitates Judaicae*,[315] könnten auch die Darstellungsintentionen der Evangelisten einen Anteil an der Wahl des motivgeschichtlichen Vorbildes haben. Jesus wird in den Evangelien dargestellt als ein Helfer, der durch sein Eingreifen die existentiellen Notlagen seiner Mitmenschen zu lösen vermag. Er bezieht kaum politische Position, etwa als antirömischer Befreiungs-kämpfer Israels,[316] sondern ändert allein die Zustände der „kleinen Leute", der Armen, der Frauen, der Landbevölkerung, der Marginalisierten in seiner direkten Umwelt. Eine Identifikation mit dem politisch brisanteren und um die

---

312 Vgl. GOULDER, Elijah, 196.
313 Vgl. GUILLAUME, Miracles, 22; ZIMMERMANN, Kompendium, 298.
314 Vgl. GUILLAUME, Miracles, 22; ZIMMERMANN, Kompendium, 297 f. Vgl. hierzu etwa auch das Zahlenverhältnis in den Brotmehrungswundern; vgl. MAJOROS-DANOWSKI, Elija, 247; ÖHLER, Elia, 138; NÜTZEL, Elija, 168; BLACKBURN, Miracle, 195.
315 Vgl. Kapitel 4.4.4. in dieser Arbeit.
316 Vgl. im Gegenteil die Aussage in Mk 12,17.

Zeitenwende als zelotische Leitfigur verstandenen Elia,[317] hätte eine politische Komponente in das Verständnis Jesu eingetragen, die von den Autoren der kanonisch gewordenen Evangelien nicht intendiert zu sein scheint.

Neben den motivgeschichtlichen Gemeinsamkeiten, gibt es auch strukturelle Ähnlichkeiten zwischen der Darstellung der Wunder Jesu in den Evangelien und der Wunder Elischas in den Königebüchern, welche bei weitem über jene strukturellen Ähnlichkeiten hinausgehen, die der Gattung Wundererzählung allgemein geschuldet sind.[318] Das schlichteste Beispiel ist das Nichtvorhandensein eines passenden Vorbildes für die Aussätzigenheilungen in der Elia-Überlieferung.[319] Hier scheint eine bewusste Orientierung an den Elischa-Erzählungen und nicht an den Elia-Erzählungen zu erfolgen.

In der Totenerweckungserzählung in 2Kön 4,8–37 gibt es zudem eine Strukturanalogie in Bezug auf den Ablauf der Wunder Jesu. Die Geheimhaltung der Schunemiterin über den Tod des Sohnes in 2Kön 4,21f sowie ihr Bestehen auf dem persönlichen Eingreifen Elischas in 2Kön 4,30 können als erzählerische Mittel gedeutet werden, um die Unerschütterlichkeit ihres Glaubens auszudrücken. Darin liegt m. E. eine Parallele zu den jesuanischen Wundererzählungen, bei denen ebenfalls der Glaube der Betroffenen unerlässlich für die Heilung ist.[320] Eine weitere Strukturanalogie zu dieser Erzählung könnte in Lk 9,40 zu finden sein. Jesus kehrt vom Berg zurück und findet die Situation vor, von einem Vater um die Heilung seines besessenen Sohnes angefleht zu werden, nachdem die Jünger dies nicht zu wirken vermochten. Hierin liegt m. E. eine Strukturanalogie zum Versagen Gehasis in 2Kön 4,31, welches das Eingreifen und Herabsteigen Elischas vom Berg Karmel nötig macht.[321] Weiterhin findet sich eine Analogie in der Notiz über das Zurückweichen der Soldaten in Joh 18,6, welche an 2Kön 6,18 erinnert.

---

317 Vgl. FELDMAN, Studies, 334f.

318 Vgl. BLENKINSOPP, History, 76; THEISSEN, Wundergeschichten, 57–81. Diese Einschränkung muss zugleich relativiert werden durch die Beobachtung, dass in den Literaturen des Alten Orients keine älteren Belege für eine Gattung Wundererzählungen bzw. Wundertätererzählungen gefunden wurden, vgl. Kapitel 4.2. in dieser Arbeit. Sollten die Elischa-Wundererzählungen also tatsächlich eine solche Gattung konstituieren, kann die oben gemachte Einschränkung nur bedingt Geltung haben.

319 Vgl. hingegen Mk 1,40–45par; Lk 17,11–19 mit der strukturell sehr ähnlichen Heilung Naamans in 2Kön 5,1–14; vgl. hierzu weiterführend MAJOROS-DANOWSKI, Elija, 246; ZIMMERMANN, Kompendium, 644f; BROWN, Jesus, 90f; ÖHLER, Elia, 138; BLACKBURN, Miracle, 188.

320 Vgl. Mk 5,34par; 10,52; Lk 7,50; 17,19; 18,42; vgl. WÜRTHWEIN, Könige II, 294; BECKING, Touch, 38–47.

321 Vgl. BOSTOCK, Jesus, 40.

Ebenso könnte der matthäische Überhang zu den Geschehnissen beim Tod Jesu in Mt 27,52 angelehnt sein an 2Kön 13,20 f.[322]

Eine typologische Übereinstimmung zwischen Elischa und Jesus besteht in der beiden Figuren zugeschriebenen Fähigkeit der Fernsicht bzw. des Vorherwissens.[323]

Strukturelle Analogien, auch in der Abfolge der Wundererzählungen, werden in der Sekundärliteratur in besonderem Maße für das Lukas- und das Johannesevangelium[324] beschrieben. Ebenso muss jedoch auch festgehalten werden, dass es sich bei den Elischa-Erzählungen nicht um eine wie auch immer geartete „Vorlage" der Evangelien handelt.[325] Für Vieles innerhalb der Darstellung der Evangelien gibt es keinerlei Vorbilder in der Elischa-Tradition und auch für einige Wunder Jesu, wie etwa die Heilung des Blindgeborenen, des Gelähmten oder die Exorzismen, können keinerlei Elischa-Vorlagen ausgemacht werden. Umgekehrt gibt es einige Wundererzählungen bei Elischa, die in der Darstellung Jesu in den kanonischen Evangelien keinerlei Rolle spielen.[326] Daher kann die Annahme, der

---

322 Vgl. BROWN, Jesus, 92.

323 Vgl. 2Kön 5,26; 6,12.32 und Mk 11,2par; Joh 1,48 f; Mk 14,13 f; Lk 22,10 f.

324 Vgl. BOSTOCK, Jesus, 40 f; WINK, John, 43–45; BROWN, Jesus, 93. Bostock rekonstruiert, allerdings unter Auslassung einiger Wunder, folgende Strukturanalogie zum Aufbau des gesamten Evangeliums: Das jeweils erste Wunder im Johannesevangelium ebenso wie in den Elischa-Erzählungen ist ein Transformationswunder (2Kön 2,19–22 und Joh 2,1–11), nacheinander gefolgt von einer Heilung (2Kön 4,32–37 und Joh 4,46–45), einem Mehrungswunder (2Kön 4,42–44 und Joh 6,4–14, bei dem besonders der ausschließlich johanneische Verweis auf die Gerstenbrote eine direkte Anlehnung an die Elischa-Erzählung nahelegt, ebenso wie der ähnlich strukturierte Einwand in 2Kön 4,43 und Joh 6,9 [vgl. hierzu REIM, Studien, 157 f; ZIMMERMANN, Kompendium, 709]), einer erneuten Heilung (5,1–14 und Joh 5,2–9), einem Wasserwunder (2Kön 6,4–7 und Joh 6,16–21), einem Wunder unter dem Stichwort der Blindheit (2Kön 6,15–18 und Joh 9,1–7) sowie einer Totenerweckung (2Kön 13,20 f und Joh 11,1–44). Im Einzelnen mögen m. E. bewusst strukturelle Anleihen bei der Elischa-Tradition gemacht worden sein. Dennoch geht die Annahme einer strukturellen Nachgestaltung der gesamten Abfolge eines Evangeliums nach dem Aufbau der Wunder in den Elischa-Erzählungen m. E. entschieden zu weit. Wie oben angedeutet kann keine der Strukturparallelen gänzlich überzeugen und kommt in der Regel nicht ohne Auslassungen oder Ungenauigkeiten aus, vgl. bspw. GUILLAUME, Miracles, 21 f oder andere tentative Rekonstruktionen besprochen bei BROWN, Jesus, 93–96.

325 Vgl. die These von der Vorlage für das lukanische Doppelwerk, welches Lukas in den Elia-Elischa-Erzählungen gefunden haben soll bei BRODIE, Luke, 367–385; BRODIE, Bridge, 79–98; zu Gegenargumenten vgl. EVANS, Use, 81–83.

326 Einige dieser Wunder fanden jedoch in außerkanonischen Schriften motivischen Niederschlag, wie bspw. die Strafwunder im thomäischen Kindheitsevangelium (KThom 3–5.8); vgl. BROWN, Jesus, 92 f; vgl. weiterhin ACHTEMEIER, Jesus, 148–186.

Gesamtaufbau der Evangelien sei nach dem Vorbild des biblischen Elischa-Erzählzyklus in 1Kön 19–2Kön 13 geschehen, nicht geteilt werden.[327]

Aufgrund der beobachteten Analogien und Anleihen muss zusammenfassend festgestellt werden, dass die Darstellung der Wunder Jesu in den neutestamentlichen Evangelien vielfach deutliche motivgeschichtliche wie strukturelle Bezüge zu den Elischa-Wundererzählungen aufweist. Diese fallen zudem sehr viel stärker aus als die Bezüge zu den Elia-Erzählungen.[328] Die Elischa-Erzählungen sind somit in Bezug auf die Wundererzählungen des NT wirkungsgeschichtlich einflussreicher als die Elia-Erzählungen.

Dennoch kann aus den oben gemachten Beobachtungen m. E. nicht vorschnell eine Art „Elischa-Christologie" konstruiert werden.[329] Für die Annahme, dass Jesus als der *Elischa redivivus* verstanden wurde, gibt es m. E. keinerlei Indizien. Vielmehr ist Elischa eine jener alttestamentlichen Figuren, die in den Evangelien Verwendung finden, um Jesu Überbietung derselben und ihrer Taten zu illustrieren. Aus den angeführten Textbezügen zu den Königebüchern wird deutlich – und das untermauert die These des Kapitels –, dass Jesus in seiner Rolle als Wundertäter den *Wundertäter par excellence* im Alten Testament überbietet;[330] und das ist weder Mose[331] noch Elia,[332] sondern Elischa.

---

327 Gegen BRODIE, Bridge, 79–98.

328 Vgl. BROWN, Jesus, 97; BRODIE, Luke, 116.

329 So etwa BROWN, Jesus, 87–99; BOSTOCK, Jesus, 40 f v. a. in Bezug auf die Darstellung des Johannes-Evangeliums; dagegen votieren mit guten Argumenten ÖHLER, Elia, 139; NÜTZEL, Elija, 167–169. Nichtsdestotrotz werden die Evangelisten, wie Reiser bemerkt, in den Wundererzählungen Elischas eine gewisse Heilserwartung ausgedrückt gefunden haben, die sie dazu bewog, das Motiv des Wundertäters, unabhängig von seinem historischen Gehalt, für die Gestalt Jesu in dieser Breite auszubauen; vgl. REISER, Gottessprüche, 337 f.

330 Vgl. SCHÖPFLIN, Naaman, 45; KOLLMANN, Jesus, 225.

331 Motivgeschichtlich entfaltet die Darstellung Moses in den Evangelien ihn hingegen als den *Propheten par excellence*. Anders urteilt BLACKBURN, Miracle, 252; dagegen EVANS, Use, 80–83; GOULDER, Elijah, 200–203, die zwar mit Recht darauf hinweisen, dass neben den Elia- und Elischa-Erzählungen auch das Deuteronomium als motivgeschichtliche Quelle des lukanischen Doppelwerkes diente, zugleich jedoch bereits durch die geringe Zahl der genannten Wunder Moses relativieren, dass es sich nur um *eine* und nicht um *die* wirkungsgeschichtliche Quelle für das Wunderwirken Jesu im Lukasevangelium handelt. Die Zahl und Nähe der motivgeschichtlichen Bezüge zu den Elischa-Erzählungen sind – wie die oben aufgeführten Beispiele zeigen – bei weitem größer.

332 Elias Einfluss auf die Typologie Jesu in den Evangelien zeigt sich hingegen im Zusammenhang der Hinweise auf Jesu eschatologisch-messianische Bedeutung.

4.5.3 Weitere neutestamentliche Parallelen

Es wurde bereits auf die Anklänge an Elischa-Erzählungen im lukanischen Doppelwerk hingewiesen.[333] Neben den motivgeschichtlichen Bezügen des Lukasevangeliums verwendet Lukas besonders in zwei aufeinanderfolgenden Kapiteln der Apostelgeschichte zahlreiche unverkennbare Parallelen zu den Elischa-Erzählungen:

In der Erzählung über Philippus und den äthiopischen Hofbeamten der Kandake in Act 8,26 – 40 finden sich mehrere motivgeschichtliche Anleihen aus zwei verschiedenen Elischa-Erzählungen. Wie in 2Kön 5 ist die Hauptfigur der Erzählung in Act 8,26 – 40 ein ausländischer Staatsbeamter, der um seines Anliegens willen nach Israel gekommen ist.[334] In Act 8 gelangt dieser – ebenso wie in 2Kön 5 – zum Glauben und äußert aufgrund dessen den Wunsch, diesem Glauben ein äußeres Zeichen folgen zu lassen.[335] In beiden Erzählungen spielt das Motiv des Tauchbades eine entscheidende Rolle.[336]

Im Anschluss an die Taufszene folgt in Act 8,39 die Entrückung des Philippus, welche das Motiv der Entrückung Elias von Elischa hinweg aus 2Kön 2 aufgreift. Beide Entrückungen geschehen am Wasser und in beiden wird berichtet, wie der Entrückte von dem Zurückbleibenden nicht mehr gesehen ward.[337] In dieser Häufung können die beschriebenen Motivüberschneidungen keine zufälligen erzählerischen Produkte sein, sondern machen den Anschein bewusster literarischer Anleihen an die in den Elischa-Erzählungen verwendeten Motive.[338]

Auf die Bekehrung des äthiopischen Beamten folgt in Act 9,1 – 19 das s. g. Damaskus-Erlebnis des Saulus/Paulus, welches ebenso motivische Anleihen an eine Elischa-Erzählung erkennen lässt. In 2Kön 6,8 – 23 finden wir Motive, die offenbar von Lukas bei der Gestaltung des Damaskus-Erlebnisses aufgegriffen

---

333 Vgl. zu dieser These ausführlich BRODIE, Bridge, 79 – 85.

334 Vgl. BRODIE, Imitation, 45 – 67.

335 Vgl. Act 8,36 f und 2Kön 5,15 – 17.

336 Vgl. die wörtliche Übereinstimmung (Verwendung des Verbes βαπτίζω) in 2Kön 5,14^{LXX} und Act 9,36 – 38.

337 Vgl. Act 8,39 und 2Kön 2,12. Eine weitere bemerkenswerte Analogie besteht zu der in Kapitel 2.2.1. dieser Arbeit als *exodos* beschriebenen Machtanerkennung durch die Jünger Elischas in 2Kön 2,15. Ein solcher, innerhalb der alttestamentlichen Wundererzählungen einzigartiger, Erzählschluss stellt in den neutestamentlichen Wundererzählungen ein häufiges Stilmittel dar und wird unter dem Begriff „Akklamation" (vgl. THEISSEN, Wundergeschichten, 80 f.) bzw. gar unter dem Titel „Chorschluss" (vgl. DIBELIUS, Formgeschichte, 29; MEISER, Reaktion, 9 – 12) zum festem Bestandteil neutestamentlicher Wundererzählungen, vgl. bspw. Mk 2,12; Mt 9,8; 15,31; Lk 5,26; 7,16; 18,43 etc.

338 Vgl. BRODIE, Luke, 316 – 327; SCHÖPFLIN, Naaman, 48 – 50.

wurden. Saulus wird in Act 9,8a – ebenso wie die aramäischen Angreifer in 2Kön 6,18 – mit Blindheit geschlagen, als er sich auf dem Weg nach Damaskus befindet. Er wird sodann in Act 9,8b – wie die Aramäer in 2Kön 6,19 – in die Stadt hineingeführt. Beide Erzählungen spielen bewusst mit dem Motiv der Blindheit und dem Ausgeliefertsein und lassen die Möglichkeit offen, ob die Erblindeten nicht vielleicht doch zum Opfer eines göttlichen Racheaktes werden. Die Erzählung in Act 9 löst die Spannung bereits in der Vision, die Hananias widerfährt, die zugleich aber auch Motive aus 2Kön 8,7–15 aufgreift und in einer Vision Saulus als eine neue Leitfigur der Christen ankündigt.[339] Obgleich der Moment der Auflösung in beiden Erzählungen ein unterschiedlicher ist, bildet das Aufheben der Blindheit (vgl. 2Kön 6,20 und Act 9,17 f) ein übereinstimmendes Motiv; weiterhin wird ebenso wie die Aramäer in 2Kön 6,23 auch Saulus in Act 9,19 am Ende der Erzählung bewirtet, so dass die Erzählung darin einen positiven Abschluss findet.[340]

Eine weitere Erzählung, die unverkennbare Analogien zur Totenerweckung in 2Kön 4,18–37 aufweist, ist die Auferweckung der Tabita in Act 9,36–43 durch Petrus, die ohne Zweifel literarische Abhängigkeiten zu einer vormarkinischen Fassung von Mk 5,21–43 aufweist,[341] jedoch in der Version der Apostelgeschichte eine für Lukas typische soziale Komponente in die Erzählung einträgt, die wiederum in besonderer Weise die motivgeschichtlichen Bezüge zur Elischa-Erzählung zeigt.

Tabita wird in der Exposition der Erzählung in Act 9,36 als großzügige Almosengeberin beschrieben. In ähnlicher Weise wird die Schunemiterin in der Einleitung in 2Kön 4,8–10 als eine dem Gottesmann gegenüber ausgesprochen großzügige Gastgeberin dargestellt.[342] Weitere motivgeschichtliche Analogien folgen im Verlauf der Erzählung. Ebenso wie der tote Knabe in 2Kön 4,21 wird Tabita in Act 9,37 nach ihrem Tod im Obergemach aufgebahrt. Sowohl Elischa in 2Kön 4,22–31 als auch Petrus in Act 9,38 werden zu den Toten herbeigeholt. Schließlich bleibt Petrus in Act 9,40 ebenso wie Elischa in 2Kön 4,33 allein mit der Toten im Obergemach und betet, unter Ausschluss der Angehörigen, um die Auferweckung zu bewirken. Als Symbol für die gelungene Auferweckung ver-

---

339 Während Saulus in Act 9,15 explizit als Werkzeug Gottes bezeichnet wird, steckt hinter der Ankündigung aus 2Kön 8,12 f implizit die Vorstellung, Hasaël und die Aramäer seien das Werkzeug Jahwes gegen Israel; vgl. Brodie, Luke, 354–365.

340 Vgl. Brodie, Luke, 346–354.

341 Vgl. hierzu weiterführend Fischbach, Totenerweckungen, 280–283.308 f.

342 Bereits hierin zeigen sich größere motivische Überschneidungen mit der Totenerweckung durch Elischa in 2Kön 4,18–37 als mit der entsprechenden Elia-Version in 1Kön 17,17–24. Vgl. Stipp, Gestalten, 46 f; vgl. weiterhin die größeren wörtlichen Übereinstimmungen zu 2Kön 4,18–37[LXX] und die größeren motivischen Anklänge, aufgelistet bei Fischbach, Totenerweckungen, 284–286.

wenden beide Erzählungen das Aufschlagen der Augen.[343] In diesen Bezügen zeigt sich, dass die Auferweckung der Tabita stärker aus dem Motivschatz der Elischa- als an der Elia-Version schöpft.[344]

Die gleiche Elischa-Erzählung scheint auch eine motivgeschichtliche Wirkung auf eine andere Totenerweckungserzählung in Act 20,7–12 gehabt zu haben. Nach Act 20,10 legt sich Petrus zum Wiederbeleben des toten Eutychus auf dessen Leichnam. Obgleich der Gestus in Act 20,10 nicht näher erläutert wird, erinnert die Notiz unweigerlich an die Synanachrosis aus 2Kön 4,34.[345]

In der Briefliteratur des Neuen Testaments gibt es allein einen Text, der einen direkten Bezug zu einer Elischa-Erzählung erkennen lässt. Im Zusammenhang mit einer Rückschau auf den Glauben der Großen Israels spricht der Hebräerbrief in Hebr 11,35 davon, dass „Frauen ihre Toten durch Auferstehung zurückerhiel-ten".[346] Diese Bemerkung deutet durch die Hinführung und den in V. 32 herge-stellten historischen Kontext eindeutig auf 1Kön 17,17–24//2Kön 4,18–37 hin.

Die aufgeführten Beispiele neutestamentlicher Texte haben gezeigt, dass die Evangelien ebenso wie die Apostelgeschichte sich besonders in der Gestaltung von Wundererzählungen häufig an Motive aus den alttestamentlichen Elischa-Er-zählungen anlehnen. Besonders bei Lukas zeigt sich – sowohl in Lk als auch in Act – ein hohes Maß an Vertrautheit mit den atl. Quellen und eine große Wertschät-zung für die Elischa-Erzählungen. Obgleich Elia aufgrund der Entrückung eine stärkere Wirkungsgeschichte, besonders in Texten mit eschatologischem Bezug, erfahren hat, wirkten motivgeschichtlich die Elischa-Erzählungen in einem sehr viel stärkeren Maße. Dies wird besonders daran deutlich, wie stark die Wunder Jesu Züge der Elischa-Wundererzählungen tragen.

4.6 Religionsphänomenologische Analogien

Als letzter Untersuchungsgegenstand sollen einige religionsphänomenologische Analogien aus etwas entfernteren Kultur- und Zeiträumen Beachtung finden, die aufgrund ihrer Entstehungszeit und ggf. auch aufgrund ihres Kulturraumes wohl

---

343 Vgl. die nahezu wortgleiche Formulierung in 2Kön 4,35^{LXX} (καὶ ἤνοιξεν τὸ παιδάριον τοὺς ὀφθαλμοὺς αὐτοῦ) und Act 9,40 (ἡ δὲ ἤνοιξεν τοὺς ὀφθαλμοὺς αὐτῆς), vgl. ÖHLER, Elia, 202f; STIPP, Gestalten, 71.

344 Ebenso urteilt STIPP, Gestalten, 71.

345 Vgl. FISCHBACH, Totenerweckung, 75–79.289–301.309; STIPP, Gestalten, 55f.74; vgl. wei-terführend WEINREICH, Wundertypus, 246–264; SCHMITT, Magie 246–249.

346 Vgl. Hebr 11,35 Ἔλαβον γυναῖκες ἐξ ἀναστάσεως τοὺς νεκροὺς αὐτῶν‘; vgl. dazu NÜTZEL, Elija, 162.

nicht in literarischer Beziehung mit den Elischa-Erzählungen des Alten Testaments stehen, vielleicht jedoch dennoch aufschlussreich in Bezug auf generelle Voraussetzungen für die Entstehung und Verbreitung von Wundertätererzählungen sein können. Möglicherweise lassen sich aus der Betrachtung Rückschlüsse auf die Entstehungs- und Verbreitungsmilieus solcher Erzählungen im Allgemeinen ziehen.

Zudem steht die Überprüfung jener von Hans-Christoph Schmitt erneut in die Diskussion eingebrachten These aus, Elischa besitze religionsphänomenologisch Züge eines arabischen Derwischs oder *welys*.[347] Zur Klärung dieser Frage muss ein Blick auf den islamischen Sufismus geworfen werden, zu dessen Strömungen auch die Derwisch-Orden zählen.

4.6.1 Sufismus und islamische Derwische

Bereits der Begriff *Sufismus* zeigt eine motivgeschichtliche Beziehung zu Elia und Elischa. Der arabische Begriff Sufi wird von arab. *suf* (Wolle) abgeleitet und soll auf die Tradition der islamischen Mystiker verweisen, wie die frühen Propheten des Alten Testaments, einen Mantel aus grobem Wollstoff zu tragen.[348] Der Erhalt eines solchen Mantels (arab. *khirka*) ist für den Derwisch, besonders im östlich-islamischen Sufismus das Symbol für die Aufnahme in den Orden.[349]

Der Derwisch erhält bei der Aufnahme in den Orden einen solchen Mantel oder erbt nach dem Tod des Meisters dessen Mantel. Damit verbunden ist die Vorstellung, mit der Übergabe gehe auch die Segenskraft (*baraka*) des Meisters auf den Schüler über.[350] Die Derwischmäntel haben einigen Überlieferungen zufolge außerdem selbst magische Fähigkeiten oder werden in magischen Handlungen als Mittel verwendet, bspw. könne man der Überlieferung zufolge mit dem Mantel des pakistanischen Asketen Nasimullah Regen machen, indem man den Mantel in Wasser taucht. Der Mantel des anatolischen Sufi Hadschi Bektasch diente gar als

---

347 Vgl. Kapitel 1. dieser Arbeit; SCHMITT, Elisa, 167 f; MOMMER, Diener, 102; WEIPPERT, Aspekte, 308; LANG, Prophet, 33 f; SCHMITT, Magie 294 f. in Anlehnung an FÜRST, Geschichte, 274 f; GRESSMANN, Geschichtsschreibung, 37 f; HÖLSCHER, Propheten, 8.174; MOWINCKEL, Religion, 126 sowie BROWN, Dervishes.
348 Vgl. GÜNES, Entwicklung, 5; SCHIMMEL, Sufismus, 90; FREMBGEN, Kleidung, 11 f; FREMBGEN, Reise, 11; ERNST, Guide, 19 f.
349 Vgl. BROWN, Dervishes, 300; SCHIMMEL, Dimensionen, 331; ERNST, Guide, 141–144; vgl. hierzu 1Kön 19,19–21; 2Kön 2,13–15.
350 Vgl. FREMBGEN, Kleidung, 12; FREMBGEN, Reise, 131 f und 2Kön 2,13–15.

Mittel einer Totenerweckung: Das tote Kind wurde auferweckt, indem der Sufi das Kind mit seinem Mantel bedeckte.[351]

Sufis sind islamische Mystiker, die sich auf einer lebenslangen Suche nach der Erkenntnis der Einheit und Einzigkeit Allahs befinden.[352] Seit seiner Entstehung im Nordostiran des 8. und 9. Jahrhunderts n.Chr. bildet der Sufismus als ein religiös-mystisches Phänomen eine Alternative zu dem in der Außenwirkung bestimmenden skripturalen, mehrheitlich sunnitischen Hochislam.[353] Dennoch, und das ist bestimmend für die Unterscheidung zum Derwischtum, zeichnet sich der Sufismus durch ein hohes Maß an Buchgelehrsamkeit und Poetik aus.

Das Derwischtum wiederum ist eine besondere religiöse Erscheinungsform innerhalb der Tradition des Sufismus und zeichnet sich dadurch aus, dass sich die Suche nach der Erkenntnis Allahs weniger philosophisch-theoretisch als in einem konkreten Lebensstil äußert – Derwische führen zumeist eine wandernde Existenz in Abkehr von der diesseitigen Welt und in Besitzlosigkeit. In Indien, Pakistan und Südasien bezeichnet der Begriff „Fakir" den Stand der Derwische. Bereits diese beiden Bezeichnungen weisen auf den Lebensstil hin, *darwish* (pers.) bedeutet wörtlich „an der Tür stehend", übertragen „bettelnd"; *faqir* (arab.) bedeutet „arm/bedürftig".[354]

Der Bildungsgrad der Derwische ist zumeist geringer, und sie bedienen sich in stärkerem Maße mündlicher Traditionen als der philosophisch orientierte Sufismus. In der Literatur findet man daher zuweilen den Begriff „Vulgärsufismus" für das Derwischtum,[355] der zwar verkürzend und unsachgemäß sein mag, jedoch auch zum Ausdruck bringt, was die Errungenschaften des wandernden Derwischtums sind. So trugen und tragen die Derwische die Ideen des Sufismus und die Lehre des Islam durch ihre Wandertätigkeit zu den Bevölkerungen der entlegensten Gebiete West- und Südasiens und darüber hinaus und erreichten durch die mündliche Tradierung eine hohe Wirkung und Verbreitung von islamisch-sufischen Glaubens- und Lehrinhalten auch in nicht-literalen Bevölkerungsschichten.[356]

---

351 Vgl. Fʀᴇᴍʙɢᴇɴ, Kleidung, 13; Sʜᴀʜ, Sufis, 269; vgl. weiterführend zu diversen Wundermitteln in der sufischen Literatur Gʀᴀᴍʟɪᴄʜ, Wunder, 398 f.

352 Vgl. Fʀᴇᴍʙɢᴇɴ, Reise, 12 f.

353 Vgl. Fʀᴇᴍʙɢᴇɴ, Reise, 15, der als einen maßgeblichen Unterschied auf das tolerante Verhältnis des Sufismus zu anderen Religionen, wie etwa dem Hinduismus in Indien und Pakistan hinweist; vgl. weiterhin Kɪssʟɪɴɢ, Derwischorden, 10 – 12.

354 Vgl. Fʀᴇᴍʙɢᴇɴ, Reise, 17 f.20; Bᴀʟᴅɪᴄᴋ, Islam, 16 – 20; Eʀɴsᴛ, Guide, 4.

355 Vgl. Fʀᴇᴍʙɢᴇɴ, Reise, 17; vgl. ähnlich Kɪssʟɪɴɢ, Derwischorden, 6 f.

356 Vgl. Eʀɴsᴛ, Guide, 139 – 141; Sᴄʜɪᴍᴍᴇʟ, Dimensionen, 327.341.

Derwische verwenden auf dem Weg zur Erkenntnis und Gegenwart Allahs häufig ekstatische Praktiken und es werden Wundertaten aus dem Leben solcher Derwische überliefert. Diese Wundertaten entspringen den verschiedensten Bereichen. „Beispiele für wundersame Fähigkeiten islamischer Heiliger und Derwische sind Unsichtbarmachen, Speisungen, Regenmachen, Erweckungen von Toten, Hellsehen mit dem ‚Auge des Herzens' [...] und die gleichzeitige Anwesenheit an verschiedenen Orten"[357]. Einige Beispiele aus verschiedenen dieser Bereiche[358] zeigen die Vielfalt dessen, was an Wundertaten berichtet wird: So befand sich bspw. der Bayramiye-Scheich Aq Sems ed-Din in einer ausweglosen Notlage, da er von einem Gläubiger bedrängt wurde, seine Schulden endlich zu begleichen. Aq Sems ed-Din schickte den Gläubiger in den Garten seiner Kommunität, wo jener auf wundersame Weise die gesamte Schuldsumme in den Blumen liegend fand. Nach einer anderen Erzählung über Emir Sultan soll dieser einen von einem Gerüst fallenden Balken mittels telekinetischer Fähigkeiten in der Luft gehalten haben, um darunter spielende Kinder davor zu bewahren, von dem Balken erschlagen zu werden.[359]

Diese Erzählung ist zugleich ein Beispiel für ein Wunder der Beherrschung der Naturkräfte. Eine weitere Wundertat dieser Art soll dem Sufi Bedr ed-Din ben Qadi Samawna möglich gewesen sein. Dieser habe die Fähigkeit besessen, sich in ekstatische Zustände zu versetzen, die ihm das Schweben ermöglichten.[360]

Vom zentralasiatischen Sufi Baha-ud-Din Naqschband aus Buchara wird erzählt, er habe einer Frau durch sein Gebet ein lange ersehntes Kind geschenkt.[361] Ein Scheich des sich auf diesen Sufi zurückführenden Naqschbandiya-Ordens wiederum heilte einen Aussätzigen durch seinen Speichel.[362] Von einem anderen Naqschbandiya-Scheich wird berichtet, er habe den Regen für eine von ihm festgelegte Zeit aufhalten können, wie es ihm gerade gefiel.[363]

Über den Gründer des Qadiri-Ordens, den Sufi Abdul-Qadir al-Dschilani, wird berichtet, er habe die Notlage einer weit entfernt reisenden Karawane erkannt, die von Räubern überfallen und ausgeraubt wurde. Im Kreise seiner Schüler warf er seine Sandalen von sich, die daraufhin vor den Augen der anderen Derwische verschwanden. Einen Monat später wurde sein Orden von Reisenden der Kara-

---

357 FREMBGEN, Reise, 34 f.
358 Für eine detaillierte Übersicht der verschiedenen Wunderkategorien und einzelner Beispiele aus diesen Kategorien vgl. GRAMLICH, Wunder, 148–365.
359 Vgl. KISSLING, Wunder, 351.
360 Vgl. KISSLING, Wunder, 353.
361 Vgl. SHAH, Sufis, 326; vgl. 2Kön 4,8–37.
362 Vgl. GRAMLICH, Wunder, 244.
363 Vgl. GRAMLICH, Wunder, 249; vgl. hierzu Kapitel 4.4.6. dieser Arbeit.

wane aufgesucht und dem Meister des Derwischordens wurden Geschenke gebracht, darunter die beiden Sandalen, die der Meister hatte verschwinden lassen. Die Reisenden erzählten von dem Überfall und davon, dass die Räuber kurz nach dem Raub zurückkehrten und alle Waren an die Karawane zurückgaben, da die beiden Anführer der Räuber von je einer Sandale erschlagen worden waren.[364] In dieser Erzählung ist Abdul-Qadir al-Dschilani sowohl im Besitz der Gabe der Fernsicht[365] als auch der Telekinese.

Ähnlich wie im Fall Elischas, gibt es in den Erzählungen über Derwische auch Wundertaten, die nach dem Tod eines Derwischs geschehen. So soll Sary Saltyq Dede nach seinem Tod gleichzeitig in sieben Särgen gelegen, also ein Wunder der posthumen Multilokation vollbracht haben.[366] Weiterhin wird auch den Gräbern verstorbener Derwische und islamischer Heiliger eine wunderhafte Kraft zugesprochen, die Heilungen vollbringen oder unfruchtbare Frauen fruchtbar machen kann.[367]

Nach ihrem Tod werden manche Sufis und Derwische zugleich als Heilige verehrt. Man spricht diesen Heiligen eine Mittlerfunktion zwischen der dies- und der jenseitigen Welt zu, die sich häufig bereits durch die magischen und heilenden Fähigkeiten in der Welt zeigt.[368] Diese Heiligen werden mit dem Begriff *wali Allah* (auch *wely*, arab. „Freund Gottes") bezeichnet, der die Nähe einer solchen Person zu Gott betont.[369] Von ihnen werden unzählige Wundertaten überliefert, die sich zuweilen in ihrer Motivik und der Art der Wunder stark ähneln, obgleich sie verschiedenen Sufis zugesprochen werden.[370]

Ebenso findet sich die Idee der Sukzession im Zusammenhang mit islamischen Heiligen und wundertätigen Derwischen. Der *pir* (pers., wörtl. „Ältester"; entspricht arab. *sheikh*) ist vielfach Vorsteher einer Gruppe bzw. eines Derwischordens. Seine Heil- und Wunderkräfte gehen in der Vorstellung der Derwisch-Orden auf dessen Nachfolger über.[371]

Empfänger der Wundertaten von Derwischen sind häufig Menschen in existentiellen Nöten, denen im Verständnis des Sufismus göttliche Hilfe durch die Wundertat zuteilwird. „Nicht umsonst fungieren sie [die Wunder] als Waffe oder

---

364 Vgl. SHAH, Sufis, 328 f.
365 Vgl. 2Kön 5,25 – 27; 6,9; 8,10 – 13. Für weitere Erzählungen über die Fernsicht (*firāsa*) einiger Derwische vgl. GRAMLICH, Wunder, 150 – 157.
366 Vgl. KISSLING, Wunder, 350.
367 Vgl. ERNST, Guide, 74 f; vgl. 2Kön 13,20 f.
368 Vgl. FREMBGEN, Reise, 23 f; KISSLING, Derwischorden, 8 – 10.
369 Vgl. SCHIMMEL, Dimensionen, 284 f; GRAMLICH, Wunder, 58 f.
370 Vgl. GRAMLICH, Wunder, 139 f; SCHIMMEL, Dimensionen, 293 f.
371 Vgl. BROWN, Darvishes, 58 f; FREMBGEN, Reise, 37; ERNST, Guide, 30.124 f.

Zuflucht der Armen und Unterdrückten, die ihre Hoffnungen und Erwartungen mit dem Glauben an göttliche Gnadenerweise verknüpfen."[372] In diesem Zusammenhang fällt etwa die Parallele zwischen 2Kön 4,1–7 und zahlreichen sufischen Wundererzählungen über Gefäße, die nie leer werden, auf.[373]

Die islamische Hagiographie kennt auch Protagonistinnen, mit denen ebenfalls ähnliche Wunder verbunden sind wie mit Elischa. So sind von der westindischen Heiligen Bibi Jamal Khatun (gest. 1647) verschiedene Speisungs- und Mehrungswunder überliefert.[374]

Spätere Werke über die Wunder islamischer Heiliger, darunter auch viele Derwische, ähneln in ihrer Erzählweise[375] und ihren Thematiken in starkem Maße frühchristlichen und christlich-mittelalterlichen Heiligenlegenden.[376] Hier liegt meines Erachtens die zweite wirkungsgeschichtliche Linie, die sich parallel zu islamischen Wundererzählungen entwickelt hat.[377] Die christlichen Heiligenlegenden – natürlich in weiten Teilen beeinflusst durch die neutestamentlichen Wundererzählungen und deuterokanonischen Apostel-Wunderberichte – scheinen ebenso wie die islamischen Wundererzählungen aus einem Reservoir volks-

372 FREMBGEN, Reise, 34.

373 Bspw. Weizengefäß, Kaffeekrug, Wasserkrug etc.; vgl. hierzu weiterführend GRAMLICH, Wunder, 330 f.

374 Vgl. ERNST, Guide, 67 f; vgl. ein weiteres Brotmehrungswunder des Sufi Abu al-Hasan al-Haraqani bei GRAMLICH, Wunder, 328; vgl. 2Kön 4,42–44.

375 Eine weitere interessante Erscheinung der islamischen Volksliteratur sind die Erzählungen über Nasreddin Hodscha (in arab. Quellen meist Mulla Nasrudin). Nasreddin Hodscha ist eine literarische Figur, die Hauptdarsteller in einer Sammlung vieler, vor allem türkischer, humoristischer Kleinerzählungen ist, die im gesamten türkisch-, persisch- und großen Teilen des arabisch-sprachigen Kulturraumes bekannt, witzig und zugleich tiefgründig sind. Durch die ungewöhnlichen Kommentare Nasreddins liefern sie darüber hinaus auch einen Einblick in die sufische Philosophie; vgl. SHAH, Sufis, 57–62. Einige der Erzählungen über Nasreddin sind literarisch ehedem unabhängig über andere Sufis und Gelehrte erzählt worden und haben sich erst im Laufe der Überlieferung an die Figur des Nasreddin angelagert, vgl. MARZOLPH, Nasreddin, 9 f. Ob und inwieweit es in den Erzählungen über Nasreddin historische Anleihen gibt, kann in dieser Arbeit nicht näher beleuchtet werden; vgl. MARZOLPH, Nasreddin, 10–16; FRANK, Schelm, 137 f. Obgleich Nasreddin keine Wunder tut und auch sonst typologisch wenig Ähnlichkeiten zu Elischa aufweist, scheinen die Erzählungen ein interessantes Beispiel für ehedem mündlich tradierte, später verschriftlichte und „kanonisierte" Kleinerzählungen der Volksreligion zu sein.

376 Vgl. SCHIMMEL, Dimensionen, 295.

377 Diese Parallelität und in gewissem Maße Verwandtschaft zu christlichen Einsiedlern der ersten Jahrhunderte nach Christus war den Derwischen der islamischen Frühzeit in einigen Fällen sehr bewusst; vgl. SCHWEIZER, Derwische, 64–78.

tümlicher Wundertopoi zu schöpfen, welches immer wiederkehrende Motive aufweist.[378] Die vorliegende Arbeit zieht an dieser Stelle eine Grenze in der Betrachtung religionsphänomenologischer Analogien. Eine solche Grenzziehung kann nur unter Vorbehalt und im Bewusstsein ihrer Subjektivität geschehen. In der Sekundärliteratur gibt es bspw. noch einige wenige, weit über die hier genannten Phänomene hinausgehende Vorschläge, denen sich die vorliegende Arbeit jedoch aufgrund der historischen, v. a. aber geografischen und kulturellen Entfernung zu den alttestamentlichen Elischa-Erzählungen nicht näher widmen wird.[379]

4.7 Religionsgeschichtliche Erkenntnisse

Die Durchsicht der vorderasiatischen Literaturen aus altorientalischer bis islamischer Zeit unter religionsgeschichtlicher und typologischer Fragestellung hat gezeigt, dass es in der Literatur des sogenannten Alten Orients bis in die Perserzeit keinerlei literarische Vorbilder für Wundermänner- bzw. Wundertätererzählungen gibt, wie sie als Grundbestand der Elischa-Überlieferung herausgearbeitet worden waren. Es konnten keine nennenswerten motivgeschichtlichen Überschneidungen oder gar gattungsverwandte Wundertätererzählungen ausgemacht werden,[380] die in Bezug auf die Typologie Elischas in der Darstellung der alttestamentlichen Elischa-Erzählungen prägend gewirkt haben könnten.

Wie Karner richtig beobachtet, scheint es hierfür vor allem gattungsbedingte Gründe zu geben. Während die altorientalischen Ritualtexte sehr stark an dem Ritual und seiner Ausführung interessiert sind, der Ritualtreibende aber kaum von Interesse ist,[381] finden wir im Grundbestand der Elischa-Erzählungen Geschichten über einen Wundertäter, der als Figur und Protagonist der Erzählungen im Zentrum derselben steht. Die vorliegende Untersuchung zeigte, dass es sich bei den

---

378 Wundertopoi dieser Art sind etwa Kindersegen für zuvor unfruchtbare Frauen, Heilung von Aussatz, Speisungs- und Mehrungswunder für Bedürftige etc.; vgl. 2Kön 2,19–22; 4,1–7; 4,8–37; 4,42–44; 5,1–14.

379 Vgl. Overholt, Elijah, 105–111, der aufgrund einzelner motivischer Überschneidungen ein indianisches Ritual aus Nordamerika (ausgehendes 19. Jh. n.Chr.) und einen Ritualbericht aus Südostsibirien (frühes 20. Jh. n.Chr.) anführt, vgl. weiterhin Overholt, Problem, 426–430; Overholt, Seeing, 12–15.

380 Vgl. allein die Verwendung der Synanachrosis in *Utukkū lemnūtu* IV 186–188 sowie die Verwendung von Salz und Mehl als Ritualmittel, letzteres wohlgemerkt aber wahrscheinlich allein im Zusammenhang mit einem Mehlorakel und nicht im Kontext eines Wunders bzw. magischen Rituals, vgl. hierzu Kapitel 4.2. in dieser Arbeit.

381 Vgl. Karner, Elemente, 239.

ehedem selbständigen Wundererzählungen um eine literarische Kleingattung handelt, für die es nach derzeitigem Stand der Überlieferung bis in die Perserzeit keinerlei literarische Vorbilder gab. Weder für die Typologie des Wundermannes noch für die Darstellung der Wundertaten finden sich Vorbilder.

Der Vergleich mit den hellenistischen, hellenistisch-jüdischen, frührabbinischen und islamisch-sufischen Literaturen sowie den kanonischen und außerkanonischen Evangelien in neutestamentlicher Zeit zeigte jedoch, dass es, beginnend mit der hellenistischen Epoche, eine Häufung von Erzählungen gibt, die in ihrer Typologie und Thematik denjenigen Elischas ähneln. In diesen Literaturen finden sich plötzlich verstärkt Erzählungen über Wundertäter und ihre Wundertaten. Neben einzelnen motivischen Überschneidungen, wie etwa zu der Fabel Äsops, ließen sich nun auch weiterreichende typologische Ähnlichkeiten feststellen, die über zufällige Gemeinsamkeiten hinausgehen. So fällt beispielsweise auf, dass in der Figur des Apollonius von Tyana in besonderem Maße eine Bündelung von Motiven zu beobachten ist, die der Gestaltung Elischas – wohlgemerkt in der Endgestalt der biblischen Erzählungen – in wesentlichen Punkten ähnelt.

So findet sich für die Figur des Apollonius allen voran die Verbindung von Totenerweckung, Heilungswundern und der Gabe der Fernsicht in Bezug auf den Herrschermord an Domitian im weit entfernten Rom. Diese Verbindung der Motivbereiche des Wundertäters (vgl. 2Kön 2,19 – 22; 4,1 – 7.38 – 41.42 – 44; 6,1 – 7), Totenerweckers (vgl. 2Kön 4,8 – 37; 13,20 f) und Sehers eines weit entfernt stattfindenden Herrschermordes (vgl. 2Kön 8,7 – 15) lässt sich m. E. nicht durch puren Zufall erklären und kann auch nicht durch die Vermittlung der entstehenden Berichte über das Leben Jesu erklärt werden, die unmittelbar vor der Entstehung der Apolloniusvita des Philostrat anzusiedeln sind. Die Fern- und Voraussicht im Zusammenhang mit den Regierenden der Zeit spielt für die Darstellung Jesu in den Evangelien keine Rolle und ist ein Motiv, welches nur die Apolloniusvita mit den Elischa-Erzählungen gemein hat.

In Bezug auf die Gabe der allgemeinen Vorausschau konnte ebenfalls die Nähe zum frührabbinischen Wundertäter Chanina ben Dosa festgestellt werden, bei dem es genauso die Verbindung von Vorausschau bzw. Seherkraft und Wundertaten zur Linderung existentieller Nöte gibt.[382]

Diese Beobachtungen, sowohl in Bezug auf die Literaturen des Alten Orients als auch auf Texte ab der hellenistischen Epoche, widersprechen in gewisser Weise einem Bild, welches in der durch die Aufklärung angestoßenen historisch-kritischen Exegese des Alten Testaments der vergangenen 250 Jahre vorherrschend war. So konnte die historisch-kritische Exegese, in deren Tradition auch die vor-

---

382 Vgl. Kapitel 4.4.6.2. in dieser Arbeit.

liegende Arbeit steht, in vielen Fällen zeigen, dass die biblischen Erzählungen in großem Maße abhängig sind von den großen Literaturen des Alten Orients.[383] Ob Schöpfungs- oder Fluterzählung, Königschroniken oder Prophetensprüche, es gibt kaum eine Erzählung oder Gattung im Alten Testament, für die sich nicht in den Erzählzusammenhängen des Alten Orients, vor allem der assyrischen und babylonischen Literaturen, literarische Vorbilder finden ließen.[384] Bei den Elischa-Wundererzählungen als einer literarischen Kleingattung, die in der vorliegenden Arbeit als Grundbestand der biblischen Elischa-Überlieferung herausgearbeitet wurde, scheint es sich jedoch anders zu verhalten. Der sorgfältige Blick in die altorientalische Literatur sowohl in dieser als auch in anderen Untersuchungen[385] hat keinerlei schlüssige Analogien in älteren Texten zutage fördern können. Ab der hellenistischen Zeit finden sich hingegen plötzlich Texte, die eine ähnliche Typologie aufweisen.

Diese religionsgeschichtlichen Beobachtungen könnten Anlass zu der Annahme geben, bei den Elischa-Erzählungen handele es sich um Produkte der hellenistischen Epoche. Während es gegen eine solche Annahme zunächst keinerlei grundsätzliche oder ideologische Vorbehalte gibt,[386] scheinen die Ergebnisse der Literar- und Redaktionsgeschichte eine solche Rekonstruktion jedoch m. E. nahezu unmöglich zu machen. Die in der Redaktionsgeschichte rekonstruierte Textarchitektur der Elischa-Erzählungen hat in den Wundererzählungen ihren Grundbestand und ältesten Kern. Diese Wundererzählungen werden in die Königebücher aufgenommen und eingearbeitet von einer Redaktion, die gleichzeitig für die Entstehung einiger politischer Erzählungen verantwortlich ist und so den Konnex zwischen dem ehedem unpolitischen Wundertäter Elischa und dem ihn nun umgebenden Textkomplex der Königebücher herstellt. Es folgen eine weitere Redaktion, die eine flächendeckende Theologisierung der Elischa-Erzählungen vornimmt, sowie vier kleinere Bearbeitungsschichten, die zum Teil an mehreren Stellen, zum Teil nur punktuell, in den Text eingreifen.

Allerdings lassen die Erwähnung Elischas als Wundertäter im Väterlob Ben Siras (48,12–14) und die Qumranfragmente der Königebücher kaum über das 2. Jh.

---

383 Diesem Paradigma fühlten sich zuletzt etwa STÖKL, Prophecy und KARNER, Elemente verpflichtet.

384 Vgl. etwa die prägende Wirkung des Babel-Bibel-Streites für die alttestamentliche Exegese des 20. Jahrhunderts dargestellt bei LEHMANN, Delitzsch.

385 Vgl. SCHMITT, Elisa, 189 f.

386 Eine solche literargeschichtliche Deutung wäre *prima facie* durchaus kompatibel mit minimalistischen Modellen zur Entstehung des Alten Testaments, vgl. etwa LEMCHE, Israelites, 24–30.163–167; THOMPSON, History, 116–126; THOMPSON, Past, 228–292.

v. Chr. hinaus genügend Raum für eine solche Datierung sowohl des Grundbestandes als auch aller folgenden Bearbeitungen der Elischa-Erzählungen.

Zugleich muss anerkannt werden, dass religionsgeschichtliche Erkenntnisse nur sehr bedingt zur literargeschichtlichen Rekonstruktion dienen können. Einerseits unterliegen sie ebenso wie jede literarkritische und redaktionsgeschichtliche Rekonstruktion und Datierung dem Zufall der Überlieferung, andererseits – und das wiegt schwer in Bezug auf die Frage nach der Entstehungsgeschichte der Elischa-Erzählungen – gibt es in der Religionsgeschichte eine Reihe weiterer unbekannter Größen, die eine historische Stratifizierung des Materials allein aufgrund religionsgeschichtlicher Befunde nahezu unmöglich machen. Hierzu zählen Phänomene wie etwa das Aufkommen bestimmter ähnlicher Literaturgattungen zu unterschiedlichen Zeiten und in unterschiedlichen Kontexten.[387]

Die Frage der Datierung der alttestamentlichen Elischa-Erzählungen sollte daher zunächst unabhängig von den religionsgeschichtlichen und religionsphänomenologischen Erkenntnissen des vorliegenden Kapitels beantwortet werden.[388]

Die Texte, in denen sich ab der hellenistischen Zeit motivische und religionsphänomenologische Ähnlichkeiten zu den Elischa-Wundererzählungen finden ließen, schöpfen – das hat die religionsgeschichtliche Untersuchung gezeigt – offenbar aus einem Reservoir von Motiven rund um Wundertäter und ihre Wundertaten.

Direkte Abhängigkeiten, wie bspw. eine Beeinflussung *Vita Apollonii* bei Philostrat durch die biblischen Elischa-Erzählungen, konnten allerdings nicht nachgewiesen werden und bedürften eingehenderer gräzistischer Untersuchungen vor allem anhand des Septuagintatextes der Königebücher. Nichtsdestotrotz sind die motivgeschichtlichen Anklänge so deutlich, dass man aufgrund des religionsgeschichtlichen Befundes vermuten muss, dass ein solches Motiv-Reservoir für Wundertätererzählungen ganz maßgeblich geprägt wurde durch die alttestamentlichen Elischa-Erzählungen.

Leider ist wenig über die nicht-literale Kultur des Judentums im Zeitalter des Zweiten Tempels bekannt, dennoch lässt sich basierend auf der hohen und gut belegten Relevanz des Nacherzählens und Auslegens biblischer Erzählungen im

---

387 So bedienen sich beispielsweise apokalyptische Texte anlässlich des Millenniums 2000 n. Chr. eines ähnlichen Motiv-Materials wie jüdisch-apokalyptische Texte aus hellenistischer Zeit. **388** Vgl. hierzu Kapitel 5.2. in dieser Arbeit. Aufschlussreich können die religionsphänomenologischen Erkenntnisse dennoch sein in Bezug auf Entstehungs- und Rezeptionsmilieus solcher Erzählungen. Die Ergebnisse eines solchen Vergleiches sollen im Folgenden betrachtet werden.

Zeitalter der frühen Rabbinen davon ausgehen, dass die mündliche Tradierung biblischer Erzählungen auch in vorrabbinischer Zeit eine wichtige Komponente in der Kultur des Judentums war. Auf diesem Hintergrund könnten Wundertäter-Motive durchaus unabhängig von der alttestamentlichen Elischa-Figur ein Eigenleben entwickelt haben, welches in anderen Kulturen erneuten literarischen Niederschlag fand. Freilich unterliegen solche Rekonstruktionsversuche dem Problem, aufgrund nicht vorhandener schriftlicher Belege nicht über den Stand von Spekulation hinaus zu gelangen. Dennoch scheint eine solche Erklärung aufgrund der gemachten Beobachtungen naheliegender als andere.

Wenn die atl. Elischa-Erzählungen nach bisherigem Kenntnisstand somit die ältesten literarischen Belege für Wundertätererzählungen sind, so wird das mündliche Motiv-Reservoir für Wundertätererzählungen mit großer Wahrscheinlichkeit durch sie erstmals angelegt und angereichert worden sein. Obgleich ein Bewusstsein für diese Herkunft in den späteren Literaturen nicht mehr gegeben sein dürfte, werden sich spätere Wundertätererzählungen dieser Motive bedient haben, und so könnten auf diesem Wege viele der anders schwierig zu erklärenden, dennoch deutlichen Analogien entstanden sein.

Dies indiziert auf dem Stand jetziger Überlieferung zudem, dass wir es bei den Elischa-Wundererzählungen offenbar mit einer originär israelitischen Form der Literatur zu tun haben, für die, wie bereits festgestellt, selbst keine literarischen Vorbilder ausgemacht werden konnten, die ihrerseits allerdings Vorläufer geworden ist für christliche und hellenistisch-jüdische Wundertätererzählungen. Die Typologie eines wundertätigen Gottesmannes findet m. E. also ihren Anfang mit großer Wahrscheinlichkeit in den Elischa-Erzählungen und nimmt von hier aus ihren Weg in andere Literaturen der Spätantike und darüber hinaus.

Dass Israel aus sich heraus keine neue literarische Großform wie etwa ein Schöpfungsepos hervorbrachte, hat die Exegese der letzten 250 Jahre bereits gezeigt. Dass es hingegen sehr wohl originäre, erzählende Literatur geschaffen hat, ist m. E. eine Beobachtung, die diese Untersuchung am Beispiel der Elischa-Erzählungen gezeigt hat. Diese literarische Kleingattung von episodischen Erzählungen über einen Wundertäter ist – bis neu entdeckte Quellen das Gegenteil beweisen – erstmals in Israel entstanden[389] und fand ihren schriftlichen Niederschlag aller Wahrscheinlichkeit nach im historischen Umfeld der Eroberung des Nordreiches Israel durch die Assyrer 722 v.Chr.[390] Dass diese Gattung mit großer Wahrscheinlichkeit eine mündliche Vorgeschichte hat, wird bereits durch die

---

389 Ähnliche Phänomene in Bezug auf die Entstehung literarischer Kleinformen aus volksreligiösen Erzählungen könnten ggf. im Bereich der biblischen Vätererzählungen (in ihrem literarhistorischen Grundbestand) zu beobachten sein.
390 Vgl. hierzu weiterführend Kapitel 5.2. in dieser Arbeit.

Charakteristika der Gattung selbst nahegelegt. Der kurze, episodische Stil der Wundererzählungen, ihre Reduktion der Protagonisten auf die für die Handlung nötigen Figuren, ihre minimalistische Erzählweise in Bezug auf Handlungsorte und Handlungsverläufe – dies alles impliziert, dass sie dem Bereich mündlicher Tradition entstammen. Im Hinblick auf die Protagonisten und die geschilderten Problemlagen legt sich der Schluss nahe, dass es sich um Erzählungen der sogenannten Volksreligion handelt.[391]

Trotz aller Unschärfen und Projektionsflächen, die der Begriff der Volksreligion in sich birgt, ist dennoch in der neueren alttestamentlichen Exegese und der Erforschung der Religionsgeschichte Israels der Minimalkonsens unumstritten, dass es einen Unterschied zwischen den im Staatskult verehrten Gottheiten und praktizierten Riten und den in der Frömmigkeit des Einzelnen und den in der soziologischen Größe der Familie wichtigen Gottheiten und religiösen Praktiken gibt. R. Schmitt verweist zudem auf die Unterschiede zwischen der Typologie Elischas und den Professionen, die in den Literaturen Mesopotamiens abgebildet werden: „Der Typus des *'iš hā'ĕlōhîm* ist das Produkt einer im Vergleich zu Mesopotamien wenig differenzierten Gesellschaft ohne institutionelle Ressourcen zur Ausbildung einer nach Funktion hoch differenzierten Priesterschaft."[392] An anderer Stelle konstatiert Schmitt, dass „die Gottesmänner in unterschiedlichen Straten der Religion je unterschiedliche Funktionen ausübten: Im Kontext staatlicher religiöser Vollzüge fungierten sie als Ritualspezialisten, Orakelgeber und Berater der Könige, auf lokaler und individuell/familiärer Ebene als Beschwörungspriester im Kontext von Notsituationen. Der *'iš hā'ĕlōhîm* fungierte somit innerhalb der Schnittfläche von offizieller Religion, *popular religion*, lokaler und familiärer Religiosität, [...]"[393]. Schmitt stellt den Zusammenhang zur literarischen Entwicklung nicht her und legt grundsätzlich andere literargeschichtliche Annahmen zu Grunde. Diese führen Schmitt weiterhin zu der Beurteilung, dass die Wundertätigkeit Elischas „ein schichtenübergreifendes Phänomen ist und nicht – wie hier und da behauptet – ein Phänomen der unterprivilegierten Landbevölkerung"[394], da er offenbar die Wundertaten an der Schunemiterin und Naaman bspw. mit der Quellheilung oder dem Axtwunder auf einer literargeschichtlichen Ebene verortet. Obgleich die Unterschiede in der Darstellung Elischas zuerst der Literargeschichte des Textkomplexes geschuldet sind, könnten sich in den rekonstruierten literarischen Strata der Elischa-Erzählungen dennoch religiös-gesellschaftliche Strata widerspiegeln, die einen Gottesmann Elischa und die von

---

391 Vgl. Berlinerblau, Religion, 3–26.
392 Schmitt, Magie, 295f.
393 Schmitt, Magie, 298.
394 Schmitt, Magie, 297.

ihm ausgeübten vielfältigen Funktionen stets gemäß der ihnen eigenen Wahrnehmung darstellen. Auf der Ebene der verschiedenen Redaktoren könnte sich die Wahrnehmung der Aufgaben eines Gottesmannes folglich anders darstellen als auf der Ebene der Autoren der ältesten Wundererzählungen. So ließe sich auf der Basis der in dieser Arbeit rekonstruierten Entstehungsgeschichte m. E. sehr gut das mehrschichtige Bild bzw. die mehrschichtige Typologie Elischas erklären.

Die Beteiligten der Wunderhandlungen im Grundbestand der Elischa-Wundererzählungen sind kleine Leute mit existentiellen Nöten, deren Rettung im Wunderhandeln Elischas liegt. Die Erzählungen über dieses rettende Wunderwirken haben einen erbaulichen, tröstenden Charakter und wurden wahrscheinlich aufgrund dessen mündlich tradiert.

Die erstmalige Verschriftlichung solcher Erzählungen aus dem Raum der Volksreligion, könnte ihren Grund in der besonderen historischen Situation des Nordreiches Israel haben. Man kann sich diese Erzählungen leicht überall vorstellen und bis auf die wenigen Ortsangaben könnten sie auch überall spielen. Dass sie zu so einer frühen Zeit jedoch nur in Israel zu finden und dort verortet sind, macht es wahrscheinlich, dass wir es hier mit einer literarischen Innovation, wohlgemerkt in Bezug auf die Verschriftlichung und die Überlieferungslage, die keine Wundertätererzählungen in anderen Kulturen des Alten Orients zeigt, zu tun haben, die aus Israel hervorgegangen ist und ihre motivgeschichtliche Strahlkraft vor allem um die Zeitenwende entfaltet hat.

In Bezug auf die Entstehungs- und Rezeptionsmilieus haben die religionsphänomenologischen Beobachtungen erbracht, dass die in den Erzählungen beteiligten Figuren ein Identifikationspotential für die Leser und ggf. bereits für die Autoren bzw. ersten Erzähler boten. Anhand der Analogien in den neutestamentlichen Evangelien zeigt sich dies in besonderem Maße. Vor allem das Lukasevangelium betont den sozialen Aspekt der Wunder Jesu und stellt Jesus gerade in diesem Zusammenhang in überaus starker Analogie zur Figur Elischas dar. Als Helfer und Retter in den existentiellen Nöten kleiner Leute wirken Jesus und Elischa Wunder.

Durch die religionsgeschichtliche Fragestellung konnte zudem eine weitere Analogie im Bereich der Entstehungs- und Wachstumsgeschichte ausgemacht werden. So wurde für die frühen Rabbinen ein ähnlicher literargeschichtlicher Vorgang beobachtet wie bei Elischa im Kontext der Königebücher. Im Grundbestand der Erzählungen ist Elischa – wie gezeigt wurde – eigentlich kein Prophet. In gleicher Weise scheinen weder Choni noch Chanina ehedem wirklich Rabbinen gewesen zu sein. Alle drei Figuren haben jedoch eine gewisse Popularität und Verbreitung in der Volksfrömmigkeit erfahren. Dieser hohe Stellenwert im Bereich der Volksfrömmigkeit könnte m. E. dazu geführt haben, dass die etablierten religiösen Systeme bzw. literal-religiösen Autoritäten nicht umhin konnten, diese

Figuren in das religiöse Schrifttum der „offiziellen Religion" zu integrieren und an dieses anzupassen. Ebenso wie Chanina und Choni im Laufe der schriftlichen Überlieferung „rabbinisiert" wurden,[395] wurde Elischa – so hat es die redaktionsgeschichtliche Rekonstruktion gezeigt – im Verlauf der biblischen Überlieferung theologisiert und durch einzelne Züge ebenso wie den Titel zum Propheten gemacht und in das Korpus der Vorderen Propheten des Alten Testaments eingepasst.

---

395 Vgl. HEDNER-ZETTERHOLM, Elijah, 596 f; vgl. weiterhin Kapitel 4.4.6. in dieser Arbeit.

5 Fazit

5.1 Ergebnisse

Die Ergebnisse der literar-, redaktions- und religionsgeschichtlichen Untersuchung der biblischen Elischa-Erzählungen sollen abschließend zusammengefasst werden.

Mittels der Literarkritik wurden vielfache Spannungen und Brüche innerhalb der Elischa-Erzählungen ausgemacht. Sie konnten als Signale für ein sukzessives Wachstum der Einzelerzählungen beurteilt und als solche nach bestimmten sprachlichen und inhaltlichen Merkmalen gruppiert und mithilfe eines Subtraktionsverfahrens nach und nach abgehoben werden. Hieraus ergab sich für viele der Einzelperikopen der Elischa-Erzählungen ein mehrschichtiges literarisches Wachstum.

Ebenso wies auch die Gesamtheit der Elischa-Erzählungen deutliche Spannungen zu ihrem Makrokontext, den umgebenden Kapiteln der Königebücher, auf.

Wie durch die Literarkritik gezeigt werden konnte, ist die Mehrzahl der Elischa-Erzählungen (2Kön 3,4 – 8,15) eingefügt in das dtr Rahmenschema für Joram von Israel und folgt auf dessen Anfangsnotiz und Beurteilung in 2Kön 3,1 – 3. Die Schlussnotiz für Joram fehlt, ebenso wie für Ahasja von Juda, und scheint zugunsten der Erzählung über Jehus Thronusurpation ausgefallen zu sein, in deren Verlauf der Tod der beiden Könige erzählt wird.

Die Elischa-Erzählungen sprengen somit, ebenso wie zuvor bereits die Elia-Erzählungen, den deuteronomistischen Rahmen der Könige Israels und Judas auf und fügen großzügig Erzählmaterial ein.[1]

Andererseits liegen das gesamte Kapitel 2Kön 2 und die Erzählungen in 2Kön 13,14 – 25 außerhalb des deuteronomistischen Rahmenschemas. Bereits dieser Umstand konnte als Indiz für die Annahme gewertet werden, dass es sich bei der Einfügung der Elischa-Erzählungen in den Kontext der Königebücher um einen komplexen, mehrstufigen Prozess handeln muss.

Dieser Prozess wurde aufgrund der literarkritischen Einzelbeobachtungen und redaktionsgeschichtlichen Synthesen wie folgt rekonstruiert.

Grundlage für den Einbau der Elischa-Erzählungen bildete der dtr überarbeitete, d.h. mit dtr (am Paradigma der Kult- und Reichseinheit orientierten) Beurteilungen versehene Rahmen der Könige Israels und Judas, der bereits vor dem Einbau der Elischa-Erzählungen die Erzählung über die Revolution Jehus in

---

1 Vgl. KRATZ, Komposition, 162f.

ihrem Grundbestand[2] enthielt. Auf einer ersten Ebene wurde eine Sammlung ehedem selbständiger Wunderepisoden[3] über den Gottesmann Elischa eingefügt. Diese Wundererzählungen stellten Elischa als institutionell unabhängigen Wundertäter bzw. Magier dar, der durch übernatürliche Fähigkeiten Wunder wirkte. In diesem Grundbestand der Erzählungen griff keine Gottheit in das Geschehen ein; Jahwe wurde in ihnen nicht erwähnt. In ihrer Beschaffenheit waren sie kurz und durch einen klar erkennbaren Spannungsbogen charakterisiert. Sie kamen mit nur sehr wenigen Figuren aus, erzählten nur, was für den Fortgang der Erzählung von Nöten war und waren allesamt weder geschichtlich noch in einer bestimmten Relation zueinander verankert.

Jener Redaktor, der für diese Einfügung Elischas – und ggf. ebenso für die Einfügung Elias in 1Kön 17– 2Kön 2 – verantwortlich zeichnet, schuf zusätzlich zu dem ihm vorliegenden Material an kurzen Wundererzählungen eigene Elischa-Erzählungen und redaktionelle Anschlüsse,[4] die den Einbau Elischas in den Kontext der Königebücher a) ermöglichten und b) rechtfertigten. Die Intention dieses Redaktors war es, eine Verbindung zwischen dem in den ursprünglichen Wundererzählungen vom Königshof unabhängigen Wundertäter und den Geschicken des Nordreichskönigs Joram zu schaffen. Zu diesem Zweck wurde der zuvor zeitlich nicht verorteten Figur Elischas ein biografischer Rahmen verliehen, den der Redaktor mit dem dtr Königsrahmen korrelierte. Aufgrund dieses biografischen Rahmens für die Person Elischas, wurde diese Redaktion in der vorliegenden Arbeit mit dem Siglum *Elischa-Biograph* bezeichnet. Durch die Arbeit dieses *Elischa-Biographen* wurde Elischa erstmals zum Gottesmann in der Zeit und an der Seite des Nordreichskönigs Joram, des letzten Herrschers der Omridendynastie.

Dass die Elischa-Erzählungen sowohl in 2Kön 2 und 2Kön 13,14 – 25 außerhalb des dtr Rahmenschemas stehen, ist – wie oben angedeutet – wahrscheinlich dem komplexen redaktionellen Prozess der Einfügung der ehedem selbständigen Erzählungen durch den *Elischa-Biographen* geschuldet. Der *Elischa-Biograph* stellte durch seine redaktionelle Tätigkeit erzählerisch bewusst Elischa an die Seite Jorams von Israel. Die Erzählungen, in denen Elischa mit Elia zusammentrifft, von ihm in den Dienst genommen wird und Elia schließlich zum Himmel auffährt, konnte der *Elischa-Biograph* hingegen, so macht es den Anschein, nicht in die

---

2 2Kön 9 f*(=8,28 f; 9,14a.15b.16a.17– 21bα.22a.23 f. 27.30 – 35; 10,1– 9.12– 14).

3 2Kön 2,19– 22*; 2,23– 25*; 4,1– 7*; 4,38– 41; 4,42– 44*; 6,1– 7; 13,20– 21.

4 1Kön 19,19– 21; 2Kön 2,1b.7– 9.11a.12aβ–13.14b–15.25; 3,5– 7(ohne Joschafat).8– 9aα.20 – 24a; 4,8– 11.15b–25a.28. 30b.32.34.37.38aα; 5,1aαb.2– 3.9 f.14; 6,8– 10a.11– 13.15a(ohne תרש)ה)b.18aαbα.19.20aαb (ohne Jahwe).21– 23; 6,24– 26.28 – 30.32a; 7,1(ohne יהוה אמר כה דבר־יהוה שמעו).3– 5.8aβ–16abα; 8,7– 8abβ.9 – 10a.14 f.

Regierungszeit Jorams fallen lassen. Ob dahinter die Idee steht, Elia sei allein der Prophet an Ahabs und Isebels (sowie Ahasjas) Seite gewesen, während Elischa Joram zugeordnet ist, oder gar eine historische Erinnerung, kann aus dem Text nicht eindeutig geklärt werden. Deutlich erkennbar ist nur das Bemühen des *Elischa-Biographen*, die Himmelfahrtserzählung vor der Anfangsnotiz für Joram platzieren zu wollen. Weshalb er auch die Erzählungen in 2Kön 2,19 – 22* und 2Kön 2,23 – 25* an dieser Stelle einfügte, ist ebenfalls schwer zu ergründen. Deutlich wird nur, dass das Itinerar in 2Kön 2,25 eine redaktionelle Formulierung des *Elischa-Biographen* ist. Das Itinerar erfüllt den Zweck, per Stichwortverknüpfung eine Anknüpfung einerseits an das dem *Elischa-Biographen* vorliegende Rahmenschema für Joram von Israel in 2Kön 3,1 – 3 und andererseits an die von ihm geschaffene Wundererzählung in 2Kön 4,8 – 37* zu erzeugen.

Weiteren maßgeblichen Einfluss auf die kanonische Gestalt der Elischa-Erzählungen nahm die auf den *Elischa-Biographen* folgende *Theologisierende Redaktion*,[5] deren Intention es war, aus dem *Gottesmann* an der Seite des Königs einen *Propheten* zu machen. Dieser Redaktion verdankt sich einerseits die Einführung des נביא-Titels[6] für Elischa und andererseits die Darstellung der Wunder Elischas als Wunder Jahwes, etwa durch Einfügung der Botenspruchformel oder eines Gebetes zu Jahwe vor der eigentlichen Wunderhandlung.[7]

Die redaktionsgeschichtliche Rekonstruktion der vorliegenden Arbeit schließt sich damit einem Konsens in der Forschung an, der sich seit den 70er Jahren des 20. Jahrhunderts herauszubilden scheint und davon ausgeht, dass die ehedem rein magischen Wundererzählungen über den Gottesmann Elischa erst auf einer literarisch späten Ebene durch redaktionelle Eingriffe mit einem „theistischen Wirkungsprinzip"[8] versehen wurden, in dessen Zuge Jahwe als der Urheber hinter den Wundertaten Elischas verstanden wird.[9]

Neben diesen inhaltlichen Veränderungen hatten die Eingriffe der *Theologisierenden Redaktion* auch Einfluss auf die Position v.a. einer Erzählung. Die Wundererzählung um das Grab Elischas in 2Kön 13,20 f steht heute wahrscheinlich

---

5 1Kön 19,15 – 18; 2,1a.2 – 6.10.11b.12aα.14a; Glosse in 2,21: „so spricht der Jahwe"; Glosse in 2,24: „im Namen Jahwes"; 3,9aβb.10.11*.12*.13aα.15 – 17(*=ohne Joschafat); 4,1aβ; Glosse in 4,43: „so spricht Jahwe" und Glosse in 4,44: „nach dem Wort Jahwes"; 5,1aβ.4 – 5a(+„und er ging").6 – 8.11 – 13.15a; Diener in 6,15aα; 6,15b–17.18aβ.bβ. 20aβ; Jahwe in 6,20bα; 6,27.31.32b–33; „Hört…Jahwe" in 7,1.6 – 8aα.16bβ; 8,8bα.10b–13; 9,1 – 13a.14b.15a.16aβb.21bβ.22bβ.25 f.36 f; 10,10 f.14bβ–17; 13,14 – 17.
6 Vgl. bspw. 2Kön 3,11; 5,8. Zu den beiden Ausnahmen (Fremdzuschreibungen) in den Erzählungen des *Elischa-Biographen* vgl. Kapitel 4.1. in dieser Arbeit.
7 Vgl. bspw. 2Kön 4,43; 6,17.
8 SCHMITT, Magie, 212.
9 Vgl. SCHMITT, Elisa, 79; WÜRTHWEIN, Könige II, 269 f; OTTO, Jehu, 171 f; SCHMITT, Magie, 211 f; anders: CRÜSEMANN, Elia, 19; THIEL, Jahwe, 99.

nicht an dem Ort, an dem sie der *Elischa-Biograph* einfügte. Wahrscheinlich ließ dieser sie unmittelbar an die von ihm geschaffene Erzählung in 2Kön 8,15 anschließen. Die heutige Position der Erzählung verdankt sich dem Eingreifen des *Theologisierenden Redaktors* in 2Kön 9f, der Elischa eine Rolle in der Jehu-Revolution zuwies.[10] Diese Einarbeitung Elischas in die Jehu-Erzählung geschah aus theologischen Gründen, wollte der *Theologisierende Redaktor* damit doch ausdrücken, dass die Thronusurpation und damit das Ende der Omridendynastie mit Billigung und auf Geheiß Jahwes geschah, dessen Wille durch den Propheten Elischa kundgetan wurde.[11]

Die Graberzählung konnte folglich erst nach Elischas Einwirken in die Jehu-Revolution erzählt werden und wurde daher redaktionell an ihren heutigen Ort verlagert. Um einen Anschluss an die ältere Notiz in 2Kön 13,22–25 herzustellen, fügte diese Redaktion die Erzählung in 2Kön 13,14–17 ein, um Elischa auch noch in eine Verbindung mit Joasch von Israel zu bringen und zugleich implizit den Tod Elischas vorzubereiten.

Auf die *Theologisierende Redaktion* folgen vier weitere – zum Teil nur sehr punktuelle – Bearbeitungen, die sich durch verschiedene Thematiken auszeichnen. In 2Kön 5 schließt sich an die Arbeit der *Theologisierenden Redaktion* ein Texteingriff der *Phoboumenos-Bearbeitung* an, die Naaman zum Beispiel eines Ausländers werden lässt, der sich zu einer persönlichen Jahwe-Frömmigkeit, unter Beibehaltung anderer Kultverpflichtungen und -bindungen im Kontext seiner Kultur, bekehrt.

In insgesamt fünf Kapiteln folgen Texterweiterungen des *Moralisierenden Bearbeiters*, der den Lesern moralische Werte wie Rechtschaffenheit, Gehorsam und Frömmigkeit mithilfe von positiven und negativen Beispielerzählungen zu vermitteln sucht.

Innerhalb von 2Kön 3 und 2Kön 9 greift punktuell die sogenannte *Juda-Joschafat-Bearbeitung* in den Text ein, die ein gesteigertes Interesse am Verhältnis Israels zum Südreich Juda und vor allem dessen König Joschafat zeigt.

Die letzten Spuren vereinzelter Texteingriffe hinterließ die *Steigerungsbearbeitung*, die einerseits ein besonderes Interesse an Zahlen im Erzählverlauf hat und in einem Fall an der Übersteigerung der ihr vorfindlichen Erzählung.[12]

---

10 Vgl. die von der *Theologisierenden Redaktion* geschaffenen Verse 2Kön 9,1–13a.14b.15a. 16aβb. 21bβ.22bβ.25f.36f; 10,10f.14bβ–17.

11 Vgl. die redaktionelle Klammer in 1Kön 19,15–18, die ebenso einen Konnex zwischen Elischa und der Jehu-Erzählung herstellt.

12 Vgl. zur näheren Charakterisierung der letztgenannten Redaktions- und Bearbeitungsschichten Kapitel 3.5.–3.8. in dieser Arbeit.

Die religionsgeschichtliche Untersuchung konzentrierte sich auf die Durchsicht verschiedener Literaturen aus Mesopotamien und dem Mittelmeerraum vom Anfang des 2. Jahrtausends v.Chr. bis in die Spätantike und das arabisch-islamische Mittelalter unter einer besonderen Fragestellung. Das Augenmerk galt dabei den in der Redaktionsgeschichte als ältestem Kern der Elischa-Erzählungen herausgearbeiteten Wundertätererzählungen und der Frage, ob es für solche Wundertätererzählungen literarische Vorbilder bzw. typologische Parallelen für den Wundertäter Elischa gibt. Neben möglichen literarischen, religions- oder traditionsgeschichtlichen Vorbildern wurde also auch ein Blick auf mögliche religionsphänomenologische Analogien geworfen.

Die Durchsicht ergab, dass es – auf der Grundlage der bislang bekannten Texte – keinerlei Vorbilder für Wundertäter- bzw. Magier-Erzählungen in den Literaturen des Alten Orients gibt, die auch nur annähernd Ähnlichkeiten zur Typologie Elischas im Grundbestand der biblischen Elischa-Erzählungen aufweisen. Ab der hellenistisch-römischen Zeit scheint sich dies allerdings zu ändern und die Verbreitung von Wundertätererzählungen nimmt zu. Unter den betrachteten Phänomenen gibt es Erzählungen, die mit großer Wahrscheinlichkeit motivgeschichtliche Abhängigkeiten zur Elischa-Überlieferung oder eine gute Kenntnis derselben voraussetzen lassen, wie etwa die frührabbinischen Erzählungen über Choni den Kreiszieher oder Chanina ben Dosa. Andere Erzählungen, wie etwa Philostrats *Vita Apollonii Tyanensis*, lassen zwar weder literarische noch anderweitige direkte Abhängigkeiten erkennen, weisen aber dennoch eine überraschend große Zahl an Gemeinsamkeiten auf. Aus diesen Beobachtungen konnte daher nur der Schluss gezogen werden, dass um die Zeitenwende ein Motiv-Reservoir für Wundertätererzählungen existiert haben muss, aus welchem Philostrat bei der Darstellung der Vita Apollonii schöpfte. Dass sich viele dieser verwendeten Motive aus den alttestamentlichen Wundertätererzählungen über Elia und Elischa speisen, könnte – zumindest im Fall Philostrats – auf diese Weise unbewusst geblieben sein.

Unabhängig von der Frage, wie solche Analogien zustande kommen, liegt der Ertrag der religionsgeschichtlichen Betrachtung allerdings vor allem darin, gezeigt zu haben, dass die biblischen Wundertätererzählungen über Elischa vorerst – bis zum möglichen Fund weiterer uns bislang unbekannter Texte – die ersten Wundertätererzählungen aus dem Bereich des Alten Orients und der Levante sind. Dieser Befund mutet ungewöhnlich an, gibt es doch für viele andere alttestamentliche Texte und Textgattungen Vorbilder und Vorläufer in den Literaturen des Alten Orients. Die vorliegende Arbeit hat als mögliche Erklärung für das Nichtvorhandensein solcher Wundertäter-Vorläufer in den Literaturen des Alten Orients die spezifische Textgattung in die Diskussion eingebracht, zu welcher die vorliegende Arbeit einen Anstoß geben möchte. Danach handelt es sich bei den

ehedem selbständigen Wundererzählungen über Elischa um eine literarische
Kleingattung, welche mit großer Wahrscheinlichkeit eine lange mündliche Vorgeschichte hatte und ggf. nur aufgrund der spezifischen historischen Situation des
Nordreiches Israel schriftlich festgehalten wurde. Dass sie Eingang in das Textkorpus der Vorderen Propheten fand, ist – basierend auf den Ergebnissen der
Redaktionsgeschichte – der spezifischen Intention des *Elischa-Biographen* zu
verdanken.

Allein der Einbau in den Kontext der biblischen Königebücher ermöglichte
wahrscheinlich die Konservierung und die besondere motivgeschichtliche Wirkung der Elischa-Erzählungen auf Wundertätererzählungen im Allgemeinen, die
bei weitem das für literarische Kleingattungen übliche Maß übersteigt. Man denke
allein an die motivgeschichtliche Wirkung, die die alttestamentlichen Wundererzählungen über Elischa in Bezug auf die neutestamentlichen Evangelien hatten.

5.2 Datierungsfragen

Nachdem die entstehungsgeschichtlichen Strata der Elischa-Erzählungen in der
redaktionsgeschichtlichen Rekonstruktion bereits in ihrer relativen Chronologie
dargestellt wurden, soll nun abschließend auch der Versuch unternommen werden, eine absolute Chronologie der Entstehungsgeschichte der Elischa-Erzählungen zu formulieren.

Der Angelpunkt einer absoluten Chronologie der Elischa-Erzählungen ist der
Einbau der ehedem selbständigen Wundertätererzählungen über Elischa in die
Königebücher durch den *Elischa-Biographen*. Dieser Einbau geschah, wie oben
erwähnt, in eine deuteronomistisch redigierte Grundschicht der Königebücher
hinein, welche im Bereich der heutigen Elischa-Erzählungen lediglich aus der
Liste der Nord- und Südreichskönige inklusive kurzer Notizen zu deren Regierungszeit und ihrer ursprünglich-deuteronomistischen Beurteilung sowie der
Grundschicht der Jehu-Putsch-Erzählung bestand. Die dtr Beurteilungen und die
Gesamtanlage der Darstellung tragen deutliche Züge einer Dekadenzerzählung
und sind geprägt von der Erfahrung des Exils. Insofern ist die deuteronomistisch
überarbeitete Grundschicht der Königebücher ohnedies erst in exilisch-nachexilischer Zeit denkbar.

Der Einbau der ehedem selbständigen Elischa-Wundererzählungen wäre
folglich in nachexilischer Zeit geschehen und fällt wahrscheinlich in das ausge-
hende 6. bzw. 5. Jh. v. Chr.

Dass der Einbau auf einer nach-deuteronomistischen Ebene liegen muss, wird
auch durch den Umstand untermauert, dass die in den ursprünglichen Elischa-
Erzählungen geschilderten magischen Riten von den deuteronomistischen Bear-

beitern der Königebücher als Verstöße gegen das Prophetengesetz in Dtn 18,9 – 22 gewertet worden und kaum unbearbeitet geblieben wären. Der nach-deuteronomistische *Elischa-Biograph* hingegen nimmt daran keinen besonderen Anstoß. Erst die *Theologisierende Redaktion* stört sich an dem magisch-dynamistischen Grundverständnis, welches Elischa und nicht Jahwe als den Urheber der Wundertaten voraussetzt, und trägt Jahwe daher in den Text ein. Dass wir es hier streng genommen aber nicht mit deuteronomistischer Theologie auf der Ebene der deuteronomistischen Königsbeurteilungen zu tun haben, zeigt neben der redaktionsgeschichtlich rekonstruierten Textarchitektur vor allem die Tatsache, dass es diesem Bearbeiter bspw. nicht mehr um die Frage des Kult- und der Reichseinheit, sehr wohl aber um die Frage eines strengen Jahwe-Monotheismus geht, wie wir sie nur in einer sekundären Form des Deuteronomismus, auf der Ebene des 1. Gebotes, finden.

Diese sekundäre Form des Deuteronomismus ist sonst in späteren dtr Bearbeitungen (Götzenkritik im Spiegel des 1. Gebotes) sowie in dieser Zuspitzung nur noch in den deutlich nachexilischen Bearbeitungen des Jesajabuches zu finden:

2Kön 5,15a:

הנה־נא ידעתי כי אין אלהים בכל־הארץ כי אם־בישׂראל [...]

Jes 45,5:[13]

אני יהוה ואין עוד זולתי אין אלהים אאזרך ולא ידעתני:

Der als ältester Kern herausgearbeitete Kranz von ehedem selbständigen Wundererzählungen muss folglich in exilischer Zeit bereits schriftlich vorgelegen haben. Es ist davon auszugehen, dass ein solcher Erzählkranz aus dem Nordreich Israel stammt, trägt er doch ausschließlich nördliches Lokalkolorit und lässt in seinem Grundbestand keinerlei Südreichsbezüge erkennen. Wann genau dieser ursprüngliche Wundertätererzählkranz entstanden ist, lässt sich allerdings kaum mehr rekonstruieren, da er keinerlei historische Anknüpfungspunkte oder linguistische Indizien für eine Altersbestimmung erkennen lässt.

Ebenso sind auch die mündlichen Vorstufen dieses Erzählkranzes kaum zu datieren. Sie könnten ohne weiteres aus vorexilischer Zeit stammen. Die Tatsache, dass es für den *Elischa-Biographen* möglich und plausibel erschien, sie in die geschichtlichen Ereignisse der Mitte des 9. Jh. v.Chr. einzuordnen, spricht zwar

---

13 Vgl. weiterhin Jes 43,11; 44,6.8; 64,3.

einerseits für eine vorexilische Herkunft des ursprünglichen Erzählkranzes, dies kann aber andererseits durch keinerlei Textbeweise belegt werden.

Als mögliche Initialerfahrungen, die die Erstverschriftlichung der ehedem mündlich tradierten Wundertätererzählungen aus sich heraussetzte, sind die Ereignisse im Nachgang der Zerstörung Samarias 722 v. Chr. denkbar, dennoch kann auch dies nur spekulativ bleiben.

Deutlich später als die *Theologisierende Redaktion* sind die weiteren Bearbeitungen anzusiedeln. Vor allem die *Phoboumenos-Bearbeitung* der Naaman-Erzählung zeigt, dass die im Hintergrund der Erzählung stehenden theologischen Themen von religiöser Pluralität und persönlicher Jahwe-Frömmigkeit in anderen Kulturkontexten geprägt sind. Diese Themen und die tolerante Antwort, die 2Kön 5,17aβ–19a auf die Naaman in den Mund gelegten Fragen gibt, sind kaum früher als in der ausgehenden Perserzeit oder der hellenistischen Epoche vorstellbar. Da die rekonstruierte Textarchitektur vier weitere Bearbeitungen enthält, ist mit einem Textwachstum bis weit in hellenistische Zeit zu rechnen.

5.3 Theologische Aussagekraft

Die Frage nach der theologischen Aussagekraft der Elischa-Erzählungen sollte m. E. auf den Ergebnissen der vorliegenden Arbeit beruhend ebenfalls diachron beantwortet werden.

Die als ältester Kern der Elischa-Erzählungen rekonstruierten Wundererzählungen entfalten ihre theologische Aussagekraft besonders als Ausdruck volksreligiöser Literatur. Sie spiegeln in großem Maße den Wunsch wieder, durch göttliches bzw. wundertätiges Eingreifen in die menschlichen Geschicke soziale Gerechtigkeit für Benachteiligte (wieder-)herzustellen. Die Erzählungen wirken tröstend, erbauend und wecken Hoffnung für Notleidende. Dass diese Bedürfnisse nach religiösen Helden religiös universal sind, wird daran deutlich, dass ähnliche Wundertätererzählungen sowohl im Judentum als auch im Christentum und Islam über viele Jahrhunderte hinweg nachgewiesen werden konnten. In Form christlicher Heiligenverehrung wirken sie bis heute nach, sowohl in Teilen der institutionalisierten christlichen Religion als auch – und dort vielleicht noch stärker – in der Volksfrömmigkeit.

Dieser soziale Aspekt ist es auch, der die alttestamentlichen Wundererzählungen über Elischa hat prägend werden lassen für die neutestamentlichen Wundererzählungen. Dass auf den alttestamentlichen Elischa-Erzählungen beruhende Wundertäter-Traditionen sowohl im Neuen Testament als auch etwa zeitgleich im rabbinischen Schrifttum entstanden sind, betont die traditionsgeschichtlichen aber auch die hermeneutischen Gemeinsamkeiten zwischen beiden Religionen.

Jede weitere Bearbeitungsschicht der Elischa-Erzählungen hat ein je eigenes theologisches Gepräge und wirkt auf diese Weise auf die theologische Aussagekraft der Elischa-Erzählungen in ihrer kanonischen Endgestalt ein.

Dem *Elischa-Biographen*, der für die Einarbeitung der ehedem selbständigen Elischa-Wundererzählungen in den Kontext der Königebücher verantwortlich ist, scheint daran gelegen, Elischa zu einem Hofpropheten[14] nach dem Vorbild altorientalischer Hofpropheten zu machen. Für diesen Redaktor ist Elischa in seiner Funktion als Berater des Königs von Bedeutung. Er begleitet die Geschicke Israels in Kriegs- und Belagerungssituationen. Die Wundererzählungen, die auf diesen Redaktor zurückgehen, stehen allesamt in einer engen Beziehung zu dieser Funktion Elischas.[15] So schenkt Elischa Israel durch seine Anwesenheit und sein Eingreifen den Sieg über andere Völker.[16]

Eine andere theologische Prägung weisen die Texteingriffe der *Theologisierenden Redaktion* auf. Diese Redaktion verleiht Elischa die Gestalt eines Propheten nach dem Vorbild des Mose.[17] Durch die Eingriffe dieser Redaktion wird für Elischa der Titel נביא eingetragen. Gebete zu Jahwe oder die Verwendung der Botenspruchformel sollen deutlich machen, dass Elischas Wunder von Jahwe initiiert sind und Elischa im Auftrag Jahwes handelt. Ebenso wichtig ist für diese Redaktion die Vorstellung, dass das Schicksal Israels gänzlich auf Jahwes Willen zurückzuführen ist. Die Warnungen gegen das Haus Ahab, die Ankündigungen des Endes der Omridendynastie, das Vorauswissen Elischas über den Thronwechsel in Damaskus und die Folgen für Israel sind Bestandteile dieser Theologie.[18] Die *Theologisierende Redaktion* vertritt darüber hinaus die Ansicht, dass Treue gegenüber Jahwe belohnt wird,[19] und dass andererseits auch die Niederlagen Israels auf das Wirken Jahwes zurückzuführen sind.[20] Hieran lässt sich bereits die monotheistische Grundtendenz dieser Theologie erkennen. Jahwe ist verantwortlich für alles in der Welt, sei es Wohl oder Übel seines Volkes Israel. Ihren Höhepunkt findet diese Tendenz in der universalistisch-mono-

---

14 Der deutsche Begriff „Hof*prophet*" darf jedoch nicht zu falschen Assoziationen führen. Der Titel Prophet/נביא ist – wie oben bereits erwähnt – noch nicht Teil dieser redaktionellen Schicht. Elischa erhält die Rolle als Hofprophet allein aufgrund der Funktionen, die er vollbringt. Neben dem Eigennamen verwendet dieser Redaktor auch den ihm bereits vorliegenden Gottesmann-Titel.

15 Vgl. 2Kön 3,4–27*; 2Kön 5*; 2Kön 6,8–23*; 6,24–7,20*; 8,7–15*.

16 Vgl. v. a. 2Kön 3,4–27*; 2Kön 6,8–23*.

17 Vgl. Dtn 34,10.

18 Vgl. 1Kön 19,15–18; 2Kön 8,10b–13.

19 Vgl. 2Kön 4,1aβ.

20 Vgl. 2Kön 5,1aβ.

theistischen Spitzenaussage, die die *Theologisierende Redaktion* dem Aramäer Naaman in den Mund legt.[21] Der Begriff *Theologisierende Redaktion* reflektiert die Veränderungen, die die Texteingriffe in Bezug auf die Typologie Elischas bewirken. Während er zuvor zunächst nur ein unabhängiger Magier bzw. Wundertäter ohne theistische Anbindung war, wird er redaktionell zunächst zu einem Hofpropheten nach dem Vorbild des Alten Orients gemacht. Als solcher erhält er zwar eine institutionelle Anbindung an den Hof, sein Handeln wird allerdings noch immer unabhängig von der Gottheit Jahwe dargestellt. Erst die *Theologisierende Redaktion* versieht Elischas Handeln durchgängig mit dem theistischen Wirkprinzip. Die Dichte der redaktionellen Eingriffe dieser Art sorgt dafür, dass in der kanonischen Endgestalt der Elischa-Erzählungen dieses theistische Wirkprinzip in nahezu jeder Erzählung mitschwingt.

Die theologische Aussage der punktuellen *Phoboumenos-Bearbeitung* in 2Kön 5,17aβ–19a beinhaltet streng genommen zwei verschiedenen Thematiken. In Form der Fragen, die dem Aramäer Naaman in den Mund gelegt werden, werden zwei Themen verhandelt, die unter dem Stichwort „religiöse Pluralität" zusammengefasst werden können, im Detail jedoch unterschiedlich gelagert sind.

Einerseits ermöglicht der Texteingriff des *Phoboumenos-Bearbeiters* Jahwe-Kult über Israel hinaus auch in anderen Kulturkontexten.[22] Zum anderen wird Naaman durch Elischas Wunsch die Möglichkeit eingeräumt, eine persönliche Jahwe-Frömmigkeit zu pflegen, obgleich er in anderen gesellschaftlichen Zusammenhängen auch an Kulthandlungen anderer Gottheiten teilnimmt. Naaman wird durch diese Bearbeitung zu einem Jahwefürchtigen (φοβούμενος) gemacht.

Es ist m. E. davon auszugehen, dass die theologische Absicht dieser Bearbeitung darin liegt, für die intendierte Leserschaft eine Form der Jahwe-Verehrung in einem religions-pluralistischen Kontext zu entwickeln. Somit werden die Voraussetzungen für die Teilhabe an der jüdischen Religion geweitet und erleichtert. Die Gottheit Jahwe wird in gewisser Weise universalisiert und zugleich relativiert. Jahwe ist einer von vielen Göttern, zugleich aber ein Gott, dem sich jeder bewusst anschließen und zu dem sich jeder entscheiden kann. Die Zugehörigkeit und Teilhabe an der jüdischen Religion wird somit nicht mehr von der Geburt oder Herkunft aus einem der Stämme Israels und dem Gedanken der Erwählung eines Volkes bestimmt, sondern wird zum Akt der persönlichen Hinwendung und persönlichen Frömmigkeit.

---

21 Vgl. 2Kön 5,15a.
22 Die Idee der Kulteinheit am zentralen Kultort in Jerusalem ist für diese Bearbeitung also schon in weite Ferne gerückt.

Die *Moralisierende Bearbeitung* zeigt ein besonderes Interesse an der Jüngerschaft Elischas. Sowohl Gehasi als auch die namenlosen Prophetenjünger werden als literarische Folie verwendet,[23] um moralische Aussagen zu treffen. In den Erzählungen führen der Ungehorsam und die Unehrlichkeit Elischa gegenüber unweigerlich zu Bestrafung und werden als unwürdiges Verhalten gebrandmarkt.[24] Gehorsam, Ehrlichkeit, Großzügigkeit und Gastfreundschaft werden im Umkehrschluss als tugendhaftes Verhalten ausgewiesen und erfahren im Nachhinein eine Belohnung.[25]

Die *Juda-Joschafat-Bearbeitung*[26] hat ein besonderes Interesse daran, den Südreichskönig Joschafat positiv darzustellen. Er ist es, der Israel in 2Kön 3,4–27 auf den Gottesmann im eigenen Gefolge hinweisen muss und dessen Rechtschaffenheit Elischa milde stimmt. Diese Einfügung steht m. E. in Verbindung zum chronistischen Material zu Joschafat.[27]

Zuletzt fügt die hier so bezeichnete *Steigerungsbearbeitung* punktuelle Erweiterungen ein.[28] Was genau die theologische Aussageintention dieser Bearbeitung sein könnte, kann anhand des spärlichen Materials jedoch nicht erschlossen werden.[29]

Auf der Ebene der kanonischen Endgestalt muss festgestellt werden, dass es vor allem der *Elischa-Biograph* war, der das Bild Elischas als wundertätigem Gottesmann und Hofpropheten maßgeblich geprägt hat. Zugleich sind es die von diesem Redaktor geschaffenen größeren Wundererzählungen, die eine hohe theologische Wirkkraft erzielen und noch heute eine immer wieder aktualisierende Deutung innerhalb der christlichen Kirchen erfahren.[30]

---

23 Vgl. 2Kön 4,12–15a.25b–27.29–30a.31.33.35 f; 5,5b.15b–17aα.19b–27; 7,2.17–20 (als Negativfolie); 2Kön 2,16–18; 8,1–6 (ambivalent bis positiv). Eine Parallele findet sich in der ebenso ambivalenten Darstellung der Jünger Jesu in den neutestamentlichen Evangelien.

24 Möglicherweise wurde diese Bearbeitung durch das Strafwunder in 2Kön 2,23 f. motiviert, Elischa mit weiteren Erzählungen auszustatten, in denen der Ungehorsam bestraft wird. Auf diese Weise werden die Elischa-Erzählungen zusätzlich moralisiert, vgl. besonders 2Kön 5,5b.15b–17aα.19b–27.

25 M. E. lässt sich hier eine einfache Form des Tun-Ergehen-Zusammenhangs erkennen, der sich vor allem auf den sozialen Bereich bezieht. Zur Nähe zu sozialen Aspekten spruchweisheitlicher Theologie vgl. Kapitel 5.6. in dieser Arbeit.

26 Vgl. die Zusätze in 2Kön 3,7a.11a.12ab; 3,13aβb.14; 9,28 f.

27 Vgl. 2Chr 18 f.

28 Vgl. 3,4.18 f.24aβb–27; 6,10b.14; 13,18 f.

29 Hier müsste untersucht werden, ob sich Spuren dieser Bearbeitung auch an anderen Stellen innerhalb der Königebücher finden lassen.

30 Aus der Gesamtheit der Elischa-Erzählungen fanden neben der Himmelfahrt Elias in 2Kön 2 allein das Heilungswunder an Naaman in 2Kön 5 und das Wunder der Totenerweckung in 2Kön 4,8–37 Eingang in die Perikopenordnungen der Evangelischen Kirchen in Deutschland sowie der römisch-katholischen Kirche (weltweit).

Literaturverzeichnis

Alle Abkürzungen sind aufzuschlüsseln nach:

Schwertner, S. (Hg.), Internationales Abkürzungsverzeichnis für Theologie und Grenzgebiete, Berlin ²1992. (IATG)
Alexander, P. H. u.a. (Hg.), The SBL Handbook of Style. For Ancient Near Eastern, Biblical, and Early Christian Studies, Peabody 1999. (Handbook)
Redaktion der RGG⁴ (Hg.), Abkürzungen Theologie und Religionswissenschaft nach RGG⁴, Tübingen 2007. (Abkürzungen RGG⁴)

Sonstige Abkürzungen:

Ant = Antiquitates Judaicae (Flavius Josephus), zitiert nach: CLEMENTZ, Altertümer.
BJ = Bellum Judaicum (Flavius Josephus) zitiert nach: CLEMENTZ, Krieg.
Hist = Historien (Herodot), zitiert nach: FEIX, Herodot.
ResGest = Res Gestae (Ammianus Marcellinus), zitiert nach: SEYFARTH, Geschichte 1–4.
TUAT 1–3 = KAISER, TUAT 1–3.
TUAT.Erg = DIETRICH, TUAT.Erg.
TUAT.NF 3 = JANOWSKI/WILHELM, TUAT.NF 3.
TUAT.NF 4 = JANOWSKI/WILHELM, TUAT.NF 4.
VitAp = Vita Apollonii Tyanensis (Philostrat), zitiert nach: MUMPRECHT, Philostratos.
Yasna = Avesta, zitiert nach: WOLFF, Avesta.

Abusch, T., Mesopotamian Witchcraft. Toward a History and Understanding of Babylonian Witchcraft Beliefs and Literature, Ancient Magic and Divination 5, Leiden 2002. (Witchcraft)
–, Mesopotamian Witchcraft Literature. Case Studies, Brown Judaic Studies 132, Atlanta 1987. (Literature)
Abusch, T., / Schwemer, D., Corpus of Mesopotamian Anti-Witchcraft Rituals 1, Ancient Magic and Divination 8, Leiden 2011. (Corpus)
Abusch, T., / van der Toorn, K. (Hg.), Mesopotamian Magic. Textual, Historical, and Interpretative Perspective, Ancient Magic and Divination 1, Groningen 1999. (Magic)
Achtemeier, P. J., Jesus and the Disciples as Miracle Workers in the Apocryphal New Testament, in: E. Schüssler Fiorenza (Hg.), Aspects of Religious Propaganda in Judaism and Early Christianity, Notre Dame 1976, 147–186. (Jesus)
Adam, K.-P., Warfare and Treaty Formulas in the Background of Kings, in: M. Leuchter / K.-P. Adam (Hg.), Soundings in Kings. Perspectives and Methods in Contemporary Scholarship, Minneapolis 2010, 35–68. (Warfare)
Albertz, R., Art. Magie II. Altes Testament, in: TRE 21 (1991), 691–695. (Art. Magie)
–, Religionsgeschichte Israels in alttestamentlicher Zeit 1–2, GAT 8,1–2, Göttingen 1992. (Religionsgeschichte)
von Albrecht, M. (Hg.), Iamblichos, Pythagoras. Legende – Lehre – Lebensgestaltung griechisch-deutsch, Zürich 1963. (Iamblichos)
Altenmüller, H., Art. Magische Literatur, in: H. W. Helck / W. Westendorf (Hg.), Lexikon der Ägyptologie 3, Wiesbaden 1980, 1151–1162. (Art. Magische Literatur)

Ambos, C., Art. Magie (Alter Orient), in: M. Bauks u. a. (Hg.), Das wissenschaftliche Bibellexikon im Internet (http://www.bibelwissenschaft.de/wibilex/), Stuttgart 2006ff, Zugriffsdatum: 4. Oktober 2012. (Art. Magie)

Amit, Y., A Prophet Tested. Elisha, the Great Woman of Shunem, and the Story's Double Message, Biblical Interpretation 11 (2003), 279–294. (Prophet)

Anderson, G., Sage, Saints and Sophist. Holy Men and Their Associates in the Early Roman Empire, London 1994. (Sage)

Arberry, A. J., Sufism. An Account of the Mystics of Islam, London 1979. (Sufism)

Assmann, J., Magische Weisheit. Wissensformen im ägyptischen Kosmotheismus, in: J. Assmann (Hg.), Weisheit. Archäologie der literarischen Kommunikation 3, München 1991, 241–257. (Weisheit)

Attridge, H. W. u. a. (Hg.), Qumran Cave 4. VIII. Parabiblical Texts 1, DJD XIII, Oxford 1994. (DJD XIII)

Aucker, W. B., A Prophet in King's Clothes. Kingly and Divine Re-Presentation in 2 Kings 4 and 5, in: R. Rezetko (Hg.), Reflection and Refraction, FS G. Auld, VT.S 113, Leiden 2007, 1–25. (Prophet)

Auld, A. G., I & II Kings, Philadelphia 1986. (Kings)

–, Prophets and Prophecy in Jeremiah and Kings, ZAW 96 (1984), 66–82. (Prophets)

–, Prophets Through the Looking Glass. Between Writings and Moses, in: R. P. Gordon (Hg.), „This Place Is Too Small for Us". The Israelite Prophets in Recent Scholarship, Winona Lakes 1995, 289–307. (Looking Glass)

Aune, D. E., Prophecy in Early Christianity and the Ancient Mediterranean World, Grand Rapids 1983. (Prophecy)

Aurelius, E., Zukunft jenseits des Gerichts. Eine redaktionsgeschichtliche Studie zum Enneateuch, BZAW 319, Berlin 2003. (Zukunft)

Avigad, N. / Sass, B., Corpus of West Semitic Stamp Seals, Jerusalem 1997. (Corpus)

Baalbaki, R., A Reference to 2 Kings IV 38 ff. in an Arabic Source, VT 33 (1983), 317 f. (Reference)

Bähr, K. C. W. F., Die Bücher der Könige, Die Heilige Schrift Alten und Neuen Testaments 7, Bielefeld 1863. (Könige)

Baillet, M., u. a. (Hg.), Les 'Petites Grottes' de Qumran. Planches, DJD III, Oxford 1962. (DJD III.Plates)

–, Les 'Petites Grottes' de Qumran. Textes, DJD III, Oxford 1962. (DJD III)

Baldick, J., Mystical Islam. An Introduction to Sufism, London 1989. (Islam)

Baltzer, K., Die Biographie der Propheten, Neukirchen-Vluyn 1975. (Biographie)

Bar, S., Resurrection or Miraculous Cures? The Elijah and Elisha Narrative Against Its Ancient Near Eastern Background, OTE 24 (2011), 9–18. (Resurrection)

Barrick, W. B., Elisha and the Magic Bow. A Note on 2 Kings XIII 15–17, VT 35 (1985), 355–363. (Bow)

Barstad, H. M., Lachish Ostracon III and Ancient Israelite Prophecy, ErIsr 24 (1993), 8*–12*. (Lachish)

–, No Prophets? Recent Developments in Biblical Prophetic Research and Ancient Near Eastern Prophecy, JSOT 57 (1993), 39–60. (Prophets)

Bauer, H., Die hebräischen Eigennamen als sprachliche Erkenntnisquelle, ZAW 48 (1930), 73–80. (Eigennamen)

Bauer, U. F. W., Eine Geschichte von Elisa und seinen Schülern, die aus dem Rahmen fällt (II Kön 6,1–7), ThZ 62 (2006), 1–9. (Geschichte)

Baumgart, N. C., Gottes Gegenwart im Krieg. Zum Zusammenhang zwischen den Erzählungen 2 Kön 6,8–23 und 6,24–7,20, in: F. L. Hossfeld u. a. (Hg.), Das Manna fällt auch heute noch. Beiträge zur Geschichte und Theologie des Alten, Ersten Testaments, FS E. Zenger, HBS 44, Freiburg 2004. (Gegenwart)

Beal, L. M., The Deuteronomist's Prophet. Narrative Control of Approval and Disapproval in the Story of Jehu (2 Kings 9 and 10), JSOT.S 478, New York 2007. (Prophet)

Beal, R. H., Hittite Oracles, in: L. Ciralo / J. Seidel (Hg.), Magic and Divination in the Ancient World, Leiden 2002, 57–81. (Oracles)

Beck, H. / Bol, P. C. (Hg.), Spätantike und frühes Christentum. Ausstellung im Liebighaus Museum Alter Plastik, Frankfurt 1983. (Spätantike)

Beck, M., Elia und die Monolatrie. Ein Beitrag zur religionsgeschichtlichen Rückfrage nach dem vorschriftprophetischen Jahwe-Glauben, BZAW 281, Berlin 1999. (Elia)

Becker, M., Miracle Traditions in Early Rabbinic Literature. Some Questions on their Pragmatics, in: M. Labahn / B. J. Peerbolte (Hg.), Wonders Never Cease. The Purpose of Narrating Miracle Stories in the New Testament and Its Religious Environment, London 2006, 48–69. (Miracle)

–, Wunder und Wundertäter im frührabbinischen Judentum. Studien zum Phänomen und seiner Überlieferung im Horizont von Magie und Dämonismus, WUNT II 144, Tübingen 2002. (Wunder)

Becker, U., Richterzeit und Königtum. Redaktionsgeschichtliche Studien zum Richterbuch, BZAW 192, Berlin 1990. (Richterzeit)

Becking, B., Elisha. „Sha' is my God?", ZAW 106 (1994), 113–116. (Elisha)

–, „Touch for Health…". Magic in IIReg 4,31–37 with a Remark on the History of Yahwism, ZAW 108 (1996), 34–54. (Touch)

Beentjes, P., The Book of Ben Sira in Hebrew. A Text Edition of All Parallel Hebrew Ben Sira Texts, VT.S 68, Leiden 1997. (Book)

Begg, C., The Chronicler's Non-mention of Elisha, BN 45 (1988), 7–11. (Chronicler)

–, Joash and Elisha in Josephus, Ant. 9.177–185, AbrN 32 (1994), 28–46. (Joash)

–, Josephus' Story of the Later Monarchy (AJ 9,1–10,185), BETL 145, Leuven 2000. (Story)

Begg, C. / Spilsbury, P. (Hg.), Judean Antiquities Books 8–10. Translation and Commentary, Flavius Josephus 5, Leiden 2005. (Antiquities 8–10)

Benzinger, I., Die Bücher der Könige, KHC 9, Tübingen 1899. (Könige)

Bergen, W. J., Elisha and the End of Prophetism, JSOT.S 286, Sheffield 1999. (Elisha)

–, The Prophetic Alternative. Elisha and the Israelite Monarchy, in: R. B. Coote (Hg.), Elijah and Elisha in Socioliterary Perspective, Atlanta 1992, 127–137. (Alternative)

Berlinerblau, J., The 'Popular Religion' Paradigm in Old Testament Research. A Sociological Critique, JSOT 60 (1993), 3–26. (Religion)

Beyerlin, W. (Hg.), Religionsgeschichtliches Textbuch zum Alten Testament, GAT 1, Göttingen ²1985. (Textbuch)

Bieler, L., ΘΕΙΟΣ ANHP – Theios Aner. Das Bild des „göttlichen Menschen" in Spätantike und Frühchristentum. 1. und 2. Band, Darmstadt 1967. (Aner 1 / Aner 2)

Blackburn, B., Theios Anēr and the Markan Miracle Traditions, A Critique of the *Theios Anēr* Concept as an Interpretative Background of the Miracle Traditions Used by Mark, WUNT II 40, Tübingen 1991. (Miracle)

Blanco-Wissmann, F., „Er tat das Rechte …". Beurteilungskriterien und Deuteronomismus in 1Kön 12–2Kön 25, AThANT 93, Zürich 2008. (Rechte)

Blenkinsopp, J., A History of Prophecy in Israel. From the Settlement in the Land to the Hellenistic Period, London 1984. (History)

–, Miracles. Elisha and Hanina ben Dosa, in: J. C. Cavadini (Hg.), Miracles in Jewish and Christian Antiquity. Imagining Truth, Notre Dame 1999, 57–81. (Miracles)

Blum, E., Das exilische deuteronomistische Geschichtswerk, in: H.-J. Stipp (Hg.), Das deuteronomistische Geschichtswerk, ÖBS 39, Frankfurt 2011, 269–295. (Geschichtswerk)

–, Israels Prophetie im altorientalischen Kontext. Anmerkungen zu neueren religionsgeschichtlichen Thesen, in: I. Cornelius / L. Jonkers (Hg.), „From Ebla to Stellenbosch". Syro-Palestinian Religions and the Hebrew Bible, ADPV 37, Wiesbaden 2008, 81–115. (Prophetie)

–, Die Kombination I der Wandinschrift vom Tell Deir 'Alla. Vorschläge zur Rekonstruktion mit historisch-kritischen Anmerkungen, in: R. Schmitt / J. Wöhrle (Hg.), Berührungspunkte. Studien zur Sozial- und Religionsgeschichte Israels und seiner Umwelt, FS R. Albertz, AOAT 350, Münster 2008, 573–601. (Kombination)

–, Die Nabotüberlieferung und die Kompositionsgeschichte der Vorderen Propheten, in: E. Blum / O. Loretz (Hg.), Textgestalt und Komposition. Exegetische Beiträge zu Tora und Vordere Propheten, FAT 69, Tübingen 2010. (Nabotüberlieferung)

–, Der Prophet und das Verderben Israels. Eine ganzheitliche, historisch-kritische Lektüre von 1 Kön 17–19, in: E. Blum / O. Loretz (Hg.), Textgestalt und Komposition. Exegetische Beiträge zu Tora und Vordere Propheten, FAT 69, Tübingen 2010, 339–353. (Prophet)

Böcher, O., Art. Magie, NBL II (1995), 684f. (Art. Magie)

Bodner, K., Elisha's Profile in the Book of Kings, Oxford 2013. (Profile)

Bohlen, R., Der Fall Nabot. Form, Hintergrund und Werdegang einer alttestamentlichen Erzählung (1Kön 21), TTS 35, Trier 1978. (Fall)

Bokser, B. M., Hanina ben Dosa and the Lizard. The Treatment of Charismatic Figures in Rabbinic Literature, in: Proceedings of the Eighth World Congress of Jewish Studies, Div. C, Jerusalem 1982, 1–6. (Hanina)

–, Wonder-Working and the Rabbinic Tradition. The Case of Hanina Ben Dosa, JSJ 16 (1985), 42–92. (Wonder)

Bonnet, C. / Niehr, H., Religionen in der Umwelt des Alten Testaments II. Phönizier, Punier, Aramäer, Stuttgart 2010. (Religionen)

Borghouts, J. F., Art. Magie, in: H. W. Helck / W. Westendorf (Hg.), Lexikon der Ägyptologie 3, Wiesbaden 1980, 1137–1151. (Art. Magie)

Bostock, G., Jesus as the New Elisha, The Expository Times 92 (1980), 39–41. (Jesus)

Boyce, M., A History of Zoroastrianism 1. The Early Period, HO 8,1, Leiden 1982. (History 1)

–, A History of Zoroastrianism 2. Under the Achaemenians, HO 8,2, Leiden 1982. (History 2)

–, Zoroastrianism. Its Antiquity and Constant Vigour, Costa Mesa 1992. (Zoroastrianism)

Bratsiotis, N. P., Art. אִישׁ, ThWAT 1 (1973), 238–252. (Art. אִישׁ)

Briant, P., Art. Gaumata, in: EIr 10 (2001), 333–335. (Art. Gaumata)

Brodie, T. L., The Crucial Bridge. The Elijah-Elisha Narrative as an Interpretive Synthesis of Genesis-Kings and a Literary Model for the Gospels, Collegeville 2000. (Bridge)

–, Jesus as the New Elisha. Cracking the Code, The Expository Times 93 (1981), 39–42. (Jesus)

–, Luke 7,36–50 as an Internalization of 2 Kings 4,1–37. A Study in Luke's Use of Rhetorical Imitation, Bib. 64 (1983), 457–485. (Internalization)

–, Towards Unraveling the Rhetorical Imitation of Sources in Acts. 2Kgs 5 as One Component of Acts 8,9–40, Bib. 67 (1986), 41–67. (Imitation)

Bronner, L., The Stories of Elijah and Elisha as Polemics against Baal Worship, POS 6, Leiden 1968. (Stories)

Brooke, G. u. a. (Hg.), Qumran Cave 4. XVII. Parabiblical Texts 3, DJD XXII, Oxford 1997. (DJD XXII)

Brown, J. P., The Dervishes or Oriental Spiritualism, London 1868. (Dervishes)

Brown, R. E., Jesus and Elisha, Perspective 12 (1971), 85–104. (Jesus)

Büchler, A., Types of Jewish-Palestinian Piety from 70 B.C.E. to 70 C.E. The Ancient Pious Men, New York 1968. (Types)

Bunnens, G., A Luwian Stele and the Cult of the Storm-God at Til Barsib – Masuwari, Leuven 2006. (Stele)

Burkert, W., Griechische Religion der archaischen und klassischen Epoche, RM 15, Stuttgart ²2011. (Religion)

–, Weisheit und Wissenschaft. Studien zu Pythagoras, Philolaos und Platon, Nürnberg 1962. (Weisheit)

Burnett, J., „Going Down" to Bethel. Elijah and Elisha in the Theological Geography of the Deuteronomistic History, JBL 129 (2010), 281–297. (Bethel)

Burney, C. F., Notes on the Hebrew Text of the Books of Kings, New York ²1970. (Notes)

Campbell, A. F. u. a., Unfolding the Deuteronomistic History. Origins, Upgrades, Present Text, Minneapolis 2000. (History)

Cancik-Kirschbaum, E., Prophetismus und Divination – Ein Blick auf die keilschriftlichen Quellen, in: M. Köckert u. a. (Hg.), Propheten in Assyrien und Mari, FRLANT 201, Göttingen 2003, 33–53. (Prophetismus)

Carroll, R. P., The Elijah-Elisha Sagas. Some Remarks on Prophetic Succession in Ancient Israel, in: D. E. Orton (Hg.), Prophecy in the Hebrew Bible, Leiden 2000, 56–71. (Sagas)

Charpin, D., Le contexte historique et géographique des prophéties dans les textes retrouvés à Mari, BCSMS 23 (1992), 21–31. (Contexte)

Charpin, D. / Edzard, D. O. / Stol, M. (Hg.), Annäherungen 4. Mesopotamien. Die altbabylonische Zeit, OBO 160/4, Freiburg/CH 2004. (Mesopotamien)

Civil, M., The „Message of Ludingirra to his Mother" and a Group of Akkado-Hittite „Proverbs", JNES 23 (1964), 1–11. (Message)

Clementz, H. (Hg.), Jüdische Altertümer, Wiesbaden (Nachdr.) 2004. (Altertümer)

–, Der Jüdische Krieg und Kleinere Schriften. Mit der Paragraphenzählung nach Flavii Josephi Opera recognovit Benedictus Niese (Editio minor), Wiesbaden (Nachdr.) 2005. (Krieg)

Cogan, M., I Kings, AncB 10, New York 2000. (I Kings)

–, „Ripping Open Pregnant Women" in Light of an Assyrian Analogue, JAOS 103 (1983), 755–757. (Women)

Cogan, M. / Tadmor, H., II Kings, AncB 11, New York ²1988. (II Kings)

Cohn, R. L., 2 Kings, Berit Olam. Studies in Hebrew Narrative and Poetry, Collegeville 2000. (2 Kings)

–, Form and Perspective in 2 Kings V, VT 33 (1983), 171–184. (Form)

Cole, S. W. / Machinist, P., Letters from Priests to the Kings Esarhaddon and Assurbanipal, SAA 13, Helsinki 1998. (Letters)

Conrad, J., 2 Kön 2,1–18 als Elija-Geschichte, in: M. Augustin u. a. (Hg.), „Wünschet Jerusalem Frieden", BEAT 13, Frankfurt 1988, 263–271. (Elija-Geschichte)

Coote, R. B., Elijah and Elisha in Socioliterary Perspective, Semeia Studies 22, Atlanta 1992. (Elijah)

Cotter, W., Miracles in Greco-Roman Antiquity. A Sourcebook for the Study of New Testament Miracle Stories, London 1999. (Miracles)

Crenshaw, J. I., Transmitting Prophecy across Generations, in: E. Ben Zvi u. a. (Hg.), Writings and Speech in Israelite and Ancient Near Eastern Prophecy, SBL.SS 10, Atlanta 2000, 31–44. (Prophecy)

Cross, F. M., Canaanite Myth and Hebrew Epic. Essays in the History of the Religion of Israel, Cambridge/MA 1973. (Myth)

–, A Literate Soldier. Lachish Letter III, in: A. Koort / S. Morschauser (Hg.), Biblical and Related Studies Presented to Samuel Iwry, FS S. Iwry, Winona Lake 1985, 41–47. (Soldier)

Cryer, F. H., Divination in Ancient Israel and Its Near Eastern Environment. A Socio-Historical Investigation, JSOT.S 142, Sheffield 1994. (Divination)

–, Der Prophet und der Magier. Bemerkungen anhand einer überholten Diskussion, in: R. Liwak / S. Wagner (Hg.), Prophetie und geschichtliche Wirklichkeit im alten Israel, FS S. Herrmann, Stuttgart 1991, 79–88. (Prophet)

Cryer, F. H. / Thomsen, M.-L. (Hg.), Witchcraft and Magic in Europe 1. Biblical and Pagan Societies, London 2001. (Witchcraft)

Culley, R., Studies in the Structure of Hebrew Narrative, Philadelphia 1976. (Studies)

Cummings, J. T., The House of the Sons of the Prophets and the Tents of the Rechabites, in: E. Livingstone (Hg.), Studia Biblica 1978. Sixth International Congress on Biblical Studies (1979) I. Papers on Old Testament and Related Themes, JSOT.S 11, Sheffield 1979, 119–126. (House)

Dandamayev, M. A., Art. Magi, in: E. Yarshater (Hg.), Encyclopeadia Iranica online (http://www.iranicaonline.org/articles/magi), New York 1996ff, Zugriffsdatum: 23. November 2012. (Art. Magi)

Davies, P. R., The Damascus Covenant. An Interpretation of the „Damascus Document", JSOT.S 25, Sheffield 1983. (Covenant)

Dibelius, M., Die Formgeschichte des Evangeliums, Tübingen 1919. (Formgeschichte)

Diebner, B. J., „Glatzkopf, komm herauf...!" (2Kön 2,23f), DBAT 20 (1984), 169–179. (Glatzkopf)

–, Ein Wunder in 2 Kön 5. Das Souvenier des Na'aman. Zehn Talente Silber und sechs Talente Erde. Zur wunderbaren Bekehrung des syrischen Feldmarschalls, in: B. J. Diebner (Hg.), Seit wann gibt es „jenes Israel"? Gesammelte Studien zum TNK und zum antiken Judentum, Münster 2011, 193–204. (Wunder)

Dietrich, M. u. a. (Hg.), Texte aus der Umwelt des Alten Testaments. Ergänzungslieferung, Gütersloh 2001. (TUAT.Erg)

Dietrich, M. / Loretz, O., Mantik in Ugarit. Keilalphabetische Texte der Opferschau – Omensammlungen – Nekromantie, ALASP 3, Münster 1990. (Mantik)

Dietrich, W., Prophetie im Deuteronomistischen Geschichtswerk, in: T. Römer (Hg.), The Future of the Deuteronomistic History, Leuven 2000, 47–65. (Geschichtswerk)

–, Prophetie und Geschichte. Eine redaktionsgeschichtliche Untersuchung zum deuteronomistischen Geschichtswerk, FRLANT 108, Göttingen 1972. (Prophetie)

Donner, H. / Röllig, W., Kanaanäische und Aramäische Inschriften, Wiesbaden 1962–1964. (KAI 1–3)

Dossin, G. / Jean, C.-F. u. a. (Hg.), Archives Royales de Mari Iff, TCL 22ff, Paris 1941ff. (ARM)

Duensing, H., Die dem Klemens von Rom zugeschriebenen Briefe über die Jungfräulichkeit, ZKG 63 (1950/51), 166–188. (Klemens)

Durand, J.-M., La religión en Siria durante la época de los reinos amorreos según la documentación de Mari, in: P. Mander / J.-M. Durand (Hg.), Mitología y religión del Oriente Antiguo 2,1. Semitas occidentales (Ebla, Mari), Sabadell 1995, 125–533. (Siria)

Ebach, J. / Rüterswörden U., Der byblitische Ekstatiker im Reisebericht des Wn-Imn und die Seher in der Inschrift des ZKR von Hamath, GM 20 (1976), 17–22. (Ekstatiker)

Ebner, M. u. a. (Hg.), Lukian. ΦΙΛΟΨΕΥΔΕΙΣ Η ΑΠΙΣΤΩΝ. Die Lügenfreunde oder: Der Ungläubige, SAPERE 3, Darmstadt 2001. (Lukian)

Ehrlich, A. B., Randglossen zur hebräischen Bibel 7, Hildesheim 1968. (Randglossen)

Eissfeldt, O., Die Komposition von I Reg 16,29–II Reg 13,25, in: F. Maass (Hg.), Das ferne und nahe Wort, FS L. Rost, BZAW 105, Berlin 1967, 49–58. (Komposition)

Ellermeier, F., Prophetie in Mari und Israel, Theologische und orientalistische Arbeiten 1, Herzberg 1986. (Prophetie)

Elliger, K. / Rudolph, W., Biblia Hebraica Stuttgartensia, ed. H. P. Rüger, Stuttgart ⁵1997. (BHS)

Ellis de Jong, M., Observations on Mesopotamian Oracles and Prophetic Texts. Literary and Historiographic Considerations, JCS 41 (1989), 127–189. (Observations)

Erman, A., Die Religion der Ägypter. Ihr Werden und Vergehen in vier Jahrtausenden, Berlin 1934. (Religion)

Ernst, C. W., The Shambhala Guide to Sufism, Boston 1997. (Guide)

Evans, C. A., Luke's Use of the Elijah/Elisha Narratives and the Ethic of Election, JBL 106 (1987), 75–83. (Use)

Fabry, H.-J. / Ringgren, H. (Hg.), Theologisches Wörterbuch zum Alten Testament (10 Bd.), Stuttgart 1973–1996. (ThWAT)

Farber, W., Witchcraft, Magic, and Divination in Ancient Mesopotamia, in: J. M. Sasson u. a. (Hg.), Civilizations of the Ancient Near East III, Peabody 1995, 1895–1909. (Witchcraft)

Feix, J., Herodot. Historien 1–2, München ²1977. (Herodot)

Feldman, L. H., Josephus' Portrait of Elisha, NT 36 (1994), 1–28. (Portrait)

–, Studies in Josephus' Rewritten Bible, JSJ.S 58, Leiden 1998. (Studies)

Feldt, L., The Fantastic in Religious Narrative from Exodus to Elisha, Sheffield 2012. (Fantastic)

Fichtner, J., Das Erste Buch von den Königen, BAT 12,1, Stuttgart 1964. (Könige)

Fischbach, S., Totenerweckungen. Zur Geschichte einer Gattung, fzb 69, Würzburg 1991. (Totenerweckungen)

Fischer-Elfert, H.-W., Altägyptische Zaubersprüche, Stuttgart 2005. (Zaubersprüche)

–, Art. Magie (Ägypten), in: M. Bauks u. a. (Hg.), Das wissenschaftliche Bibellexikon im Internet (http://www.bibelwissenschaft.de/wibilex/), Stuttgart 2006ff, Zugriffsdatum: 26. September 2012. (Art. Magie)

Fohrer, G., Art. Elisa, in: RGG³ 2 (1958), 429–431. (Art. Elisa)

–, Die Gattung der Berichte über symbolische Handlungen der Propheten, ZAW 64 (1952), 101–120. (Gattung)

–, Prophetie und Magie, in: G. Fohrer (Hg.), Studien zur Alttestamentlichen Prophetie, BZAW 99, Berlin 1967, 242–264. (Prophetie)

–, Die symbolischen Handlungen der Propheten, AThANT 25, Zürich ²1968. (Handlungen)

Frahm, E., Art. Prophetie, in: RlA 11 (2006–2008), 7–11. (Art. Magie)

–, Zwischen Tradition und Neuerung. Babylonische Priestergelehrte im achämenidenzeitlichen Uruk, in: R. G. Kratz (Hg.), Religion und Religionskontakte im Zeitalter der Achämeniden, Gütersloh 2002. (Tradition)

Frank, G. (Hg.), Der Schelm vom Bosporus. Anekdoten um Nasreddin Hodscha, Meerbusch 1994. (Schelm)

Frantz-Szabó, G., Hittite Witchcraft, Magic, and Divination, in: J. M. Sasson u. a. (Hg.), Civilizations of the Ancient Near East III, Peabody 1995, 2007 – 2019. (Witchcraft)

Frembgen, J. W., Kleidung und Ausrüstung islamischer Gottsucher. Ein Beitrag zur materiellen Kultur des Derwischwesens, Wiesbaden 1999. (Kleidung)

–, Reise zu Gott. Sufis und Derwische im Islam, München 2000. (Reise)

Frerichs, E., Elisha. A Problem in Legend and History, Diss. Boston 1957. (Elisha)

Frevel, C., Wovon reden die Deuteronomisten? Anmerkungen zu religionsgeschichtlichem Gehalt, Fiktionalität und literarischen Funktionen deuteronomistischer Kultnotizen, in: M. Witte, u. a. (Hg.), Die deuteronomistischen Geschichtswerke. Redaktions- und religionsgeschichtliche Perspektiven zur „Deuteronomismus"-Diskussion in Tora und Vorderen Propheten, BZAW 365, Berlin 2006, 249 – 277. (Deuteronomisten)

Freyne, S., The Charismatic, in: G. Nickelsburg u. a. (Hg.), Ideal Figures in Ancient Judaism. Profiles and Paradigms, Septuagint and Cognate Studies 12, Chico 1980, 223 – 258. (Charismatic)

Friedmann, M., Seder Eliahu rabba und Seder Eliahu zuta (Tanna d'be Eliahu), Wien 1902. (Seder)

Fritz, V., Das erste Buch der Könige, ZBK 10,1, Zürich 1996. (1. Könige)

–, Das zweite Buch der Könige, ZBK 10,2, Zürich 1998. (2. Könige)

Fürst, J., Die Geschichte der biblischen Literatur und des jüdisch-hellenistischen Schrifttums II, Leipzig 1870. (Geschichte)

Gadd, C. J. (Hg.), Cuneiform Texts from Babylonian Tablets in the British Museum 38, London 1925. (CT 38)

Gallagher, E. V., Divine Man or Magician? Celsus and Origen on Jesus, SBL.DS 64, Atlanta 1982. (Man)

Galling, K., Der Ehrenname Elisas und die Entrückung Elias, ZThK 53 (1956), 129 – 148. (Ehrenname)

Galling, K. (Hg.), Textbuch zur Geschichte Israels, Tübingen ²1968. (TGI)

Galter, H. D., Der Himmel über Hadattu. Das religiöse Umfeld der Inschriften von Arslan Tash, in: M. Hutter / S. Hutter-Braunsar (Hg.), Offizielle Religion, lokale Kulte und individuelle Religion, AOAT 318, Münster 2004, 173 – 188. (Himmel)

Geller, M. J., Evil Demons. Canonical Utukkū Lemnūtu Incantations, SAACT 5, Helsinki 2007. (Demons)

Gertz, J. C. (Hg.), Grundinformation Altes Testament, Göttingen ³2009. (Grundinformation)

Gesenius, W., / Buhl, F., Hebräisches und Aramäisches Handwörterbuch über das Alte Testament, Berlin u. a. ¹⁷1915 (repr. Berlin 1962). (Handwörterbuch)

Gesenius, W. / Kautzsch, E. / Bergsträsser, G., Hebräische Grammatik, Hildesheim u. a. (= Nachdr. der 28. Aufl. Leipzig 1909) ⁷1995. (Grammatik)

Giesebrecht, F., Die Berufsbegabung der Alttestamentlichen Propheten, Göttingen 1897. (Berufsbegabung)

Goldin, J., The Magic of Magic and Superstition, in: E. Schüssler Fiorenza (Hg.), Aspects of Religious Propaganda in Judaism and Early Christianity, Notre Dame 1976, 115 – 147. (Magic)

Goldschmitt, L., Der babylonische Talmud 1 – 12, Berlin 1929 – 1936. (babyl. Talmud)

Gordon, R. L., Art. Zauberpapyri, in: H. Cancik / H. Schneider (Hg.), Der Neue Pauly 12,2 (2002), 697 – 700. (Art. Zauberpapyri)

Görres, J., Mythengeschichte I. Hinterasiatische Mythen, Heidelberg 1810. (Mythengeschichte)

Gottwald, N., The Plot Structure in Marvel or Problem Resolution Stories in the Elijah-Elisha Narratives and Some Musings on Sitz im Leben, in: N. Gottwald (Hg.), The Hebrew Bible in Its Social World and in Ours, Atlanta 1993, 119–130. (Plot)

Goulder, M., Elijah with Moses, or, a Rift in the Pre-Markan Lute, in: D. G. Horrel / C. M. Tucket (Hg.), Christology, Controversy and Community, FS D. R. Catchpole, Leiden 2000, 193–208. (Elijah)

Grabbe, L. L., Priests, Prophets, Diviners, Sages. A Socio-Historical Study of Religious Specialists in Ancient Israel, Valley Forge/PA, 1995. (Priests)

–, The Priests in the Prophets. The Portrayal of Priests, Prophets and other Religious Specialists in the Latter Prophets, JSOT.S 408, London 2006. (Prophets)

Graf, F., Gottesnähe und Schadenszauber. Die Magie in der griechisch-römischen Antike, München 1996. (Gottesnähe)

Gramlich, R., Islamische Mystik. Sufische Texte aus zehn Jahrhunderten, Stuttgart 1992. (Mystik)

–, Die Wunder der Freunde Gottes. Theologien und Erscheinungsformen des islamischen Heiligenwunders, Freiburger Islamstudien 11, Wiesbaden 1987. (Wunder)

Gray, J., I&II Kings. A Commentary, OTL, London ²1970. (Kings)

Gray, R., Prophetic Figures in Late Second Temple Jewish Palestine. The Evidence from Josephus, Oxford 1993. (Figures)

Grayson, A. K. (Hg.), Assyrian and Babylonian Chronicles, TCS 5, Toronto 1975. (Chronicles)

Grayson, A. K., Art. Königslisten und Chroniken, B. Akkadisch, in: RlA 6 (1980–1983), 87–135. (Königslisten)

Green, W. S., Palestinian Holy Men. Charismatic Leadership and Rabbinic Tradition, ANRW II.19.2, 619–647. (Men)

Greenfield, J. C., The Aramean God Rammān/Rimmōn, IEJ 26, 1976, 195–198. (God)

Gressmann, H., Die älteste Geschichtsschreibung und Prophetie Israels, SAT 2,1, Göttingen ²1921. (Geschichtsschreibung)

Grintz, Y. M. / Sperling, S. D. /Hirschberg, H. Z., Art. Elisha, in: EncJud 6 (²2007), 350–351. (Art. Elisha)

Grözinger, K. E., Wundermann, Helfer und Fürsprecher. Eine Typologie der Figur des Ba'al Schem in askenasisch-jüdischen Volkserzählungen, in: A. Grafton / M. Idel (Hg.), Der Magus. Seine Ursprünge und seine Geschichte in verschiedenen Kulturen, Berlin 2001, 169–192. (Wundermann)

Gruber, M. I., Art. Honi Ha-Me'aggel, in: EncJud 9 (²2007), 518 f. (Art. Honi)

Gugler, W., Jehu und seine Revolution. Voraussetzungen, Verlauf, Folgen, Kampen 1996. (Jehu)

Guillaume, P., Miracles Miraculously Repeated. Gospel Miracles as Duplication of Elijah-Elisha's, BN 98 (1999), 21–23. (Miracles)

Günes, M., Die begriffliche Entwicklung des Sufismus, Journal of Religious Culture 158 (2012), 1–11. (Entwicklung)

Gunkel, H., Geschichten von Elisa. Meisterwerke hebräischer Erzählkunst I, Berlin 1925. (Geschichten)

Gutekunst, W., Art. Zauber, in: H. W. Helck / W. Westendorf (Hg.), Lexikon der Ägyptologie 6, Wiesbaden 1986, 1320–1355. (Art. Zauber)

Haarmann, V., JHWH-Verehrer der Völker. Die Hinwendung von Nichtisraeliten zum Gott Israels in alttestamentlichen Überlieferungen, AThANT 91, Zürich 2008. (JHWH-Verehrer)

Haas, V., Geschichte der hethitischen Religion, HO 1,15, Leiden 1994. (Geschichte)

–, Art. Magie und Zauberei. B. Bei den Hethitern, in: RlA 7 (1987–1990), 234–255. (Art. Magie)

Haas, V. / Koch, H. (Hg.), Religionen des Alten Orients 1. Hethiter und Iran, GAT 1,1, Göttingen 2011. (Religionen)

Hagedorn, A. C., Looking at Foreigners in Biblical and Greek Prophecy, VT 57 (2007), 432–448. (Foreigners)

Hagelia, H., The Dan Debate, Recent Research in Biblical Studies 4, Sheffield 2009. (Debate)

Haldar, A., Associations of Cult Prophets among the Ancient Semites, Uppsala 1945. (Associations)

Hallo, W. H. (Hg.), The Context of Scripture 2. Monumental Inscriptions from the Biblical World, Leiden 2000. (Context 2)

Hallock, R. T. (Hg.), The Persepolis Fortification Tablets, Chicago 1969. (Tablets)

Halpern, B. / Lemaire, A., The Composition of Kings, in: A. Lemaire / B. Halpern (Hg.), The Books of Kings. Sources Composition, Historiography and Reception, VT.S 129, Leiden 2010, 123–153. (Composition)

Hämeen-Anttila, J., Arabian Prophecy, in: M. Nissinen (Hg.), Prophecy in Its Ancient Near Eastern Context. Mesopotamian, Biblical, and Arabian Perspectives, SBL.SS 13, Atlanta 2000. (Prophecy)

Hasegawa, S., Aram and Israel during the Jehuite Dynasty, BZAW 434, Berlin 2012. (Aram)

Hausrath, A. (Hg.), Aesopische Fabeln. Urtext und Übertragung, München 1944. (Fabeln)

Hedner-Zetterholm, K., Elijah and the Books of Kings in Rabbinic Literature, in: A. Lemaire / B. Halpern (Hg.), The Books of Kings. Sources Composition, Historiography and Reception, VT.S 129, Leiden 2010, 585–606. (Elijah)

Heeßel, N. P., Babylonisch-assyrische Diagnostik, AOAT 43, Münster 2000. (Diagnostik)

Hengel, M., Nachfolge und Charisma. Eine exegetisch-religionsgeschichtliche Studie zu Mt 8,21f und Jesu Ruf in die Nachfolge, BZNW 34, Berlin 1968. (Nachfolge)

Hengel, M. u. a. (Hg.), Übersetzung des Talmud Yerushalmi, Tübingen 1975ff. (Talmud Yerushalmi)

Hentschel, G., 1 Könige, NEB 10, Würzburg 1984. (1. Könige)

–, 2 Könige, NEB 11, Würzburg 1985. (2. Könige)

–, Die Heilung Naamans durch das Wort des Gottesmannes (2 Kön 5), in: L. Ruppert u. a. (Hg.), Künder des Wortes, FS J. Schreiner, Würzburg 1982, 11–21. (Heilung)

–, Die Propheten Elia, Micha und Elischa, in: G. Wallis (Hg.), Von Bileam bis Jesaja, Berlin 1984, 64–83. (Propheten)

Hepner, G., Three's a Crowd in Shunem. Elisha's Misconduct with the Shunammite Reflects a Polemic against Prophetism, ZAW 122 (2010), 387–400. (Crowd)

Herrmann, J., Die Zahl zweiundvierzig im AT, OLZ 13 (1910), 150–152. (Zahl)

Hill, S. D., The Local Hero in Palestine in Comparative Perspective, in: R. B. Coote (Hg.), Elijah and Elisha in Socio-Literary Perspective, Atlanta 1992, 37–73. (Hero)

Hobbs, T. R., 2 Kings, WBC 13, Waco 1985. (2 Kings)

Höffken, P., Elischa in seinem Verhältnis zu Elija bei Josephus, EThL 81 (2005), 477–486. (Elischa)

Hoftijzer, J. / van der Kooij, G., Aramaic Texts from Deir 'Allā, DMOA 19, Leiden 1976. (Texts)

Holladay, C. H., Theios Aner in Hellenistic Judaism. A Critique of the Use of This Category in New Testament Christology, SBL.DS 40, Missoula 1977. (Aner)

Holloway, S. W., Antiochian Temporal Interpolations in 2Kgs 6,24–7,20, Bib. 78 (1997), 543–547. (Interpolations)

Hölscher, G., Geschichtsschreibung in Israel. Untersuchungen zum Jahvisten und Elohisten, SHVL 50, Lund 1952. (Geschichtsschreibung)

–, Die Propheten. Untersuchungen zur Religionsgeschichte Israels, Leipzig 1914. (Propheten)

Hommel, G., Jüngerschaft und Freundschaft. Elija und Elischa, Jesus und die Jünger, WuA 34 (1993), 83 f. (Jüngerschaft)

Huehnergard, J., On the Etymology and Meaning of Hebrew NĀBÎ, ErIs 26 (1995), 88–93. (Etymology)

Huffmon, H. B., A Company of Prophets. Mari, Assyria, Israel, in: M. Nissinen (Hg.), Prophecy in Its Ancient Near Eastern Context, SBL.SS 13, Atlanta 2000, 47–70. (Company)

–, The One and the Many. Prophets and Deities in the Ancient Near East, in: M. Köckert u. a. (Hg.), Propheten in Assyrien und Mari, FRLANT 201, Göttingen 2003, 33–53. (One)

–, The Oracular Process. Delphi and the Near East, VT 57 (2007), 449–460. (Process)

Hugo, P., Text and Literary History. The Case of 1Kings 19 (MT and LXX), in: M. Leuchter / K.-P. Adam (Hg.), Soundings in Kings. Perspectives and Methods in Contemporary Scholarship, Minneapolis 2010, 15–34. (Text)

Hulse, E. V., Joshua's Curse. Radioactivity or Schistosomiasis, PEQ 102 (1970), 92–101. (Curse)

Hutter, M., Religionen in der Umwelt des Alten Testaments I. Babylonier, Syrer, Perser, Stuttgart 1996. (Religionen)

Janowski, B. / Wilhelm, G., (Hg.), Texte aus der Umwelt des Alten Testaments. Neue Folge 3. Briefe, Gütersloh 2008. (TUAT.NF 3)

–, Texte aus der Umwelt des Alten Testaments. Neue Folge 4. Omina, Orakel, Rituale und Beschwörungen, Gütersloh 2008. (TUAT.NF 4)

Jeffers, A., Magic and Divination in Ancient Palestine and Syria, Studies in the History and Culture of the Ancient Near East 8, Leiden 1996. (Magic)

Jepsen, A., Nabi. Soziologische Studien zur alttestamentlichen Literatur und Religionsgeschichte, München 1934. (Nabi)

–, Die Quellen des Königsbuches, Halle 1953. (Quellen)

–, Zur Chronologie der Könige von Israel und Juda. Eine Überprüfung (von Begrich, J., Die Chronologie der Könige von Israel und Juda, BHTh 3, 1929), in: A. Jepsen / R. Hanhart (Hg.), Untersuchungen zur Israelitisch-Jüdischen Chronologie, BZAW 88, Berlin 1964, 21–48. (Chronologie)

Jobling, D., A Bettered Woman. Elisha and the Shunammite in the Deuteronomistic Work, in: F. Black u. a. (Hg.), The Labour of Reading, Desire, Alienation, and Biblical Interpretation, Semeia Studies 36, Atlanta 1999, 177–192. (Woman)

Jones, G. H., 1 and 2 Kings. Volume II, NCBC 9,2, Grand Rapids 1984. (2 Kings)

de Jong, A., Traditions of the Magi. Zoroastrianism in Greek and Latin Literature, Leiden 1997. (Traditions)

de Jong, M. J., Isaiah among the Ancient Near Eastern Prophets. A Comparative Study of the Earliest Stages of the Isaiah Tradition and the Neo-Assyrian Prophecies, VT.S 117, Leiden 2007. (Isaiah)

Joüon, P. / Muraoka, T., A Grammar of Biblical Hebrew I–III, SubBi 14/I–II, Rom 1991. (Grammar I–II/III)

Kaiser, O., Der Prophet Elia in Flavius Josephus Ant. XVIII und XIX, in: P. Mommer u. a. (Hg.), Geschichte Israels und deuteronomistisches Geschichtsdenken, FS W. Thiel, AOAT 380, Münster 2010, 152–163. (Prophet)

Kaiser, O. u. a. (Hg.), Texte aus der Umwelt des Alten Testaments 1–3, Gütersloh 1985–1997. (TUAT)

Kalmanofsky, A., Women of God. Maternal Grief and Religious Response in 1Kings 17 and 2Kings 4, JSOT 36 (2011), 55–74. (Women)

Kaplan, Z., Art. Hanina ben Dosa, in: EncJud 8 (^{2}2007), 323. (Art. Hanina)

Karner, G., Elemente ritueller Handlung in den Elija-Elischa-Erzählungen. Untersuchungen zur literarischen Umsetzung ritueller Handlungselemente im Vergleich zur mesopotamischen keilschriftlichen Tradition (http://othes.univie.ac.at/9620/), Wien 2009, Zugriffsdatum: 22. Februar 2013. (Elemente)

–, „Lege deine Hand an den Bogen". Zum Verständnis von 2 Kön 13,16, OTE 20 (2007), 365–386. (Hand)

Keel, O., Wirkmächtige Siegeszeichen im Alten Testament. Ikonografische Studien zu Jos 8, 18–26; Ex 17, 8–13; 2Kön 13, 14–19 und 1Kön 22, 11, OBO 5, Freiburg/CH, 1974. (Siegeszeichen)

Kilian, R., Die Totenerweckungen Elias und Elisas – eine Motivwanderung?, BZ 10 (1966), 44–56. (Totenerweckungen)

Kim, J. K., Reading and Retelling Naaman's Story (2Kings 5), JSOT 30 (2005), 49–61. (Story)

Kinet, D., Ugarit – Geschichte und Kultur einer Stadt in der Umwelt des Alten Testamentes, SBS 104, Stuttgart 1981. (Ugarit)

Kirschner, R., Baraita de-Melekhet ha-Mishkan. A Critical Edition with Introduction and Translation, MHUC 15, Cincinnati 1992. (Baraita)

Kissling, H. J., Die islamischen Derwischorden, ZRGG 12 (1960), 1–16. (Derwischorden)

–, Die Wunder der Derwische, ZDMG 107 (1957), 348–361. (Wunder)

Kissling, P. J., Reliable Characters in the Primary History. Profiles of Moses, Joshua, Elijah and Elisha, JSOT.S 224, Sheffield 1996. (Characters)

Kittel, G. / Rengstorf, K. H. (Hg.), Rabbinische Texte 1. Die Tosefta, Stuttgart 1953 ff. (Tosefta)

Kittel, R., Die Bücher der Könige, HAT 1,5, Göttingen 1900. (Könige)

Klauck, H.-J., Die religiöse Umwelt des Urchristentums 1. Stadt- und Hausreligion, Mysterienkulte, Volksglaube, Stuttgart 1995. (Umwelt 1)

–, Die religiöse Umwelt des Urchristentums 2. Herrscher- und Kaiserkult, Philosophie, Gnosis, Stuttgart 1996. (Umwelt 2)

Knoppers, G., Theories of the Redaction(s) of Kings, in: A. Lemaire / B. Halpern (Hg.), The Books of Kings. Sources, Composition, Historiography and Reception, VT.S 129, Leiden 2010, 69–88. (Theories)

Knudtzon, J. A. (Hg.), Die El-Amarna-Tafeln. I–II, Leipzig 1915, Nachdruck Aalen 1964. (Amarna-Tafeln)

Koch, C., Vertrag, Treueid und Bund. Studien zur Rezeption des altorientalischen Vertragsrechts im Deuteronomium und zur Ausbildung der Bundestheologie im Alten Testament, BZAW 383, Berlin 2008. (Vertrag)

Köckert, M., „Gibt es keinen Gott in Israel?" Zum literarischen, historischen und religionsgeschichtlichen Ort von II Reg 1, in: M. Beck u. a. (Hg.), Auf dem Weg zur Endgestalt von Genesis bis II Regum, FS H.-C. Schmitt, BZAW 370, Berlin 2006, 253–271. (Gott)

–, Zum literargeschichtlichen Ort des Prophetengesetzes Dtn 18 zwischen dem Jeremiabuch und Dtn 13, in: R. G. Kratz / H. Spieckermann (Hg.), Liebe und Gebot. Studien zum Deuteronomium, FS L. Perlitt, FRLANT 190, Göttingen 2000, 80–100. (Ort)

Koehler, L. / Baumgartner, W., Hebräisches und aramäisches Lexikon zum Alten Testament, 5 Bände, Leiden ^{3}1967–1995. (HALAT)

Kollmann, B., Jesus und die Christen als Wundertäter. Studien zu Magie, Medizin und Schamanismus in Antike und Christentum, FRLANT 170, Götttingen 1996. (Jesus)

Koskenniemi, E., Apollonius von Tyana in der neutestamentlichen Exegese, Forschungsbericht und Weiterführung der Diskussion, WUNT II 61, Tübingen 1994. (Apollonius)

–, The Function of the Miracle Stories in Philostratus' Vita Apollonii Tyanensis, in: M. Labahn / B. J. Peerbolte (Hg.), Wonders Never Cease. The Purpose of Narrating Miracle Stories in the New Testament and Its Religious Environment, London 2006, 32–47. (Function)

Kottsieper, I., Die Inschrift von Tell Dan und die politischen Beziehungen zwischen Aram-Damaskus und Israel in der 1. Hälfte des 1. Jahrtausends vor Christus, in: M. Dietrich / I. Kottsieper (Hg.), „Und Moses schrieb dieses Lied auf…", FS O. Loretz, AOAT 250, Münster 1998, 475–500. (Inschrift)

Kratz, R. G., Chemosh's Wrath and Yahweh's No. Ideas of Divine Wrath in Moab and Israel, in R. G. Kratz u. a. (Hg.), Divine Wrath and Divine Mercy in the World of the Antiquity, FAT II 33, Tübingen 2008, 92–121. (Wrath)

–, „Höre Israel" und Dekalog, in: C. Frevel u. a. (Hg.), Die Zehn Worte. Der Dekalog als Testfall der Pentateuchkritik, QD 212, Freiburg 2005, 77–86. (Israel)

–, Die Komposition der erzählenden Bücher des Alten Testaments. Grundwissen der Bibelkritik, Göttingen 2000. (Komposition)

–, Der literarische Ort des Deuteronomiums, in: R. G. Kratz / H. Spieckermann (Hg.), Liebe und Gebot. Studien zum Deuteronomium, FS L. Perlitt, FRLANT 190, Göttingen 2000, 101–120. (Ort)

–, Das Neue in der Prophetie des Alten Testaments, in: K. Schmid u. a. (Hg.), Prophetie in Israel. Beiträge des Symposiums „Das Alte Testament und die Kultur der Moderne" anlässlich des 100. Geburtstages Gerhard von Rads (1901–1971) Heidelberg 18.–21. Oktober 2001, Altes Testament und Moderne 11, Münster 2003, 1–22. (Neue)

–, Die Propheten Israels, München 2003. (Propheten)

–, Prophetenstudien. Kleine Schriften 2, FAT 74, Tübingen 2011. (Prophetenstudien)

–, Die Redaktion der Prophetenbücher, in: R. G. Kratz u. a. (Hg.), Rezeption und Auslegung im Alten Testament und in seinem Umfeld. Ein Symposium aus Anlass des 60. Geburtstags von Odil Hannes Steck, OBO 153, Freiburg/CH 1997, 9–27. (Redaktion)

–, „Siehe, ich lege meine Worte in Deinen Mund". Die Propheten des Alten Testaments, in: R. G. Kratz (Hg.), Prophetenstudien. Kleine Schriften II, FAT 74, Tübingen 2011, 18–31. (Mund)

–, Der vor- und der nachpriesterschriftliche Hexateuch, in: J. C. Gertz (Hg.), Abschied vom Jahwisten. Die Komposition des Hexateuch in der jüngsten Diskussion, BZAW 315, Berlin 2002, 295–323. (Hexateuch)

–, Die Worte des Amos von Tekoa, in: R. G. Kratz (Hg.), Prophetenstudien. Kleine Schriften II, FAT 74, Tübingen 2011, 310–343. (Worte)

–, Der Zorn Kamoschs und das Nein JHWHs. Vorstellungen vom Zorn Gottes in Moab und Israel, in: R. G. Kratz (Hg.), Prophetenstudien. Kleine Schriften 2, FAT 74, Tübingen 2011, 71–98. (Zorn)

Kühlewein, J., Art. אִישׁ, THAT 1 (1978), 130–138. (Art. אִישׁ)

Lamb, D. T., Righteous Jehu and His Evil Heirs. The Deuteronomist's Negative Perspective on Dynastic Succession, Oxford 2007. (Jehu)

Landersdorfer, S., Die Bücher der Könige, HSAT(K) 3,2, Bonn 1927. (Könige)

Lang, B., Art. Prophet I. AT, in: NBL 3 (2001), 172–184. (Art. Prophet)

–, Wie wird man Prophet in Israel? Aufsätze zum Alten Testament, Düsseldorf 1980. (Prophet)

Lange, A., Greek Seers and Israelite-Jewish Prophets, VT 57 (2007), 461–482. (Seers)

Lasine, S., „Go in Peace" or „Go to Hell"? Elisha, Naaman and the Meaning of Monotheism in 2 Kings 5, SJOT 25 (2011), 3–28. (Peace)

–, Jehoram and the Cannibal Mothers (2 Kings 6.24–33). Solomon's Judgement in an Inverted World, JSOT 50 (1991), 27–53. (Jehoram)

Lehmann, R. G., Friedrich Delitzsch und der Babel-Bibel-Streit, OBO 133, Freiburg 1994. (Delitzsch)

Lehnhart, B., Prophet und König im Nordreich Israel, VT.S 96, Leiden 2003. (Prophet)

Lemche, N. P., The Israelites in History and Tradition, Louisville 1998. (Israelites)

Leuchter, M., Rhetorical Implications of Source Citations in Kings, in: M. Leuchter / K.-P. Adam (Hg.), Soundings in Kings. Perspectives and Methods in Contemporary Scholarship, Minneapolis 2010. (Implications)

Leuchter, M. / Adam, K.-P. (Hg.), Soundings in Kings. Perspectives and Methods in Contemporary Scholarship, Minneapolis 2010. (Soundings)

Levin, C., Erkenntnis Gottes durch Elia, in: ders., Fortschreibungen. Gesammelte Studien zum Alten Testament, BZAW 316, Berlin 2002, 158-168. (Erkenntnis)

–, Joschija im deuteronomistischen Geschichtswerk, ZAW 96 (1984), 351–370. (Joschija)

–, Der Sturz der Königin Atalja. Ein Kapitel zur Geschichte Judas im 9. Jh. v. Chr., SBS 105, Stuttgart 1982. (Sturz)

Levine, N., Twice as Much of Your Spirit. Pattern, Parallel and Paronomasia in the Miracles of Elijah and Elisha, JSOT 85 (1999), 25–46. (Spirit)

Lichtenberger, H. u. a. (Hg.), Jüdische Schriften aus hellenistisch-römischer Zeit (JSHRZ) I–VI, Gütersloh 1973 ff. (JSHRZ)

Lisowsky, G., Konkordanz zum Hebräischen Alten Testament, Verbesserte Aufl., Stuttgart 1958. (Konkordanz)

Lohse, E., Die Texte aus Qumran. Hebräisch und Deutsch, Darmstadt ²1981. (Texte)

Long, B. O., 2 Kings, FOTL 10, Grand Rapids 1991. (2 Kings)

–, 2 Kings III and Genres of Prophetic Narrative, VT 23 (1973), 337–348. (Genres)

–, The Social Setting for Prophetic Miracle Stories, Semeia 3 (1975), 46–59. (Setting)

Long, J. C., Elisha's Deceptive Prophecy in 2 Kings 3. A Response to Raymond Westbrook, JBL 126 (2007), 168–171. (Prophecy)

Long, J. C. / Sneed, M., „Yahwe Has Given These Three Kings into the Hand of Moab". A Socio-Literary Reading of 2 Kings 3, in: J. Kaltner (Hg.), Inspired Speech, FS H. B. Huffmon, London 2008, 253–275. (Yahwe)

Loretz, O., Ugarit und die Bibel. Kanaanäische Götter und Religion im Alten Testament, Darmstadt 1990. (Ugarit)

Lundbom, J. R., Elijah's Chariot Ride, JJS 24 (1973), 39–50. (Ride)

Lust, J., On Wizards and Prophets, in: G. W. Anderson u. a. (Hg.), Studies on Prophecy, VT.S 26, Leiden 1974, 133–142. (Wizards)

Luz, U., Art. Nachfolge Jesu I. Neues Testament, in: TRE 23 (1994), 678–686. (Art. Nachfolge)

Majoros-Danowski, J., Elija im Markusevangelium. Ein Buch im Kontext des Judentums, BWANT 180, Stuttgart 2008. (Elija)

Malamat, A., Mari and the Bible, Studies in the History and Culture of the Ancient Near East 12, Leiden 1998. (Bible)

–, Mari and the Early Israelite Experience, Oxford 1989. (Mari)

Mandelkern, S., Veteris Testamenti concordantiae hebraicae (2 Bd.), Graz 1955. (Konkordanz)

Marzolph, U. (Hg.), Nasreddin Hodscha. 666 wahre Geschichten, München ²2002. (Nasreddin)

Maul, S. M., Die Heilkunst des Alten Orients, in: A. Karenberg / C. Leitz (Hg.), Heilkunde und Hochkultur II. „Magie und Medizin" und „Der alte Mensch" in den antiken Zivilisationen des Mittelmeerraumes, Naturwissenschaft – Philosophie – Geschichte 16, Münster 2002, 3–19. (Heilkunst)

–, Die Lösung vom Bann. Überlegungen zu altorientalischen Konzeptionen von Krankheit und Heilkunst, in: M. Stol u.a. (Hg.), Magic and Rationality in Ancient Near Eastern and Graeco-Roman Medicine, Leiden 2004, 79–95. (Lösung)

–, Art. Namburbi (Löseritual), in: RlA 9 (1996–1998), 92–94. (Art. Namburbi)

–, Art. Omina und Orakel. A. Mesopotamien, in: RlA 10 (2003–2005), 45–88. (Art. Omina)

–, Die Reste einer mittelassyrischen Beschwörerbibliothek aus dem Königspalast zu Assur, in: W. Sallaberger u.a. (Hg.), Literatur, Politik und Recht in Mesopotamien, FS C. Wilcke, Wiesbaden 2003, 181–194. (Reste)

–, Zukunftsbewältigung. Eine Untersuchung altorientalischen Denkens anhand der babylonisch-assyrischen Löserituale (Namburbi), Baghdader Forschungen 18, Mainz 1994. (Zukunftsbewältigung)

Mazar, A. / Ahituv, S., Inscriptions from Tel Rehov and their Contribution to the Study of Writing and Literacy during the Iron Age IIA (hebr.), ErIs 30 (2011), 300–316. (Inscriptions)

McKenzie, S. L., The Trouble with Kings. The Composition of the Books of Kings in the Deuteronomistic History, VT.S 42, Leiden 1991. (Trouble)

Meier, G., Die assyrische Beschwörungssammlung Maqlû, AfO.B 2, Berlin 1937. (Beschwörungssammlung)

Meiser, M., Die Reaktion des Volkes auf Jesus. Eine redaktionskritische Untersuchung zu den synoptischen Evangelien, BZNW 96, Berlin 1998. (Reaktion)

Merlo, P., āpilum of Mari. A Reappraisal, UF 36 (2004), 223–332. (Mari)

Michel, O. u.a. (Hg.), Flavius Josephus, De Bello Judaico. Der jüdische Krieg. Griechisch und Deutsch I–III, Darmstadt 1959–1969. (De Bello Judaico I–III)

Miller, J. M., The Elisha Cycle and the Accounts of the Omride Wars, JBL 85 (1966), 441–454. (Elisha Cycle)

Minokami, Y., Die Revolution des Jehu, GTA 38, Göttingen 1989. (Revolution)

Mommer, P., Der Diener des Propheten. Die Rolle Gehasis in der Elisa-Überlieferung, in: P. Mommer u.a. (Hg.), Gottes Recht als Lebensraum, FS H. J. Boecker, Neukirchen-Vluyn 1993. (Diener)

Montgomery, J. u.a., The Books of Kings, ICC 6, Edinburgh 1951. (Kings)

Moore, M. S., The Balaam Traditions. Their Character and Development, SBL.DS 113, Atlanta 1990. (Balaam)

Moore, R. D., God saves. Lessons from the Elisha stories, JSOT.S 95, Sheffield 1990. (God)

Mowinckel, S., Religion und Kultus, Göttingen 1953. (Religion)

Müller, H.-P., Die Funktion divinatorischen Redens und die Tierbezeichnungen der Inschrift von Tell Deir 'Alla, in: J. Hoftijzer / G. van der Kooij, The Balaam Text from Deir 'Alla Re-Evaluated. Proceedings of the International Symposium held at Leiden 21–24 August 1989, Leiden 1991, 185–205. (Funktion)

Mulzer, M., Elischas Diener Gehasi in 2Kön 4, BZ 55 (2011), 249–256. (Gehasi)

–, Jehu schlägt Joram. Text-, literar- und strukturkritische Untersuchungen zu 2Kön 8,25–10,36, ATSAT 37, St. Ottilien 1992. (Jehu)

Mumprecht, V., Philostratos. Das Leben des Apollonius von Tyana, München 1983. (Philostratos)

Nestle, E. / Aland, K. u. B. (Hg.), Novum Testamentum Graece, Stuttgart [27]1993.

Neusner, J., Judaism, Christianity and Zoroastrianism in Talmudic Babylonia, Studies in Judaism, New York 1986. (Judaism)

–, The Tosefta. Translated from the Hebrew I–IV, New York 1977–1981. (Tosefta)

Niehr, H., Mantik, Magie und Medizin, in: I. Cornelius / H. Niehr (Hg.), Götter und Kulte in Ugarit. Kultur und Religion einer Nordsyrischen Königsstadt in der Spätbronzezeit, Mainz 2004, 75–78. (Mantik)

Nissinen, M., How Prophecy became Literature, SJOT 19 (2005), 153–171. (Literature)

–, Das kritische Potential in der altorientalischen Prophetie, in: M. Nissinen / M. Köckert (Hg.), Propheten in Mari, Assyrien und Israel, FRLANT 201, Göttingen 2003, 1–32. (Potential)

–, Das Problem der Prophetenschüler, in: J. Pakkala / M. Nissinen (Hg.), Houses Full of All Good Things, FS T. Veijola, SESJ 95, Helsinki 2008, 337–353. (Problem)

Nissinen, M. (Hg.), Prophecy in Its Ancient Near Eastern Context. Mesopotamian, Biblical, and Arabian Perspectives, SBL.SS 13, Atlanta 2000. (Prophecy)

–, Prophets and Prophecy in the Ancient Near East, SBL.WAW 12, Atlanta 2003. (Prophets)

Nissinen, M., References to Prophecy in Neo-Assyrian Sources, SAA.S 7, Helsinki 1998. (References)

–, Die Relevanz der neuassyrischen Prophetie für die alttestamentliche Forschung, in: M. Dietrich / O. Loretz (Hg.), Mesopotamia – Ugaritica – Biblica, FS K. Bergerhof, AOAT 232, Neukirchen-Vluyn 1993, 217–253. (Relevanz)

–, The Socioreligious Role of the Neo-Assyrian Prophets, in: M. Nissinen (Hg.), Prophecy in Its Ancient Near Eastern Context. Mesopotamian, Biblical, and Arabian Perspectives, SBL.SS 13, Atlanta 2000, 89–114. (Role)

–, What is Prophecy? An Ancient Near Eastern Perspective, in: J. Kaltner u. a. (Hg.), Inspired Speech. Prophecy in the Ancient Near East, FS H. B. Huffmon, London 2004, 17–37. (Perspective)

Noll, K. L., Is the Book of Kings Deuteronomistic? And Is It a History?, SJOT 21 (2007), 49–72. (Book)

Noort, E., Untersuchungen zum Gottesbescheid aus Mari, AOAT 202, Neukirchen-Vluyn 1977. (Untersuchungen)

Noth, M., Überlieferungsgeschichtliche Studien, Darmstadt [3]1967 (Repr. von 1943). (Studien, zitiert nach den Originalseitenzahlen)

–, Die Ursprünge des Alten Israel im Lichte neuer Quellen, Arbeitsgemeinschaft für Forschung des Landes Nordrhein-Westfalen: Geisteswissenschaften 94, Opladen 1961. (Ursprünge)

Nötscher, F., Altorientalischer und alttestamentlicher Auferstehungsglauben, Darmstadt (Nachdr.) 1970. (Auferstehungsglauben)

–, Die Omen-Serie šumma âlu ina mêlê šakin (CT 38–40), Or 32, Rom 1929. (Omen-Serie)

Nützel, J. M., Elija- und Elischa-Traditionen im Neuen Testament, BiKi 41 (1986), 160–171. (Elija)

Öhler, M., Elia im Neuen Testament. Untersuchungen zur Bedeutung des alttestamentlichen Propheten im frühen Christentum, BZNW 88, Berlin 1997. (Elia)

–, Elija und Elischa, in: M. Öhler (Hg.), Alttestamentliche Gestalten im Neuen Testament. Beiträge zur Biblischen Theologie, Darmstadt 1999, 184–203. (Elija)

Olley, J. W., 2Kings 13. A Cluster of Hope, JSOT 36 (2011), 199–218. (Cluster)

del Olmo Lete, G., Canaanite Religion According to the Liturgical Texts of Ugarit, Winona Lake 2004. (Religion)

Oppenheim, A. L., „Siege Documents" from Nippur, Iraq 17 (1955), 69–89. (Siege)

Ott, K., Die prophetischen Analogiehandlungen im Alten Testament, BWANT 185, Stuttgart 2009. (Analogiehandlungen)

Otto, B.-C., Magie. Rezeptions- und diskursgeschichtliche Analysen von der Antike bis zur Neuzeit, RGVV 57, Berlin 2011. (Magie)

Otto, S., The Composition of the Elijah-Elisha Stories and the Deuteronomistic History, JSOT 27 (2003), 487–508. (Composition)

–, Jehu, Elia und Elisa. Die Erzählung von der Jehu-Revolution und die Komposition der Elia-Elisa-Erzählungen, BWANT 152, Stuttgart 2001.

Overholt, T. W., Elijah and Elisha in the Context of Israelite Religion, in: S. B. Reid (Hg.), Prophets and Paradigms, FS G. M. Tucker, JSOT.S 229, Sheffield 1996, 94–111. (Elijah)

–, Prophecy. The Problem of Cross-Cultural Comparison, in: C. E. Carter / C. L. Meyers (Hg.), Community, Identity, and Ideology. Social Science Approaches to the Hebrew Bible, Winona Lake 1996, 423–447. (Prophecy)

–, Seeing is Believing. The Social Setting of Prophetic Acts of Power, JSOT 23 (1982), 3–32. (Seeing)

Pakkala, J., Die Entwicklung der Gotteskonzeptionen in den deuteronomistischen Redaktionen von polytheistischen zu monotheistischen Vorstellungen, in: M. Witte u. a. (Hg.), Die deuteronomistischen Geschichtswerke. Redaktions- und religionsgeschichtliche Perspektiven zur „Deuteronomismus"-Diskussion in Tora und Vorderen Propheten, BZAW 365, Berlin 2006, 239–248. (Entwicklung)

–, Intolerant Monolatry in the Deuteronomistic History, SESJ 76, Helsinki 1999. (Monolatry)

Pardee, D., Ritual and Cult in Ugarit, SBL.WAW 10, Leiden 2002. (Ritual)

Parker, S. B., Ancient Northwest Semitic Epigraphy and the „Deuteronomistic" Tradition in Kings, in: M. Witte u. a. (Hg.), Die deuteronomistischen Geschichtswerke. Redaktions- und religionsgeschichtliche Perspektiven zur „Deuteronomismus"-Diskussion in Tora und Vorderen Propheten, BZAW 365, Berlin 2006, 213–227. (Epigraphy)

Parpola, S., Assyrian Prophecies, SAA 9, Helsinki 1997. (Prophecies)

–, Letters from Assyrian and Babylonian Scholars, SAA 10, Helsinki 1993. (Letters)

Parpola, S. / Watanabe, K., Neo-Assyrian Treaties and Loyalty Oaths, SAA 2, Helsinki 1988. (Treaties)

Petersen, D. L., Defining Prophecy and Prophetic Literature, in: M. Nissinen (Hg.), Prophecy in Its Ancient Near Eastern Context. Mesopotamian, Biblical, and Arabian Perspectives, SBL.SS 13, Atlanta 2000, 33–39. (Prophecy)

–, The Roles of Israel's Prophets, JSOT.S 17, Sheffield 1981. (Roles)

Petzke, G., Die Traditionen über Apollonius von Tyana und das Neue Testament, SCHNT 1, Leiden 1970. (Traditionen)

Preisendanz, K. (Hg.), Papyri Graecae Magicae 1–2. Die griechischen Zauberpapyri, Leipzig 1928–1931. (Papyri 1–2)

Pritchard, J. B., Ancient Near Eastern Texts Relating to the Old Testament, Princeton 1950. (ANET)

Provan, I. W., 1 and 2 Kings, NIB 3, Peabody ²1999. (Kings)

Puech, E., Bala'am and Deir 'Alla, in: G. H. van Kooten / J. van Ruiten (Hg.), The Prestige of the Pagan Prophet Balaam in Judaism, Early Christianity and Islam, Themes in Biblical Narrative 11, Leiden 2008, 25–47. (Bala'am)

de Pury, A. u. a. (Hg.), Israel Constructs Its History. Deuteronomistic Historiography in Recent Research, JSOT.S 306, Sheffield 2000. (Israel)

Quell, G., Das Phänomen des Wunders im Alten Testament, in: A. Kuschke (Hg.), Verbannung und Heimkehr, FS W. Rudolph, Tübingen 1961, 253–300. (Phänomen)

von Rad, G., Der heilige Krieg im alten Israel, Göttingen ⁵1969. (Krieg)

Rahlfs, A., Septuaginta. Id est Vetus Testamentum Graece iuxta LXX interpretes, Stuttgart (¹1935) ⁹o.J. (LXX)

–, Septuaginta-Studien 3. Lucians Rezension der Königsbücher, Göttingen 1911. (Septuaginta-Studien)

Rahlfs, A. / Hanhart, R., Septuaginta. Id est Vetus Testamentum Graece iuxta LXX interpretes. Editio altera, Stuttgart 2006. (LXX e. a.)

Ratschow, C. H., Art. Magie I. Religionsgeschichtlich, in: TRE 21 (1991), 686–691. (Art. Magie)

Rehm, M., Das zweite Buch der Könige, Würzburg 1982. (2. Könige)

Reim, G., Studien zum alttestamentlichen Hintergrund des Johannesevangeliums, MSSNTS 22, Cambridge 1974. (Studien)

Reiner, E., Šurpu. A Collection of Sumerian and Akkadian Incantations. AfO.B 11, Graz 1958. (Šurpu)

Reitzenstein, R., Die hellenistischen Mysterienreligionen nach ihren Grundgedanken und Wirkungen, Darmstadt ³1966. (Mysterienreligionen)

–, Hellenistische Wundererzählungen, Darmstadt ²1963. (Wundererzählungen)

Reiser, W., Eschatologische Gottessprüche in den Elisa-Legenden, ThZ 9 (1953), 320–338. (Gottessprüche)

Rendsburg, G. A., Israelian Hebrew in the Book of Kings, Bethesda 2002. (Israelian Hebrew)

Renger, J., Untersuchungen zum Priestertum in der altbabylonischen Zeit. 1. Teil, ZA 58 (1967), 110–188. (Untersuchungen 1)

–, Untersuchungen zum Priestertum in der altbabylonischen Zeit. 2. Teil, ZA 59 (1969), 104–230. (Untersuchungen 2)

Rengstorf, K. H. / Rost, L. (Hg.), Die Mischna, begr. v. G. Beer und O. Holtzmann, Gießen 1912 ff. (Mischna)

Rentería, T. H., The Elijah/Elisha Stories. The Socio-Cultural Analysis of Prophets and People in Ninth Century BCE Israel, in: R. B. Coote (Hg.), Elijah and Elisha in Socio-Literary Perspective, Atlanta 1992, 75–126. (Stories)

Renz, J. / Röllig, W., Handbuch der Althebräischen Epigraphik I. Die Althebräischen Inschriften, Darmstadt 1995. (Handbuch I)

–, Handbuch der Althebräischen Epigraphik III. Texte und Tafeln, Darmstadt 1995. (Handbuch III)

Riemer, U., Miracle Stories and Their Narrative Intent in the Context of the Ruler Cult of Classical Antiquity, in: M. Labahn / B. J. Peerbolte (Hg.), Wonders Never Cease. The Purpose of Narrating Miracle Stories in the New Testament and Its Religious Environment, London 2006, 32–47. (Miracle)

Ritter, E. K., Magical Expert (=Ašipu) and Physician (=Asû), Notes on two complementary professions in Babylonian medicine, in: H. G. Güterbock u. a. (Hg.), Studies in Honor of Benno Landsberger, AS 16, Chicago 1965, 299–321. (Expert)

Robker, J. M., The Jehu Revolution. A Royal Tradition of the Northern Kingdom and Its Ramifications, BZAW 435, Berlin 2012. (Jehu)

Rofé, A., Classes in the Prophetical Stories. Legenda and Parable, in: G. W. Anderson u. a. (Hg.), Studies on Prophecy, VT.S 26, Leiden 1974, 143–164. (Classes)

–, The Classification of Prophetical Stories, JBL 89 (1970), 427–440. (Classification)

–, The Prophetical Stories. The Narratives about the Prophets in the Hebrew Bible, Their Literary Types and History. Jerusalem 1988. (Stories)

Römer, T. (Hg.), The Future of the Deuteronomistic History, BEThL 147, Leuven 2000. (Future)

Römer, T., The So-Called Deuteronomistic History. A Sociological, Historical and Literary Introduction, London 2007. (History)

Roncace, M., Elisha and the Woman of Shunem. 2 Kings 4.8–37 and 8.1–6 Read in Conjunction, JSOT 91 (2001), 109–127. (Elisha)

Rost, L., Gruppenbildungen im Alten Testament, ThLZ 80 (1955), 1–8. (Gruppenbildungen)

Rüterswörden, U., Der Prophet in den Lachisch-Ostraka, in: C. Hardmeier (Hg.), Steine – Bilder – Texte. Historische Evidenz außerbiblischer und biblischer Quellen, Arbeiten zur Bibel und ihrer Geschichte 5, Leipzig 2001, 179–192. (Prophet)

Sallaberger, W. / Huber Vulliet, F., Art. Priester. A. I. Mesopotamien, in: RlA 10, Berlin 2003–2005, 617–640. (Art. Priester)

Sass, B., Arrowheads with Phoenician Inscriptions: If Not Instruments for Belomancy, What?, in: J.-M. Durand / A. Jacquet (Hg.), Magie et divination dans les cultures de l'Orient, Paris 2010, 61–72. (Arrowheads)

Satterthwaite, P. E., The Elisha Narratives and the Coherence of 2 Kings 2–8, TynB 49 (1998), 1–28. (Narratives)

Sauer, G., Jesus Sirach / Ben Sira, ATD.A 1, Göttingen 2000. (Ben Sira)

Schäfer-Lichtenberger, C., ‚Josua' und ‚Elischa' – eine biblische Argumentation zur Begründung der Autorität und Legitimität des Nachfolgers, ZAW 101 (1989), 198–222. (Josua)

Šanda, A., Die Bücher der Könige I. Das erste Buch der Könige, EHAT 9,1, Münster 1911. (Könige I)

–, Die Bücher der Könige II. Das zweite Buch der Könige, EHAT 9,2, Münster 1912. (Könige II)

Schimmel, A., Mystische Dimensionen des Islam. Die Geschichte des Sufismus, München ^{2}1992. (Dimensionen)

–, Sufismus. Eine Einführung in die islamische Mystik, München 2000. (Sufismus)

Schipper, B. U., Die Erzählung des Wenamun. Ein Literaturwerk im Spannungsfeld von Politik, Geschichte und Religion, OBO 209, Freiburg/CH 2005. (Erzählung)

Schirren, T., Philosophos Bios. Die antike Philosophenbiographie als symbolische Form. Studien zur Vita Apollonii, BKAW.NF 115, Heidelberg 2005. (Bios)

Schmitt, A., Entrückung – Aufnahme – Himmelfahrt. Untersuchungen zu einem Vorstellungsbereich im Alten Testament, fzb 10, Würzburg 1973. (Entrückung)

–, Die Totenerweckung in 1Kön 17,17–24. Eine form- und gattungskritische Untersuchung, VT 27 (1977), 454–474. (Totenerweckung 1Kön)

–, Die Totenerweckung in 2Kön 4,8–37. Eine literaturwissenschaftliche Untersuchung, BZ 19 (1975), 1–25. (Totenerweckung 2Kön)

Schmitt, H.-C., Elisa. Traditionsgeschichtliche Untersuchungen zur vorklassischen nordisraelitischen Prophetie, Gütersloh 1972. (Elisa)

Schmitt, R., Magie im Alten Testament, AOAT 313, Münster 2004. (Magie)

Schöpflin, K., Naaman. Seine Heilung und Bekehrung im Alten und Neuen Testament, BN NF 141 (2009), 35–56. (Naaman)

Schult, H., Naemans Übertritt zum Yahwismus (2 Könige 5,1–19a) und die biblischen Bekehrungsgeschichten, DBAT 9 (1975), 2–20. (Übertritt)

Schweizer, G., Die Derwische. Heilige und Ketzer des Islam, Salzburg 1980. (Derwische)

Schweizer, H., Elischa in den Kriegen. Literaturwissenschaftliche Untersuchung von 2 Kön 3; 6,8–23; 6,24–7,20, STANT 37, München 1974. (Elischa)

–, Literarkritischer Versuch zur Erzählung von Mich ben Jimla (1 Kön 22), BZ 23 (1979), 1–19. (Versuch)

Schwemer, D., Abwehrzauber und Behexung. Studien zum Schadenzauberglauben im alten Mesopotamien, Wiesbaden 2007. (Abwehrzauber)

–, Die Wettergottgestalten Mesopotamiens und Nordsyriens im Zeitalter der Keilschriftkulturen, Wiesbaden 2001. (Wettergottgestalten)

Scurlock, J., Magico-Medical Means of Treating Ghost-Induced Illnesses in Ancient Mesopotamia, Ancient Magic and Divination 3, Leiden 2006. (Means)

–, Physician, Exorcist, Conjurer, Magician. A Tale of Two Healing Professions, in: T. Abusch / K. van der Toorn (Hg.), Mesopotamian Magic. Textual, Historical, and Interpretative Perspectives, Ancient Magic and Divination 1, Groningen 1999, 69–79. (Physician)

Seebaß, H., Art. Elisa, in: TRE 9 (1982), 506–509. (Art. Elisa)

Seeligmann, I. L., Zur Geschichte und zum Charakter der Prophetie in Israel, in: E. Blum (Hg.), I. L. Seeligmann. Gesammelte Studien zur Hebräischen Bibel, FAT 41, Tübingen 2004, 55–75. (Geschichte)

Sekine, M., Literatursoziologische Beobachtungen zu den Elisaerzählungen, AJBI 1 (1975), 39–62. (Beobachtungen)

Seyfarth, W. (Hg.), Ammianus Marcellinus. Römische Geschichte. Lateinisch und Deutsch 1–4, Schriften und Quellen der alten Welt 21,1–4, Darmstadt ³1983–1986. (Geschichte 1–4)

Shah, I., The Sufis, London ²1977. (Sufis)

–, Die Sufis, Düsseldorf 1976. (Sufis dt.)

Shemesh, Y., The Elisha Stories and Saints Legends, JHS 8 (2008), Article 5, (http://www.arts.ualberta.ca/JHS/Articles/article_82.pdf), Edmonton 1996ff, Zugriffsdatum: 6. Oktober 2011, 1–41. (Stories)

Shields, M. E., Subverting a Man of God, Elevating a Woman. Role and Power Reversal in 2 Kings 4, JSOT 58 (1993), 59–69. (Man)

Shumanijasow, A. / Stein, H. (Hg.), Der Sündensack. Anekdoten, Schwänke, Witze von Nasriddin Afandi aus Usbekistan, Leipzig 1991. (Sündensack)

Skehan, P. W. / Di Lella, A. A., The Wisdom of Ben Sira, AncB 39, New York 1987. (Wisdom)

Smelik, K. A. D., Das Kapitel 2.Könige 5 als literarische Einheit, DBAT 25 (1988), 29–47. (Kapitel)

Smend, R., Der biblische und der historische Elia, in: R. Smend (Hg.), Zur ältesten Geschichte Israels, Gesammelte Studien 2, München 1987, 229–243. (Elia)

–, Die Entstehung des Alten Testaments, ThW 1, Stuttgart 1989. (Entstehung)

–, Das Gesetz und die Völker, in: H. W. Wolff (Hg.), Probleme Biblischer Theologie, FS G. v. Rad, München 1971, 494–509. (Gesetz)

–, Das Wort Jahwes an Elia, VT 25 (1975), 525–543. (Wort)

Smith, M., Jesus der Magier, München 1981 (Jesus)

Sperber, D., Weak Waters, ZAW 82 (1970), 114–116. (Waters)

Stade, B. / Schwally, F., The Books of Kings, SBOT 9, Leipzig 1904. (Kings)

Stamm, J. J., Erlösen und Vergeben im Alten Testament. Eine begriffsgeschichtliche Untersuchung, Bern 1940. (Erlösen)

Stausberg, M., Die Religion Zarathustras. Geschichte – Gegenwart – Rituale 1, Stuttgart 2002. (Religion)

Steck, O. H., Israel und das gewaltsame Geschick der Propheten. Untersuchungen zur Überlieferung des Deuteronomistischen Geschichtsbildes im Alten Testament, Spätjudentum und Urchristentum, WMANT 23, Neukirchen-Vluyn 1967. (Israel)

–, Überlieferung und Zeitgeschichte in den Elia-Erzählungen, WMANT 26, Neukirchen-Vluyn 1968. (Überlieferung)

Stipp, H.-J., Ahabs Buße und die Komposition des Deuteronomistischen Geschichtswerks, Bib. 76 (1995), 471–497. (Buße)

–, Art. Elischa, in: NBL 1 (1991), 522–523. (Art. Elischa)

–, Elischa – Propheten – Gottesmänner, ATSAT 24, St. Ottilien 1987. (Elischa)

–, Traditionsgeschichtliche Beobachtungen zu den Kriegserzählungen der Königsbücher, RB 104 (1999), 481–511. (Beobachtungen)

–, Vier Gestalten einer Totenerweckungserzählung, Bib. 80 (1999), 43–77. (Gestalten)

Stökl, J., How Unique Was Israelite Prophecy?, in: A. T. Levenson (Hg.), The Wiley-Blackwell History of Jews and Judaism, Chichester 2012, 53–69. (Unique)

–, Prophecy in the Ancient Near East, A Philological and Sociological Comparison, Culture and History of the Ancient Near East 52, Leiden 2012. (Prophecy)

Stolz, F., Jahwes und Israels Kriege. Kriegstheorien und Kriegserfahrungen im Glauben des alten Israels, AThANT 60, Zürich 1972. (Kriege)

Strübind, K., Tradition als Interpretation in der Chronik. König Josaphat als Paradigma chronistischer Hermeneutik und Theologie, BZAW 201, Berlin 1991. (Tradition)

Sweeney, M., I & II Kings. A Commentary, OTL, Louisville 2007. (Kings)

de Tarragon, J.-M., Witchcraft, Magic, and Divination in Canaan and Ancient Israel, in: J. M. Sasson u. a. (Hg.), Civilizations of the Ancient Near East III, Peabody/MA 1995, 2071–2081. (Witchcraft)

Theißen, G., Urchristliche Wundergeschichten. Ein Beitrag zur formgeschichtlichen Erforschung der synoptischen Evangelien, StNT 8, Gütersloh 1974. (Wundergeschichten)

Theißen, G. / Merz, A., Der historische Jesus. Ein Lehrbuch, Göttingen [3]2001. (Jesus)

Then, R., „Gibt es denn keinen mehr unter den Propheten?" Zum Fortgang der alttestamentlichen Prophetie in frühjüdischer Zeit, BEAT 22, Frankfurt 1990. (Propheten)

Thenius, O., Die Bücher der Könige, KeH 9, Leipzig [2]1873. (Könige)

Thiel, W., Character and Function of Divine Sayings in the Elijah and Elisha Traditions, in: H. Graf Reventlow (Hg.), Eschatology in the Bible and in Jewish and Christian Tradition, JSOT.S 243, Sheffield 1997, 189–199. (Character)

–, Art. Elisa, in: RGG[4] 2 (1999), 1218–1220. (Art. Elisa)

–, Die Erkenntnisaussage in den Elia- und Elisa-Überlieferungen, in: D. Vieweger u. a. (Hg.), Von Gott reden. Beiträge zur Theologie und Exegese des Alten Testaments, FS S. Wagner, Neukirchen-Vluyn 1995, 256–269. (Erkenntnisaussage)

–, Essen und Trinken in der Elia- und Elisa-Tradition, in: T. Naumann u. a. (Hg.), Diasynchron. Beiträge zur Exegese, Theologie und Rezeption der Hebräischen Bibel, FS W. Dietrich, Stuttgart 2009, 375–388. (Essen)

–, Gebete in der Elia- und Elisa-Tradition, in: M. Witte (Hg.), Gott und Mensch im Dialog I, FS O. Kaiser, BZAW 345,1, Berlin 2004, 439–447. (Gebete)

–, Jahwe und Prophet in der Elisa-Tradition, in: J. Hausmann u. a. (Hg.), Alttestamentlicher Glaube und Biblische Theologie, FS H. D. Preuß, Stuttgart 1992, 93–103. (Jahwe)

–, Könige II, BKAT 9,2, Neukirchen-Vluyn 2000ff. (Könige II)

–, Das „Land" in den Elia- und Elisa-Überlieferungen, in: M. Pradký (Hg.), Landgabe. FS J. Heller, Prag/Kampen 1995, 64–75. (Land)

–, Sprachliche und thematische Gemeinsamkeiten nordisraelitischer Prophetenüberlieferung, in: J. Zmijewski (Hg.), Die alttestamentliche Botschaft als Wegweisung, FS H. Reinelt, Stuttgart 1990, 359–376. (Gemeinsamkeiten)

–, Zu Ursprung und Entfaltung der Elia-Tradition, in: K. Grünwaldt / H. Schroeter (Hg.), Was suchst du hier, Elia? Ein hermeneutisches Arbeitsbuch, Hermeneutica 4, Rheinbach-Merzbach 1995, 27–39. (Ursprung)

Thomas, W., Again „The Prophet" in the Lachish Ostraca, in: J. Hempel / L. Rost (Hg.), Von Ugarit nach Qumran. Beiträge zur Alttestamentlichen und Altorientalischen Forschung, FS O. Eissfeldt, BZAW 77, Berlin 1958. (Ostraca)

–, „The Prophet" in the Lachish Ostraca, The Tyndale Old Testament Lecture 1945, London 1946. (Prophet)

Thomsen, M.-L., Zauberdiagnose und schwarze Magie in Mesopotamien, Kopenhagen 1987. (Zauberdiagnose)

Thompson, T. L., Early History of the Israelite People, Leiden 1992. (History)

–, The Mythic Past. Biblical Archaeology and the Myth of Israel, New York 1999. (Past)

Tilly, M., Johannes der Täufer und die Biographie der Propheten. Die synoptische Täuferüberlieferung und das jüdische Prophetenbild zur Zeit des Täufers, BWANT 137, Stuttgart 1994. (Johannes)

Timm, S., Die Dynastie Omri. Quellen und Untersuchungen zur Geschichte Israels im 9. Jahrhundert vor Christus, FRLANT 124, Göttingen 1982. (Dynastie)

du Toit, D. S., Theios Anthropos. Zur Verwendung von theios anthrōpos und sinnverwandten Ausdrücken in der Literatur der Kaiserzeit, WUNT II 91, Tübingen 1997. (Anthropos)

van der Toorn, K., Prophecy between Immanence and Transcendence. A Comparison of Old Babylonian and Neo-Assyrian Prophecy, in: M. Nissinen (Hg.), Prophecy in Its Ancient Near Eastern Context. Mesopotamian, Biblical, and Arabian Perspectives, SBL.SS 13, Atlanta 2000. (Prophecy)

Torczyner, H. u .a. (Hg.), Lachish I. The Lachish Letters, London 1938. (Lachish I)

Trebolle, J., Qumran Fragments of the Books of Kings, in: A. Lemaire / B. Halpern (Hg.), The Books of Kings. Sources, Composition, Historiography and Reception, VT.S 129, Leiden 2010, 19–39. (Qumran)

Tropper, J., Elischa und die „große" Frau aus Schunem (2Kön 4,8–37), KUSATU 3 (2002), 71–80. (Elischa)

Trumbower, J. A., The Historical Jesus and the Speech of Gamaliel (Acts 5.35–9), NTS 39 (1993), 500–517. (Jesus)

Uffenheimer, B., Early Prophecy in Israel, Jerusalem 1999. (Prophecy)

Ulrich, E. (Hg.), The Biblical Qumran Scrolls. Transcriptions and Textual Variants, VT.S 134, Leiden 2010. (Qumran)

Vattioni, F., Ecclesiastico. Testo ebraico con apparato critico e versione greca, latina e siriaca, Neapel 1968. (Ecclesiastico)

Veijola, T., Die ewige Dynastie. David und die Entstehung seiner Dynastie nach der deuteronomistischen Darstellung, STAT 193, Helsinki 1975. (Dynastie)

–, Das Königtum in der Beurteilung der deuteronomistischen Historiographie. Eine redaktionsgeschichtliche Untersuchung, STAT 198, Helsinki 1977. (Königtum)

–, Moses Erben. Studien zum Dekalog, zum Deuteronomismus und zum Schriftgelehrtentum, BWANT 149, Stuttgart 2000. (Erben)

Veltri, G., Magic and Healing, in: C. Heszer (Hg.), The Oxford Handbook of Jewish Life in Roman Palestine, Oxford 2010, 587–602. (Magic)

–, Magie und Halakha. Ansätze zu einem empirischen Wissenschaftsbegriff im spätantiken und frühmittelalterlichen Judentum, TSAJ 62, Tübingen 1997. (Magie)

–, Der Magier im antiken Judentum. Von empirischer Wissenschaft zur Theologie, in: A. Grafton / M. Idel (Hg.), Der Magus. Seine Ursprünge und seine Geschichte in verschiedenen Kulturen, Berlin 2001, 147–167. (Magier)

Vermes, G., Hanina ben Dosa. A Controversial Galilean Saint from the First Century of the Christian Era (I), JJS 23 (1972), 28–50. (Hanina 1)

–, Hanina ben Dosa. A Controversial Galilean Saint from the First Century of the Christian Era (II), JJS 24 (1973), 51–64. (Hanina 2)

Wahl, O., Gott behält das letzte Wort. Zu den Elija- und Elischa-Erzählungen der Königsbücher, BiKi 41 (1986), 146–153. (Gott)

Weimar, P., Art. Elija, in: NBL 1 (1991), 516–520. (Art. Elija)

Weinreich, O., Antike Heilungswunder. Untersuchungen zum Wunderglauben der Griechen und Römer, Gießen 1909 (Nachdruck 1969). (Heilungswunder)

–, Zum Wundertypus der ΣΥΝΑΝΑΧΡΩΣΙΣ, ARW 32 (1935), 246–264. (Wundertypus)

Weippert, H., Das Deuteronomistische Geschichtswerk. Sein Ziel und Ende in der neueren Forschung, ThR 50 (1985), 213–249. (Geschichtswerk)

–, Die „deuteronomistischen" Beurteilungen der Könige von Israel und Juda und das Problem der Redaktion der Königsbücher, Bib. 53 (1972), 301–339. (Beurteilungen)

Weippert, M., Aspekte israeltischer Prophetie im Lichte verwandter Erscheinungen des Alten Orients, in: G. Mauer u. a. (Hg.), Ad bene et fideliter seminandum, FS K. Deller, AOAT 220, Neukirchen-Vluyn 1988, 287–319. (Aspekte)

–, Assyrische Prophetien der Zeit Asarhaddons und Assurbanipals, in: F. M. Fales (Hg.), Assyrian Royal Inscriptions. New Horizons in Literary, Ideological and Historical Analysis, Orientis Antiqui Collectio 17, Rom 1981, 71–115. (Prophetien)

–, Die „Bileam"-Inschrift von Tell Dēr 'Allā, in: M. Weippert (Hg.), Jahwe und die anderen Götter. Studien zur Religionsgeschichte des antiken Israel in ihrem syrisch-palästinischen Kontext, FAT 18, Tübingen 1997, 131–161. (Inschrift)

–, Der „Bileam"-Text von Tell Dēr 'Allā und das Alte Testament, in: M. Weippert (Hg.), Jahwe und die anderen Götter. Studien zur Religionsgeschichte des antiken Israel in ihrem syrisch-palästinischen Kontext, FAT 18, Tübingen 1997, 163–188. (Text)

–, Art. Prophetie im Alten Orient, in: NBL 3 (2001), 196–200. (Art. Prophetie)

Weippert, M. (Hg.), Historisches Textbuch zum Alten Testament, GAT 10, Göttingen 2010. (Textbuch)

Wellhausen, J., Die Composition des Hexateuchs und der historischen Bücher des AT, Berlin ⁴1963. (Composition)

–, Prolegomena zur Geschichte Israels, Berlin ⁶2001. (Prolegomena)

Wenning, R. / Zenger, E., Heiligtum ohne Stadt – Stadt ohne Heiligtum. Anmerkungen zum archäologischen Befund von Tell Dēr 'Allā, ZAH 4 (1991), 171–193. (Heiligtum)

Werlitz, J., Die Bücher der Könige, NSKAT 8, Stuttgart 2002. (Könige)

Wesselski, A., Der Hodscha Nasreddin 1. Türkische, arabische, berberische, maltesische, sizilianische, kalabrische, kroatische, serbische und griechische Märlein und Schwänke, Weimar 1911. (Hodscha 1)

–, Der Hodscha Nasreddin 2. Türkische, arabische, berberische, maltesische, sizilianische, kalabrische, kroatische, serbische und griechische Märlein und Schwänke, Weimar 1911. (Hodscha 2)

Westbrook, R., Elisha's True Prophecy in 2Kings 3, JBL 124 (2005), 530–532. (Prophecy)

Wevers, J. W., Principles of Interpretation guiding the fourth Translator of the Book of the Kingdoms (3 K. 22:1–4 K. 25:30), CBQ 14 (1952), 40–56. (Principles)

White, M. C., The Elijah Legends and Jehu's Coup, BrSR 311, Atlanta 1997. (Legends)

Whitelam, K. W., The Just King. Monarchical Judicial Authority in Ancient Israel, JSOT.S 12, Sheffield 1979. (King)

Whybray, R. N., The Succession Narrative. A Study of II Sam 9–20 and I Kings 1 and 2, Studies in Biblical Theology Second Series 9, London 1968. (Narrative)

Widengren, G., Die Religionen Irans, RM 14, Stuttgart 1965. (Religionen)

Wiggermann, F. M. A., Art. Magie II. Antike 1. Alter Orient, in: RGG⁴ (2002), 662–664. (Art. Magie)

Wikander, S., Feuerpriester in Kleinasien und Iran, Lund 1946. (Feuerpriester)

Wilcox, M., Jesus in the Light of his Jewish Environment, in: W. Haase (Hg.), Principat, ANRW II 25,1, Berlin 1982, 131–195. (Jesus)

Williams, J. G., The Prophetic „Father", JBL 85 (1966), 344–248. (Father)

Willmes, B., Eine folgenreiche Begegnung (I Reg 19,19–21), BN 60 (1991), 59–93. (Begegnung)

Wilson, K., Medicine in the Land and Times of the Old Testament, in: T. Ishida (Hg.), Studies in the Period of David and Solomon and Other Essays, Winona Lake 1982, 337–365. (Medicine)

Wink, W., John the Baptist in the Gospel Tradition, MSSNTS 7, Cambridge 1968. (John)

Wiseman, D. J., 1 and 2 Kings, Downers Grove 2008. (Kings)

–, „Is it Peace?" – Covenant and Diplomacy, VT 32 (1982), 311–326. (Peace)

–, The Vassal-Treaties of Esarhaddon, Iraq 20 (1958). (VTE)

Witte, M. u. a. (Hg.), Die deuteronomistischen Geschichtswerke. Redaktions- und religionsgeschichtliche Perspektiven zur „Deuteronomismus"-Diskussion in Tora und Vorderen Propheten, BZAW 365, Berlin 2006. (Geschichtswerke)

Wolff, F. (Hg.), Avesta. Die heiligen Bücher der Parsen übersetzt, Strassburg 1910. (Avesta)

Wray Beal, L. M., The Deuteronomist's Prophet. Narrative Control of Approval and Disapproval in the Story of Jehu (2 Kings 9 and 10), New York u. a. 2007. (Prophet)

Würthwein, E., Die Bücher der Könige. 1. Kön. 1–16, ATD 11,1, Göttingen ²1985. (Könige I)

–, Die Bücher der Könige. 1. Kön. 17–2. Kön. 25, ATD 11,2, Göttingen 1984. (Könige II)

–, Die Revolution Jehus. Die Jehu-Erzählung in altisraelitischer und deuteronomistischer Sicht, ZAW 120 (2008), 28–48. (Revolution)

–, Studien zum Deuteronomistischen Geschichtswerk, BZAW 277, Berlin 1994. (Studien)

Wyatt, N., Religious Texts from Ugarit. The Words of Ilimilku and his Colleagues, The Bible Seminar 53, Sheffield 1998. (Texts)

–, Word of Tree and Whisper of Stone. El's Oracle to King Keret (Kirta), and the Problem of the Mechanics of Its Utterance, VT 57 (2007), 483–510. (Word)

Xeravits, G., Remarks on the Miracles of Elisha in the Lives of the Prophets 22.5–20, in: K. D. Dobos / M. Köszeghy (Hg.), With Wisdom as a Robe, FS I. Fröhlich, Sheffield 2009, 360–364. (Remarks)

Yalom, H., Introduction to the Vocalization of the Mishna, Jerusalem 1964. (Introduction)

Zakovitch, Y., Every High Official Has a Higher One Set over Him. A Literary Analysis of 2 Kings 5, Tel Aviv 1985. (Official)

Zeller, D., Elija und Elischa im Frühjudentum, BiKi 41 (1986), 154–160. (Frühjudentum)

Zenger, E., Einleitung in das Alte Testament, Stuttgart ⁷2008. (Einleitung)

Zgoll, A., Die Kunst des Betens. Form und Funktion, Theologie und Psychagogik in babylonisch-akkadischen Handerhebungsgebeten zu Ištar, AOAT 308, Münster 2003. (Kunst)

–, Art. Religion. A. In Mesopotamien, in: RlA 11 (2006–2008), 323–333. (Art. Religion)

–, Traum und Welterleben im antiken Mesopotamien. Traumtheorie und Traumpraxis im 3.–1. Jahrtausend v. Chr. als Horizont einer Kulturgeschichte des Träumens, AOAT 333, Münster 2006. (Traum)

Zimmermann, B., Handbuch der griechischen Literatur der Antike 1. Die Literatur der archaischen und der klassischen Zeit, München 2011. (Handbuch)

Zimmermann, R. (Hg.), Kompendium der frühchristlichen Wundererzählungen 1. Die Wunder Jesu, Gütersloh 2013. (Kompendium)

Zimmern, H., Zu den Maqlū-, Šurpu- und Šu-ila-Beschwörungen, ZA 28 (1914), 67–74. (Beschwörungen)

Zipor, M. A., The Cannibal Women and Their Judgment Before the Helpless King (2 Kings 6:24ff), AbrN 35 (1998), 84–96. (Women)

Anhang

Text und Übersetzung mit grafischer Darstellung des Textwachstums

1Kön 19

- Grundschicht: Elischa-Biograph (Sukzessionserzählung)
- *Erste Bearbeitung: Theologisierende Redaktion*

Biblia Hebraica Stuttgartensia	V.	Übersetzung
וַיֹּאמֶר יְהוָה אֵלָיו לֵךְ שׁוּב לְדַרְכְּךָ מִדְבַּרָה דַמָּשֶׂק וּבָאתָ וּמָשַׁחְתָּ אֶת־חֲזָאֵל לְמֶלֶךְ עַל־אֲרָם׃	15	Da sprach Jahwe zu ihm: Geh, kehre auf deinem Weg durch die Wüste zurück und geh nach Damaskus! Und wenn du dort angekommen bist, dann salbe Hasaël zum König über Aram!
וְאֵת יֵהוּא בֶן־נִמְשִׁי תִּמְשַׁח לְמֶלֶךְ עַל־יִשְׂרָאֵל וְאֶת־אֱלִישָׁע בֶּן־שָׁפָט מֵאָבֵל מְחוֹלָה תִּמְשַׁח לְנָבִיא תַּחְתֶּיךָ׃	16	Und Jehu, den Sohn des Nimschi, sollst du zum König über Israel salben; und Elischa, den Sohn Schafats, von Abel-Mehola, sollst du zum Propheten an deiner Stelle salben!
וְהָיָה הַנִּמְלָט מֵחֶרֶב חֲזָאֵל יָמִית יֵהוּא וְהַנִּמְלָט מֵחֶרֶב יֵהוּא יָמִית אֱלִישָׁע׃	17	Und es soll geschehen: wer dem Schwert Hasaëls entkommt, den wird Jehu töten; und wer dem Schwert Jehus entkommt, den wird Elischa töten.
וְהִשְׁאַרְתִּי בְיִשְׂרָאֵל שִׁבְעַת אֲלָפִים כָּל־הַבִּרְכַּיִם אֲשֶׁר לֹא־כָרְעוּ לַבַּעַל	18	Aber ich habe 7000 in Israel übriggelassen, alle die Knie, die sich nicht vor dem Baal ge-

beugt haben, und jeden Mund, der ihn nicht geküsst hat.

19 Und er ging von dort weg und fand Elischa, den Sohn Schafats, der gerade mit zwölf Ge-spannen vor sich her pflügte. Er (selbst) war bei dem zwölften. Und Elia ging zu ihm hin und warf seinen Mantel über ihn.

20 Da verließ er das Vieh und lief hinter Elia her und sagte: Lass mich doch meinen Vater und meine Mutter küssen! Dann will ich dir nach-folgen. Er aber sagte zu ihm: Geh, kehre um! Denn was habe ich dir getan?

21 Da kehrte er sich von ihm ab, nahm das Ge-spann Rinder und schlachtete sie, und mit dem Geschirr der Rinder briet er ihr Fleisch und gab es den Leuten, und sie aßen. Dann machte er sich auf und folgte Elia nach und diente ihm.

וַיֵּלֶךְ מִשָּׁם וַיִּמְצָא אֶת־אֱלִישָׁע בֶּן־שָׁפָט וְהוּא חֹרֵשׁ שְׁנֵים־עָשָׂר צְמָדִים לְפָנָיו וְהוּא בִּשְׁנֵים הֶעָשָׂר וַיַּעֲבֹר אֵלִיָּהוּ אֵלָיו וַיַּשְׁלֵךְ אַדַּרְתּוֹ אֵלָיו׃

וַיַּעֲזֹב אֶת־הַבָּקָר וַיָּרָץ אַחֲרֵי אֵלִיָּהוּ וַיֹּאמֶר אֶשְּׁקָה־נָּא לְאָבִי וּלְאִמִּי וְאֵלְכָה אַחֲרֶיךָ וַיֹּאמֶר לוֹ לֵךְ שׁוּב כִּי מֶה־עָשִׂיתִי לָךְ׃

וַיָּשָׁב מֵאַחֲרָיו וַיִּקַּח אֶת־צֶמֶד הַבָּקָר וַיִּזְבָּחֵהוּ וּבִכְלִי הַבָּקָר בִּשְּׁלָם הַבָּשָׂר וַיִּתֵּן לָעָם וַיֹּאכֵלוּ וַיָּקָם וַיֵּלֶךְ אַחֲרֵי אֵלִיָּהוּ וַיְשָׁרְתֵהוּ׃ פ

2Kön 2

- **Erste Grundschicht: ursprüngliche kurze Wunderepisoden**
- Zweite Grundschicht: Elischa-Biograph (Sukzessionserzählung)
- *Erste Bearbeitung: Theologisierende Redaktion*
- Zweite Bearbeitung: Moralisierende Bearbeitung (Diener-Thematik)

1 Und es geschah, als Jahwe den Elia im Sturm-wind zum Himmel auffahren lassen wollte, da gingen Elia und Elischa von Gilgal fort.

וַיְהִי בְּהַעֲלוֹת יְהוָה אֶת־אֵלִיָּהוּ בַּסְעָרָה הַשָּׁמָיִם וַיֵּלֶךְ אֵלִיָּהוּ וֶאֱלִישָׁע מִן־הַגִּלְגָּל׃

2 Und Elia sagte zu Elischa: Bleib doch hier! Denn Jahwe hat mich nach Bet-El gesandt. Elischa aber sagte: So wahr Jahwe lebt und deine Seele lebt, wenn ich dich verlasse! Und sie gingen nach Bet-El hinab.

וַיֹּאמֶר אֵלִיָּהוּ אֶל־אֱלִישָׁע שֵׁב־נָא פֹה כִּי יְהוָה שְׁלָחַנִי עַד־בֵּית־אֵל וַיֹּאמֶר אֱלִישָׁע חַי־יְהוָה וְחֵי־נַפְשְׁךָ אִם־אֶעֶזְבֶךָּ וַיֵּרְדוּ בֵּית־אֵל׃

3 Da kamen die Prophetenjünger, die in Bet-El waren, zu Elischa und sagten zu ihm: Hast du erkannt, dass Jahwe heute deinen Herrn über deinen Kopf hin wegnehmen wird? Er sagte: Auch ich habe es erkannt. Seid still!

וַיֵּצְאוּ בְנֵי־הַנְּבִיאִים אֲשֶׁר־בֵּית־אֵל אֶל־אֱלִישָׁע וַיֹּאמְרוּ אֵלָיו הֲיָדַעְתָּ כִּי הַיּוֹם יְהוָה לֹקֵחַ אֶת־אֲדֹנֶיךָ מֵעַל רֹאשֶׁךָ וַיֹּאמֶר גַּם־אֲנִי יָדַעְתִּי הֶחֱשׁוּ׃

4 Und Elia sagte zu ihm: Elischa, bleib doch hier! Denn Jahwe hat mich nach Jericho gesandt. Er aber sagte: So wahr Jahwe lebt und deine Seele lebt, wenn ich dich verlasse! Und sie kamen nach Jericho.

וַיֹּאמֶר לוֹ אֵלִיָּהוּ אֱלִישָׁע שֵׁב־נָא פֹה כִּי יְהוָה שְׁלָחַנִי יְרִיחוֹ וַיֹּאמֶר חַי־יְהוָה וְחֵי־נַפְשְׁךָ אִם־אֶעֶזְבֶךָּ וַיָּבֹאוּ יְרִיחוֹ׃

5 *Da traten die Prophetenjünger, die in Jericho waren, zu Elischa und sagten zu ihm: Hast du erkannt, dass Jahwe heute deinen Herrn über deinen Kopf hin wegnehmen wird? Er sagte: Auch ich habe es erkannt. Seid still!*

וַיִּגְּשׁוּ בְנֵי־הַנְּבִיאִים אֲשֶׁר־בִּירִיחוֹ אֶל־אֱלִישָׁע וַיֹּאמְרוּ אֵלָיו הֲיָדַעְתָּ כִּי הַיּוֹם יְהוָה לֹקֵחַ אֶת־אֲדֹנֶיךָ מֵעַל רֹאשֶׁךָ וַיֹּאמֶר גַּם־אֲנִי יָדַעְתִּי הֶחֱשׁוּ׃

6 *Und Elia sagte zu ihm: Bleib doch hier! Denn Jahwe hat mich an den Jordan gesandt. Er aber sagte: So wahr Jahwe lebt und deine Seele lebt, wenn ich dich verlasse! Und so gingen sie beide miteinander.*

וַיֹּאמֶר לוֹ אֵלִיָּהוּ שֵׁב־נָא פֹה כִּי יְהוָה שְׁלָחַנִי הַיַּרְדֵּנָה וַיֹּאמֶר חַי־יְהוָה וְחֵי־נַפְשְׁךָ אִם־אֶעֶזְבֶךָּ וַיֵּלְכוּ שְׁנֵיהֶם׃

7 *Und fünfzig Mann von den Prophetenjüngern gingen mit und blieben abseits stehen, als die beiden an den Jordan traten.*

וַחֲמִשִּׁים אִישׁ מִבְּנֵי הַנְּבִיאִים הָלְכוּ וַיַּעַמְדוּ מִנֶּגֶד מֵרָחוֹק וּשְׁנֵיהֶם עָמְדוּ עַל־הַיַּרְדֵּן׃

8 *Da nahm Elia seinen Mantel und wickelte ihn zusammen und schlug auf das Wasser. Und es teilte sich hierhin und dorthin, und die beiden gingen hinüber auf dem Trockenen.*

וַיִּקַּח אֵלִיָּהוּ אֶת־אַדַּרְתּוֹ וַיִּגְלֹם וַיַּכֶּה אֶת־הַמַּיִם וַיֵּחָצוּ הֵנָּה וָהֵנָּה וַיַּעַבְרוּ שְׁנֵיהֶם בֶּחָרָבָה׃

9 *Und es geschah, als sie hinübergegangen waren, da sagte Elia zu Elischa: Bitte, was ich für dich tun soll, bevor ich von dir weggenommen werde! Elischa sagte: Dass mir doch ein zweifacher Anteil von deinem Geist (gegeben werde)!*

וַיְהִי כְעָבְרָם וְאֵלִיָּהוּ אָמַר אֶל־אֱלִישָׁע שְׁאַל מָה אֶעֱשֶׂה־לָּךְ בְּטֶרֶם אֶלָּקַח מֵעִמָּךְ וַיֹּאמֶר אֱלִישָׁע וִיהִי־נָא פִּי־שְׁנַיִם בְּרוּחֲךָ אֵלָי׃

10 *Da sagte er: Du hast Schweres erbeten! Wenn du mich sehen wirst, wie ich von dir weggenommen werde, dann wird dir das gegeben werden; wenn aber nicht, dann wird es dir nicht gegeben werden.*

11 Und es geschah, während sie gingen, gingen und redeten, siehe da: ein feuriger Wagen und feurige Pferde, die sie beide voneinander trennten! Und Elia fuhr im Sturmwind auf zum Himmel.

12 *Und Elischa sah es und schrie: Mein Vater, mein Vater! Wagen Israels und sein Gespann!* Dann sah er ihn nicht mehr. Da fasste er seine Kleider und zerriss sie in zwei Stücke.

13 Und er hob den Mantel des Elia auf, der diesem entfallen war, kehrte um und trat an das Ufer des Jordan.

14 *Und er nahm den Mantel des Elia, der diesem entfallen war, und schlug auf das Wasser und sagte: Wo ist Jahwe, der Gott des Elia?* Auch er schlug also auf das Wasser, und es teilte sich hierhin und dorthin, und Elischa ging hinüber.

10 וַיֹּאמֶר הִקְשִׁיתָ לִשְׁאוֹל אִם־תִּרְאֶה אֹתִי לֻקָּח מֵאִתָּךְ יְהִי־לְךָ כֵן וְאִם־אַיִן לֹא יִהְיֶה׃

11 וַיְהִי הֵמָּה הֹלְכִים הָלוֹךְ וְדַבֵּר וְהִנֵּה רֶכֶב־אֵשׁ וְסוּסֵי אֵשׁ וַיַּפְרִדוּ בֵּין שְׁנֵיהֶם וַיַּעַל אֵלִיָּהוּ בַּסְּעָרָה הַשָּׁמָיִם׃

12 וֶאֱלִישָׁע רֹאֶה וְהוּא מְצַעֵק אָבִי אָבִי רֶכֶב יִשְׂרָאֵל וּפָרָשָׁיו וְלֹא רָאָהוּ עוֹד וַיַּחֲזֵק בִּבְגָדָיו וַיִּקְרָעֵם לִשְׁנַיִם קְרָעִים׃

13 וַיָּרֶם אֶת־אַדֶּרֶת אֵלִיָּהוּ אֲשֶׁר נָפְלָה מֵעָלָיו וַיָּשָׁב וַיַּעֲמֹד עַל־שְׂפַת הַיַּרְדֵּן׃

14 וַיִּקַּח אֶת־אַדֶּרֶת אֵלִיָּהוּ אֲשֶׁר־נָפְלָה מֵעָלָיו וַיַּכֶּה אֶת־הַמַּיִם וַיֹּאמַר אַיֵּה יְהוָה אֱלֹהֵי אֵלִיָּהוּ אַף־הוּא וַיַּכֶּה אֶת־הַמַּיִם וַיֵּחָצוּ הֵנָּה וָהֵנָּה וַיַּעֲבֹר אֱלִישָׁע׃

15 Als nun die Prophetenjünger, die gegenüber in Jericho waren, ihn sahen, sagten sie: Der Geist des Elia ruht auf Elischa! Und sie kamen ihm entgegen und warfen sich vor ihm zur Erde nieder.

וַיִּרְאֻהוּ בְנֵי־הַנְּבִיאִים אֲשֶׁר־בִּירִיחוֹ מִנֶּגֶד וַיֹּאמְרוּ נָחָה רוּחַ אֵלִיָּהוּ עַל־אֱלִישָׁע וַיָּבֹאוּ לִקְרָאתוֹ וַיִּשְׁתַּחֲווּ־לוֹ אָרְצָה׃

16 Und sie sagten zu ihm: Sieh doch, es sind bei deinen Knechten fünfzig starke Männer. Lass sie doch gehen und deinen Herrn suchen, ob nicht etwa der Geist Jahwes ihn weggetragen und ihn auf einen der Berge oder in eines der Täler geworfen hat! Er aber sagte: Sendet nicht!

וַיֹּאמְרוּ אֵלָיו הִנֵּה־נָא יֵשׁ־אֶת־עֲבָדֶיךָ חֲמִשִּׁים אֲנָשִׁים בְּנֵי־חַיִל יֵלְכוּ נָא וִיבַקְשׁוּ אֶת־אֲדֹנֶיךָ פֶּן־נְשָׂאוֹ רוּחַ יְהוָה וַיַּשְׁלִכֵהוּ בְּאַחַד הֶהָרִים אוֹ בְּאַחַת הַגֵּאָיוֹת וַיֹּאמֶר לֹא תִשְׁלָחוּ׃

17 Doch sie drangen in ihn, bis er nachgab und sagte: Sendet! So sandten sie fünfzig Mann hin; die suchten drei Tage lang, aber sie fanden ihn nicht.

וַיִּפְצְרוּ־בוֹ עַד־בֹּשׁ וַיֹּאמֶר שְׁלָחוּ וַיִּשְׁלְחוּ חֲמִשִּׁים אִישׁ וַיְבַקְשׁוּ שְׁלֹשָׁה־יָמִים וְלֹא מְצָאֻהוּ׃

18 Und sie kehrten zu ihm zurück, als er sich noch in Jericho aufhielt. Da sagte er zu ihnen: Hatte ich euch nicht gesagt: Geht nicht hin?

וַיָּשֻׁבוּ אֵלָיו וְהוּא יֹשֵׁב בִּירִיחוֹ וַיֹּאמֶר אֲלֵהֶם הֲלוֹא־אָמַרְתִּי אֲלֵיכֶם אַל־תֵּלֵכוּ׃

19	Und die Männer der Stadt sagten zu Elischa: Sieh doch, die Lage der Stadt ist gut, wie mein Herr sieht. Aber das Wasser ist schlecht, darum kommt es im Land zu Fehlgeburten.
20	Da sagte er: Bringt mir eine neue Schale und tut Salz hinein! Und sie brachten sie ihm.
21	Und er ging hinaus zu der Quelle des Wassers, warf das Salz hinein und sagte: *So spricht Jahwe*: Ich habe dieses Wasser gesund gemacht. Nicht mehr soll Tod und Fehlgeburt daraus entstehen.
22	Und das Wasser wurde gesund bis auf diesen Tag nach dem Wort, das Elischa geredet hatte.
23	Und er ging von dort hinauf nach Bet-El. Wie er nun den Weg hinaufging, kamen kleine Jungen aus der Stadt heraus und verspotteten ihn und sagten zu ihm: Komm herauf, Kahlkopf! Komm herauf, Kahlkopf!

וַיֹּאמְר֣וּ אַנְשֵׁי֩ הָעִ֨יר אֶל־אֱלִישָׁ֜ע הִנֵּה־נָ֨א מוֹשַׁ֤ב הָעִיר֙ ט֔וֹב כַּאֲשֶׁ֥ר אֲדֹנִ֖י רֹאֶ֑ה וְהַמַּ֣יִם רָעִ֔ים וְהָאָ֖רֶץ מְשַׁכָּֽלֶת׃

וַיֹּ֗אמֶר קְחוּ־לִי֙ צְלֹחִ֣ית חֲדָשָׁ֔ה וְשִׂ֥ימוּ שָׁ֖ם מֶ֑לַח וַיִּקְח֖וּ אֵלָֽיו׃

וַיֵּצֵא֙ אֶל־מוֹצָ֣א הַמַּ֔יִם וַיַּשְׁלֶךְ־שָׁ֖ם מֶ֑לַח וַיֹּ֜אמֶר כֹּֽה־אָמַ֣ר יְהוָ֗ה רִפִּ֙אתִי֙ לַמַּ֣יִם הָאֵ֔לֶּה לֹא־יִהְיֶ֥ה מִשָּׁ֛ם ע֖וֹד מָ֥וֶת וּמְשַׁכָּֽלֶת׃

וַיֵּרָפ֣וּ הַמַּ֔יִם עַ֖ד הַיּ֣וֹם הַזֶּ֑ה כִּדְבַ֥ר אֱלִישָׁ֖ע אֲשֶׁ֥ר דִּבֵּֽר׃ פ

וַיַּ֥עַל מִשָּׁ֖ם בֵּֽית־אֵ֑ל וְה֣וּא ׀ עֹלֶ֣ה בַדֶּ֗רֶךְ וּנְעָרִ֤ים קְטַנִּים֙ יָצְא֣וּ מִן־הָעִ֔יר וַיִּתְקַלְּסוּ־בוֹ֙ וַיֹּ֣אמְרוּ ל֔וֹ עֲלֵ֥ה קֵרֵ֖חַ עֲלֵ֥ה קֵרֵֽחַ׃

וַיִּפֶן אַחֲרָיו וַיִּרְאֵם וַיְקַלְלֵם בְּשֵׁם יְהוָה וַתֵּצֶאנָה שְׁתַּיִם דֻּבִּים מִן־הַיַּעַר וַתְּבַקַּעְנָה מֵהֶם אַרְבָּעִים וּשְׁנֵי יְלָדִים׃	24	**Er aber wandte sich um, sah sie an und verfluchte sie *im Namen Jahwes*. Da kamen zwei Bärinnen aus dem Wald und zerrissen von ihnen 42 Kinder.**
וַיֵּלֶךְ מִשָּׁם אֶל־הַר הַכַּרְמֶל וּמִשָּׁם שָׁב שֹׁמְרוֹן׃ פ	25	**Und er ging von dort weg zum Berg Karmel; und von da kehrte er nach Samaria zurück.**

2Kön 3

- **Erste Grundschicht: dtr Rahmennotizen**
- Zweite Grundschicht: Elischa-Biograph (Hof-und Kriegs-Erzählung)
- *Erste Bearbeitung: Theologisierende Redaktion (fügt Elischa ein)*
- Zweite Bearbeitung: Juda-Joschafat-Bearbeitung
- Dritte Bearbeitung: Steigerungs-Bearbeitung

וִיהוֹרָם בֶּן־אַחְאָב מָלַךְ עַל־יִשְׂרָאֵל בְּשֹׁמְרוֹן בִּשְׁנַת שְׁמֹנֶה עֶשְׂרֵה לִיהוֹשָׁפָט מֶלֶךְ יְהוּדָה וַיִּמְלֹךְ שְׁתֵּים־עֶשְׂרֵה שָׁנָה׃	1	**Und Joram, der Sohn Ahabs, wurde König über Israel in Samaria, im achtzehnten Jahr Joschafats, des Königs von Juda; und er regierte zwölf Jahre.**
וַיַּעֲשֶׂה הָרַע בְּעֵינֵי יְהוָה רַק לֹא כְאָבִיו וּכְאִמּוֹ וַיָּסַר אֶת־מַצְּבַת הַבַּעַל אֲשֶׁר עָשָׂה אָבִיו׃	2	**Und er tat Böses in den Augen Jahwes, doch nicht wie sein Vater und seine Mutter, weil er den Gedenkstein des Baal beseitigte, den sein Vater gemacht hatte.**

3 Doch hielt er fest an den Sünden Jerobeams, des Sohnes Nebats, der Israel zur Sünde verführt hatte; er wich von ihr nicht ab.

רַק בְּחַטֹּאות יָרָבְעָם בֶּן־נְבָט אֲשֶׁר הֶחֱטִיא אֶת־יִשְׂרָאֵל דָּבֵק לֹא־סָר מִמֶּֽנָּה׃ ס

4 Und Mescha, der König von Moab, war Schafzüchter und lieferte dem König von Israel 100000 Lämmer und 100000 ungeschorene Widder als Tribut.

וּמֵישַׁע מֶלֶךְ־מוֹאָב הָיָה נֹקֵד וְהֵשִׁיב לְמֶלֶךְ־יִשְׂרָאֵל מֵאָה־אֶלֶף כָּרִים וּמֵאָה אֶלֶף אֵילִים צָֽמֶר׃

5 Und es geschah, als Ahab gestorben war, da brach der König von Moab mit dem König von Israel.

וַיְהִי כְּמוֹת אַחְאָב וַיִּפְשַׁע מֶלֶךְ־מוֹאָב בְּמֶלֶךְ יִשְׂרָאֵֽל׃

6 Nun zog der König Joram in jener Zeit von Samaria aus und musterte ganz Israel.

וַיֵּצֵא הַמֶּלֶךְ יְהוֹרָם בַּיּוֹם הַהוּא מִשֹּׁמְרוֹן וַיִּפְקֹד אֶת־כָּל־יִשְׂרָאֵֽל׃

7 Und er ging hin und sandte zu Joschafat, dem König von Juda, und ließ ihm sagen: Der König von Moab hat mit mir gebrochen. Willst du mit mir gegen Moab in den Kampf ziehen? Er sagte: Ich will hinaufziehen; ich bin wie du, mein Volk wie dein Volk, meine Pferde wie deine Pferde.

וַיֵּלֶךְ וַיִּשְׁלַח אֶל־יְהוֹשָׁפָט מֶֽלֶךְ־יְהוּדָה לֵאמֹר מֶלֶךְ מוֹאָב פָּשַׁע בִּי הֲתֵלֵךְ אִתִּי אֶל־מוֹאָב לַמִּלְחָמָה וַיֹּאמֶר אֶעֱלֶה כָּמוֹנִי כָמוֹךָ כְּעַמִּי כְעַמֶּךָ כְּסוּסַי כְּסוּסֶֽיךָ׃

8 Und er sagte: Welchen Weg wollen wir

וַיֹּאמֶר אֵי־זֶה הַדֶּרֶךְ נַעֲלֶה

hinaufziehen? Er sagte: Den Weg durch die Wüste Edom.

9 So zogen aus der König von Israel und der König von Juda und der König von Edom. Als sie nun einen Umweg von sieben Tagesreisen gemacht hatten, gab es kein Wasser mehr für das Heer und für das Vieh, das in ihrem Gefolge war.

וַיֵּלֶךְ מֶלֶךְ יִשְׂרָאֵל וּמֶלֶךְ יְהוּדָה וּמֶלֶךְ אֱדוֹם וַיָּסֹבּוּ דֶּרֶךְ שִׁבְעַת יָמִים וְלֹא הָיָה מַיִם לַמַּחֲנֶה וְלַבְּהֵמָה אֲשֶׁר בְּרַגְלֵיהֶם׃

10 Da sagte der König von Israel: Wehe! Jahwe hat diese drei Könige gerufen, um sie in die Hand Moabs zu geben!

וַיֹּאמֶר מֶלֶךְ יִשְׂרָאֵל אֲהָהּ כִּי קָרָא יְהוָה לִשְׁלֹשֶׁת הַמְּלָכִים הָאֵלֶּה לָתֵת אוֹתָם בְּיַד מוֹאָב׃

11 Joschafat aber sagte: Ist hier kein Prophet Jahwes, dass wir Jahwe durch ihn befragen? Da antwortete einer von den Dienern des Königs von Israel und sagte: Elischa ist hier, der Sohn des Schafat, der Wasser über Elias Hände goss.

וַיֹּאמֶר יְהוֹשָׁפָט הַאֵין פֹּה נָבִיא לַיהוָה וְנִדְרְשָׁה אֶת יְהוָה מֵאוֹתוֹ וַיַּעַן אֶחָד מֵעַבְדֵי מֶלֶךְ יִשְׂרָאֵל וַיֹּאמֶר פֹּה אֱלִישָׁע בֶּן שָׁפָט אֲשֶׁר יָצַק מַיִם עַל יְדֵי אֵלִיָּהוּ׃

12 Und Joschafat sagte: Das Wort Jahwes ist bei ihm. Da gingen der König von Israel und Joschafat und der König von Edom zu ihm hinab.

וַיֹּאמֶר יְהוֹשָׁפָט יֵשׁ אוֹתוֹ דְּבַר יְהוָה וַיֵּרְדוּ אֵלָיו מֶלֶךְ יִשְׂרָאֵל וִיהוֹשָׁפָט וּמֶלֶךְ אֱדוֹם׃

13 Und Elischa sagte zum König von Israel: Was habe ich mit dir zu tun? Geh zu den Prophe-

וַיֹּאמֶר אֱלִישָׁע אֶל מֶלֶךְ יִשְׂרָאֵל מַה לִּי וָלָךְ לֵךְ אֶל נְבִיאֵי אָבִיךָ וְאֶל נְבִיאֵי אִמֶּךָ

ten deines Vaters und zu den Propheten deiner Mutter! Der König von Israel aber sagte zu ihm: Nein! Hat doch Jahwe diese drei Könige gerufen, um sie in die Hand Moabs zu geben!

וַיֹּאמֶר אֱלִישָׁע אֶל־מֶלֶךְ יִשְׂרָאֵל מַה־לִּי וָלָךְ לֵךְ אֶל־נְבִיאֵי אָבִיךָ וְאֶל־נְבִיאֵי אִמֶּךָ וַיֹּאמֶר לוֹ מֶלֶךְ יִשְׂרָאֵל אַל כִּי־קָרָא יְהוָה לִשְׁלֹשֶׁת הַמְּלָכִים הָאֵלֶּה לָתֵת אוֹתָם בְּיַד־מוֹאָב׃

14 Da sagte Elischa: So wahr Jahwe der Heerscharen lebt, vor dem ich stehe, fürwahr, wenn ich nicht auf Joschafat, den König von Juda, Rücksicht nähme, so würde ich dich weder anblicken noch beachten!

וַיֹּאמֶר אֱלִישָׁע חַי־יְהוָה צְבָאוֹת אֲשֶׁר עָמַדְתִּי לְפָנָיו כִּי לוּלֵי פְּנֵי יְהוֹשָׁפָט מֶלֶךְ־יְהוּדָה אֲנִי נֹשֵׂא אִם־אַבִּיט אֵלֶיךָ וְאִם־אֶרְאֶךָּ׃

15 *Und nun holt mir einen Saitenspieler. Und es geschah, als der Saitenspieler spielte, da kam die Hand Jahwes über ihn.*

וְעַתָּה קְחוּ־לִי מְנַגֵּן וְהָיָה כְּנַגֵּן הַמְנַגֵּן וַתְּהִי עָלָיו יַד־יְהוָה׃

16 *Und er sagte: So spricht Jahwe: Macht in diesem Tal Grube an Grube!*

וַיֹּאמֶר כֹּה אָמַר יְהוָה עָשֹׂה הַנַּחַל הַזֶּה גֵּבִים גֵּבִים׃

17 *Denn so spricht Jahwe: Ihr werdet keinen Wind sehen und keinen Regen sehen, und doch wird sich dieses Tal mit Wasser füllen, so dass ihr trinken könnt, ihr und eure Herden und euer Vieh.*

כִּי־כֹה אָמַר יְהוָה לֹא־תִרְאוּ רוּחַ וְלֹא־תִרְאוּ גֶשֶׁם וְהַנַּחַל הַהוּא יִמָּלֵא מָיִם וּשְׁתִיתֶם אַתֶּם וּמִקְנֵיכֶם וּבְהֶמְתְּכֶם׃

18 Und das ist noch zu gering in den Augen Jahwes, er wird auch Moab in eure Hand geben.

וְנָקַל זֹאת בְּעֵינֵי יְהוָה וְנָתַן אֶת־מוֹאָב בְּיֶדְכֶם׃

19 Und ihr werdet jede befestigte Stadt und jede auserlesene Stadt schlagen und werdet alle guten Bäume fällen und alle Wasserquellen verstopfen und jedes gute Feld mit Steinen verderben.

20 Und es geschah am Morgen, *zur Zeit*, da man das Speisopfer opfert, siehe, da kam Wasser aus der Richtung von Edom her, und das Land füllte sich mit Wasser.

21 Und als alle Moabiter hörten, dass die Könige heraufgezogen waren, um gegen sie zu kämpfen, da wurden zusammengerufen, von jedem an, der das Schwert umgürten konnte und darüber; und sie stellten sich an der Grenze auf.

22 Und als sie sich am Morgen früh aufmachten und die Sonne über dem Wasser aufging, da sahen die Moabiter das Wasser gegenüber rot wie Blut.

23 Und sie sagten: Das ist Blut! Ganz sicher haben sich die Könige bekämpft und sich gegenseitig erschlagen. Nun auf zur Beute, Moab!

19 וְהִכִּיתֶם כָּל־עִיר מִבְצָר וְכָל־עִיר מִבְחוֹר וְכָל־עֵץ טוֹב תַּפִּילוּ וְכָל־מַעְיְנֵי־מַיִם תִּסְתֹּמוּ וְכֹל הַחֶלְקָה הַטּוֹבָה תַּכְאִבוּ בָּאֲבָנִים׃

20 וַיְהִי בַבֹּקֶר כַּעֲלוֹת הַמִּנְחָה וְהִנֵּה־מַיִם בָּאִים מִדֶּרֶךְ אֱדוֹם וַתִּמָּלֵא הָאָרֶץ אֶת־הַמָּיִם׃

21 וְכָל־מוֹאָב שָׁמְעוּ כִּי־עָלוּ הַמְּלָכִים לְהִלָּחֶם בָּם וַיִּצָּעֲקוּ מִכֹּל חֹגֵר חֲגֹרָה וָמָעְלָה וַיַּעַמְדוּ עַל־הַגְּבוּל׃

22 וַיַּשְׁכִּימוּ בַבֹּקֶר וְהַשֶּׁמֶשׁ זָרְחָה עַל־הַמָּיִם וַיִּרְאוּ מוֹאָב מִנֶּגֶד אֶת־הַמַּיִם אֲדֻמִּים כַּדָּם׃

23 וַיֹּאמְרוּ דָּם זֶה הָחֳרֵב נֶחֶרְבוּ הַמְּלָכִים וַיַּכּוּ אִישׁ אֶת־רֵעֵהוּ וְעַתָּה לַשָּׁלָל מוֹאָב׃

24 Als sie aber zum Lager Israels kamen, da erhob sich Israel, und sie schlugen die Moabiter, dass sie vor ihnen flohen. Es (Israel) aber drang ins Land ein und schlug Moab vernichtend.

25 Und sie rissen die Städte nieder, und auf alle guten Felder warfen sie jeder seinen Stein und füllten sie damit an, und sie verstopften alle Wasserquellen und fällten alle guten Bäume, bis nur noch die Steinmauer von Kir-Hareset standhielt. Und die Schleuderer umzingelten (die Stadt) und beschossen sie.

26 Als aber der König von Moab sah, dass ihm der Kampf zu heftig war, nahm er 700 Mann mit sich, die das Schwert zogen, um gegen den König von Edom durchzubrechen; aber es gelang ihnen nicht.

27 Da nahm er und seinen erstgeborenen Sohn, der an seiner Stelle König werden sollte, und opferte ihn als Brandopfer auf der Mauer. Da kam ein großer Zorn über Israel; und sie zogen von ihm ab und kehrten in ihr Land zurück.

וַיָּבֹאוּ אֶל־מַחֲנֵה יִשְׂרָאֵל וַיָּקֻמוּ יִשְׂרָאֵל וַיַּכּוּ אֶת־מוֹאָב וַיָּנֻסוּ מִפְּנֵיהֶם וַיַּכּוּ־בָהּ (וְהַכּוֹת) אֶת־מוֹאָב׃

וְהֶעָרִים יַהֲרֹסוּ וְכָל־חֶלְקָה טוֹבָה יַשְׁלִיכוּ אִישׁ־אַבְנוֹ וּמִלְאוּהָ וְכָל־מַעְיַן־מַיִם יִסְתֹּמוּ וְכָל־עֵץ־טוֹב יַפִּילוּ עַד־הִשְׁאִיר אֲבָנֶיהָ בַּקִּיר חֲרָשֶׂת וַיָּסֹבּוּ הַקַּלָּעִים וַיַּכּוּהָ׃

וַיַּרְא מֶלֶךְ מוֹאָב כִּי־חָזַק מִמֶּנּוּ הַמִּלְחָמָה וַיִּקַּח אוֹתוֹ שְׁבַע־מֵאוֹת אִישׁ שֹׁלֵף חֶרֶב לְהַבְקִיעַ אֶל־מֶלֶךְ אֱדוֹם וְלֹא יָכֹלוּ׃

וַיִּקַּח אֶת־בְּנוֹ הַבְּכוֹר אֲשֶׁר־יִמְלֹךְ תַּחְתָּיו וַיַּעֲלֵהוּ עֹלָה עַל־הַחֹמָה וַיְהִי קֶצֶף־גָּדוֹל עַל־יִשְׂרָאֵל וַיִּסְעוּ מֵעָלָיו וַיָּשֻׁבוּ לָאָרֶץ׃ פ

2Kön 4

- **Erste Grundschicht: Ursprüngliche kurze Wunderepisoden**
- **Zweite Grundschicht: Elischa-Biograph**
- *Erste Bearbeitung: Theologisierende Redaktion*
- Zweite Bearbeitung: Moralisierende Bearbeitung (Gehasi)

1. **Und eine Frau von den Frauen der Prophetenjünger schrie zu Elischa: Dein Knecht, mein Mann, ist gestorben,** *und du hast doch erkannt, dass dein Knecht Jahwe fürchtete.* **Nun aber ist der Gläubiger gekommen, um meine beiden Söhne für sich als Sklaven zu nehmen.**

וְאִשָּׁה אַחַת מִנְּשֵׁי בְנֵי־הַנְּבִיאִים צָעֲקָה אֶל־אֱלִישָׁע לֵאמֹר עַבְדְּךָ אִישִׁי מֵת וְאַתָּה יָדַעְתָּ כִּי עַבְדְּךָ הָיָה יָרֵא אֶת־יְהוָה וְהַנֹּשֶׁה בָּא לָקַחַת אֶת־שְׁנֵי יְלָדַי לוֹ לַעֲבָדִים׃

2. **Da sagte Elischa zu ihr: Was soll ich für dich tun? Sag mir, was du im Haus hast! Sie sagte: Deine Magd hat nichts im Haus als nur einen Krug Öl.**

וַיֹּאמֶר אֵלֶיהָ אֱלִישָׁע מָה אֶעֱשֶׂה־לָּךְ הַגִּידִי לִי מַה־יֶּשׁ־לָךְ [לָכִי] בַּבָּיִת וַתֹּאמֶר אֵין לְשִׁפְחָתְךָ כֹל בַּבַּיִת כִּי אִם־אָסוּךְ שָׁמֶן׃

3. **Da sagte er: Geh hin, erbitte dir Gefäße von draußen, von all deinen Nachbarinnen, leere Gefäße, aber nicht zu wenige!**

וַיֹּאמֶר לְכִי שַׁאֲלִי־לָךְ כֵּלִים מִן־הַחוּץ מֵאֵת כָּל־שְׁכֵנָכִי [שְׁכֵנָיִךְ] כֵּלִים רֵקִים אַל־תַּמְעִיטִי׃

4. **Dann geh hinein und schließ die Tür hinter dir und hinter deinen Söhnen zu und gieß in all diese Gefäße; und was voll ist, stelle beiseite!**

וּבָאת וְסָגַרְתְּ הַדֶּלֶת בַּעֲדֵךְ וּבְעַד־בָּנַיִךְ וְיָצַקְתְּ עַל כָּל־הַכֵּלִים הָאֵלֶּה וְהַמָּלֵא תַּסִּיעִי׃

5 Und sie ging von ihm weg und schloss die Tür hinter sich und hinter ihren Söhnen zu. Während sie ihr die Gefäße reichten, goss sie ein.

6 Und es geschah, als die Gefäße voll waren, da sagte sie zu ihrem Sohn: Reiche mir noch ein Gefäß! Er aber sagte zu ihr: Es ist kein Gefäß mehr da. Da kam das Öl zum Stillstand.

7 Und sie kam und berichtete es dem Gottesmann, und der sagte: Geh hin, verkaufe das Öl und bezahle deine Schulden! Du aber und deine Söhne, ihr könnt von dem restlichen (Öl) leben.

8 Und es geschah eines Tages, da ging Elischa nach Schunem. Dort war eine betagte Frau, die nötigte ihn, (bei ihr) zu essen. Und es geschah, wann immer er durchzog, kehrte er dort ein, um zu essen.

9 Und sie sagte zu ihrem Mann: Sieh doch, ich habe erkannt, dass es ein heiliger Gottes-

וַתֵּלֶךְ מֵאִתּוֹ וַתִּסְגֹּר הַדֶּלֶת בַּעֲדָהּ וּבְעַד בָּנֶיהָ הֵם מַגִּשִׁים אֵלֶיהָ וְהִיא (מֵיצָקֶת) [מוֹצָקֶת]׃

וַיְהִי כִּמְלֹאת הַכֵּלִים וַתֹּאמֶר אֶל־בְּנָהּ הַגִּישָׁה אֵלַי עוֹד כֶּלִי וַיֹּאמֶר אֵלֶיהָ אֵין עוֹד כֶּלִי וַיַּעֲמֹד הַשָּׁמֶן׃

וַתָּבֹא וַתַּגֵּד לְאִישׁ הָאֱלֹהִים וַיֹּאמֶר לְכִי מִכְרִי אֶת־הַשֶּׁמֶן וְשַׁלְּמִי אֶת־(נִשְׁיֵךְ) [נִשְׁיֵכִי] וְאַתְּ (בְּנֵיכִי) [וּבָנַיִךְ] תִחְיִי בַּנּוֹתָר׃ פ

וַיְהִי הַיּוֹם וַיַּעֲבֹר אֱלִישָׁע אֶל־שׁוּנֵם וְשָׁם אִשָּׁה גְדוֹלָה וַתַּחֲזֶק־בּוֹ לֶאֱכָל־לָחֶם וַיְהִי מִדֵּי עָבְרוֹ יָסֻר שָׁמָּה לֶאֱכָל־לָחֶם׃

וַתֹּאמֶר אֶל־אִישָׁהּ הִנֵּה־נָא יָדַעְתִּי כִּי אִישׁ אֱלֹהִים קָדוֹשׁ הוּא

mann ist, der regelmäßig bei uns hindurchzieht.

10 Lass uns doch ein kleines gemauertes Obergemach machen! Dort wollen wir ihm dann Bett und Tisch und Stuhl und Leuchter hinstellen. Und es soll geschehen, wenn er zu uns kommt, kann er dort einkehren.

11 Und es geschah eines Tages, als er wieder dahin kam, kehrte er in das Obergemach ein und schlief dort.

12 Und er sagte zu seinem Diener Gehasi: Ruf diese Schunemiterin! Und er rief sie, und sie trat vor ihn hin.

13 Und er sagte zu ihm: Sage doch zu ihr: Siehe, du hast dir unsertwegen alle diese Mühe gemacht. Was kann man für dich tun? Ist für dich mit dem König zu reden oder mit dem Heerobersten? Sie aber sagte: Ich wohne inmitten meines Volkes.

14 Und er sagte: Was kann man denn dann für sie tun? Da sagte Gehasi: Ach, sie hat keinen Sohn, und ihr Mann ist alt.

וַתֹּאמֶר אֶל־אִישָׁהּ הִנֵּה־נָא יָדַעְתִּי כִּי אִישׁ אֱלֹהִים קָדוֹשׁ הוּא עֹבֵר עָלֵינוּ תָּמִיד׃

נַעֲשֶׂה־נָּא עֲלִיַּת־קִיר קְטַנָּה וְנָשִׂים לוֹ שָׁם מִטָּה וְשֻׁלְחָן וְכִסֵּא וּמְנוֹרָה וְהָיָה בְּבֹאוֹ אֵלֵינוּ יָסוּר שָׁמָּה׃

וַיְהִי הַיּוֹם וַיָּבֹא שָׁמָּה וַיָּסַר אֶל־הָעֲלִיָּה וַיִּשְׁכַּב־שָׁמָּה׃

וַיֹּאמֶר אֶל־גֵּחֲזִי נַעֲרוֹ קְרָא לַשּׁוּנַמִּית הַזֹּאת וַיִּקְרָא־לָהּ וַתַּעֲמֹד לְפָנָיו׃

וַיֹּאמֶר לוֹ אֱמָר־נָא אֵלֶיהָ הִנֵּה חָרַדְתְּ אֵלֵינוּ אֶת־כָּל־הַחֲרָדָה הַזֹּאת מֶה לַעֲשׂוֹת לָךְ הֲיֵשׁ לְדַבֶּר־לָךְ אֶל־הַמֶּלֶךְ אוֹ אֶל־שַׂר הַצָּבָא וַתֹּאמֶר בְּתוֹךְ עַמִּי אָנֹכִי יֹשָׁבֶת׃

וַיֹּאמֶר וּמֶה לַעֲשׂוֹת לָהּ וַיֹּאמֶר גֵּחֲזִי אֲבָל בֵּן אֵין־לָהּ וְאִישָׁהּ זָקֵן׃

15	Und er sagte: Ruf sie! Und er rief sie, und sie trat in die Tür.	וַיֹּ֙אמֶר֙ קְרָא־לָ֔הּ וַיִּקְרָא־לָ֔הּ וַֽתַּעֲמֹ֖ד בַּפָּֽתַח׃
16	Und er sprach: Um diese Zeit übers Jahr wirst du einen Sohn umarmen. Da sagte sie: Nicht doch, mein Herr, du Gottesmann, belüge deine Magd nicht!	וַיֹּ֗אמֶר לַמּוֹעֵ֤ד הַזֶּה֙ כָּעֵ֣ת חַיָּ֔ה (אַ֖תְּ) [אַ֖תְּ] חֹבֶ֣קֶת בֵּ֑ן וַתֹּ֗אמֶר אַל־אֲדֹנִי֙ אִ֣ישׁ הָאֱלֹהִ֔ים אַל־תְּכַזֵּ֖ב בְּשִׁפְחָתֶֽךָ׃
17	Aber die Frau wurde schwanger und gebar einen Sohn zu eben dieser Zeit übers Jahr, wie Elischa zu ihr gesagt hatte.	וַתַּ֥הַר הָאִשָּׁ֖ה וַתֵּ֣לֶד בֵּ֑ן לַמּוֹעֵ֤ד הַזֶּה֙ כָּעֵ֣ת חַיָּ֔ה אֲשֶׁר־דִּבֶּ֥ר אֵלֶ֖יהָ אֱלִישָֽׁע׃
18	Und das Kind wuchs heran. Und es geschah eines Tages, da ging es zu seinem Vater hinaus, zu den Schnittern.	וַיִּגְדַּ֖ל הַיָּ֑לֶד וַיְהִ֣י הַיּ֔וֹם וַיֵּצֵ֥א אֶל־אָבִ֖יו אֶל־הַקֹּצְרִֽים׃
19	Und es sagte zu seinem Vater: Mein Kopf, mein Kopf! Er sagte zu dem Knecht: Trag ihn zu seiner Mutter!	וַיֹּ֥אמֶר אֶל־אָבִ֖יו רֹאשִׁ֣י ׀ רֹאשִׁ֑י וַיֹּ֙אמֶר֙ אֶל־הַנַּ֔עַר שָׂאֵ֖הוּ אֶל־אִמּֽוֹ׃
20	Der hob ihn auf und brachte ihn zu seiner Mutter. Und er saß auf ihren Knien bis zum Mittag, dann starb er.	וַיִּשָּׂאֵ֔הוּ וַיְבִיאֵ֖הוּ אֶל־אִמּ֑וֹ וַיֵּ֧שֶׁב עַל־בִּרְכֶּ֛יהָ עַד־הַֽצָּהֳרַ֖יִם וַיָּמֹֽת׃
21	Da ging sie hinauf und legte ihn auf das Bett des Mannes Gottes, schloss hinter ihm zu und ging hinaus.	וַתַּ֙עַל֙ וַתַּשְׁכִּבֵ֔הוּ עַל־מִטַּ֖ת אִ֣ישׁ הָאֱלֹהִ֑ים וַתִּסְגֹּ֥ר בַּעֲד֖וֹ וַתֵּצֵֽא׃
22	Und sie rief ihren Mann und sagte: Schicke	וַתִּקְרָא֮ אֶל־אִישָׁהּ֒ וַתֹּ֗אמֶר שִׁלְחָ֨ה

mir doch einen von den Knechten und eine von den Eselinnen! Und ich will zu dem Gottesmann eilen und (bald) zurückkommen.

וַתִּקְרָא אֶל־אִישָׁהּ וַתֹּאמֶר שִׁלְחָה נָא לִי אֶחָד מִן־הַנְּעָרִים וְאַחַת הָאֲתֹנוֹת וְאָרוּצָה עַד־אִישׁ הָאֱלֹהִים וְאָשׁוּבָה׃

23 Er sagte: Warum willst du gerade heute zu ihm gehen? Es ist weder Neumond noch Sabbat. Sie sagte: Friede mit dir!

וַיֹּאמֶר מַדּוּעַ אַתִּי הֹלֶכֶת אֵלָיו הַיּוֹם לֹא־חֹדֶשׁ וְלֹא שַׁבָּת וַתֹּאמֶר שָׁלוֹם׃

24 Und sie sattelte die Eselin und sagte zu ihrem Diener: Treib nur immerfort an! Halte mich nicht beim Reiten auf, es sei denn, dass ich es dir sage!

וַתַּחֲבֹשׁ הָאָתוֹן וַתֹּאמֶר אֶל־נַעֲרָהּ נְהַג וָלֵךְ אַל־תַּעֲצָר־לִי לִרְכֹּב כִּי אִם־אָמַרְתִּי לָךְ׃

25 So zog sie hin und kam zu dem Gottesmann auf den Berg Karmel. Und es geschah, als der Gottesmann sie von ferne sah, sagte er zu seinem Diener Gehasi: Siehe da, die Schunemiterin.

וַתֵּלֶךְ וַתָּבוֹא אֶל־אִישׁ הָאֱלֹהִים אֶל־הַר הַכַּרְמֶל וַיְהִי כִּרְאוֹת אִישׁ־הָאֱלֹהִים אֹתָהּ מִנֶּגֶד וַיֹּאמֶר אֶל־גֵּיחֲזִי נַעֲרוֹ הִנֵּה הַשּׁוּנַמִּית הַלָּז׃

26 Nun lauf ihr doch entgegen und sage zu ihr: Geht es dir gut? Geht es deinem Mann gut? Geht es dem Kind gut? Sie sagte: Gut!

עַתָּה רוּץ־נָא לִקְרָאתָהּ וֶאֱמָר־לָהּ הֲשָׁלוֹם לָךְ הֲשָׁלוֹם לְאִישֵׁךְ הֲשָׁלוֹם לַיָּלֶד וַתֹּאמֶר שָׁלוֹם׃

27 Und sie kam zu dem Gottesmann auf den Berg und umfasste seine Füße. Da trat Gehasi heran, um sie wegzustoßen. Aber der Gottesmann sagte: Lass sie! Denn ihre Seele ist be-

וַתָּבֹא אֶל־אִישׁ הָאֱלֹהִים אֶל־הָהָר וַתַּחֲזֵק בְּרַגְלָיו וַיִּגַּשׁ גֵּיחֲזִי לְהָדְפָהּ וַיֹּאמֶר אִישׁ הָאֱלֹהִים הַרְפֵּה־לָהּ כִּי־נַפְשָׁהּ מָרָה־לָהּ

trübt; und Jahwe hat es mir verborgen und es mir nicht kundgetan.

28 Und sie sagte: Habe ich einen Sohn von meinem Herrn erbeten? Habe ich nicht gesagt: Täusche mich nicht?

וַתֹּאמֶר הֲשָׁאַלְתִּי בֵן מֵאֵת אֲדֹנִי הֲלֹא אָמַרְתִּי לֹא תַשְׁלֶה אֹתִֽי׃

29 Da sagte er zu Gehasi: Gürte deine Hüften und nimm meinen Stab in deine Hand und geh hin! Wenn du jemandem begegnest, grüß ihn nicht, und wenn jemand dich grüßt, antworte ihm nicht! Und lege meinen Stab auf das Gesicht des Jungen!

וַיֹּאמֶר לְגֵיחֲזִי חֲגֹר מָתְנֶיךָ וְקַח מִשְׁעַנְתִּי בְיָדְךָ וָלֵךְ כִּי־תִמְצָא אִישׁ לֹא תְבָרְכֶנּוּ וְכִי־יְבָרֶכְךָ אִישׁ לֹא תַעֲנֶנּוּ וְשַׂמְתָּ מִשְׁעַנְתִּי עַל־פְּנֵי הַנָּֽעַר׃

30 Die Mutter des Jungen aber sagte: So wahr Jahwe lebt und deine Seele lebt, wenn ich von dir lasse! Da machte er sich auf und ging ihr nach.

וַתֹּאמֶר אֵם הַנַּעַר חַי־יְהוָה וְחֵי־נַפְשְׁךָ אִם־אֶעֶזְבֶךָּ וַיָּקָם וַיֵּלֶךְ אַחֲרֶֽיהָ׃

31 Gehasi aber war ihnen vorausgegangen und hatte den Stab auf das Gesicht des Jungen gelegt; aber da war kein Laut und kein Aufhorchen. Und er kehrte um, ihm entgegen, und berichtete ihm und sagte: Der Junge ist nicht aufgewacht.

וְגֵחֲזִי עָבַר לִפְנֵיהֶם וַיָּשֶׂם אֶת־הַמִּשְׁעֶנֶת עַל־פְּנֵי הַנַּעַר וְאֵין קוֹל וְאֵין קָשֶׁב וַיָּשָׁב לִקְרָאתוֹ וַיַּגֶּד־לוֹ לֵאמֹר לֹא הֵקִיץ הַנָּֽעַר׃

32 Und als Elischa in das Haus kam, siehe, da war der Junge tot, auf sein Bett hingelegt.

וַיָּבֹא אֱלִישָׁע הַבָּיְתָה וְהִנֵּה הַנַּעַר מֵת מֻשְׁכָּב עַל־מִטָּתֽוֹ׃

33 Und er ging hinein und schloss die Tür hinter ihnen beiden zu und betete zu Jahwe.

וַיָּבֹא וַיִּסְגֹּר הַדֶּלֶת בְּעַד שְׁנֵיהֶם וַיִּתְפַּלֵּל אֶל־יְהוָה׃

34 Und er stieg (auf das Bett) und legte sich auf das Kind und legte seinen Mund auf dessen Mund und seine Augen auf dessen Augen und seine Hände auf dessen Hände und beugte sich so über ihn. Da wurde der Leib des Kindes warm.

וַיַּעַל וַיִּשְׁכַּב עַל־הַיֶּלֶד וַיָּשֶׂם פִּיו עַל־פִּיו וְעֵינָיו עַל־עֵינָיו וְכַפָּיו עַל־(כַּפָּו)כַּפָּיו וַיִּגְהַר עָלָיו וַיָּחָם בְּשַׂר הַיָּלֶד׃

35 Dann ging er wieder im Haus einmal hierhin, einmal dorthin und stieg wieder hinauf und beugte sich über ihn. Da nieste der Junge siebenmal, und der Junge schlug seine Augen auf.

וַיָּשָׁב וַיֵּלֶךְ בַּבַּיִת אַחַת הֵנָּה וְאַחַת הֵנָּה וַיַּעַל וַיִּגְהַר עָלָיו וַיְזוֹרֵר הַנַּעַר עַד־שֶׁבַע פְּעָמִים וַיִּפְקַח הַנַּעַר אֶת־עֵינָיו׃

36 Und er rief Gehasi und sagte: Ruf diese Schunemiterin! Er rief sie, und sie kam zu ihm herein. Und er sagte: Nimm deinen Sohn!

וַיִּקְרָא אֶל־גֵּיחֲזִי וַיֹּאמֶר קְרָא אֶל־הַשֻּׁנַמִּית הַזֹּאת וַיִּקְרָאֶהָ וַתָּבוֹא אֵלָיו וַיֹּאמֶר שְׂאִי בְנֵךְ׃

37 Da kam sie und fiel ihm zu Füßen und warf sich zur Erde nieder. Und sie nahm ihren Sohn und ging hinaus.

וַתָּבֹא וַתִּפֹּל עַל־רַגְלָיו וַתִּשְׁתַּחוּ אָרְצָה וַתִּשָּׂא אֶת־בְּנָהּ וַתֵּצֵא׃ פ

38 **Elischa aber kehrte nach Gilgal zurück. Es war aber Hungersnot im Land. Als nun die Prophetenjünger vor ihm saßen, sagte er**

וֶאֱלִישָׁע שָׁב הַגִּלְגָּלָה וְהָרָעָב בָּאָרֶץ וּבְנֵי הַנְּבִיאִים יֹשְׁבִים לְפָנָיו וַיֹּאמֶר לְנַעֲרוֹ שְׁפֹת הַסִּיר הַגְּדוֹלָה וּבַשֵּׁל נָזִיד לִבְנֵי הַנְּבִיאִים׃

zu seinem Diener: Setze den großen Topf auf und koche ein Gericht für die Prophetenjünger!

39 Da ging einer auf das Feld hinaus, um Kräuter zu sammeln; und er fand ein wildes Rankengewächs und las davon wilde Koloquinten, sein Gewand voll. Und er kam und zerschnitt sie in den Kochtopf. Sie kannten (sie) nämlich nicht.

40 Und sie schütteten es aus zum Essen für die Männer. Aber es geschah, als sie von dem Gericht aßen, da schrien sie auf und sagten: Der Tod ist im Topf, Gottesmann! Und sie konnten nichts essen.

41 Da sagte er: Holt Mehl! Das warf er in den Topf und sagte: Schütte es aus für die Leute, dass sie essen! Und es war nichts Schädliches mehr im Topf.

42 Und ein Mann kam von Baal-Schalischa und brachte dem Gottesmann Erstlingsbrot, zwanzig Gerstenbrote, und Jungkorn

וַיֹּאמֶר לְנַעֲרוֹ שְׁפֹת הַסִּיר הַגְּדוֹלָה וּבַשֵּׁל נָזִיד לִבְנֵי הַנְּבִיאִים׃

39 וַיֵּצֵא אֶחָד אֶל־הַשָּׂדֶה לְלַקֵּט אֹרֹת וַיִּמְצָא גֶּפֶן שָׂדֶה וַיְלַקֵּט מִמֶּנּוּ פַּקֻּעֹת שָׂדֶה מְלֹא בִגְדוֹ וַיָּבֹא וַיְפַלַּח אֶל־סִיר הַנָּזִיד כִּי־לֹא יָדָעוּ׃

40 וַיִּצְקוּ לַאֲנָשִׁים לֶאֱכוֹל וַיְהִי כְּאָכְלָם מֵהַנָּזִיד וְהֵמָּה צָעָקוּ וַיֹּאמְרוּ מָוֶת בַּסִּיר אִישׁ הָאֱלֹהִים וְלֹא יָכְלוּ לֶאֱכֹל׃

41 וַיֹּאמֶר וּקְחוּ־קֶמַח וַיַּשְׁלֵךְ אֶל־הַסִּיר וַיֹּאמֶר צַק לָעָם וְיֹאכֵלוּ וְלֹא הָיָה דָּבָר רָע בַּסִּיר׃ ס

42 וְאִישׁ בָּא מִבַּעַל שָׁלִשָׁה וַיָּבֵא לְאִישׁ הָאֱלֹהִים לֶחֶם בִּכּוּרִים עֶשְׂרִים־לֶחֶם שְׂעֹרִים וְכַרְמֶל בְּצִקְלֹנוֹ

in seinem Beutel. Und er sagte: Gib es den Leuten, dass sie essen!

43 Sein Diener aber sagte: **Wie soll ich das hundert Mann geben?** Er sagte: Gib es den Leuten, dass sie essen! Denn *so spricht Jahwe: man wird essen und übriglassen.*

44 Und er setzte es ihnen vor; und sie aßen und ließen übrig *nach dem Wort Jahwes.*

וַיֹּאמֶר תֵּן לָעָם וְיֹאכֵלוּ ז מֶה זֶ֫ אֶתֵּן לִפְנֵי מֵאָה אִישׁ וַיֹּאמֶר תֵּן לָעָם וְיֹאכֵלוּ כִּי כֹה אָמַר יְהוָה אָכוֹל וְהוֹתֵר׃

וַיִּתֵּן לִפְנֵיהֶם וַיֹּאכְלוּ וַיּוֹתִרוּ כִּדְבַר יְהוָה׃ פ

2Kön 5

- Grundschicht: Elischa-Biograph
- *Erste Bearbeitung: Theologisierende Redaktion*
- *Zweite Bearbeitung: Phoboumenos-Bearbeitung*
- Dritte Bearbeitung: Moralisierende Bearbeitung (Gehasi)

1 Naaman, der Heeresoberst des Königs von Aram, war ein großer Mann vor seinem Herrn und hoch geachtet, *denn durch ihn hatte Jahwe den Aramäern den Sieg gegeben;* und er war ein Mann stark an Kraft, (jedoch) aussätzig.

וְנַעֲמָן שַׂר־צְבָא מֶלֶךְ־אֲרָם הָיָה אִישׁ גָּדוֹל לִפְנֵי אֲדֹנָיו וּנְשֻׂא פָנִים כִּי־בוֹ נָתַן־יְהוָה תְּשׁוּעָה לַאֲרָם וְהָאִישׁ הָיָה גִּבּוֹר חַיִל מְצֹרָע׃

2 Die Aramäer führten Streifzüge und hatten ein junges Mädchen weggeführt aus Israel; sie war für die Frau Naamans (zum Dienst).

וַאֲרָם יָצְאוּ גְדוּדִים וַיִּשְׁבּוּ מֵאֶרֶץ יִשְׂרָאֵל נַעֲרָה קְטַנָּה וַתְּהִי לִפְנֵי אֵשֶׁת נַעֲמָן׃

3 Sie sagte zu ihrer Herrin: Ach, dass doch mein Herr bei dem Propheten in Samaria wäre, der würde ihn von seinem Aussatz heilen.

וַתֹּאמֶר אֶל־גְּבִרְתָּהּ אַחֲלֵי אֲדֹנִי לִפְנֵי הַנָּבִיא אֲשֶׁר בְּשֹׁמְרוֹן אָז יֶאֱסֹף אֹתוֹ מִצָּרַעְתּוֹ׃

4 *Da ging er (Naaman) und erzählte seinem Herrn: So und so hat das Mädchen aus Israel gesagt.*

וַיָּבֹא וַיַּגֵּד לַאדֹנָיו לֵאמֹר כָּזֹאת וְכָזֹאת דִּבְּרָה הַנַּעֲרָה אֲשֶׁר מֵאֶרֶץ יִשְׂרָאֵל׃

5 *Der König von Aram sprach: Geh hin, ich will dem König von Israel eine Nachricht schicken. Und er (Naaman) ging und nahm zehn Talente Silber und sechstausend (Talente) Gold und zehn Festkleider mit sich*

וַיֹּאמֶר מֶלֶךְ־אֲרָם לֶךְ־בֹּא וְאֶשְׁלְחָה סֵפֶר אֶל־מֶלֶךְ יִשְׂרָאֵל וַיֵּלֶךְ וַיִּקַּח בְּיָדוֹ עֶשֶׂר כִּכְּרֵי־כֶסֶף וְשֵׁשֶׁת אֲלָפִים זָהָב וְעֶשֶׂר חֲלִיפוֹת בְּגָדִים׃

6 *und brachte die Nachricht dem König von Israel: Wenn nun diese Nachricht zu dir kommt, dann siehe, ich habe meinen Knecht Naaman zu dir geschickt, damit du ihn von seinem Aussatz heilst.*

וַיָּבֵא הַסֵּפֶר אֶל־מֶלֶךְ יִשְׂרָאֵל לֵאמֹר וְעַתָּה כְּבוֹא הַסֵּפֶר הַזֶּה אֵלֶיךָ הִנֵּה שָׁלַחְתִּי אֵלֶיךָ אֶת־נַעֲמָן עַבְדִּי וַאֲסַפְתּוֹ מִצָּרַעְתּוֹ׃

7 *Und als der König von Israel die Nachricht las, da zerriss er seine Kleider und sprach: Bin ich*

וַיְהִי כִּקְרֹא מֶלֶךְ־יִשְׂרָאֵל אֶת־הַסֵּפֶר וַיִּקְרַע בְּגָדָיו וַיֹּאמֶר הַאֱלֹהִים אָנִי

denn ein Gott, dass ich töten und lebendig machen könnte? Denn dieser schickt zu mir, um den Mann von seinem Aussatz zu heilen. Ach merkt und seht doch, dass er Streit mit mir sucht!

כִּי הַאֱלֹהִים אָנִי לְהָמִית וּלְהַחֲיוֹת כִּי־זֶה שֹׁלֵחַ אֵלַי לֶאֱסֹף אִישׁ מִצָּרַעְתּוֹ כִּי אַךְ־דְּעוּ־נָא וּרְאוּ כִּי־מִתְאַנֶּה הוּא לִי׃

8 *Als Elischa, der Gottesmann, hörte, dass der König von Israel seine Kleider zerrissen hatte, schickte er zum König: Warum hast du deine Kleider zerrissen? Lass ihn zu mir kommen, damit er erfährt, dass es einen Propheten in Israel gibt.*

וַיְהִי כִּשְׁמֹעַ אֱלִישָׁע אִישׁ־הָאֱלֹהִים כִּי־קָרַע מֶלֶךְ־יִשְׂרָאֵל אֶת־בְּגָדָיו וַיִּשְׁלַח אֶל־הַמֶּלֶךְ לֵאמֹר לָמָּה קָרַעְתָּ בְּגָדֶיךָ יָבֹא־נָא אֵלַי וְיֵדַע כִּי יֵשׁ נָבִיא בְּיִשְׂרָאֵל׃

9 *So kam Naaman mit seinen Pferden und seinem Wagen und hielt vor dem Haus Elischas.*

וַיָּבֹא נַעֲמָן בְּסוּסָו (בְּסוּסָיו) וּבְרִכְבּוֹ וַיַּעֲמֹד פֶּתַח־הַבַּיִת לֶאֱלִישָׁע׃

10 *Da schickte Elischa einen Boten zu ihm: Geh und wasche dich siebenmal im Jordan und Dein Fleisch wird wieder rein werden.*

וַיִּשְׁלַח אֵלָיו אֱלִישָׁע מַלְאָךְ לֵאמֹר הָלוֹךְ וְרָחַצְתָּ שֶׁבַע־פְּעָמִים בַּיַּרְדֵּן וְיָשֹׁב בְּשָׂרְךָ לְךָ וּטְהָר׃

11 *Da wurde Naaman zornig und ging und sprach: Siehe, ich sagte zu mir: er (selbst) sollte herauskommen und im Namen Jahwes, seines Gottes, ausrufen und seine Hand über die Stelle bewegen und (so) den Aussatz heilen.*

וַיִּקְצֹף נַעֲמָן וַיֵּלַךְ וַיֹּאמֶר הִנֵּה אָמַרְתִּי אֵלַי יֵצֵא יָצוֹא וְעָמַד וְקָרָא בְּשֵׁם־יְהוָה אֱלֹהָיו וְהֵנִיף יָדוֹ אֶל־הַמָּקוֹם וְאָסַף הַמְּצֹרָע׃

12 *Sind nicht Abana und Parpar, die Flüsse von Damaskus, besser als alle Gewässer Israels, dass ich mich nicht in ihnen waschen und gesund werden könnte? Und er drehte sich um und ging weg im Zorn.*

הֲלֹא טוֹב אֲבָנָה (אֲמָנָה) וּפַרְפַּר נַהֲרוֹת דַּמֶּשֶׂק מִכֹּל מֵימֵי יִשְׂרָאֵל הֲלֹא אֶרְחַץ בָּהֶם וְטָהָרְתִּי וַיִּפֶן וַיֵּלֶךְ בְּחֵמָה׃

13 *Da traten seine Diener an ihn heran, sprachen mit ihm und sagten: Mein Vater, wenn Dir der Prophet etwas Großes geboten hätte, hättest du es nicht getan? Also (wie viel mehr), wenn er zu dir sagt: Wasche dich und werde rein!*

וַיִּגְּשׁוּ עֲבָדָיו וַיְדַבְּרוּ אֵלָיו וַיֹּאמְרוּ אָבִי דָּבָר גָּדוֹל הַנָּבִיא דִּבֶּר אֵלֶיךָ הֲלוֹא תַעֲשֶׂה וְאַף כִּי אָמַר אֵלֶיךָ רְחַץ וּטְהָר׃

14 *Da ging er hinab und tauchte siebenmal im Jordan unter, wie der Gottesmann gesagt hatte. Und sein Fleisch wurde wieder wie das Fleisch eines kleinen Kindes, und er war rein.*

וַיֵּרֶד וַיִּטְבֹּל בַּיַּרְדֵּן שֶׁבַע פְּעָמִים כִּדְבַר אִישׁ הָאֱלֹהִים וַיָּשָׁב בְּשָׂרוֹ כִּבְשַׂר נַעַר קָטֹן וַיִּטְהָר׃

15 *Und er kehrte zurück zu dem Gottesmann, er trat mit seinem ganzen Gefolge vor ihn und sprach: Siehe, nun weiß ich, dass es keinen Gott gibt in allen Landen, außer in Israel; und nun nimm doch ein Geschenk von deinem Knecht.*

וַיָּשָׁב אֶל אִישׁ הָאֱלֹהִים הוּא וְכָל מַחֲנֵהוּ וַיָּבֹא וַיַּעֲמֹד לְפָנָיו וַיֹּאמֶר הִנֵּה נָא יָדַעְתִּי כִּי אֵין אֱלֹהִים בְּכָל הָאָרֶץ כִּי אִם בְּיִשְׂרָאֵל וְעַתָּה קַח נָא בְרָכָה מֵאֵת עַבְדֶּךָ׃

16 *Er (Elischa) aber sagte: So wahr Jahwe lebt,*

וַיֹּאמֶר חַי יְהוָה אֲשֶׁר עָמַדְתִּי לְפָנָיו

vor dem ich stehe: wenn ich es nähme. Und er nötigte ihn, es zu nehmen, aber er weigerte sich.

אִם־אֶקָּ֑ח וַיִּפְצַר־בּ֛וֹ לָקַ֖חַת וַיְמָאֵֽן׃

17 Da sprach Naaman: *Wenn nicht, so gib doch deinem Knecht Erde, die Ladung eines Maultiergespannes. Denn dein Knecht will nicht mehr anderen Göttern Brandopfer darbringen, als (allein) für Jahwe.*

וַיֹּאמֶר֮ נַעֲמָן֒ וָלֹא֒ יֻתַּן־נָ֣א לְעַבְדְּךָ֗ מַשָּׂ֥א צֶֽמֶד־פְּרָדִ֖ים אֲדָמָ֑ה כִּ֡י לֽוֹא־יַעֲשֶׂה֩ ע֨וֹד עַבְדְּךָ֜ עֹלָ֤ה וָזֶ֙בַח֙ לֵאלֹהִ֣ים אֲחֵרִ֔ים כִּ֖י אִם־לַיהוָֽה׃

18 *Diese Sache (nur) soll Jahwe Deinem Knecht entschuldigen: wenn mein Herr in den Tempel Rimmons geht, um sich dort niederzuwerfen, dann stützt er sich auf meinen Arm und ich werfe mich auch im Tempel Rimmons nieder, wenn ich mich dann im Tempel Rimmons niederwerfe, soll Jahwe deinem Knecht in dieser Sache vergeben.*

לַדָּבָ֣ר הַזֶּה֮ יִסְלַ֣ח יְהוָ֣ה לְעַבְדֶּךָ֒ בְּב֣וֹא אֲדֹנִ֣י בֵית־רִמּוֹן֩ לְהִשְׁתַּחֲוֹ֨ת שָׁ֜מָּה וְה֣וּא ׀ נִשְׁעָ֣ן עַל־יָדִ֗י וְהִֽשְׁתַּחֲוֵ֙יתִי֙ בֵּ֣ית רִמֹּ֔ן בְּהִשְׁתַּחֲוָיָ֙תִי֙ בֵּ֣ית רִמֹּ֔ן יִסְלַח־(נָ֥א) יְהוָ֛ה לְעַבְדְּךָ֖ בַּדָּבָ֥ר הַזֶּֽה׃

19 *Da sprach er zu ihm: Geh in Frieden! Und als er eine Strecke Weges von ihm gegangen war,*

וַיֹּ֥אמֶר ל֖וֹ לֵ֣ךְ לְשָׁל֑וֹם וַיֵּ֥לֶךְ מֵאִתּ֖וֹ כִּבְרַת־אָֽרֶץ׃

20 da sagte sich Gehasi, der Diener Elischas, des Gottesmannes: Siehe, mein Herr hat diesen Aramäer Naaman verschont, dass er nichts

וַיֹּ֣אמֶר גֵּיחֲזִ֗י נַעַר֮ אֱלִישָׁ֣ע אִישׁ־הָאֱלֹהִים֒ הִנֵּ֣ה ׀ חָשַׂ֣ךְ אֲדֹנִ֗י אֶֽת־נַעֲמָ֤ן הָֽאֲרַמִּי֙ הַזֶּ֔ה מִקַּ֥חַת מִיָּד֖וֹ אֵ֥ת אֲשֶׁר־הֵבִֽיא

aus seiner Hand genommen hat, was er mitgebracht hatte. So wahr Jahwe lebt, will ich ihm nachgehen und mir etwas von ihm nehmen.

21 Da eilte Gehasi dem Naaman nach und als Naaman sah, dass er ihm nachlief, stieg er von seinem Wagen, um ihn zu rufen und sprach: Ist Friede?

22 Er sagte: Friede! Mein Herr hat mich geschickt: Siehe, nun sind zu mir gekommen vom Gebirge Ephraim zwei Jungen von den Prophetenjüngern. Gib mir doch für sie ein Talent Silber und zwei Festkleider!

23 Naaman sprach: Tue mir den Gefallen und nimm zwei Talente; und er nötigte ihn und band zwei Talente Silber in zwei Beutel und zwei Festkleider und gab es seinen beiden Dienern, die trugen es vor ihm her.

24 Und als er (Gehasi) zu der Anhöhe kam, nahm er (es) aus ihren Händen und trug (es) ins Haus und schickte die Männer (fort) und sie gingen.

כִּי־לָקַח מִיָּדוֹ אֵת אֲשֶׁר־הֵבִיא חַי־יְהוָה כִּי־אִם־רַצְתִּי אַחֲרָיו וְלָקַחְתִּי מֵאִתּוֹ מְאוּמָה׃

21 וַיִּרְדֹּף גֵּיחֲזִי אַחֲרֵי נַעֲמָן וַיִּרְאֶה נַעֲמָן רָץ אַחֲרָיו וַיִּפֹּל מֵעַל הַמֶּרְכָּבָה לִקְרָאתוֹ וַיֹּאמֶר הֲשָׁלוֹם׃

22 וַיֹּאמֶר שָׁלוֹם אֲדֹנִי שְׁלָחַנִי לֵאמֹר הִנֵּה עַתָּה זֶה בָּאוּ אֵלַי שְׁנֵי־נְעָרִים מֵהַר אֶפְרַיִם מִבְּנֵי הַנְּבִיאִים תְּנָה־נָּא לָהֶם כִּכַּר־כֶּסֶף וּשְׁתֵּי חֲלִפוֹת בְּגָדִים׃

23 וַיֹּאמֶר נַעֲמָן הוֹאֵל קַח כִּכָּרָיִם וַיִּפְרָץ־בּוֹ וַיָּצַר כִּכְּרַיִם כֶּסֶף בִּשְׁנֵי חֲרִטִים וּשְׁתֵּי חֲלִפוֹת בְּגָדִים וַיִּתֵּן אֶל־שְׁנֵי נְעָרָיו וַיִּשְׂאוּ לְפָנָיו׃

24 וַיָּבֹא אֶל־הָעֹפֶל וַיִּקַּח מִיָּדָם וַיִּפְקֹד בַּבָּיִת וַיְשַׁלַּח אֶת־הָאֲנָשִׁים וַיֵּלֵכוּ׃

וְהוּא־בָא֙ וַיַּעֲמֹ֣ד אֶל־אֲדֹנָ֔יו וַיֹּ֤אמֶר אֵלָיו֙ אֱלִישָׁ֔ע (מֵאָן) [מֵאַ֖יִן] גֵּחֲזִ֑י וַיֹּ֕אמֶר לֹֽא־הָלַ֥ךְ עַבְדְּךָ֖ אָ֥נֶה וָאָֽנָה׃	25	Und als er ankam, trat er vor seinen Herrn. Und Elischa sagte zu ihm: Woher, Gehasi? Er sprach: Dein Knecht ist weder hierhin noch dorthin gegangen.
וַיֹּ֤אמֶר אֵלָיו֙ לֹא־לִבִּ֣י הָלַ֔ךְ כַּאֲשֶׁ֧ר הָֽפַךְ־אִ֛ישׁ מֵעַ֥ל מֶרְכַּבְתּ֖וֹ לִקְרָאתֶ֑ךָ הַעֵ֞ת לָקַ֣חַת אֶת־הַכֶּ֗סֶף וְלָקַ֤חַת בְּגָדִים֙ וְזֵיתִ֣ים וּכְרָמִ֔ים וְצֹ֣אן וּבָקָ֔ר וַעֲבָדִ֖ים וּשְׁפָחֽוֹת׃	26	Er aber sprach zu ihm: War nicht mein Herz (mit dir) gegangen, als ein Mann sich beugte von seinem Wagen, um mit dir zu sprechen? Ist denn die Zeit, das Silber und die Kleider zu nehmen und Ölgärten, Weinberge, Schafe, Rinder, Knechte und Mägde.
וְצָרַ֤עַת נַעֲמָן֙ תִּדְבַּק־בְּךָ֔ וּבְזַרְעֲךָ֖ לְעוֹלָ֑ם וַיֵּצֵ֥א מִלְּפָנָ֖יו מְצֹרָ֥ע כַּשָּֽׁלֶג׃	27	Der Aussatz Naamans soll an Dir und deinen Nachkommen in Ewigkeit kleben. Da ging er (Gehasi) von ihm weg, aussätzig wie Schnee.

2Kön 6

- **Erste Grundschicht: kurze episodische Wundergeschichten**
- Zweite Grundschicht: Elischa-Biograph (Hof- und Kriegserzählung)
- *Erste Bearbeitung: Theologisierende Redaktion*
- *Zweite Bearbeitung: Steigerungs-Bearbeitung*

וַיֹּאמְר֥וּ בְנֵֽי־הַנְּבִיאִ֖ים אֶל־אֱלִישָׁ֑ע הִנֵּה־נָ֣א הַמָּק֗וֹם אֲשֶׁ֨ר אֲנַ֜חְנוּ יֹשְׁבִ֥ים שָׁ֛ם לְפָנֶ֖יךָ צַ֥ר מִמֶּֽנּוּ׃	1	**Und die Prophetenjünger sagten zu Elischa: Sieh doch, der Raum, wo wir vor dir sitzen, ist zu eng für uns.**

2 Lass uns doch an den Jordan gehen und von dort jeder einen Balken holen und uns hier einen Ort machen, um dort zu wohnen! Und er sagte: Geht hin!

נֵלְכָה־נָּא עַד־הַיַּרְדֵּן וְנִקְחָה מִשָּׁם אִישׁ קוֹרָה אֶחָת וְנַעֲשֶׂה־לָּנוּ שָׁם מָקוֹם לָשֶׁבֶת שָׁם וַיֹּאמֶר לֵכוּ׃

3 Und einer sagte: Tu uns den Gefallen und geh mit deinen Knechten! Und er sagte: Ich will mitgehen.

וַיֹּאמֶר הָאֶחָד הוֹאֶל נָא וְלֵךְ אֶת־עֲבָדֶיךָ וַיֹּאמֶר אֲנִי אֵלֵךְ׃

4 So ging er mit ihnen. Und sie kamen an den Jordan und hieben die Bäume um.

וַיֵּלֶךְ אִתָּם וַיָּבֹאוּ הַיַּרְדֵּנָה וַיִּגְזְרוּ הָעֵצִים׃

5 Es geschah aber, als einer einen Balken fällte, da fiel das Eisen ins Wasser. Und er schrie auf und sagte: Ach, mein Herr! Und *dabei* ist es doch geliehen!

וַיְהִי הָאֶחָד מַפִּיל הַקּוֹרָה וְאֶת־הַבַּרְזֶל נָפַל אֶל־הַמָּיִם וַיִּצְעַק וַיֹּאמֶר אֲהָהּ אֲדֹנִי וְהוּא שָׁאוּל׃

6 Der Gottesmann aber sagte: Wohin ist es gefallen? Und er zeigte ihm die Stelle. Da schnitt er ein *Stück* Holz ab und warf es hinein und brachte das Eisen zum Schwimmen.

וַיֹּאמֶר אִישׁ־הָאֱלֹהִים אָנָה נָפָל וַיַּרְאֵהוּ אֶת־הַמָּקוֹם וַיִּקְצָב־עֵץ וַיַּשְׁלֶךְ־שָׁמָּה וַיָּצֶף הַבַּרְזֶל׃

7 Und er sagte: Hole es dir heraus! Da streckte er seine Hand aus und nahm es.

וַיֹּאמֶר הָרֶם לָךְ וַיִּשְׁלַח יָדוֹ וַיִּקָּחֵהוּ׃ פ

8 Und der König von Aram führte Krieg gegen

וּמֶלֶךְ אֲרָם הָיָה נִלְחָם בְּיִשְׂרָאֵל וַיִּוָּעַץ אֶל־עֲבָדָיו לֵאמֹר

Israel und beriet sich mit seinen Knechten: An dem und dem Ort soll mein Lager sein.

וַיִּוָּעַץ אֶל־עֲבָדָיו לֵאמֹר אֶל־מְקוֹם פְּלֹנִי אַלְמֹנִי תַּחֲנֹתִי׃

9 Da sandte der Gottesmann zum König von Israel: Hüte dich, an diesem Ort vorbeizuziehen! Denn dort kommen die Aramäer herab.

וַיִּשְׁלַח אִישׁ הָאֱלֹהִים אֶל־מֶלֶךְ יִשְׂרָאֵל לֵאמֹר הִשָּׁמֶר מֵעֲבֹר הַמָּקוֹם הַזֶּה כִּי־שָׁם אֲרָם נְחִתִּים׃

10 Und der König von Israel sandte hin an den Ort, den der Gottesmann ihm gesagt und *vor dem* er ihn gewarnt hatte, und war dort auf der Hut. *(Das geschah) nicht (nur) einmal und nicht (nur) zweimal.*

וַיִּשְׁלַח מֶלֶךְ יִשְׂרָאֵל אֶל־הַמָּקוֹם אֲשֶׁר אָמַר־לוֹ אִישׁ־הָאֱלֹהִים (וְהִזְהִירֹה) [וְהִזְהִירוֹ] וְנִשְׁמַר שָׁם לֹא אַחַת וְלֹא שְׁתָּיִם׃

11 Da wurde das Herz des Königs von Aram über diese Sache beunruhigt, und er rief seine Knechte und sagte zu ihnen: Könnt ihr mir nicht mitteilen, wer von den Unseren zum König von Israel (*hält*)?

וַיִּסָּעֵר לֵב מֶלֶךְ־אֲרָם עַל־הַדָּבָר הַזֶּה וַיִּקְרָא אֶל־עֲבָדָיו וַיֹּאמֶר אֲלֵיהֶם הֲלוֹא תַּגִּידוּ לִי מִי מִשֶּׁלָּנוּ אֶל־מֶלֶךְ יִשְׂרָאֵל׃

12 Da sagte einer von seinen Knechten: Nein, mein Herr *und* König, aber der Prophet Elischa, der in Israel ist, teilt dem König von Israel die Worte mit, die du in deinem Schlafzimmer redest.

וַיֹּאמֶר אַחַד מֵעֲבָדָיו לוֹא אֲדֹנִי הַמֶּלֶךְ כִּי־אֱלִישָׁע הַנָּבִיא אֲשֶׁר בְּיִשְׂרָאֵל יַגִּיד לְמֶלֶךְ יִשְׂרָאֵל אֶת־הַדְּבָרִים אֲשֶׁר תְּדַבֵּר בַּחֲדַר מִשְׁכָּבֶךָ׃

13 Da sagte er: Geht hin und seht, wo er ist! Ich werde hinsenden und ihn holen. Und es wurde ihm berichtet: Siehe, er ist in Dotan.

וַיֹּאמֶר לְכוּ וּרְאוּ אֵיכֹה הוּא וְאֶשְׁלַח וְאֶקָּחֵהוּ וַיֻּגַּד־לוֹ לֵאמֹר הִנֵּה בְדֹתָן׃

14 *Da sandte er Pferde und Kriegswagen dorthin und ein starkes Heer. Und sie kamen bei Nacht und umringten die Stadt.*

וַיִּשְׁלַח־שָׁמָּה סוּסִים וְרֶכֶב וְחַיִל כָּבֵד וַיָּבֹאוּ לַיְלָה וַיַּקִּפוּ עַל־הָעִיר׃

15 Und als der *Diener des* Mannes Gottes früh aufstand und hinausging, siehe, da umringte ein Heer die Stadt, und Pferde und Kriegswagen. *Und sein Diener sagte zu ihm: Ach, mein Herr! Was sollen wir tun?*

וַיַּשְׁכֵּם מְשָׁרֵת אִישׁ הָאֱלֹהִים לָקוּם וַיֵּצֵא וְהִנֵּה־חַיִל סוֹבֵב אֶת־הָעִיר וְסוּס וָרָכֶב וַיֹּאמֶר נַעֲרוֹ אֵלָיו אֲהָהּ אֲדֹנִי אֵיכָה נַעֲשֶׂה׃

16 *Er aber sagte: Fürchte dich nicht! Denn zahlreicher sind die, die bei uns sind, als die, die bei ihnen sind.*

וַיֹּאמֶר אַל־תִּירָא כִּי רַבִּים אֲשֶׁר אִתָּנוּ מֵאֲשֶׁר אוֹתָם׃

17 *Und Elischa betete und sagte: Jahwe, öffne doch seine Augen, dass er sieht! Da öffnete Jahwe die Augen des Dieners, und er sah. Und siehe, der Berg war voll von feurigen Pferden und Kriegswagen um Elischa herum.*

וַיִּתְפַּלֵּל אֱלִישָׁע וַיֹּאמַר יְהוָה פְּקַח־נָא אֶת־עֵינָיו וְיִרְאֶה וַיִּפְקַח יְהוָה אֶת־עֵינֵי הַנַּעַר וַיַּרְא וְהִנֵּה הָהָר מָלֵא סוּסִים וְרֶכֶב אֵשׁ סְבִיבֹת אֱלִישָׁע׃

18 Und sie kamen zu ihm herab. *Und Elischa betete zu Jahwe und sagte: Schlag doch dieses Volk mit Blindheit!* Da schlug er sie mit Blindheit nach dem Wort des Elischa.

וַיֵּרְדוּ אֵלָיו וַיִּתְפַּלֵּל אֱלִישָׁע אֶל־יְהוָה וַיֹּאמַר הַךְ־נָא אֶת־הַגּוֹי־הַזֶּה בַּסַּנְוֵרִים וַיַּכֵּם בַּסַּנְוֵרִים כִּדְבַר אֱלִישָׁע׃

19 Und Elischa sagte zu ihnen: Dies ist nicht der Weg und dies nicht die Stadt. Folgt mir! Ich will euch zu dem Mann führen, den ihr

וַיֹּאמֶר אֲלֵהֶם אֱלִישָׁע לֹא זֶה הַדֶּרֶךְ וְלֹא זֹה הָעִיר לְכוּ אַחֲרַי וְאוֹלִיכָה אֶתְכֶם אֶל־הָאִישׁ אֲשֶׁר תְּבַקֵּשׁוּן

sucht. Und er führte sie nach Samaria.

20 Und es geschah, als sie nach Samaria gekommen waren, *da sagte Elischa: Jahwe, öffne die Augen dieser (Männer), dass sie sehen!* Da öffnete (er) *Jahwe* ihre Augen, und sie sahen. Und siehe, *sie waren* mitten in Samaria.

וַיְהִי כְּבֹאָם שֹׁמְרוֹן וַיֹּאמֶר אֱלִישָׁע יְהוָה פְּקַח אֶת־עֵינֵי־אֵלֶּה וְיִרְאוּ וַיִּפְקַח יְהוָה אֶת־עֵינֵיהֶם וַיִּרְאוּ וְהִנֵּה בְּתוֹךְ שֹׁמְרוֹן׃

21 Und der König von Israel sagte zu Elischa, als er sie sah: Soll ich losschlagen, soll ich losschlagen, mein Vater?

וַיֹּאמֶר מֶלֶךְ־יִשְׂרָאֵל אֶל־אֱלִישָׁע כִּרְאֹתוֹ אוֹתָם הַאַכֶּה אַכֶּה אָבִי׃

22 Er aber sagte: Du sollst nicht losschlagen! Würdest du *etwa* die erschlagen, die du mit deinem Schwert und mit deinem Bogen gefangen genommen hast? Setze ihnen Brot und Wasser vor, dass sie essen und trinken und zu ihrem Herrn ziehen!

וַיֹּאמֶר לֹא תַכֶּה הַאֲשֶׁר שָׁבִיתָ בְּחַרְבְּךָ וּבְקַשְׁתְּךָ אַתָּה מַכֶּה שִׂים לֶחֶם וָמַיִם לִפְנֵיהֶם וְיֹאכְלוּ וְיִשְׁתּוּ וְיֵלְכוּ אֶל־אֲדֹנֵיהֶם׃

23 Und er richtete ein großes Festmahl für sie aus, und sie aßen und tranken. Dann entließ er sie, und sie zogen zu ihrem Herrn. Und fortan kamen die Streifscharen Arams nicht mehr in das Land Israel.

וַיִּכְרֶה לָהֶם כֵּרָה גְדוֹלָה וַיֹּאכְלוּ וַיִּשְׁתּוּ וַיְשַׁלְּחֵם וַיֵּלְכוּ אֶל־אֲדֹנֵיהֶם וְלֹא־יָסְפוּ עוֹד גְּדוּדֵי אֲרָם לָבוֹא בְּאֶרֶץ יִשְׂרָאֵל׃

2Kön 7

- Grundschicht: Elischa-Biograph (Hof- und Kriegserzählung)
- *Erste Bearbeitung: Theologisierende Redaktion*
- Zweite Bearbeitung: Moralisierende Bearbeitung

(Zuvor: 2Kön 6,24–33)

24 Und es geschah danach, da versammelte Ben-Hadad, der König von Aram, sein ganzes Heer und zog herauf und belagerte Samaria.

ויהי אחרי־כן ויקבץ בן־הדד מלך־ארם את־כל־מחנהו ויעל ויצר על־שמרון׃

25 Und es entstand eine große Hungersnot in Samaria; und siehe, sie belagerten es, bis ein Eselskopf für achtzig *Schekel* Silber und ein viertel Kab Taubenmist für fünf *Schekel* Silber *gehandelt* wurden.

ויהי רעב גדול בשמרון והנה צרים עליה עד היות ראש־חמור בשמנים כסף ורבע הקב חרייונים (דביונים) בחמשה־כסף׃

26 Und es geschah, als der König von Israel auf der Mauer einherging, da schrie eine Frau ihm zu: Hilf, mein Herr und König!

ויהי מלך ישראל עבר על־החמה ואשה צעקה אליו לאמר הושיעה אדני המלך׃

27 *Er aber sagte: Hilft dir Jahwe nicht, woher sollte ich dir helfen? Etwa von der Tenne oder von der Kelter?*

ויאמר אל־יושעך יהוה מאין אושיעך המן־הגרן או מן־היקב׃

28 Und der König sagte zu ihr: Was ist mit dir? Sie sagte: Diese Frau da hat zu mir gesagt: Gib

ויאמר־לה המלך מה־לך ותאמר האשה הזאת אמרה אלי תני

deinen Sohn her, dass wir ihn heute essen! Meinen Sohn wollen wir morgen essen.

תְּנִי אֶת־בְּנֵךְ וְנֹאכְלֶנּוּ הַיּוֹם וְאֶת־בְּנִי נֹאכַל מָחָר׃

29 So kochten wir meinen Sohn und aßen ihn. Als ich aber am anderen Tag zu ihr sagte: Gib deinen Sohn her, dass wir ihn essen! Da hatte sie ihren Sohn versteckt.

וַנְּבַשֵּׁל אֶת־בְּנִי וַנֹּאכְלֵהוּ וָאֹמַר אֵלֶיהָ בַּיּוֹם הָאַחֵר תְּנִי אֶת־בְּנֵךְ וְנֹאכְלֶנּוּ וַתַּחְבִּא אֶת־בְּנָהּ׃

30 Und es geschah, als der König die Worte der Frau hörte, da zerriss er seine Kleider als er noch auf der Mauer einherging; und das Volk sah, und siehe, er trug Sacktuch darunter auf seinem Leib.

וַיְהִי כִשְׁמֹעַ הַמֶּלֶךְ אֶת־דִּבְרֵי הָאִשָּׁה וַיִּקְרַע אֶת־בְּגָדָיו וְהוּא עֹבֵר עַל־הַחֹמָה וַיַּרְא הָעָם וְהִנֵּה הַשַּׂק עַל־בְּשָׂרוֹ מִבָּיִת׃

31 *Und er sagte: So soll mir Gott tun und so hinzufügen, wenn der Kopf Elischas, des Sohnes Schafats, heute auf ihm bleibt!*

וַיֹּאמֶר כֹּה־יַעֲשֶׂה־לִּי אֱלֹהִים וְכֹה יוֹסִף אִם־יַעֲמֹד רֹאשׁ אֱלִישָׁע בֶּן־שָׁפָט עָלָיו הַיּוֹם׃

32 Elischa aber saß in seinem Haus, und die Ältesten saßen bei ihm. *Und er sandte einen Mann vor sich her. Bevor nun der Bote zu ihm kam, sagte er zu den Ältesten: Habt ihr gesehen, dass dieser Mördersohn (her)gesandt hat, um mir den Kopf abzuschlagen? Seht zu, sobald der Bote kommt, verschließt die Tür und drängt ihn mit der Tür zurück! Ist nicht der Schall der Tritte seines Herrn hinter ihm (zu hören)?*

וֶאֱלִישָׁע יֹשֵׁב בְּבֵיתוֹ וְהַזְּקֵנִים יֹשְׁבִים אִתּוֹ וַיִּשְׁלַח אִישׁ מִלְּפָנָיו בְּטֶרֶם יָבֹא הַמַּלְאָךְ אֵלָיו וְהוּא אָמַר אֶל־הַזְּקֵנִים הַרְּאִיתֶם כִּי־שָׁלַח בֶּן־הַמְרַצֵּחַ הַזֶּה לְהָסִיר אֶת־רֹאשִׁי רְאוּ כְּבֹא הַמַּלְאָךְ סִגְרוּ הַדֶּלֶת וּלְחַצְתֶּם אֹתוֹ בַּדֶּלֶת הֲלוֹא קוֹל רַגְלֵי אֲדֹנָיו אַחֲרָיו׃

33 *Noch redete er mit ihnen, siehe, da kam der Bote zu ihm herab und sagte: Siehe, dieses Unglück kommt von Jahwe. Was soll ich noch länger auf Jahwe warten?*

עוֹדֶנּוּ מְדַבֵּר עִמָּם וְהִנֵּה הַמַּלְאָךְ יֹרֵד אֵלָיו וַיֹּאמֶר הִנֵּה־זֹאת הָרָעָה מֵאֵת יְהוָה מָה־אוֹחִיל לַיהוָה עוֹד׃

7,1 Da sagte Elischa: *Hört das Wort Jahwes! So spricht Jahwe:* Morgen um diese Zeit wird es ein Maß Weizengrieß für einen Schekel und zwei Maß Gerste für einen Schekel im Tor von Samaria (geben).

וַיֹּאמֶר אֱלִישָׁע שִׁמְעוּ דְּבַר־יְהוָה כֹּה אָמַר יְהוָה כָּעֵת מָחָר סְאָה־סֹלֶת בְּשֶׁקֶל וְסָאתַיִם שְׂעֹרִים בְּשֶׁקֶל בְּשַׁעַר שֹׁמְרוֹן׃

2 Da antwortete der Adjutant, auf dessen Arm sich der König stützte, dem Gottesmann und sagte: Siehe, wenn Jahwe Fenster am Himmel machte, könnte wohl so etwas geschehen? Er aber sagte: Siehe, du wirst es mit deinen Augen sehen, doch du wirst nichts davon essen!

וַיַּעַן הַשָּׁלִישׁ אֲשֶׁר־לַמֶּלֶךְ נִשְׁעָן עַל־יָדוֹ אֶת־אִישׁ הָאֱלֹהִים וַיֹּאמַר הִנֵּה יְהוָה עֹשֶׂה אֲרֻבּוֹת בַּשָּׁמַיִם הֲיִהְיֶה הַדָּבָר הַזֶּה וַיֹּאמֶר הִנְּכָה רֹאֶה בְּעֵינֶיךָ וּמִשָּׁם לֹא תֹאכֵל׃

3 Da waren vier aussätzige Männer am Eingang des Tores, die sagten einer zum anderen: Was sollen wir hierbleiben, bis wir sterben?

וְאַרְבָּעָה אֲנָשִׁים הָיוּ מְצֹרָעִים פֶּתַח הַשָּׁעַר וַיֹּאמְרוּ אִישׁ אֶל־רֵעֵהוּ מָה אֲנַחְנוּ יֹשְׁבִים פֹּה עַד־מָתְנוּ׃

4 Wenn wir sagen: Lasst uns in die Stadt gehen – in der Stadt ist *ja* die Hungersnot, dann werden wir dort sterben. Wenn wir aber hier bleiben, werden wir *auch* sterben. So kommt nun

אִם־אָמַרְנוּ נָבוֹא הָעִיר וְהָרָעָב בָּעִיר וָמַתְנוּ שָׁם וְאִם־יָשַׁבְנוּ פֹה וָמָתְנוּ וְעַתָּה לְכוּ

und lasst uns ins Heerlager Arams überlaufen! Wenn sie uns am Leben lassen, dann leben wir, und wenn sie uns töten, dann sterben wir.

וְעַתָּה לְכוּ וְנִפְּלָה אֶל־מַחֲנֵה אֲרָם אִם־יְחַיֻּנוּ נִחְיֶה וְאִם־יְמִיתֻנוּ וָמָתְנוּ׃

5 So machten sie sich in der Abenddämmerung auf, um ins Heerlager Arams zu kommen. Und als sie an den Rand des Heerlagers von Aram kamen, siehe, da war da kein Mensch.

וַיָּקוּמוּ בַנֶּשֶׁף לָבוֹא אֶל־מַחֲנֵה אֲרָם וַיָּבֹאוּ עַד־קְצֵה מַחֲנֵה אֲרָם וְהִנֵּה אֵין־שָׁם אִישׁ׃

6 *Denn der Herr hatte das Heerlager Arams ein Getöse von Wagen und ein Getöse von Pferden hören lassen, das Getöse einer großen Heeresmacht. Da hatten sie einer zum andern gesagt: Siehe, der König von Israel hat die Könige der Hetiter und die Könige von Ägypten gegen uns angeworben, dass sie über uns kommen sollen.*

וַאדֹנָי הִשְׁמִיעַ אֶת־מַחֲנֵה אֲרָם קוֹל רֶכֶב קוֹל סוּס קוֹל חַיִל גָּדוֹל וַיֹּאמְרוּ אִישׁ אֶל־אָחִיו הִנֵּה שָׂכַר־עָלֵינוּ מֶלֶךְ יִשְׂרָאֵל אֶת־מַלְכֵי הַחִתִּים וְאֶת־מַלְכֵי מִצְרַיִם לָבוֹא עָלֵינוּ׃

7 *So hatten sie sich aufgemacht und waren in der Abenddämmerung geflohen. Sie hatten ihre Zelte und ihre Pferde und ihre Esel zurückgelassen, das ganze Heerlager, so wie es war, und waren um ihr Leben geflohen.*

וַיָּקוּמוּ וַיָּנוּסוּ בַנֶּשֶׁף וַיַּעַזְבוּ אֶת־אָהֳלֵיהֶם וְאֶת־סוּסֵיהֶם וְאֶת־חֲמֹרֵיהֶם הַמַּחֲנֶה כַּאֲשֶׁר־הִיא וַיָּנֻסוּ אֶל־נַפְשָׁם׃

8 *Als nun jene Aussätzigen an den Rand des Heerlagers kamen, da gingen sie in eines der Zelte und aßen und tranken. Und sie nahmen Silber und Gold und Kleider von dort mit und gingen*

וַיָּבֹאוּ הַמְצֹרָעִים הָאֵלֶּה עַד־קְצֵה הַמַּחֲנֶה וַיָּבֹאוּ אֶל־אֹהֶל אֶחָד וַיֹּאכְלוּ וַיִּשְׁתּוּ וַיִּשְׂאוּ מִשָּׁם כֶּסֶף וְזָהָב וּבְגָדִים וַיֵּלְכוּ וַיַּטְמִנוּ וַיָּשֻׁבוּ וַיָּבֹאוּ אֶל־אֹהֶל אַחֵר

hin und versteckten es. Dann kehrten sie zurück und gingen in ein anderes Zelt; und sie nahmen *auch* von dort *etwas mit*, gingen hin und versteckten es.

אֹתָם וַיָּשֻׁבוּ וַיָּבֹאוּ אֶל־אֹהֶל אַחֵר וַיִּשְׂאוּ מִשָּׁם וַיֵּלְכוּ וַיַּטְמִנוּ׃

9 Dann sagten sie einer zum andern: Wir tun nicht recht. Dieser Tag ist ein Tag guter Botschaft. Schweigen wir aber und warten, bis der Morgen hell wird, so wird uns Schuld treffen. Und nun kommt und lasst uns hineingehen und es im Haus des Königs berichten!

וַיֹּאמְרוּ אִישׁ אֶל־רֵעֵהוּ לֹא־כֵן אֲנַחְנוּ עֹשִׂים הַיּוֹם הַזֶּה יוֹם־בְּשֹׂרָה הוּא וַאֲנַחְנוּ מַחְשִׁים וְחִכִּינוּ עַד־אוֹר הַבֹּקֶר וּמְצָאָנוּ עָווֹן וְעַתָּה לְכוּ וְנָבֹאָה וְנַגִּידָה בֵּית הַמֶּלֶךְ׃

10 So kamen sie und riefen die Torwache der Stadt und berichteten ihnen: Wir sind in das Heerlager Arams gekommen, und siehe, da war kein Mensch und keine Menschenstimme, sondern nur die Pferde angebunden und die Esel angebunden und die Zelte, so wie sie waren.

וַיָּבֹאוּ וַיִּקְרְאוּ אֶל־שֹׁעֵר הָעִיר וַיַּגִּידוּ לָהֶם לֵאמֹר בָּאנוּ אֶל־מַחֲנֵה אֲרָם וְהִנֵּה אֵין־שָׁם אִישׁ וְקוֹל אָדָם כִּי אִם־הַסּוּס אָסוּר וְהַחֲמוֹר אָסוּר וְאֹהָלִים כַּאֲשֶׁר־הֵמָּה׃

11 Da riefen es die Torwächter aus, und man berichtete es drinnen im Haus des Königs.

וַיִּקְרָא הַשֹּׁעֲרִים וַיַּגִּידוּ בֵּית הַמֶּלֶךְ פְּנִימָה׃

12 Da stand der König in der Nacht auf und sagte zu seinen Knechten: Ich will euch sagen, was die Aramäer mit uns gemacht haben: Sie haben erkannt, dass wir Hunger leiden; da sind

וַיָּקָם הַמֶּלֶךְ לַיְלָה וַיֹּאמֶר אֶל־עֲבָדָיו אַגִּידָה־נָּא לָכֶם אֵת אֲשֶׁר־עָשׂוּ לָנוּ אֲרָם יָדְעוּ כִּי־רְעֵבִים אֲנַחְנוּ וַיֵּצְאוּ מִן־הַמַּחֲנֶה לְהֵחָבֵה [בְהַשָּׂדֶה] (בֵהַשָּׂדֶה) לֵאמֹר כִּי־יֵצְאוּ מִן־הָעִיר וְנִתְפְּשֵׂם חַיִּים וְאֶל־הָעִיר נָבֹא׃

sie aus dem Lager abgezogen, um sich im Feld zu verstecken, (indem sie sich sagen): Wenn sie aus der Stadt herauskommen, dann wollen wir sie lebendig greifen und in die Stadt eindringen!

13 Da antwortete einer von seinen Knechten und sagte: Man nehme doch fünf von den übrig gebliebenen Pferden, die hier *noch* übrig geblieben sind! Siehe, ihnen *wird es ja doch ergehen* wie der ganzen Menge Israels, die hier übrig geblieben ist; siehe, ihnen *wird es ergehen* wie der ganzen Menge Israels, die am Ende ist. Schicken wir *doch* hin, und lasst uns sehen!

14 So nahmen sie zwei Wagen mit Pferden, und der König schickte hinter dem Heerlager Arams *Männer* her und sagte: Geht hin und seht!

15 Und sie zogen hinter ihnen her bis an den Jordan; und siehe, der ganze Weg war voll von Kleidern und Geräten, die die Aramäer auf ihrer Eile weggeworfen hatten. Und die Boten kehrten zurück und berichteten es dem König.

16 Da ging das Volk hinaus und plünderte das

וַיָּקָם הַמֶּלֶךְ לַיְלָה וַיֹּאמֶר אֶל־עֲבָדָיו אַגִּידָה־נָּא לָכֶם אֵת אֲשֶׁר־עָשׂוּ לָנוּ אֲרָם יָדְעוּ כִּי־רְעֵבִים אֲנַחְנוּ וַיֵּצְאוּ מִן־הַמַּחֲנֶה לְהֵחָבֵה (בְהַשָּׂדֶה)[בַשָּׂדֶה] לֵאמֹר כִּי־יֵצְאוּ מִן־הָעִיר וְנִתְפְּשֵׂם חַיִּים וְאֶל־הָעִיר נָבֹא׃

13 וַיַּעַן אֶחָד מֵעֲבָדָיו וַיֹּאמֶר וְיִקְחוּ־נָא חֲמִשָּׁה מִן־הַסּוּסִים הַנִּשְׁאָרִים אֲשֶׁר נִשְׁאֲרוּ־בָהּ הִנָּם כְּכָל־(הֲמוֹן)[הֲמוֹן] יִשְׂרָאֵל אֲשֶׁר נִשְׁאֲרוּ־בָהּ הִנָּם כְּכָל־הֲמוֹן יִשְׂרָאֵל אֲשֶׁר־תָּמּוּ וְנִשְׁלְחָה וְנִרְאֶה׃

14 וַיִּקְחוּ שְׁנֵי רֶכֶב סוּסִים וַיִּשְׁלַח הַמֶּלֶךְ אַחֲרֵי מַחֲנֵה־אֲרָם לֵאמֹר לְכוּ וּרְאוּ׃

15 וַיֵּלְכוּ אַחֲרֵיהֶם עַד־הַיַּרְדֵּן וְהִנֵּה כָל־הַדֶּרֶךְ מְלֵאָה בְגָדִים וְכֵלִים אֲשֶׁר־הִשְׁלִיכוּ אֲרָם (בְּהֵחָפְזָם)[בְּחָפְזָם] וַיָּשֻׁבוּ הַמַּלְאָכִים וַיַּגִּדוּ לַמֶּלֶךְ׃

16 וַיֵּצֵא הָעָם וַיָּבֹזּוּ אֵת מַחֲנֵה אֲרָם

Heerlager Arams und es geschah, (es gab) ein Maß Weizengrieß für einen Schekel und zwei Maß Gerste für einen Schekel *nach dem Wort Jahwes.*

וַיְהִ֣י סְאָה־סֹ֩לֶת֩ בְּשֶׁ֨קֶל וְסָאתַ֧יִם שְׂעֹרִ֛ים בְּשֶׁ֖קֶל כִּדְבַ֥ר יְהוָֽה׃

17 Der König hatte aber den Adjutanten, auf dessen Arm er sich stützte, (zur Aufsicht über) das Tor bestellt. Und das Volk trat ihn im Tor nieder, so dass er starb, so wie der Gottesmann geredet hatte, der es gesagt hatte, als der König zu ihm herabkam.

וְהַמֶּ֡לֶךְ הִפְקִ֣יד אֶת־הַשָּׁלִ֣ישׁ אֲשֶׁר־נִשְׁעָן֩ עַל־יָד֨וֹ עַל־הַשַּׁ֜עַר וַיִּרְמְסֻ֧הוּ הָעָ֛ם בַּשַּׁ֖עַר וַיָּמֹ֑ת כַּאֲשֶׁ֤ר דִּבֶּר֙ אִ֣ישׁ הָאֱלֹהִ֔ים אֲשֶׁ֣ר דִּבֶּ֔ר בְּרֶ֥דֶת הַמֶּ֖לֶךְ אֵלָֽיו׃

18 Es war ja, als der Gottesmann zum König geredet hatte: Es wird zwei Maß Gerste für einen Schekel und ein Maß Weizengrieß für einen Schekel morgen um diese Zeit im Tor von Samaria geben,

וַיְהִ֗י כְּדַבֵּר֙ אִ֣ישׁ הָאֱלֹהִ֔ים אֶל־הַמֶּ֖לֶךְ לֵאמֹ֑ר סָאתַ֨יִם שְׂעֹרִ֜ים בְּשֶׁ֗קֶל וּֽסְאָה־סֹ֙לֶת֙ בְּשֶׁ֔קֶל יִהְיֶה֙ כָּעֵ֣ת מָחָ֔ר בְּשַׁ֖עַר שֹׁמְרֽוֹן׃

19 da hatte der Adjutant dem Gottesmann geantwortet und gesagt: Siehe, wenn Jahwe auch Fenster am Himmel machte, könnte wohl so etwas geschehen? Er aber hatte gesagt: Siehe, du wirst es mit deinen Augen sehen, doch du wirst nichts davon essen.

וַיַּ֨עַן הַשָּׁלִ֜ישׁ אֶת־אִ֣ישׁ הָאֱלֹהִים֮ וַיֹּאמַר֒ וְהִנֵּ֣ה יְהוָ֗ה עֹשֶׂ֤ה אֲרֻבּוֹת֙ בַּשָּׁמַ֔יִם הֲיִהְיֶ֖ה כַּדָּבָ֣ר הַזֶּ֑ה וַיֹּ֗אמֶר הִנְּךָ֤ רֹאֶה֙ בְּעֵינֶ֔יךָ וּמִשָּׁ֖ם לֹ֥א תֹאכֵֽל׃

20 So geschah es ihm nun: das Volk trat ihn im Tor nieder, so dass er starb.

וַיְהִי־ל֖וֹ כֵּ֑ן וַיִּרְמְס֨וּ אֹת֥וֹ הָעָ֛ם בַּשַּׁ֖עַר וַיָּמֹֽת׃ ס

2Kön 8

- **Erste Grundschicht: Deuteronomistische Rahmennotizen**
- Zweite Grundschicht: Elischa-Biograph
- *Erste Bearbeitung: Theologisierende Redaktion*
- Zweite Bearbeitung: Moralisierende Bearbeitung

1 Und Elischa hatte zu der Frau, deren Sohn er lebendig gemacht hatte, gesagt: Mache dich auf und geh *fort*, du und dein Haus, und bleibe als Fremde, wo du bleiben kannst! Denn Jahwe hat eine Hungersnot herbeigerufen; die wird auch ins Land kommen sieben Jahre lang.

2 Da machte sich die Frau auf und tat nach dem Wort des Mannes Gottes: Sie ging *fort*, sie und ihr Haus, und blieb als Fremde sieben Jahre lang im Land der Philister.

3 Und es geschah am Ende von sieben Jahren, da kehrte die Frau aus dem Land der Philister zurück. Und sie ging aus, um zum König wegen ihres Hauses und wegen ihres Feldes zu schreien.

4 Der König aber redete gerade zu Gehasi, dem

וֶאֱלִישָׁע דִּבֶּר אֶל־הָאִשָּׁה אֲשֶׁר־הֶחֱיָה אֶת־בְּנָהּ לֵאמֹר קוּמִי וּלְכִי (אתי) [אַתְּ] וּבֵיתֵךְ וְגוּרִי בַּאֲשֶׁר תָּגוּרִי כִּי־קָרָא יְהוָה לָרָעָב וְגַם־בָּא אֶל־הָאָרֶץ שֶׁבַע שָׁנִים׃

וַתָּקָם הָאִשָּׁה וַתַּעַשׂ כִּדְבַר אִישׁ הָאֱלֹהִים וַתֵּלֶךְ הִיא וּבֵיתָהּ וַתָּגָר בְּאֶרֶץ־פְּלִשְׁתִּים שֶׁבַע שָׁנִים׃

וַיְהִי מִקְצֵה שֶׁבַע שָׁנִים וַתָּשָׁב הָאִשָּׁה מֵאֶרֶץ פְּלִשְׁתִּים וַתֵּצֵא לִצְעֹק אֶל־הַמֶּלֶךְ אֶל־בֵּיתָהּ וְאֶל־שָׂדָהּ׃

וְהַמֶּלֶךְ מְדַבֵּר אֶל־גֵּחֲזִי נַעַר אִישׁ־הָאֱלֹהִים לֵאמֹר

Diener des Mannes Gottes, und sagte: Erzähle mir doch all die großen Taten, die Elischa getan hat!

5 Und es geschah, während er dem König erzählte, dass er (Elischa) den Toten lebendig gemacht hatte, siehe, da schrie die Frau, deren Sohn er lebendig gemacht hatte, zum König wegen ihres Hauses und wegen ihres Feldes. Da sagte Gehasi: Mein Herr und König! Das ist die Frau, und das ist ihr Sohn, den Elischa lebendig gemacht hat.

6 Und der König fragte die Frau, und sie erzählte es ihm. Da gab der König ihr einen Hofbeamten mit und sagte: Erstatte alles zurück, was ihr gehört, sowie den ganzen Ertrag des Feldes, von dem Tag ab, an dem sie das Land verlassen hat, bis jetzt!

7 Und Elischa kam nach Damaskus. Ben-Hadad aber, der König von Aram, war krank. Und es wurde ihm berichtet: Der Gottesmann ist hierhergekommen.

וַיֹּאמֶר סַפְּרָה־נָּא לִי אֵת כָּל־הַגְּדֹלוֹת אֲשֶׁר־עָשָׂה אֱלִישָׁע׃

וַיְהִי הוּא מְסַפֵּר לַמֶּלֶךְ אֵת אֲשֶׁר־הֶחֱיָה אֶת־הַמֵּת וְהִנֵּה הָאִשָּׁה אֲשֶׁר־הֶחֱיָה אֶת־בְּנָהּ צֹעֶקֶת אֶל־הַמֶּלֶךְ עַל־בֵּיתָהּ וְעַל־שָׂדָהּ וַיֹּאמֶר גֵּחֲזִי אֲדֹנִי הַמֶּלֶךְ זֹאת הָאִשָּׁה וְזֶה־בְּנָהּ אֲשֶׁר־הֶחֱיָה אֱלִישָׁע׃

וַיִּשְׁאַל הַמֶּלֶךְ לָאִשָּׁה וַתְּסַפֶּר־לוֹ וַיִּתֶּן־לָהּ הַמֶּלֶךְ סָרִיס אֶחָד לֵאמֹר הָשֵׁיב אֶת־כָּל־אֲשֶׁר־לָהּ וְאֵת כָּל־תְּבוּאֹת הַשָּׂדֶה מִיּוֹם עָזְבָה אֶת־הָאָרֶץ וְעַד־עָתָּה׃ פ

וַיָּבֹא אֱלִישָׁע דַּמֶּשֶׂק וּבֶן־הֲדַד מֶלֶךְ־אֲרָם חֹלֶה וַיֻּגַּד־לוֹ לֵאמֹר בָּא אִישׁ הָאֱלֹהִים עַד־הֵנָּה׃

8 Da sagte der König zu Hasaël: Nimm ein Geschenk mit dir und geh dem Gottesmann entgegen *und befrage Jahwe durch ihn und* sage: Werde ich von dieser Krankheit genesen?

וַיֹּאמֶר הַמֶּלֶךְ אֶל־חֲזָהאֵל קַח בְּיָדְךָ מִנְחָה וְלֵךְ לִקְרַאת אִישׁ הָאֱלֹהִים וְדָרַשְׁתָּ אֶת־יְהוָה מֵאוֹתוֹ לֵאמֹר הַאֶחְיֶה מֵחֳלִי זֶה׃

9 Und Hasaël ging ihm entgegen und nahm ein Geschenk mit sich und allerlei Kostbares von Damaskus, eine Traglast für vierzig Kamele. Und er kam und trat vor ihn hin und sagte: Dein Sohn Ben-Hadad, der König von Aram, hat mich zu dir gesandt und lässt sagen: Werde ich von dieser Krankheit genesen?

וַיֵּלֶךְ חֲזָאֵל לִקְרָאתוֹ וַיִּקַּח מִנְחָה בְיָדוֹ וְכָל־טוּב דַּמֶּשֶׂק מַשָּׂא אַרְבָּעִים גָּמָל וַיָּבֹא וַיַּעֲמֹד לְפָנָיו וַיֹּאמֶר בִּנְךָ בֶן־הֲדַד מֶלֶךְ־אֲרָם שְׁלָחַנִי אֵלֶיךָ לֵאמֹר הַאֶחְיֶה מֵחֳלִי זֶה׃

10 Elischa sagte zu ihm: Geh hin, sage ihm: Du wirst bestimmt genesen! *Aber Jahwe hat mich sehen lassen, dass er gewiss stirbt.*

וַיֹּאמֶר אֵלָיו אֱלִישָׁע לֵךְ אֱמָר־(לֹא) [לוֹ] חָיֹה תִחְיֶה וְהִרְאַנִי יְהוָה כִּי־מוֹת יָמוּת׃

11 *Und sein Gesicht war starr und er war sehr entsetzt. Dann weinte der Gottesmann.*

וַיַּעֲמֵד אֶת־פָּנָיו וַיָּשֶׂם עַד־בֹּשׁ וַיֵּבְךְּ אִישׁ הָאֱלֹהִים׃

12 *Da sagte Hasaël: Warum weint mein Herr? Er sagte: Weil ich erkannt habe, was du den Söhnen Israel Böses antun wirst: Ihre festen Städte wirst du in Brand stecken und ihre jungen Männer mit dem Schwert erschlagen und*

וַיֹּאמֶר חֲזָאֵל מַדּוּעַ אֲדֹנִי בֹכֶה וַיֹּאמֶר כִּי־יָדַעְתִּי אֵת אֲשֶׁר־תַּעֲשֶׂה לִבְנֵי יִשְׂרָאֵל רָעָה מִבְצְרֵיהֶם תְּשַׁלַּח בָּאֵשׁ וּבַחֻרֵיהֶם בַּחֶרֶב תַּהֲרֹג וְעֹלְלֵיהֶם תְּרַטֵּשׁ וְהָרֹתֵיהֶם תְּבַקֵּעַ׃

ihre Kinder wirst du zerschmettern und ihre Schwangeren aufschlitzen.

13   *Da sagte Hasaël: Was ist dein Knecht, der Hund, dass er eine so große Sache tun könnte? Elischa aber sagte: Jahwe hat mich dich sehen lassen als König über Aram.*

14   Dann ging er von Elischa weg und kam zu seinem Herrn. Der sagte zu ihm: Was hat Elischa dir gesagt? Er sprach: Er hat mir gesagt: Du wirst bestimmt genesen.

15   Und es geschah am folgenden Tag, da nahm er die Decke und tauchte sie ins Wasser und breitete sie über sein Gesicht, so dass er starb. Und Hasaël wurde an seiner Stelle König.

16   **Im fünften Jahr des Joram, des Sohnes Ahabs, des Königs von Israel, als Joschafat *noch* König von Juda war, wurde Joram König, der Sohn Joschafats, des Königs von Juda.**

17   **32 Jahre war er alt, als er König wurde, und er regierte acht Jahre in Jerusalem.**

וְעֹלְלֵיהֶם תְּרַטֵּשׁ וְהָרֹתֵיהֶם תְּבַקֵּעַ׃

13 וַיֹּאמֶר חֲזָהאֵל כִּי מָה עַבְדְּךָ הַכֶּלֶב כִּי יַעֲשֶׂה הַדָּבָר הַגָּדוֹל הַזֶּה וַיֹּאמֶר אֱלִישָׁע הִרְאַנִי יְהוָה אֹתְךָ מֶלֶךְ עַל־אֲרָם׃

14 וַיֵּלֶךְ מֵאֵת אֱלִישָׁע וַיָּבֹא אֶל־אֲדֹנָיו וַיֹּאמֶר לוֹ מָה־אָמַר לְךָ אֱלִישָׁע וַיֹּאמֶר אָמַר לִי חָיֹה תִחְיֶה׃

15 וַיְהִי מִמָּחֳרָת וַיִּקַּח הַמַּכְבֵּר וַיִּטְבֹּל בַּמַּיִם וַיִּפְרֹשׂ עַל־פָּנָיו וַיָּמֹת וַיִּמְלֹךְ חֲזָהאֵל תַּחְתָּיו׃

16 וּבִשְׁנַת חָמֵשׁ לְיוֹרָם בֶּן־אַחְאָב מֶלֶךְ יִשְׂרָאֵל וִיהוֹשָׁפָט מֶלֶךְ יְהוּדָה מָלַךְ יְהוֹרָם בֶּן־יְהוֹשָׁפָט מֶלֶךְ יְהוּדָה׃

17 בֶּן־שְׁלֹשִׁים וּשְׁתַּיִם שָׁנָה הָיָה בְמָלְכוֹ וּשְׁמֹנֶה (שָׁנִים) שָׁנָה מָלַךְ בִּירוּשָׁלָ͏ִם׃

18 Und er ging auf dem Weg der Könige von Israel, wie es das Haus Ahabs tat, denn er hatte eine Tochter Ahabs zur Frau. Und er tat Böses in den Augen Jahwes.

וַיֵּלֶךְ בְּדֶרֶךְ מַלְכֵי יִשְׂרָאֵל כַּאֲשֶׁר עָשׂוּ בֵּית אַחְאָב כִּי בַּת־אַחְאָב הָיְתָה לּוֹ לְאִשָּׁה וַיַּעַשׂ הָרַע בְּעֵינֵי יְהוָה׃

19 Aber Jahwe wollte Juda nicht vernichten um seines Knechtes David willen, wie er ihm zugesagt hatte, dass er ihm eine Leuchte geben wolle *und* seinen Söhnen alle Tage.

וְלֹא־אָבָה יְהוָה לְהַשְׁחִית אֶת־יְהוּדָה לְמַעַן דָּוִד עַבְדּוֹ כַּאֲשֶׁר אָמַר־לוֹ לָתֵת לוֹ נִיר לְבָנָיו כָּל־הַיָּמִים׃

20 In seinen Tagen fiel Edom von *der Herrschaft* unter der Hand Judas ab und setzte einen *eigenen* König über sich.

בְּיָמָיו פָּשַׁע אֱדוֹם מִתַּחַת יַד־יְהוּדָה וַיַּמְלִכוּ עֲלֵיהֶם מֶלֶךְ׃

21 Da zog Joram hinüber nach Zair und alle Kriegswagen mit ihm. Und es geschah, als er sich des Nachts aufmachte, da schlug er Edom, das ihn eingekreist hatte, und zwar die Obersten der Wagen. Da floh das Volk zu seinen Zelten.

וַיַּעֲבֹר יוֹרָם צָעִירָה וְכָל־הָרֶכֶב עִמּוֹ וַיְהִי־הוּא קָם לַיְלָה וַיַּכֶּה אֶת־אֱדוֹם הַסֹּבֵיב אֵלָיו וְאֵת שָׂרֵי הָרֶכֶב וַיָּנָס הָעָם לְאֹהָלָיו׃

22 Doch fiel Edom von *der Herrschaft* unter der Hand Judas ab bis auf den heutigen Tag. Damals, in jener Zeit, fiel *auch* Libna ab.

וַיִּפְשַׁע אֱדוֹם מִתַּחַת יַד־יְהוּדָה עַד הַיּוֹם הַזֶּה אָז תִּפְשַׁע לִבְנָה בָּעֵת הַהִיא׃

23 Und die übrige Geschichte Jorams und alles, was er getan hat, ist das nicht geschrieben im Buch der Geschichte der Könige von Juda?

וְיֶ֛תֶר דִּבְרֵ֥י יוֹרָ֖ם וְכָל־אֲשֶׁ֣ר עָשָׂ֑ה הֲלֽוֹא־הֵ֣ם כְּתוּבִ֗ים עַל־סֵ֛פֶר דִּבְרֵ֥י הַיָּמִ֖ים לְמַלְכֵ֥י יְהוּדָֽה׃

24 Und Joram legte sich zu seinen Vätern und wurde bei seinen Vätern begraben in der Stadt Davids. Und sein Sohn Ahasja wurde an seiner Stelle König.

וַיִּשְׁכַּ֤ב יוֹרָם֙ עִם־אֲבֹתָ֔יו וַיִּקָּבֵ֥ר עִם־אֲבֹתָ֖יו בְּעִ֣יר דָּוִ֑ד וַיִּמְלֹ֛ךְ אֲחַזְיָ֥הוּ בְנ֖וֹ תַּחְתָּֽיו׃ פ

25 Im zwölften Jahr Jorams, des Sohnes Ahabs, des Königs von Israel, wurde Ahasja König, der Sohn Jorams, des Königs von Juda.

בִּשְׁנַת֙ שְׁתֵּים־עֶשְׂרֵ֣ה שָׁנָ֔ה לְיוֹרָ֥ם בֶּן־אַחְאָ֖ב מֶ֣לֶךְ יִשְׂרָאֵ֑ל מָלַ֛ךְ אֲחַזְיָ֥הוּ בֶן־יְהוֹרָ֖ם מֶ֥לֶךְ יְהוּדָֽה׃

26 Ahasja war 22 Jahre alt, als er König wurde, und er regierte ein Jahr in Jerusalem; und der Name seiner Mutter war Atalja, die Tochter Omris, des Königs von Israel.

בֶּן־עֶשְׂרִ֨ים וּשְׁתַּ֤יִם שָׁנָה֙ אֲחַזְיָ֣הוּ בְמָלְכ֔וֹ וְשָׁנָ֣ה אַחַ֔ת מָלַ֖ךְ בִּירוּשָׁלִָ֑ם וְשֵׁ֤ם אִמּוֹ֙ עֲתַלְיָ֔הוּ בַּת־עָמְרִ֖י מֶ֥לֶךְ יִשְׂרָאֵֽל׃

27 Und er ging auf dem Weg des Hauses Ahabs und tat Böses in den Augen Jahwes, wie das Haus Ahabs; denn er war mit dem Haus Ahabs verschwägert.

וַיֵּ֗לֶךְ בְּדֶ֙רֶךְ֙ בֵּ֣ית אַחְאָ֔ב וַיַּ֧עַשׂ הָרַ֛ע בְּעֵינֵ֥י יְהוָ֖ה כְּבֵ֣ית אַחְאָ֑ב כִּ֛י חֲתַ֥ן בֵּית־אַחְאָ֖ב הֽוּא׃

2Kön 9-10

- **Grundschicht: Jehu-Putsch-Erzählung (Teil des dtr Rahmens)**
- *Erste Bearbeitung: Theologisierende Redaktion*
- Zweite Bearbeitung: Juda-Joschafat-Bearbeitung

8,28 — **Und er [Ahasja] zog mit Joram, dem Sohn Ahabs, in den Kampf gegen Hasaël, den König von Aram, bei Ramot in Gilead. Und die Aramäer verwundeten Joram.**

וַיֵּלֶךְ אֶת־יוֹרָם בֶּן־אַחְאָב לַמִּלְחָמָה עִם־חֲזָהאֵל מֶלֶךְ־אֲרָם בְּרָמֹת גִּלְעָד וַיַּכּוּ אֲרַמִּים אֶת־יוֹרָם

8,29 — **Da kehrte der König Joram zurück, um sich in Jesreel von den Wunden heilen zu lassen, die ihm die Aramäer bei Rama geschlagen hatten, als er gegen Hasaël, den König von Aram, kämpfte. Und Ahasja, der Sohn Jorams, der König von Juda, zog hinab, um Joram, den Sohn Ahabs, in Jesreel zu besuchen, weil er krank war.**

וַיָּשָׁב יוֹרָם הַמֶּלֶךְ לְהִתְרַפֵּא בְיִזְרְעֶאל מִן־הַמַּכִּים אֲשֶׁר יַכֻּהוּ אֲרַמִּים בָּרָמָה בְּהִלָּחֲמוֹ אֶת־חֲזָהאֵל מֶלֶךְ אֲרָם וַאֲחַזְיָהוּ בֶן־יְהוֹרָם מֶלֶךְ יְהוּדָה יָרַד לִרְאוֹת אֶת־יוֹרָם בֶּן־אַחְאָב בְּיִזְרְעֶאל כִּי־חֹלֶה הוּא

9,1 — *Und der Prophet Elischa rief einen von den Prophetenjüngern und sagte zu ihm: Gürte deine Hüften und nimm diesen Ölkrug in deine Hand und geh nach Ramot in Gilead!*

וֶאֱלִישָׁע הַנָּבִיא קָרָא לְאַחַד מִבְּנֵי הַנְּבִיאִים וַיֹּאמֶר לוֹ חֲגֹר מָתְנֶיךָ וְקַח פַּךְ הַשֶּׁמֶן הַזֶּה בְּיָדֶךָ וְלֵךְ רָמֹת גִּלְעָד

9,2 — *Und wenn du dahin gekommen bist, dann sieh dich dort nach Jehu um, dem Sohn des Jo-*

וּבָאתָ שָׁמָּה וּרְאֵה־שָׁם יֵהוּא בֶן־יְהוֹשָׁפָט בֶּן־

schafat, des Sohnes Nimschis; zu dem geh hinein und lass ihn aus der Mitte seiner Brüder
aufstehen und in die innerste Kammer gehen!

9,3 Und nimm den Krug mit Öl und gieß es auf
sein Haupt aus und sage: So spricht Jahwe:
Ich habe dich hiermit zum König über Israel
gesalbt! Dann öffne die Tür und flieh und
warte nicht!

9,4 Da ging der Diener, der Diener des Propheten,
nach Ramot in Gilead.

9,5 Als er hineinkam, siehe, da saßen die Obersten des Heeres beisammen. Und er sagte: Ich
habe ein Wort an dich, Oberster. Da sagte Jehu: An wen von uns allen? Er sagte: An dich,
Oberster.

9,6 Da stand er (Jehu) auf und ging ins Haus hinein; und er (der Diener des Propheten) goss
das Öl auf sein Haupt und sagte zu ihm: So
spricht Jahwe, der Gott Israels: Ich habe dich
zum König über das Volk Jahwes gesalbt, über
Israel.

9,7 Du sollst das Haus Ahabs, deines Herrn,

יְהוֹא בֶּן־יְהוֹשָׁפָט בֶּן־נִמְשִׁי וּבָאתָ וַהֲקֵמֹתוֹ
מִתּוֹךְ אֶחָיו וְהֵבֵיאתָ אֹתוֹ חֶדֶר בְּחָדֶר׃

וְלָקַחְתָּ פַךְ־הַשֶּׁמֶן וְיָצַקְתָּ עַל־רֹאשׁוֹ
וְאָמַרְתָּ כֹּה־אָמַר יְהוָה מְשַׁחְתִּיךָ לְמֶלֶךְ אֶל־יִשְׂרָאֵל
וּפָתַחְתָּ הַדֶּלֶת וְנַסְתָּה וְלֹא תְחַכֶּה׃

וַיֵּלֶךְ הַנַּעַר הַנַּעַר הַנָּבִיא רָמֹת גִּלְעָד׃

וַיָּבֹא וְהִנֵּה שָׂרֵי הַחַיִל יֹשְׁבִים וַיֹּאמֶר דָּבָר
לִי אֵלֶיךָ הַשָּׂר וַיֹּאמֶר יֵהוּא אֶל־מִי מִכֻּלָּנוּ וַיֹּאמֶר אֵלֶיךָ הַשָּׂר׃

וַיָּקָם וַיָּבֹא הַבַּיְתָה וַיִּצֹק הַשֶּׁמֶן אֶל־רֹאשׁוֹ
וַיֹּאמֶר לוֹ כֹּה־אָמַר יְהוָה אֱלֹהֵי יִשְׂרָאֵל מְשַׁחְתִּיךָ לְמֶלֶךְ אֶל־עַם יְהוָה אֶל־יִשְׂרָאֵל׃

וְהִכִּיתָה אֶת־בֵּית אַחְאָב אֲדֹנֶיךָ וְנִקַּמְתִּי

erschlagen! Und ich räche das Blut meiner Knechte, der Propheten, und das Blut aller Knechte Jahwes fordere ich von der Hand Isebels.

וְנִקַּמְתִּי דְּמֵי עֲבָדַי הַנְּבִיאִים וּדְמֵי כָּל־עַבְדֵי יְהוָה מִיַּד אִיזָבֶל׃

9,8 *Ja, das ganze Haus Ahabs soll umkommen. Und ich werde von Ahab alles ausrotten, was männlich ist, den Unmündigen und Mündigen in Israel.*

וְאָבַד כָּל־בֵּית אַחְאָב וְהִכְרַתִּי לְאַחְאָב מַשְׁתִּין בְּקִיר וְעָצוּר וְעָזוּב בְּיִשְׂרָאֵל׃

9,9 *Und ich werde das Haus Ahabs machen wie das Haus Jerobeams, des Sohnes Nebats, und wie das Haus Baschas, des Sohnes Ahijas.*

וְנָתַתִּי אֶת־בֵּית אַחְאָב כְּבֵית יָרָבְעָם בֶּן־נְבָט וּכְבֵית בַּעְשָׁא בֶן־אֲחִיָּה׃

9,10 *Isebel aber sollen die Hunde fressen auf dem Feld von Jesreel, und da wird niemand sein, der (sie) begräbt. Und er öffnete die Tür und floh.*

וְאֶת־אִיזֶבֶל יֹאכְלוּ הַכְּלָבִים בְּחֵלֶק יִזְרְעֶאל וְאֵין קֹבֵר וַיִּפְתַּח הַדֶּלֶת וַיָּנֹס׃

9,11 *Und Jehu kam heraus zu den Knechten seines Herrn. Und man sagte zu ihm: Ist Friede? Warum ist dieser Rasende zu dir gekommen? Er sagte zu ihnen: Ihr kennt ja den Mann und sein Geschwätz.*

וְיֵהוּא יָצָא אֶל־עַבְדֵי אֲדֹנָיו וַיֹּאמֶר לוֹ הֲשָׁלוֹם מַדּוּעַ בָּא־הַמְשֻׁגָּע הַזֶּה אֵלֶיךָ וַיֹּאמֶר אֲלֵיהֶם אַתֶּם יְדַעְתֶּם אֶת־הָאִישׁ וְאֶת־שִׂיחוֹ׃

9,12 *Sie aber sagten: Ausflüchte! Berichte uns doch! Da sagte er: So und so hat er zu mir ge-*

וַיֹּאמְרוּ שֶׁקֶר הַגֶּד־נָא לָנוּ וַיֹּאמֶר כָּזֹאת וְכָזֹאת אָמַר אֵלַי לֵאמֹר כֹּה אָמַר יְהוָה

	redet und hat gesagt: So spricht Jahwe: Ich habe dich zum König über Israel gesalbt!
9,13	*Da nahmen sie schnell jeder sein Kleid und legten es unter ihn auf die bloßen Stufen; und sie bliesen das Horn und sagten: Jehu ist König!*
9,14	**Und Jehu, der Sohn Joschafats, des Sohnes Nimschis, stiftete eine Verschwörung gegen Joram an.** *Joram aber hatte Wache gehalten bei Ramot in Gilead, er und ganz Israel, wegen Hasaëls, des Königs von Aram.*
9,15	*Und der König Joram war zurückgekehrt, um sich in Jesreel von den Wunden heilen zu lassen, die ihm die Aramäer geschlagen hatten, als er gegen Hasaël, den König von Aram, kämpfte.* **Und Jehu sagte: Wenn es euer Wille ist, soll niemand aus der Stadt entkommen, um hinzugehen, es in Jesreel zu berichten.**
9,16	**Und Jehu bestieg den Wagen und fuhr nach Jesreel,** *denn dort lag Joram krank. Und Ahasja, der König von Juda, war hinabgezogen, um Joram zu besuchen.*

וַיְמַהֲרוּ וַיִּקְחוּ אִישׁ בִּגְדוֹ וַיָּשִׂימוּ תַחְתָּיו אֶל־גֶּרֶם הַמַּעֲלוֹת וַיִּתְקְעוּ בַּשּׁוֹפָר וַיֹּאמְרוּ מָלַךְ יֵהוּא׃

וַיִּתְקַשֵּׁר יֵהוּא בֶּן־יְהוֹשָׁפָט בֶּן־נִמְשִׁי אֶל־יוֹרָם וְיוֹרָם הָיָה שֹׁמֵר בְּרָמֹת גִּלְעָד הוּא וְכָל־יִשְׂרָאֵל מִפְּנֵי חֲזָאֵל מֶלֶךְ־אֲרָם׃

וַיָּשָׁב יְהוֹרָם הַמֶּלֶךְ לְהִתְרַפֵּא בְיִזְרְעֶאל מִן־הַמַּכִּים אֲשֶׁר יַכֻּהוּ אֲרַמִּים בְּהִלָּחֲמוֹ אֶת־חֲזָאֵל מֶלֶךְ אֲרָם וַיֹּאמֶר יֵהוּא אִם־יֵשׁ נַפְשְׁכֶם אַל־יֵצֵא פָלִיט מִן־הָעִיר לָלֶכֶת לְהַגִּיד בְּיִזְרְעֶאל׃

וַיִּרְכַּב יֵהוּא וַיֵּלֶךְ יִזְרְעֶאלָה כִּי יוֹרָם שֹׁכֵב שָׁמָּה וַאֲחַזְיָה מֶלֶךְ יְהוּדָה יָרַד לִרְאוֹת אֶת־יוֹרָם׃

Und der Wächter stand auf dem Turm in Jesreel und sah die Schar Jehus, wie er herankam, und sagte: Ich sehe eine Schar! Da sagte Joram: Nimm einen Reiter und sende *ihn* ihnen entgegen, und er soll sagen: Ist Friede?

9,
17

Da zog der Reiter ihm entgegen und sagte: So spricht der König: Ist Friede? Jehu sagte: Was kümmert es dich, ob Friede ist? Wende um, mir nach! Und der Wächter berichtete: Der Bote ist bis zu ihnen gekommen, kehrt aber nicht zurück.

9,
18

Da sandte er einen zweiten Reiter. Der kam zu ihnen und sagte: So spricht der König: Ist Friede? Jehu sagte: Was kümmert es dich, ob Friede ist? Wende um, mir nach!

9,
19

Und der Wächter berichtete: Er ist bis zu ihnen gekommen, kehrt aber nicht zurück. Und das Fahren gleicht dem Fahren Jehus, des Sohnes Nimschis; denn er fährt *wie* ein Rasender.

9,
20

וְהַצֹּפֶה עֹמֵד עַל־הַמִּגְדָּל בְּיִזְרְעֶאל וַיַּרְא אֶת־שִׁפְעַת יֵהוּא בְּבֹאוֹ וַיֹּאמֶר שִׁפְעַת אֲנִי רֹאֶה וַיֹּאמֶר יְהוֹרָם קַח רַכָּב וּשְׁלַח לִקְרָאתָם וְיֹאמַר הֲשָׁלוֹם׃

וַיֵּלֶךְ רֹכֵב הַסּוּס לִקְרָאתוֹ וַיֹּאמֶר כֹּה־אָמַר הַמֶּלֶךְ הֲשָׁלוֹם וַיֹּאמֶר יֵהוּא מַה־לְּךָ וּלְשָׁלוֹם סֹב אֶל־אַחֲרָי וַיַּגֵּד הַצֹּפֶה לֵאמֹר בָּא־הַמַּלְאָךְ עַד־הֵם וְלֹא־שָׁב׃

וַיִּשְׁלַח רֹכֵב סוּס שֵׁנִי וַיָּבֹא אֲלֵהֶם וַיֹּאמֶר כֹּה־אָמַר הַמֶּלֶךְ שָׁלוֹם וַיֹּאמֶר יֵהוּא מַה־לְּךָ וּלְשָׁלוֹם סֹב אֶל־אַחֲרָי׃

וַיַּגֵּד הַצֹּפֶה לֵאמֹר בָּא עַד־אֲלֵיהֶם וְלֹא־שָׁב וְהַמִּנְהָג כְּמִנְהַג יֵהוּא בֶן־נִמְשִׁי כִּי בְשִׁגָּעוֹן יִנְהָג׃

Da sagte Joram: Spannt an! Und man spannte seinen Wagen an. Und Joram, der König von Israel, und Ahasja, der König von Juda, zogen aus, jeder auf seinem Wagen; sie zogen aus, Jehu entgegen, *und trafen ihn auf dem Feld Nabots, des Jesreeliters.*

9, 21

Und es geschah, als Joram den Jehu sah, sagte er: Ist Friede, Jehu? Er aber sagte: Was, Friede? *Bei den vielen Hurereien deiner Mutter Isebel und ihren vielen Zaubereien!*

9, 22

Da kehrte Joram um und floh und sagte zu Ahasja: Verrat, Ahasja!

9, 23

Jehu aber nahm seinen Bogen zur Hand und traf Joram zwischen seine Schulterblätter, so dass der Pfeil ihm durchs Herz fuhr; und er brach in seinem Wagen zusammen.

9, 24

Und Jehu sagte zu seinem Offizier Bidkar: Nimm ihn und wirf ihn auf das Feldstück des Jesreeliters Nabot! Denn denk daran, wie ich und du zweispännig hinter seinem Vater Ahab

9, 25

וַיֹּאמֶר יְהוֹרָם אֱסֹר וַיֶּאְסֹר רִכְבּוֹ וַיֵּצֵא יְהוֹרָם מֶלֶךְ־יִשְׂרָאֵל וַאֲחַזְיָהוּ מֶלֶךְ־יְהוּדָה אִישׁ בְּרִכְבּוֹ וַיֵּצְאוּ לִקְרַאת יֵהוּא וַיִּמְצָאֻהוּ בְּחֶלְקַת נָבוֹת הַיִּזְרְעֵאלִי׃

וַיְהִי כִּרְאוֹת יְהוֹרָם אֶת־יֵהוּא וַיֹּאמֶר הֲשָׁלוֹם יֵהוּא וַיֹּאמֶר מָה הַשָּׁלוֹם עַד־זְנוּנֵי אִיזֶבֶל אִמְּךָ וּכְשָׁפֶיהָ הָרַבִּים׃

וַיַּהֲפֹךְ יְהוֹרָם יָדָיו וַיָּנֹס וַיֹּאמֶר אֶל־אֲחַזְיָהוּ מִרְמָה אֲחַזְיָה׃

וְיֵהוּא מִלֵּא יָדוֹ בַקֶּשֶׁת וַיַּךְ אֶת־יְהוֹרָם בֵּין זְרֹעָיו וַיֵּצֵא הַחֵצִי מִלִּבּוֹ וַיִּכְרַע בְּרִכְבּוֹ׃

וַיֹּאמֶר אֶל־בִּדְקַר (שָׁלִשֹׁה) שָׂא הַשְׁלִכֵהוּ בְּחֶלְקַת שְׂדֵה נָבוֹת הַיִּזְרְעֵאלִי כִּי־זְכֹר אֲנִי וָאַתָּה אֵת רֹכְבִים צְמָדִים אַחֲרֵי אַחְאָב אָבִיו׃

	herfuhren und Jahwe diesen Ausspruch über ihn tat:	
9, 26	*„Wenn ich das Blut Nabots und das Blut sei- ner Söhne gestern nicht gesehen habe! Spruch Jahwes. Ich werde es dir vergelten auf diesem Feld, Spruch Jahwes.“ Und nun nimm ihn auf, wirf ihn auf das Feld nach dem Wort Jahwes!*	אִם־לֹא אֶת־דְּמֵי נָבוֹת וְאֶת־דְּמֵי בָנָיו רָאִיתִי אֶמֶשׁ נְאֻם־יְהוָה וְשִׁלַּמְתִּי לְךָ בַּחֶלְקָה הַזֹּאת נְאֻם־יְהוָה וְעַתָּה שָׂא הַשְׁלִכֵהוּ בַּחֶלְקָה כִּדְבַר יְהוָה
9, 27	**Als Ahasja, der König von Juda, das sah, floh er in Richtung Bet-Gan. Jehu aber jag- te ihm nach und sagte: Auch ihn! Und man verwundete ihn auf dem Wagen beim Anstieg von Gur, das bei Jibleam liegt. Und er floh nach Megiddo und starb dort.**	וַאֲחַזְיָה מֶלֶךְ־יְהוּדָה רָאָה וַיָּנָס דֶּרֶךְ בֵּית הַגָּן וַיִּרְדֹּף אַחֲרָיו יֵהוּא וַיֹּאמֶר גַּם־אֹתוֹ הַכֻּהוּ אֶל־הַמֶּרְכָּבָה בְּמַעֲלֵה־גוּר אֲשֶׁר אֶת־יִבְלְעָם וַיָּנָס מְגִדּוֹ וַיָּמָת שָׁם
9, 28	Und seine Knechte fuhren ihn (auf einem Wagen) nach Jerusalem, und sie begruben ihn in seinem Grab bei seinen Vätern in der Stadt Davids.	וַיַּרְכִּבוּ אֹתוֹ עֲבָדָיו יְרוּשָׁלָ͏ְמָה וַיִּקְבְּרוּ אֹתוֹ בִקְבֻרָתוֹ עִם־אֲבֹתָיו בְּעִיר דָּוִד
9, 29	Und im elften Jahr Jorams, des Sohnes Ahabs, war Ahasja König geworden über Ju- da.	וּבִשְׁנַת אַחַת עֶשְׂרֵה שָׁנָה לְיוֹרָם בֶּן־אַחְאָב מָלַךְ אֲחַזְיָה עַל־יְהוּדָה
9,	**Und Jehu kam nach Jesreel. Und als Isebel**	וַיָּבוֹא יֵהוּא יִזְרְעֶאלָה וְאִיזֶבֶל שָׁמְעָה אֲשֶׁר

30 es hörte, belegte sie ihre Augen mit Schminke und schmückte ihr Haupt und schaute zum Fenster hinaus.

וַתָּשֶׂם בַּפּוּךְ עֵינֶיהָ וַתֵּיטֶב אֶת־רֹאשָׁהּ וַתַּשְׁקֵף בְּעַד הַחַלּוֹן׃

9, 31 Und als Jehu ins Tor kam, sagte sie: Geht es dir gut, du Simri, der seinen Herrn erschlug?

וְיֵהוּא בָּא בַשָּׁעַר וַתֹּאמֶר הֲשָׁלוֹם זִמְרִי הֹרֵג אֲדֹנָיו׃

9, 32 Er erhob sein Gesicht zum Fenster und sagte: Wer ist mit mir, wer? Da blickten zwei, drei Hofbeamte zu ihm hinunter.

וַיִּשָּׂא פָנָיו אֶל־הַחַלּוֹן וַיֹּאמֶר מִי אִתִּי מִי וַיַּשְׁקִיפוּ אֵלָיו שְׁנַיִם שְׁלֹשָׁה סָרִיסִים׃

9, 33 Und er sagte: Stürzt sie herunter! Und sie stürzten sie hinunter. Und es spritzte von ihrem Blut an die Wand und an die Pferde, und er zertrat sie.

וַיֹּאמֶר שִׁמְטֻהָ וַיִּשְׁמְטוּהָ וַיִּז מִדָּמָהּ אֶל־הַקִּיר וְאֶל־הַסּוּסִים וַיִּרְמְסֶנָּה׃

9, 34 Da ging er hinein, aß und trank und sagte: Seht doch nach dieser Verfluchten und begrabt sie! Denn sie ist eine Königstochter.

וַיָּבֹא וַיֹּאכַל וַיֵּשְׁתְּ וַיֹּאמֶר פִּקְדוּ־נָא אֶת־הָאֲרוּרָה הַזֹּאת וְקִבְרוּהָ כִּי בַת־מֶלֶךְ הִיא׃

9, 35 Da gingen sie hin, um sie zu begraben. Aber sie fanden nichts von ihr als nur den Schädel und die Füße und die Hände.

וַיֵּלְכוּ לְקָבְרָהּ וְלֹא־מָצְאוּ בָהּ כִּי אִם־הַגֻּלְגֹּלֶת וְהָרַגְלַיִם וְכַפּוֹת הַיָּדָיִם׃

9, 36 *Und sie kamen zurück und berichteten es ihm. Da sagte er: Das ist das Wort Jahwes, das er*

וַיָּשֻׁבוּ וַיַּגִּידוּ לוֹ וַיֹּאמֶר דְּבַר־יְהוָה הוּא אֲשֶׁר דִּבֶּר

durch seinen Knecht Elia, den Tischbiter, geredet hat: Auf dem Feld von Jesreel sollen die Hunde das Fleisch Isebels fressen;

בְּחֵלֶק יִזְרְעֶאל יֹאכְלוּ הַכְּלָבִים אֶת־בְּשַׂר אִיזָבֶל׃

9, 37

und die Leiche Isebels soll auf dem Feld von Jesreel wie der Mist auf dem Acker werden, so dass man nicht mehr sagen kann: Das ist Isebel.

וְהָיְתָ֣ה נִבְלַ֣ת אִיזֶ֗בֶל כְּדֹ֛מֶן עַל־פְּנֵ֥י הַשָּׂדֶ֖ה בְּחֵ֣לֶק יִזְרְעֶ֑אל אֲשֶׁ֥ר לֹֽא־יֹאמְר֖וּ זֹ֥את אִיזָֽבֶל׃ פ

10, 1

Und Ahab hatte siebzig Söhne in Samaria. Und Jehu schrieb Briefe und sandte sie nach Samaria an die Obersten von Jesreel, an die Ältesten und an die Erzieher *der Söhne* Ahabs:

וּלְאַחְאָ֛ב שִׁבְעִ֥ים בָּנִ֖ים בְּשֹׁמְר֑וֹן וַיִּכְתֹּב֩ יֵה֨וּא סְפָרִ֜ים וַיִּשְׁלַ֣ח שֹׁמְר֗וֹן אֶל־שָׂרֵ֤י יִזְרְעֶאל֙ הַזְּקֵנִ֔ים וְאֶל־הָאֹמְנִ֥ים אַחְאָ֖ב לֵאמֹֽר׃

10, 2

Und nun, wenn dieser Brief zu euch kommt – bei euch sind ja die Söhne eures Herrn und bei euch die Kriegswagen und die Pferde und eine befestigte Stadt und Waffen,

וְעַתָּ֗ה כְּבֹ֨א הַסֵּ֤פֶר הַזֶּה֙ אֲלֵיכֶ֔ם וְאִתְּכֶ֖ם בְּנֵ֣י אֲדֹנֵיכֶ֑ם וְאִתְּכֶם֙ הָרֶ֣כֶב וְהַסּוּסִ֔ים וְעִ֥יר מִבְצָ֖ר וְהַנָּֽשֶׁק׃

10, 3

so schaut nach dem besten und tüchtigsten von den Söhnen eures Herrn und setzt ihn auf den Thron seines Vaters und kämpft für das Haus eures Herrn!

וּרְאִיתֶ֞ם הַטּ֤וֹב וְהַיָּשָׁר֙ מִבְּנֵ֣י אֲדֹנֵיכֶ֔ם וְשַׂמְתֶּ֖ם עַל־כִּסֵּ֣א אָבִ֑יו וְהִֽלָּחֲמ֖וּ עַל־בֵּ֥ית אֲדֹנֵיכֶֽם׃

10, 4

Aber sie fürchteten sich sehr und sagten sich: Siehe, die beiden Könige konnten

וַיִּֽרְאוּ֙ מְאֹ֣ד מְאֹ֔ד וַיֹּ֣אמְר֔וּ הִנֵּה֙ שְׁנֵ֣י הַמְּלָכִ֔ים לֹ֥א עָמְד֖וּ

nicht vor ihm bestehen, wie sollten wir *da* bestehen können?

וַיִּֽרְאוּ֙ מְאֹ֣ד מְאֹ֔ד וַיֹּ֣אמְר֔וּ הִנֵּה֙ שְׁנֵ֣י הַמְּלָכִ֔ים לֹ֥א עָמְד֖וּ לְפָנָ֑יו וְאֵ֖יךְ נַעֲמֹ֥ד אֲנָֽחְנוּ׃

10, 5

Und der, der über das Haus, und der, der über die Stadt *gesetzt* war, und die Ältesten und die Erzieher sandten hin zu Jehu: Deine Knechte sind wir; alles, was du uns sagst, wollen wir tun; wir wollen niemanden zum König machen. Tu, was gut ist in deinen Augen!

וַיִּשְׁלַ֣ח אֲשֶׁר־עַל־הַבַּ֣יִת וַאֲשֶׁ֣ר עַל־הָ֠עִיר וְהַזְּקֵנִ֨ים וְהָאֹמְנִ֜ים אֶל־יֵה֣וּא ׀ לֵאמֹ֗ר עֲבָדֶ֤יךָ אֲנַ֙חְנוּ֙ וְכֹ֣ל אֲשֶׁר־תֹּאמַ֤ר אֵלֵ֙ינוּ֙ נַעֲשֶׂ֔ה לֹֽא־נַמְלִ֖יךְ אִ֑ישׁ הַטּ֥וֹב בְּעֵינֶ֖יךָ עֲשֵֽׂה׃

10, 6

Da schrieb er ihnen einen zweiten Brief: Wenn ihr mir *gehorcht* und auf meine Stimme hört, dann nehmt die Häupter der Männer, der Söhne eures Herrn, und kommt morgen um diese Zeit zu mir nach Jesreel! Und die Königssöhne, siebzig Mann, waren bei den Großen der Stadt, die sie aufzogen.

וַיִּכְתֹּ֣ב אֲלֵיהֶם֩ סֵ֨פֶר ׀ שֵׁנִ֜ית לֵאמֹ֗ר אִם־לִ֨י אַתֶּ֜ם וּלְקֹלִ֣י ׀ אַתֶּ֣ם שֹׁמְעִ֗ים קְחוּ֙ אֶת־רָאשֵׁי֙ אַנְשֵׁ֣י בְנֵֽי־אֲדֹנֵיכֶ֔ם וּבֹ֧אוּ אֵלַ֛י כָּעֵ֥ת מָחָ֖ר יִזְרְעֶ֑אלָה וּבְנֵ֤י הַמֶּ֙לֶךְ֙ שִׁבְעִ֣ים אִ֔ישׁ אֶת־גְּדֹלֵ֥י הָעִ֖יר מְגַדְּלִ֥ים אוֹתָֽם׃

10, 7

Und es geschah, als der Brief zu ihnen kam, nahmen sie die Söhne des Königs und schlachteten sie, siebzig Mann, und legten ihre Köpfe in Körbe und sandten sie zu ihm nach Jesreel.

וַיְהִ֗י כְּבֹ֤א הַסֵּ֙פֶר֙ אֲלֵיהֶ֔ם וַיִּקְחוּ֙ אֶת־בְּנֵ֣י הַמֶּ֔לֶךְ וַֽיִּשְׁחֲט֖וּ שִׁבְעִ֣ים אִ֑ישׁ וַיָּשִׂ֤ימוּ אֶת־רָֽאשֵׁיהֶם֙ בַּדּוּדִ֔ים וַיִּשְׁלְח֥וּ אֵלָ֖יו יִזְרְעֶֽאלָה׃

10,

Und der Bote kam und berichtete ihm:

וַיָּבֹ֤א הַמַּלְאָךְ֙ וַיַּגֶּד־ל֣וֹ לֵאמֹ֔ר הֵבִ֖יאוּ רָאשֵׁ֣י בְנֵֽי־הַמֶּ֑לֶךְ

8 Man hat die Köpfe der Königssöhne gebracht. Da sagte er: Legt sie in zwei Haufen an den Eingang des Tores bis zum Morgen!

וַיֹּאמֶר שִׂימוּ אֹתָם שְׁנֵי צִבֻּרִים פֶּתַח הַשַּׁעַר עַד־הַבֹּקֶר׃

10,9 Und es geschah am Morgen, da ging er hinaus, trat hin und sagte zum ganzen Volk: Ihr seid gerecht! Siehe, ich habe mich gegen meinen Herrn verschworen und habe ihn umgebracht. Wer aber hat alle diese erschlagen?

וַיְהִי בַבֹּקֶר וַיֵּצֵא וַיַּעֲמֹד וַיֹּאמֶר אֶל־כָּל־הָעָם צַדִּקִים אַתֶּם הִנֵּה אֲנִי קָשַׁרְתִּי עַל־אֲדֹנִי וָאֶהְרְגֵהוּ וּמִי הִכָּה אֶת־כָּל־אֵלֶּה׃

10,10 *Erkennt also, dass nichts zur Erde fällt von dem Wort Jahwes, das Jahwe gegen das Haus Ahabs geredet hat! Jahwe hat getan, was er durch seinen Knecht Elia geredet hat.*

דְּעוּ אֵפוֹא כִּי לֹא יִפֹּל מִדְּבַר יְהוָה אַרְצָה אֲשֶׁר־דִּבֶּר יְהוָה עַל־בֵּית אַחְאָב וַיהוָה עָשָׂה אֵת אֲשֶׁר דִּבֶּר בְּיַד עַבְדּוֹ אֵלִיָּהוּ׃

10,11 *Und Jehu erschlug alle, die vom Haus Ahabs in Jesreel übriggeblieben waren, alle seine Großen und seine Vertrauten und seine Priester, bis er ihm nicht einen Entkommenen übriggelassen hatte.*

וַיַּךְ יֵהוּא אֵת כָּל־הַנִּשְׁאָרִים לְבֵית־אַחְאָב בְּיִזְרְעֶאל וְכָל־גְּדֹלָיו וּמְיֻדָּעָיו וְכֹהֲנָיו עַד־בִּלְתִּי הִשְׁאִיר־לוֹ שָׂרִיד׃

10,12 Und er machte sich auf, ging hin und zog nach Samaria. Er war bei Bet-Eked-Haroim auf dem Weg,

וַיָּקָם וַיָּבֹא וַיֵּלֶךְ שֹׁמְרוֹן הוּא בֵּית־עֵקֶד הָרֹעִים בַּדָּרֶךְ׃

10, da traf Jehu die Brüder Ahasjas, des Kö-

וְיֵהוּא מָצָא אֶת־אֲחֵי אֲחַזְיָהוּ מֶלֶךְ־

13

nigs von Juda. Und er sagte: Wer seid ihr? Sie sagten: Wir sind die Brüder Ahasjas und ziehen hinab zur Begrüßung der Söhne des Königs und der Söhne der Herrin.

מֶלֶךְ־יְהוּדָה וַיֹּאמֶר מִי אַתֶּם וַיֹּאמְרוּ אֲחֵי אֲחַזְיָהוּ אֲנַחְנוּ וַנֵּרֶד לִשְׁלוֹם בְּנֵי־הַמֶּלֶךְ וּבְנֵי הַגְּבִירָה׃

10, 14

Da sagte er: Packt sie lebendig! Und sie packten sie lebendig und schlachteten sie bei der Zisterne von Bet-Eked, 42 Mann, *und er ließ keinen von ihnen übrig.*

וַיֹּאמֶר תִּפְשׂוּם חַיִּים וַיִּתְפְּשׂוּם חַיִּים וַיִּשְׁחָטוּם אֶל־בּוֹר בֵּית־עֵקֶד אַרְבָּעִים וּשְׁנַיִם אִישׁ וְלֹא־הִשְׁאִיר אִישׁ מֵהֶם׃

10, 15

Dann ging er von dort weiter und traf Jonadab, den Sohn Rechabs, der ihm entgegenkam. Und er grüßte ihn und sagte zu ihm: Ist dein Herz aufrichtig wie mein Herz gegen dein Herz? Jonadab sagte: So ist es. Wenn es so ist, dann gib mir deine Hand, und er gab ihm seine Hand. Da ließ er ihn zu sich auf den Wagen steigen

וַיֵּלֶךְ מִשָּׁם וַיִּמְצָא אֶת־יְהוֹנָדָב בֶּן־רֵכָב לִקְרָאתוֹ וַיְבָרְכֵהוּ וַיֹּאמֶר אֵלָיו הֲיֵשׁ אֶת־לְבָבְךָ יָשָׁר כַּאֲשֶׁר לְבָבִי עִם־לְבָבֶךָ וַיֹּאמֶר יְהוֹנָדָב יֵשׁ וָיֵשׁ תְּנָה אֶת־יָדֶךָ וַיִּתֵּן יָדוֹ וַיַּעֲלֵהוּ אֵלָיו אֶל־הַמֶּרְכָּבָה׃

10, 16

und sagte: Komm mit mir und sieh mein Eifern für Jahwe an! Und man ließ ihn auf seinem Wagen mitfahren.

וַיֹּאמֶר לְכָה אִתִּי וּרְאֵה בְּקִנְאָתִי לַיהוָה וַיַּרְכִּבוּ אֹתוֹ בְּרִכְבּוֹ׃

10, 17

Und als er nach Samaria kam, erschlug er alle, die von Ahab in Samaria übriggeblieben waren, bis er ihn ausgetilgt hatte nach dem Wort Jahwes, das er zu Elia geredet hatte.

וַיָּבֹא שֹׁמְרוֹן וַיַּךְ אֶת־כָּל־הַנִּשְׁאָרִים לְאַחְאָב בְּשֹׁמְרוֹן עַד־הִשְׁמִידוֹ כִּדְבַר יְהוָה אֲשֶׁר דִּבֶּר אֶל־אֵלִיָּהוּ׃

2Kön 13

- **Grundschicht: kurze episodische Wundererzählungen**
- *Erste Bearbeitung: Theologisierende Redaktion*
- *Zweite Bearbeitung: Steigerungs-Bearbeitung*

14 וֶאֱלִישָׁע חָלָה אֶת־חָלְיוֹ אֲשֶׁר יָמוּת בּוֹ וַיֵּרֶד אֵלָיו יוֹאָשׁ מֶלֶךְ־יִשְׂרָאֵל וַיֵּבְךְּ עַל־פָּנָיו וַיֹּאמַר אָבִי אָבִי רֶכֶב יִשְׂרָאֵל וּפָרָשָׁיו׃

Und Elischa erkrankte an seiner Krankheit, an der er (später) starb. Und Joasch, der König von Israel, kam zu ihm herab und weinte über seinem Gesicht und sagte: Mein Vater, mein Vater! Wagen Israels und sein Gespann!

15 וַיֹּאמֶר לוֹ אֱלִישָׁע קַח קֶשֶׁת וְחִצִּים וַיִּקַּח אֵלָיו קֶשֶׁת וְחִצִּים׃

Da sagte Elischa zu ihm: Hole einen Bogen und Pfeile! Und er holte ihm Bogen und Pfeile.

16 וַיֹּאמֶר לְמֶלֶךְ יִשְׂרָאֵל הַרְכֵּב יָדְךָ עַל־הַקֶּשֶׁת וַיַּרְכֵּב יָדוֹ וַיָּשֶׂם אֱלִישָׁע יָדָיו עַל־יְדֵי הַמֶּלֶךְ׃

Und er sagte zum König von Israel: Spanne den Bogen mit Deiner Hand! Da spannte er ihn mit seiner Hand; und Elischa legte seine Hände auf die Hände des Königs.

17 וַיֹּאמֶר פְּתַח הַחַלּוֹן קֵדְמָה וַיִּפְתָּח וַיֹּאמֶר אֱלִישָׁע יְרֵה וַיּוֹר וַיֹּאמֶר חֵץ־תְּשׁוּעָה לַיהוָה וְחֵץ תְּשׁוּעָה בַאֲרָם וְהִכִּיתָ אֶת־אֲרָם בַּאֲפֵק עַד־כַּלֵּה׃

Und er sagte: Öffne das Fenster nach Osten! Und er öffnete es. Und Elischa sagte: Schieß! Und er schoss. Da sagte er: Pfeil der Rettung von Jahwe und Pfeil der Rettung gegen Aram! So wirst du Aram bei Afek schlagen bis zur Vernichtung.

18 *Dann sagte er: Nimm die Pfeile! Und er nahm sie. Und er sagte zum König von Israel: Schlag auf die Erde! Und er schlug dreimal und hielt inne.*

וַיֹּאמֶר קַח הַחִצִּים וַיִּקָּח וַיֹּאמֶר לְמֶלֶךְ־יִשְׂרָאֵל הַךְ־אַרְצָה וַיַּךְ שָׁלֹשׁ־פְּעָמִים וַיַּעֲמֹד׃

19 *Da wurde der Gottesmann zornig über ihn und sagte: Zu schlagen war fünf- oder sechsmal, dann hättest du Aram bis zur Vernichtung geschlagen. Nun aber wirst du Aram nur dreimal schlagen.*

וַיִּקְצֹף עָלָיו אִישׁ הָאֱלֹהִים וַיֹּאמֶר לְהַכּוֹת חָמֵשׁ אוֹ־שֵׁשׁ פְּעָמִים אָז הִכִּיתָ אֶת־אֲרָם עַד־כַּלֵּה וְעַתָּה שָׁלֹשׁ פְּעָמִים תַּכֶּה אֶת־אֲרָם׃ ס

20 **Und Elischa starb, und man begrub ihn. Und es kamen moabitische Räuberscharen ins Land, als das Jahr begann.**

וַיָּמָת אֱלִישָׁע וַיִּקְבְּרֻהוּ וּגְדוּדֵי מוֹאָב יָבֹאוּ בָאָרֶץ בָּא שָׁנָה׃

21 **Und es geschah, als sie einen Mann begruben, siehe, da sahen sie die Räuberschar, und sie warfen den Mann in das Grab Elischas. Als aber der Mann *da hineinkam* und die Gebeine Elischas berührte, da wurde er lebendig und stellte sich auf seine Füße.**

וַיְהִי הֵם קֹבְרִים אִישׁ וְהִנֵּה רָאוּ אֶת־הַגְּדוּד וַיַּשְׁלִיכוּ אֶת־הָאִישׁ בְּקֶבֶר אֱלִישָׁע וַיֵּלֶךְ וַיִּגַּע הָאִישׁ בְּעַצְמוֹת אֱלִישָׁע וַיְחִי וַיָּקָם עַל־רַגְלָיו׃ פ

Tabelle mit grafischer Darstellung des Textwachstums

Dtr. Rahmen-notizen	Ursprüngl. Wunder-Episoden	Elischa-Biograph	Theologisierender Redaktor	Phobou-menos-Bearbeitung	Moralisierende Bearbeitung	Juda-Joschafat-Bearbeitung	Steigerungs-bearbeitung
			19,15–18				
I 22,39–51*		19,19–21					
I 22,52–54							
II 1,17b.18							
		2,1–15*(=2,1b. 7–9.11a.12aβ– 13.14b–15)	2,1a.2– 6.10.11b.12aα.14a		2,16–18		
	2,19–22*		Glosse in 2,21: „So spricht Jahwe"				
	2,23f*	2,25	Glosse in 2,24: „Im Namen Jahwes"				
II 3,1–3		3,4–27* (=3,5–7[ohne Joschafat].8– 9aα.20–24a)	3,9aβ.10.11*.12*.13a α.15–17 (*=ohne Joschafat)			„Joschafat sagte" in 3,7a. 11a.12ab und V. 13aβb.14	3,4.18f. 24b–27
	4,1–7*	4,8–37* (=4,8– 11.15b–25a.28. 30b.32.34.37)	4,1aβ		4,12–15a.25b– 27.29–30a. 31.33.35f		

Dtr. Rahmennotizen	Ursprüngl. Wunder-Episoden	Elischa-Biograph	Theologisierender Redaktor	Phobou-menos-Bearbeitung	Moralisierende Bearbeitung	Juda-Joschafat-Bearbeitung	Steigerungs-bearbeitung
	4,38–41*	4,38aα					
	4,42–44*		Glosse in 4,43: „so spricht Jahwe" und Glosse in 4,44: „nach dem Wort Jahwes"				
		5,1–14* (=5,1aαb.2–3.9f.14)	5,1aβ.4–5a (+ „und er ging").6–8.11–13.15a	5,17aβ–19a	5,5b.15b–17aα.19b–27		
6,1–7							
		6,8–23* (=6,8–10a.11–13.15a[ohne יהוה]b.18aαbα.19.20aαb[ohne Jahwe].21–23)	Diener in 6,15aα; 6,15b–17.18aβbβ.20aβ; Jahwe in 6,20bα				6,10b.14
		6,24–7,20* (=6,24–26.28–30.32a; 7,1¹.3–5.8aβ–16abα)	6,27.31.32b–33; „Hört...Jahwe" in 7,1; 6–8aα.16bβ		7,2.17–20		
					8,1–6		

¹ Ohne שמע בדבר־יהוה כה אמר יהוה.

Dtr. Rahmen-notizen	Ursprüngl. Wunder-Episoden	Elischa-Biograph	Theologisierender Redaktor	Phobou-menos-Bearbeitung	Moralisierende Bearbeitung	Juda-Joschafat-Bearbeitung	Steigerungs-bearbeitung
		8,7–15* (=8,7–8abβ mit אמר ל.9–10a.14f)	8,8bα(ohne אמר ל).10b–13				
II 8,16–24							
II 8,25–27							
II 9* (=8,28f; 9,14a. 15b. 16aα.17–21bα. 22abα.23f. 27. 30–35; 10,1–9.12–14bα)			9,1–13.14b.15a. 16aββ.21bβ.22bβ.25f. 36f; 10,10f.14bβ–17			9,28f	
	13,20–21		13,14–19* (ohne V.18f)				13,18f

Sachregister

Stellenregister

Altes Testament

Gen
6,3   71
9,11   192
41,25 – 32   80

Ex
3,1ff   27
4,1 – 9   146
7,8 – 20   27, 146
14   26, 34
15   30, 34
17,8ff   27
19   17
20,3   130
20,7   191
20,8 – 10   50, 141
22,17   146
23,12   50, 141
23,26   16
24,13   27
28,15 – 30   144
33,11   27
34,21   50, 141

Lev
2   153
2,14   55
5,11   153
8,8   144
13,40 f   31
20,27   145
23,17 – 20   55
26,29   74

Num
6,1 – 21   31
11,25   21, 27
11,28   27
18,5   44
20,2 – 11   30
21,4 – 9   146
27,18 – 23   27

27,21   46, 144

Dtn
4,32 – 40   126
4,35   60
4,39   60
5,7   130
5,11   191
5,12 – 15   50, 141
7,7 – 11   126
7,10   31
12   101
18,9 – 15   140, 144, 146
18,9 – 22   229
18,10 – 14   105, 110, 146
18,11   189 f
18,18 f   30 f, 124
20,19 f   43
21,17   24
28,52 – 57   74
29,27   44
33,1   129, 142, 179
34   7
34,10   231

Jos
1   7
1,1   27
3   26, 198
3,7 – 17   26
3 f   101
4,1 – 5,1   26
6,26   27
9,20   44
14,6   129, 142
22,20   44

Ri
1,1 – 3   46, 144
5,4   71
6,1 – 6   80
6,17   71
6,36   146
7,12   71

14,27   134
16,18   134
19,16 – 23   134
19,24   29
26,15   29
20,21   134

Koh
1,3 – 17   71
2,7 – 26   71
3,13 – 22   71
4,2 – 10   71
5,4 – 17   71
6,3 – 10   71
7,10 – 24   71
8,7 – 17   71
9,5 – 12   71
10,3 – 17   71
11,3 – 8   71
12,3 – 9   71

Hld
1,6 – 12   71
2,7 – 17   71
3,1 – 11   71
4,1 – 6   71
5,2 – 9   71
6,5f   71
8,4 – 12   71

Jes
1,13 f   50, 141
7,4   172
8,9   170
11,2   21
29,4   145
29,6   17
40,24   17
41,16   17
43,10 f   60, 229
44,6 – 8   229
44,25 f   144
45,5 – 6   60, 229
45,18   60
47,13   141
54,9   192
64,3   229

66,15   17

Jer
20,4   62
23,19   17
27,6   62
30,23   17
32,28   62
32,35   44
35,4   129, 142
40,10   113
44,30   62
50,36   144
27,9   146

Klg
2,15 f   71
2,20   74
4,9   71
4,10   74
5,18   71

Ez
1,4   17
1,15 – 21   17
3,12 – 14   22 f
5,10   74
8,3   22 f
11,1 – 24   22 f
13,11 – 13   17
21,26   96
23,9   62
43,5   22 f

Dan
1,20   146
2,2 – 10   146
9,21   39

Hos
2,13   50, 141
4,12   96
14,1   83

Am
1,3 – 13   83
3,7   40

Act
8   21 f, 207
8,26 – 40   21, 207
8,36 – 38   207
8,39   21, 207
9,1 – 19   207
9,8   208
9,15   208
9,17 f   208

9,19   208
9,36 – 38   207 f
9,36 – 43   208
9,40   209
20,7 – 12   209

Hebr
11,35   209